~~der Lade und den Fussen. Da ist~~
~~Naturkante klar bei beiden anderen~~
aber der Tisch, den Sessel mit dem
Ziehen nicht allein weil es
zusammen gelbe blaue u lila Töne
... bei der Zigarrenrauch eine
... fühlbare Wichtigkeit ist. Es gibt
die Unterlage der Zeichnung,
den Fussboden bemalt, vielleicht kon-
... nicht so breite für den
... als vorangehende Ebenen
Fussbodens für den Aufbau ....
..., der Tisch, der von der
... mit Tapezierer ....
ordnung angenommen war, ...
als die wirkliche Raumfläche
...

Anton Faistauer
1887–1930

Monografische Reihe zur Salzburger Kunst · Band 30

Anton Faistauer
1887–1930

Herausgegeben vom Salzburger Museum Carolino Augusteum

Katalog zur Sonderausstellung des
Salzburger Museums Carolino Augusteum
11. Februar bis 22. Mai 2005

Konzeption:
Nikolaus Schaffer

Restaurierung:
Stefanie Flinsch

Redaktion, Gestaltung und Satz:
Peter Laub

Fotografien:
Rupert Poschacher
Erich Tischler

Scans:
Peter Laub
Rupert Poschacher

Umschlaggestaltung:
graficde'sign f. pürstinger

Herstellung:
Druckerei Roser Ges.m.b.H. & Co. KG, Salzburg

ISBN 3-900088-11-X

© 2005
Salzburger Museum Carolino Augusteum
Museumsplatz 1 · A 5020 Salzburg
office@smca.at · www.smca.at

Für den Inhalt verantwortlich sind die Autoren

Printed in Austria

Mit freundlicher Unterstützung

Mit freundlicher Unterstützung
der Gemeinde Maishofen

Dipl. Päd. Ing. Franz Eder
Bürgermeister

Abbildungen Umschlag Vorderseite: Dame mit aufgeschlagenem Buch (Ida), 1916 (Kat.-Nr. 37)/
Anton Faistauer, um 1929. Foto: Trude Geiringer/Dora Horovitz, Wien
Abbildung Umschlag Rückseite: Salzburg vom Mönchsberg im Winter, 1924 (Kat.-Nr. 83)
Abbildung S. 416: Illustration zu „Pan und die Flöte". Gedichte von Georg Ulrich. Wien 1923.

Inhalt

7 *Erich Marx*
Vorwort

9 *Anton Faistauer*
Brief an Dr. Walter Minnich

13 *Nikolaus Schaffer*
Das Leben Anton Faistauers

37 *Nikolaus Schaffer*
Sehnsucht nach Größe

143 *Albert Paris Gütersloh*
Aus: Die tanzende Törin

155 *Norbert Mayr*
Anton Faistauer und die Monumentalkunst

223 *Alexander Lassnig*
Beobachtungen zur Maltechnik von Anton Faistauer

241 *Anton Faistauer*
Brief an einen Neugeborenen

243 Bildteil

401 Katalog

410 Literatur
415 Bildnachweis

Erich Marx
Vorwort

Kunst versteht man nicht mit dem Verstande, sondern mit dem Herzen.
Anton Faistauer, 1919

Knapp 43-jährig starb Anton Faistauer am 13. Februar 1930 in Wien nach einer Magenoperation, die sein geschwächter Körper nicht mehr ertrug. In zahlreichen europäischen Zeitungen und Zeitschriften erschienen zum Tode Faistauers Nachrichten und Nachrufe auf den großen österreichischen Maler. Schon zu Lebzeiten war Faistauer u.a. in Wien, Salzburg, Innsbruck, Budapest, Prag, Brünn, München, Bamberg, Ulm, Stuttgart, Düsseldorf, Duisburg, Köln, Dresden, Leipzig, Bremen, Berlin, Köln, Brüssel, Den Haag, Amsterdam, Rotterdam, Stockholm, Bern, Genf, Zürich, London, Paris und in den USA ausgestellt worden. Auch nach seinem Tod wurde sein Werk in zahlreichen repräsentativen Ausstellungen geehrt.

Faistauer, mit Egon Schiele und Oskar Kokoschka einst einer der wichtigsten Pioniere und heute ein Klassiker der modernen Malerei in Österreich, rang im Unterschied zur traditionsfeindlichen Avantgarde stets um den Anschluss an die große abendländische Maltradition. Für ihn war insbesondere die französische Malkultur des 19. Jahrhunderts – vor allem das Werk von Paul Cézanne – von maßgeblicher Bedeutung. Mag sein, dass sein Beharren auf einem klaren und harmonischen Formbewusstsein und seine intensive Beschäftigung mit religiösen Themen ihm später nicht die uneingeschränkte Anerkennung der internationalen Kunstwelt beschert hat. So bedeutend seine Erfolge mit den Freskenzyklen in der Morzger Kirche und im Salzburger Festspielhaus auch waren und so weit sie ihn auch über die Grenzen Österreichs hinaus bekannt gemacht haben, so trugen sie letztendlich doch dazu bei, Anton Faistauer in gewissem Maße zu „regionalisieren".

Tatsächlich hat Faistauer für Salzburg in vielfacher Hinsicht sehr große Bedeutung. Ganz abgesehen davon, dass er im Land geboren wurde und er im Laufe seines relativ kurzen Lebens, das ihn rastlos immer wieder an verschiedene Orte trieb, häufig in seine engere Pinzgauer Heimat und in die Stadt Salzburg zurückkehrte, setzte er hier deutliche kulturpolitische Akzente. Er engagierte sich für eine Demokratisierung und Erneuerung des Ausstellungsbetriebes im Salzburger Künstlerhaus, beteiligte sich an den Aktivitäten der Salzburger Künstlergruppe „Der Wassermann", verkündete in seinem programmatischen Vortrag im Mai 1919 im Mozarteum eine Reihe von reformerischen und kunsterzieherischen Ideen, die schließlich darin gipfelten, dass er für Salzburg nicht nur eine Landesgalerie, sondern auch die Etablierung einer modernen Malerakademie forderte. Manches davon wurde – wenn auch mit Verspätung – tatsächlich realisiert.

Das Salzburger Museum Carolino Augusteum hat dank der Initiative von Franz Fuhrmann schon vor mehreren Jahrzehnten begonnen, sich mit Leben und Werk Anton Faistauers intensiv auseinander zu setzen und Objekte zu sammeln, eine Tätigkeit, die von Albin Rohrmoser fortgesetzt wurde und bis in die Gegenwart andauert. So befinden sich heute nicht nur umfangreiche Korrespondenzen, Fotos, Notiz- und Skizzenbücher sowie Malutensilien Faistauers im SMCA, sondern auch 26 Gemälde und 51 Arbeiten auf Papier. Diese bilden den Grundstock für die große Sonderausstellung aus Anlass des 75. Todestages Faistauers mit insgesamt mehr als 100 Ölbildern sowie zahlreichen Zeichnungen und Aquarellen im SMCA. Sie ist damit wohl die bisher umfangreichste Retrospektive seines Schaffens und zeichnet sich dadurch besonders aus, dass über die Hälfte der gezeigten Werke noch nie im Rahmen einer Ausstellung zu sehen waren. Bei vielen von ihnen handelt es sich überhaupt um Neuentdeckungen. Diese exklusive Auswahl konnte mithilfe von 48 privaten Leihgebern, sechs Museen und fünf Institutionen zustande gebracht werden. Ihnen sei hier sehr herzlich gedankt.

Wichtig erschien es aber auch – trotz der grundlegenden und noch immer gültigen Arbeit von Franz Fuhrmann zur Biografie Faistauers – zur Ausstellung verschiedenste neue Aspekte zum Leben und Wirken des Malers wissenschaftlich zu durchleuchten. Diese Aufgabe hat in dankenswerter Weise Nikolaus Schaffer übernommen, der gemeinsam mit Norbert Mayr und Alexander Lassnig damit eine wirklich repräsentative Publikation über Anton Faistauer geschaffen hat. Umfang und Komplexität des Werks stellten besondere Anforderungen an den Buchgestalter und Lektor Peter Laub, die er mit Bravour erledigte. Fotograf Rupert Poschacher erfüllte die vielfältigen Fotoarbeiten wie immer mit großer Präzision. Für übergebührliche Hilfeleistung seien besonders bedankt: Christine Salzmann-Muhr, Dr. Ursula Storch, Dr. Irmgard Hutter, Dr. Claudia Suppan, Roman Hollaus, Dr. Georg Pirchner, Josef Färbinger, Dr. Franz Smola, Franz Eder. Aufrichtiger Dank gilt auch der Generali-Gruppe und deren Regionaldirektor Siegfried Käfer in Salzburg für die großzügige Unterstützung.

Was sagt uns heute der stets unruhige Geist Anton Faistauers, in seinem ständigen Drängen und Suchen nach dem „Ewigen" im künstlerischen Weltbild? Lassen wir dazu Felix Albrecht Harta in einem Zeitungsartikel zum 50. Geburtstag seines damals sieben Jahre zuvor verstorbenen Malerkollegen und Freundes Anton Faistauer sprechen: „Möge sein Leben und sein Werk all denen, die heute den dornenvollen Weg der Kunst zu gehen sich vornehmen, ein leuchtendes Vorbild sein, mögen sie an seinem Ernst, an seinem kämpferischen Wollen sich stärken. Dann brauchen wir um Österreichs Kunst keine Sorge zu tragen". Seine Worte haben heute noch Gültigkeit.

Anton Faistauer
Brief an Dr. Walter Minnich[*]

Montreux 17.5.1922

Lieber Herr Doktor!

Ich habe oft daran gedacht, dass ich Ihnen meine Selbstbiographie schicken soll. Jetzt schreibt mir meine Frau darum. Ich dachte erst, Sie wollten im Juli, wenn ich wieder in Salzburg bin, einmal eine Woche mein Gast sein und ich könnte Ihnen mehr erzählen als ich Ihnen zu schreiben vermag: von meiner Mutter, die eine schöne, hochherzige Frau war und die, sowohl sie eine Bauersfrau war, mich zur Malerei geleitet hat, von dem Vater, einem erfinderischen, umsichtigen Kopf, einem zähen, ehrgeizigen, fortschrittlichen Gebirgsbauern, der mich auslachte und mir die Malerei aus dem Kopf treiben wollte. Er selbst war ältester Sohn einer 16köpfigen Familie von einer Mutter, die aus Hofgastein stammte, und dem Josef Faistauer Grubhofer in St. Martin bei Lofer im Pinzgau. Der Grubhof ist ein alter Ansitz, ein prächtiges Gut gewesen, in dem ich auf die Welt kam, das mein Vater vom Großvater ererbt, später einem deutschen Großindustriellen verkaufte, der nun den einstmaligen bayrischen Jagdhof zu einem veritablen Schloß verschandelte. Mein Vater zog mit uns Kindern und der Mutter vom Hof ins mittlere Pinzgau, nach Maishofen, wo er eine Bauerei mit einem Gasthaus erwarb, auf dem er seither lebt. Mich traf das übliche Los in der knabenreichen Familie, Geistlicher zu werden. Meine Mutter, die damals schon von ihrer Schwermut, an der sie noch vor dem Krieg starb, geplagt wurde, förderte diese Absicht des Pfarrers, die bald auch meine wurde, mit allen Kräften und ich wurde in die Klosterschule geschickt. Ich wage nicht zu sagen, dass ich einen guten Geistlichen abgegeben hätte, so sehr ich heute noch meiner Kindheitsreligion und des weiteren der religiösen Idee überhaupt verbunden und verstrickt bin. Ich bin durch einen Krankenurlaub wegen eines Lungenkatarrhs dem Studium entzogen worden. In der Krankheitszeit fand ich Zeitvertreib im Zeichnen und pflegte es bald sehr eifrig. Gütersloh, ein Studienkamerad am Franziskanergymnasium in Bozen entdeckt mein Zeichentalent mir selbst und verführte mich nach Wien zu gehen. Es war meine Mutter, die den kühnen Streich, den ich meinem Vater mit der neuerlichen Berufswahl spielte, unterstützte. Sie glaubte an einen Gottesdienst in der Malerei und enttäuscht sich gar nicht, als ich die Pfarrerei fahren ließ zu Gunsten eines Berufes, der Gotteshäuser auszumalen vorsieht und sonst fromme erbauliche Bildchen. Sie schaffte klug die nötigsten Mittel zur Wiener Reise und beruhigte den entsetzten Vater mit ihrem schwärmerischen Gottvertrauen. Später erfuhr ich, dass meiner Mutter, als sie noch Mädchen in dem kleinen Dorf Gerling war, ein Kirchenmaler, der die Dorfkirche Gerling ausgemalt hat, großen Eindruck gemacht hat. Es war der eben im 83. Jahr verstorbene österr. Kirchenmaler Josef Gold. Ich entkam nach Wien und lebte dort ein zwei Jahre in erbärmlichster Dürftigkeit. Meiner Mutter wollte ich durch die Vorspiegelung, dass ich mich schon im 3. Monat selbst durchzubringen im Stande sei, Freude machen, dem Vater aber beweisen, dass die Malerei gar keine so unerträgliche Hungerleiderei sei. Dieser jugendliche Ehrgeiz ging sehr zu Lasten meiner Nerven, denn das arge Leben dauerte nahezu 5 Jahre. Im IIIten [= 3.] Jahrgang der Akademie der bildenden Künste stand ich mit Egon Schiele in der Opposition gegen den akademischen Geist der Lehre und bekam Schwierigkeiten mit meinem mir verstorbenen Lehrer Prof. Griepenkerl. Es tut mir heute leid, den alten Herrn so oft geärgert zu haben. Ich erinnere mich ganz deutlich, dass seine Vorträge über das Wesen der klassischen Kunst sehr bedeutendes und wissenswertes enthielten und heute erst weiß ich, dass ich gerade von ihm, dem konservativsten der Schule, am meisten hätte profitieren können. So kam mir auch später viel Wissenswertes in den Sinn, was er über die Griechen, über Handwerk und Gesetz wusste und danke es ihm heute. Der Drang des Jugendlichen und die ekelhafteste Not des Alltags zwang[en] mich schon sehr früh in die Öffentlichkeit. Mit Egon Schiele zeigte ich zum erstenmal bei Pisko 1910 in Wien meine Kunst. Es geschah das wunderliche, dass wir tatsächlich Erfolg hatten. Prof. Josef Strzygowski schrieb uns eine aufmunternde Kritik, Ludwig Hevesi unterstütze uns väterlich. Die Neukunstfüchse, wie uns Strzygowski titulierte, fanden nicht nur im Publikum einige Unterstützung, sondern auch bei Staat.

Der damalige Direktor der Staatsgalerie in Wien Dr. Dornhöffer begünstigte unser Streben mit guten [sic!] Rat und persönlicher Hilfe. Dafür hing ich ihm wie ein Kind an.

Ich hab noch vergessen zu sagen, dass ich mein verhungertes Gesicht zu Hause nicht zeigen wollte in dem Wien der Akademiejahre u. noch 2 Jahre nachher mit geringster Barschaft in Ober- u. Mittelitalien zu Fuß mit aller Jugendbegeisterung in der grässlichsten Hitze herumlief u. von der italienischen Kunst das wenige, was dem unreifen Hirn zu fassen möglich war, aufsog u. unendlich glücklich dabei war. In Florenz fand ich einen Prager Freund, der mir später dann die Ausstellung in Prag ermöglichte, die mir zwei Porträtaufträge einbrachte u. damit das erste wirkliche Geld, von dem ich meine Mutter durch einen Tribut stolz u. glücklich machte. Es ist entsetzlich, wenn ich daran denke, an wie vielen großen u. größten Dingen ich in Italien vorbeistolperte, nach denen ich heute die brennendste Sehnsucht hab. Damals war ich in die Frührenaissance verliebt u. sah nur ihre Linien, die natürlich auch nur ganz schlecht u. von der Farbe, die später in mir wesentlich u. ganz wichtig wurde, ging ich verstandeslos vorüber. Nicht dass ich sie nicht gesehen hätte. Das schon, aber ich machte mir gar keinen Gedanken über das woher und wie. Es ist ein wahres Glück dass man die Besinnung nicht durchaus notwenig hat um aufzunehmen. Ganz unbewusst versenkte sich das Geschaute ins Innere u. tauchen mir nun oft vermittelt durch jetzige Erfahrung ins Bewusstsein aus ungeahnter Reserve. Im letzten Jahr des Akademiestudiums erlebte ich eine Gauguin Ausstellung bei Miethke, die mir einen unheimlich starken Eindruck machte. Ich konnte die Dinge nicht völlig begreifen, sie waren allzu neu und seltsam. Ich stand den Collegen gegenüber aber zu den Dingen u. trug sie lange in mir herum. Gleichzeitig lernte ich Franz Wiegele u. Kolig kennen, die in Wien ebenfalls auf der Akademie studierten. Die beiden flößten mir außerordentlichen Respekt ein. Ich hatte das Gefühl, dass die beiden sich schon sehr damit beschäftigten, was in mir noch Sehnsucht war. Wiegele imponierte mir durch seine strenge klassische Zeichnung, durch seine außergewöhnliche Festigkeit, Zähigkeit im Streben. Ich erfuhr von ihm manches über Kunstbücher. Sein Atelier hatte immer Photos antiker u. gothischer Plastik. Ich konnte von ihm von Bildern zulernen. Bis dahin sah ich nur als Genießer. Von da an wandte ich mich besonders den Museen zu u. wurde skeptisch gegen die Tagesausstellungen. Kolig stand meinem Problem damals weit näher. Er mühte sich um die Farbe wie ich u. ging ganz mutig u. mit aller Verschwendung in die Materie. Später sollte ich von Wiegele mehr bekommen. Mit ihm sah ich die beiden ersten ganz wichtigen Wiener Kunstschauen u. alles Sehenswerte, das [es] aus Frankreich bei Miethke u. später bei Arnot zu sehen gab. Die Entwicklung Kokoschkas sah ich nur aus der Entfernung. Er hatte einen großen Vorsprung. Vorerst lehnte ich ganz ab. Der frühe Kokoschka war mir eher peinlich. Ich war ganz anders organisiert u. konnte mit analytischer Großstadtpsyche nichts anfangen. Gleichwohl führt er unsere erste wichtige Ausstellung im Hagenbund 1910: die Sonderausstellung, mit welcher die neue Malerei, die die Klimtische Tradition verließ, in Wien zur Welt kam. Auf dieser Ausstellung hatte ich mein erstes großes Bild: eine Geburt Christi 3:3 [= 3 x 3 m], in dem ich ein Ziel anstrebe, das ich heute noch vor Augen habe. Ich hatte damals die großen Venezianer vor Augen, ihre Farbigkeit, ihre Farbkomposition, ihre Irdischheit. 2 Jahre darauf entdeckte [ich] Cézanne nun mühte ich sehr nur ihn. Im Jahr 1913 heiratete ich Fräulein Andersen u. hatte in dieser Frau einen urgütigen Freund u. Helfer gerade als meine Mutter eben starb. Meine Mutter ist ihrem religiösen Wahn erlegen. Meine Frau malte ich etwa 60mal u. ihre ganze Welt, wie eine Kugel in allen ihren Graden ohne u. mit unserem Kinde, in der Landschaft, in der Scheune, in der Küche, im Zimmer, unterm Kreuz, mit dem Sebastian. Das letzte Mal in der Pieta meines großen Salzburger Votivaltares. Sie starb ein Jahr nach dem Kriege infolge der Leiden des Krieges. Ihr Tod war mit der Geburt unseres zweiten Kindes verbunden, das im Jahr 1917 zur Welt kam, als ich in Tirol in Militärdienst stand. Die Elendsjahre in meinen ersten Wiener Jahren waren heiter im Vergleich zu den drückenden inneren Qualen des Krieges, den ich unbändig haßte, an dem ich mich machtlos knirschend u. aufreibend ermüdete. Nach dem Zusammenbruch zog ich mich ein Jahr auf mein Heimatdorf zurück, zuerst um meiner Frau die Gesundheit herzustellen u. meine Nerven wieder in Ordnung zu bringen. Das erstere gelang letzten Endes nicht, das zweite auch nicht. Ich malte in Maishofen meinen großen Altar u. kam der Landschaft näher, da ich übers ganze Jahr in der tiefsten Natur steckte.

Durch den Krieg verlor ich den Kontakt mit meinen Freunden. Wiegele wurde vom Kriege in Algerien überrascht u. interniert, die anderen ebenso irgendwie wie ich ins Militär gesteckt. Unsere Bilder trafen sich mir auf Ausstellung[en] noch etwa in Stockholm u. Copenhagen, in Deutschland herum od. in Wien. Die Isolierung war sehr schmerzhaft zu allem anderen. Ich habe nie Kriegsbilder gemalt, blieb bei meinen Landschaften, Stilleben, Blumen od. Figuren, soweit ich dazu frei war. Mein letzter militärischer Kommandant Obering. Oberst John hatte dafür das schönste Verständnis: am liebsten hätte er mich nach Hause gejagt. Wenn ich trotz der widerlichen Umstände einer materiell schlecht gestellten Jugend u. des Krieges u. des fast ebenso schlimmen Nachkrieges, die gerade in meine Entwicklungszeit fallen, so viel gearbeitet hab, so kam es von der verzehrenden Leidenschaft, mit der ich meiner Malerei anhing, ihr verfallen bin. Sie machte mich halbtaub u. halbblind für die Geschehnisse, u. das war gut so, denn bei ganz offenem Sinne hätte ich die Ereignisse nicht ertragen. Ich glaube ja, dass es bei den meisten anderen Menschen dieses od. jenes Narcotikum war, das sie die Schrecken ihres Zeitalters ertragen ließ, für mich waren es die Farben u. Formen, die mir das Letztwichtigste blieben u. sind. Nach dem 1jährigen Landaufenthalt ging ich nicht mehr nach Wien zurück, sondern blieb in Salzburg, meiner Provinzhauptstadt u. Garnisonstadt. Dort setzte ich meinem Altar die zwei äußersten Flügel an u. malte das kleine Marienleben, das beruhigter die Wirkung einer wunderschönen Stadt u. langsame Genesung bereits zeigt. Nach Wien kam ich noch um das Hofmuseum, die Gobelins zu sehen. Die Nähe Münchens führte mich öfter dahin, sodaß ich die alte Pinakothek u. die schöne Staatsgalerie (ich meine den Franzosensaal hauptsächlich) bald ebenso gut kenne wie die Wiener Museen.

In Salzburg heiratete ich zum IIten mal [= 2.] u. wohne mit meiner Frau Mili u. meinem Jungen auf dem Mönchsberg seit 1½ Jahren. Dort hab ich die vier großen Akte gemalt, einige große Stilleben u. Stadtbilder: Aufsichten auf Salzburg, die augenblicklich meine Leidenschaft sind. Meine Bilder schicke ich jetzt gerne nach Deutschland, weil ich so knapp an der Grenze sitze, schau aber doch dankbar nach Wien, das mir unendlich viel gegeben u. geholfen hat. Wien hat wenig Organ für bildende Kunst, aber doch so viel ernste Freunde der Malerei, dass die kleine Gesellschaft von Malern durchkommen konnte. Meine Sehnsucht an die Welt ist zum ersten Mal nach dem Kriege durchgebrochen, sodaß ich Ihnen diese Zeilen aus Montreux schicken kann. Ich male hier 2 Porträtaufträge u. habe nebenbei Blumen Früchte u. Landschaften gemalt. In Zürich hat mich Wiegele freundlich aufgenommen u. mir seine Arbeiten gezeigt u. mir viel von seinem Streben u. Wissen mitgeteilt. Trotz allem Prächtigen in der Natur, dem reichen Leben u. Lebensgenuß habe ich Sehnsucht nach der Heimat. Es scheint, dass wir dem bereits entwöhnt sind, langsam wieder zu vollem Leben emporsteigen müssen. Es geht mir wie in den wenigen Wochen in Stockholm im Jahr 1917, die mir in ihrer friedlichen Sonntäglichkeit übersatt erschienen sind. Ich bin aus unserer Kargheit voll der Sehnsucht geworden, voll der Malerei geworden. Die Sehnsucht ist das treibende Element. Die Liebe aber schafft. Die Liebe ist alles. Wo Sie dies in meinen Bildern nicht finden können, sind sie ungut.

Anton Faistauer

* Dr. Walter Minnich war Lungenarzt in Montreux am Genfer See, befreundet mit Max Pechstein und Sammler von Bildern vor allem deutscher Expressionisten. Der Brief befindet sich im SMCA, Faistauer-Archiv.

Nikolaus Schaffer
Das Leben Anton Faistauers

Am 14. Februar **1887** wird Anton Faistauer als drittes Kind des Josef Faistauer (1857–1940) und der Anna Dick (1859–1911) auf dem Grubhof in St. Martin bei Lofer im Salzburger Pinzgau geboren. Die Vorfahren väterlicherseits waren seit Generationen auf dem Unkenberg nahe Lofer als Bauern (Grabnerbauer) ansässig. Der Großvater Faistauers war mit einem Fuhrunternehmen zu Geld gekommen und kaufte den an der Hauptstraße gelegenen Edelsitz samt großem Grundbesitz. Die Mutter war eine Wirts- und Bauerntochter aus dem benachbarten Gerling; ihr schreibt man die Vererbung der künstlerischen Begabung zu[1].

Grubhof in St. Martin bei Lofer. Gemälde. Maishofen, Privatbesitz

1890 zieht die Familie in das rund 30 km südlich gelegene Maishofen, angeblich weil die Frau wegen der Enge des Tales hier nicht gerne lebte. Josef Faistauer kann den Grubhof sehr gewinnbringend an den mit Kunstdünger reich gewordenen deutschen Millionär Schmittmann verkaufen, der damals riesige Besitzungen im Pinzgau erwarb. Er lässt anstelle des alten Gebäudes durch den Salzburger Architekten Wessiken ein prunkvolles Jagddomizil im Neo-Renaissancestil aufführen. Faistauers Vater kauft in Maishofen ein Gasthaus (später „Zur Post") mit ausgedehnter Landwirtschaft, wird Bürgermeister, k.k. Postmeister und erwirbt sich für die Gemeinde große Verdienste. Bis 1897 kommen weitere acht Geschwister zur Welt, von denen zwei im frühen Alter sterben.

1893–1897 besucht Faistauer die Volksschule in Maishofen, anschließend ist er ein Jahr an der 6-klassigen Schule in Fiecht bei Schwaz in Tirol. Weil er aufgrund seiner schwächlichen Konstitution für schwere Arbeit nicht geeignet ist und einen „ausgesprochenen Hang zum Mystisch-Religiösen"[2] an den Tag legt, soll er das Gymnasium besuchen und später Priester werden.

1898 tritt er gemeinsam mit seinem ältesten Bruder Bruno in das Gymnasium der Franziskaner in Hall in Tirol ein. Die beiden

Anna Faistauer, geb. Dick, die Mutter Anton Faistauers

anschließenden Schuljahre verbringt er am fürsterzbischöflichen Gymnasium Borromäum in Salzburg. **1901** wechselt er aus gesundheitlichen Gründen – im südlichen Klima soll ein Lungenspitzenkatarrh auskuriert werden – an das Franziskaner-Gymnasium in Bozen. Nach Wiederholung der 3. Klasse absolviert er zwei weitere Schuljahre mit mäßigem Erfolg. Auffallend ist, dass er nie das Freifach Freihandzeichnen besucht. Er wohnt als Pensionär in Privatquartieren, sein Klassenkollege ist der gleichaltrige Wiener Albert Kiehtreiber, den man als Maler und Schriftsteller unter dem Künstlernamen Paris von Gütersloh bzw. Albert Paris Gütersloh kennt. Die beiden Freunde regen sich gegenseitig zu malerischen und dichterischen Versuchen an.

„Wichtiger als eigene Dichtungen – und die arg vernachlässigte Schule – waren in dieser Zeit Diskussionen mit Freunden, so etwa in der ‚literarischen Ecke' des Bozener Café Central, ein ‚dramatischer Lesezirkel', in dem u.a. Ibsen gelesen wurde, und Besuche im Stadttheater"[3]. Faistauer tendiert vorerst noch zur Schriftstellerei. Erst der Besuch der Ausstellung „Entwicklung des Impressionismus in Malerei und Plastik", die Anfang **1903** in der Secession in Wien stattfindet, gibt den Ausschlag für die Entscheidung zugunsten der Malerei. Auch der Wiener Maler Hans Temple, den er im selben Jahr als Sommergast in Maishofen kennenlernt, bestärkt ihn darin.

Im Frühjahr **1904** meldet sich Faistauer wegen angeblicher Krankheit während der 5. Klasse vom Gymnasium in Bozen ab. Er zieht nach Wien, um die Akademie der bildenden Künste zu besuchen. „Da es ganz gegen den Willen des Vaters geschah, bekam er sehr wenig Geld. Die Mutter, die eine Schwäche für den Malerberuf hatte und romantisch veranlagt war, half ihm ... Er wohnte für ein paar Kreuzer in dem denkbar schlechtesten Quartier. Der Vermieter, ein Schuster, prügelte unausgesetzt seine Frau, das Zimmer war nie geheizt, er selbst musste so seine schaurigen Dramen, die er in Wien noch lange Zeit hindurch verfasste, im Bett schreiben ..."[4]. Zur Aufnahmsprüfung wird Faistauer nicht einmal zugelassen.

Von März **1905** bis April 1907 besucht Faistauer die angesehene Malschule von Robert Scheffer in der Corneliusgasse („Schefferschule"), um sich besser für die Akademie vorbereiten zu können. Unterkunft findet er bei den Eltern seines Mitschülers Anton Peschka (1885–1940), die in Wien-Hetzendorf ein Kaufmannsgeschäft besitzen. „Die beiden mußten in einem Bett schlafen und sich im Hof am Brunnen waschen"[5]. Bei Scheffer lernt er auch seinen späteren Schwager Robin Christian Andersen kennen (1890–1969)[6]. Freundschaft mit dem Schriftsteller Andreas Thom (eigentlich Rudolf Csmarich, 1884–1943) und dem Musiker Karl Linke (1884–1939).

Anton Faistauer in Bozen, um 1902

    Scheffer, der Faistauer sehr talentiert findet, unterstützt ihn auch materiell. Maler Temple verschafft ihm ein Stipendium durch Dobner von Dobenau, das 30 K monatlich beträgt, und lässt ihn manchmal an seinen großen Bildern mitarbeiten. „Wenn er zu Hause war, verdiente er sich dadurch einiges Taschengeld, dass er für seine Verwandten, die Züchter von Pinzgauer Rindern und Pferden waren, besonders schöne Exemplare malte"[7].

    1905 scheitert Faistauer – ebenso wie Peschka – neuerlich an der Akademie: „Probezeichnung ungenügend"[8].

Anton Faistauer (rechts) und Anton Peschka in Maishofen, 1905. Wien, Privatbesitz

1906 treten die beiden ein weiteres Mal zur Aufnahmsprüfung an. „Wir wurden zur Prüfung zugelassen, auch Schiele befand sich unter den Kandidaten. Faistauer und ich malten in Öl die Kompositionsaufgabe anstatt diese zu zeichnen. Als Christian Griepenkerl dies sah, den wir zum Professor erhielten – mussten wir sofort unsere Arbeit unterbrechen. Prof. Griepenkerl sagte mir: Sie sind beide durchgefallen! Ich und Faistauer gingen wortlos heim. Am

Anton Faistauer (links) und Anton Peschka in Maishofen, 1905 Handschriftlich von A. P. Gütersloh: „Das Leben ist alt, der Tod ist jung. Er hat nicht Väter / noch Söhne. Frei ist er. Die Jugend. P.v.G."

nächsten Tag suchte Faistauer Griepenkerl auf – wie er sich mit letzterem verständigte, weiß ich nicht –, er wurde aufgenommen. Aber auch mir ließ der Herr Professor sagen, dass ich kommen möge"[9].

Studienkollegen in der dreijährigen Allgemeinen Malerschule sind außer Schiele und Peschka u.a. Josef Dobrovsky und Hans Massmann, etwas später treten Franz Wiegele und Anton Kolig ein. Aus den Jahren **1906** und **1907** sind uns die ersten Gemälde Faistauers erhalten, Landschaften aus der Heimat, familiäre Bildnisse und Stillleben. „Die wirtschaftlichen Verhältnisse waren schlecht ... und so musste er Postkarten für eine Firma kolorieren. Damals

Anton Faistauer (Foto aus seinem Reisepass), um 1910

entwarf er auch das Plakat mit den Vögeln für den Tierschutzverein, das man heute noch sieht"[10].

Ende **1908** tritt Ida („Idschi") Andersen (1886–1919) in sein Leben, die er 1913 heiratet und die er an die sechzig Mal malt.

1909 provozieren Schiele, Faistauer und Kollegen in Form einer gegen ihren Lehrer Griepenkerl gerichteten Protestnote einen Eklat. Als Zeichen ihrer Unabhängigkeit vom akademischen Lehrbetrieb gründen sie die „Neukunstgruppe" und schließen im April einen Vertrag mit dem Galeristen Pisko. Schiele und Faistauer kehren nach Ende des 3. Jahrganges nicht mehr an die Akademie zurück.

Im Sommer malt Faistauer eine kleine Kapelle auf dem Stablberg aus, den sein Vater ein Jahr zuvor gekauft hatte. Anschließend verbringt er mit Andersen und Gustav Schütt einige Wochen in Arcegno bei Ascona. Der Drang nach künstlerischem Erleben zieht die drei Freunde weiter nach dem Süden, über Genua nach Livorno und von dort zu Fuß nach Florenz. Im Dezember kommt die erste Ausstellung der von Schiele und Faistauer angeführten „Neukunstgruppe" im Kunstsalon Pisko zustande, an der sich Wiegele, Gütersloh, Hans Böhler, Rudolf Kalvach u.a. beteiligen; sie verfehlt trotz überwiegend negativem Echo ihren Zweck nicht, ein deutlich vernehmbares Signal des Nachwuchses zu setzen. Faistauers Hauptbild ist die „Taufe Christi". Vor allem der Kunstkritiker Arthur Roessler, der auch Schieles erster Förderer war, nimmt sich seiner an.

Im Frühjahr **1910** gibt es eine weitere Ausstellung der „Neukunstgruppe" im Klub deutscher Künstlerinnen in Prag, wo Faistauer anschließend einige Porträtaufträge erledigt. Als weiteren Auftrag malt er für die Erste Internationale Jagdausstellung im Wiener Prater (5.7.–16.10.) ein großes dekoratives Bild mit Indianern im Urwald. In dieser Zeit befestigt sich die Freundschaft mit Wiegele und Kolig. Im Sommer (August/September) ist er wieder mit Andersen in Arcegno und Mulino bei Ascona, dann, wie jedes Jahr, bei den Eltern in Maishofen und seiner Schwester Anna in Kornberg in der Oststeiermark. Nach der Rückkehr stellt er erstmals in der Galerie Miethke, Dorotheergasse, aus[11].

1911 präsentiert sich die „Neukunstgruppe" im Rahmen der Frühjahrsausstellung des Hagenbundes, Faistauer mit zwölf Bildern, Kokoschka (zum ersten Mal als Maler), Kolig, Wiegele, Andersen, Gütersloh, Isepp, Erwin Lang u.a. „Es war das erste wirklich große Ereignis der jungen Malerei Österreichs"[12]. Franz Hauer, der von der Malerei begeisterte Gastwirt des „Griechenbeisls" in Wien, beginnt sich für ihn zu interessieren.

In Berlin erscheint Güterslohs Roman „Die tanzende Törin", der auf Geschehnissen im Freundeskreis von Gütersloh, Faistauer, Andreas Thom und Karl Linke basiert.

Im Sommer finden wir Faistauer wieder in Ascona, auf dem Heimweg unternimmt er eine Fußwanderung durch Oberitalien. Der Tod seiner Mutter am 14. September ruft ihn nach Maishofen.

Beteiligung an der Internationalen Ausstellung in Rom.

Im Jänner **1912** gestaltet sich die Ausstellung „Neukunst Wien" im Budapester Künstlerhaus zu einem großen ideellen und materiellen Erfolg. Neben Faistauer, der 22 Ölbilder zeigt und gut verkauft, beschränkt sich die Teilnahme auf Andersen, Gütersloh, Kolig, Schiele und Arnold Schönberg. Im Frühjahr stellt die Neukunstgruppe wieder auf Einladung des Hagenbundes in dessen Räumen aus. „Da seit Schließung der ‚Kunstschau' in Wien die neuesten Kunstregungen totgeschwiegen oder unterdrückt werden, muß der Hagenbund hier eingreifen"[13]. Ausstellungsbeteiligungen in München, Köln, Dresden und Brüssel.

1912 erfolgt der korporative Beitritt der Neukunstgruppe zum Bund österreichischer Künstler, also dem Klimtkreis, mit Faistauer als Vertreter der Jungen im Vorstand. Den Sommer bringt er zum vierten und letzten Mal im Tessin zu.

Am 3. Februar **1913** verheiratet sich Faistauer in der Wiener Karlskirche, die sich in unmittelbarer Nähe seiner damaligen Wohnung befindet, mit Ida Wilhelmine Andersen, die vorher zum katholischen Glauben konvertierte. Mit dem von Gustav Klimt und Josef Hoffmann angeführten Bund österreichischer Künstler gastiert Faistauer mit drei Bildern im Künstlerhaus Budapest. Den Sommerurlaub beginnt das Ehepaar im Böhmerwald – von dort macht man einen Abstecher zu Egon Schiele und seiner Freundin Wally Neuzil nach Krumau; weil Faistauer die Landschaft nicht zusagt, wechselt man aber bald nach Dürnstein, wo vierzehn Wachauer Landschaften entstehen. Den September verbringt Faistauer ebenfalls sehr produktiv malend in Schauerberg bei Edlitz in der Buckligen Welt. Am 16. Oktober kommt sein Sohn Peter Paul zur Welt.

Im August debütiert Faistauer in München bei der Galerie Thannhauser. Am 1. Oktober eröffnet die Galerie Miethke in Wien eine Kollektivausstellung Anton Faistauer mit 33 Werken – dort war er unmittelbar davor in der Ausstellung „Die Neue Kunst" als einziger Österreicher neben Kokoschka vertreten gewesen[14]. Zu seinen Käufern zählen prominente Persönlichkeiten wie der ungarische Kunsthändler Marcell von Nemes, der Wiener Sammler Dr. Heinrich Rieger, Fürstin Lichnowsky, der Schriftsteller Siegfried Trebitsch, Magda Mauthner von Markhof und Baronin Lieben. Der Direktor der Modernen Staatsgalerie, Friedrich Dornhöffer, kauft das erste Bild von ihm („Blumenbouquet mit rotem Tischtuch"), ein Jahr später kommt auch die „Dame in blauer Bluse" als Geschenk des Sammlers Josef Siller in die Galerie[15]. Hugo von Hofmannsthal, der sich

Wilhelm Gösser (1881–1966): Bildnisbüste Anton Faistauer, 1909. Bronzeguss (1987) nach dem Original aus Gips, Höhe 48 cm. SMCA, Inv.-Nr. 1344/87

Ida Faistauer und Sohn Peter Paul, Wien 1914

Selbstbildnis als Soldat. Farbkreiden, 1917. Verbleib unbekannt

von Faistauers Kunst außerordentlich angezogen fühlt, tritt mit ihm in Verbindung, womit eine lebenslange Beziehung beginnt. Auch schließt Faistauer Bekanntschaft mit dem deutschen Kunsthistoriker Gerhard Rosenhagen-Romint, der ihn in Deutschland propagiert. Franz Hauer, der zum eifrigsten Sammler Faistauers geworden war, kauft ihm allein 1913 zwanzig Ölbilder um 7.480 Kronen ab und richtet in seiner Döblinger Villa ein eigenes Faistauer-Zimmer ein. Er verstirbt leider schon im folgenden Jahre[16].

Das Jahr **1914** beginnt äußerst verheißungsvoll, denn Faistauer kann die von dem Großindustriellen und Sammler Carl von Reininghaus ausgesetzte Preiskonkurrenz im Rahmen einer Ausstellung im Kunstsalon Pisko, an der sich auch Schiele beteiligt, für sich entscheiden. Den zweiten Preis erhält Gütersloh. Unmittelbar nach der Entscheidung reist Arthur Roessler mit den beiden Künstlern nach Berlin, um dort mit dem Galeristen Paul Cassirer über Ausstellungen zu verhandeln. Der Ausbruch des Krieges macht die Aussichten zunichte.

Sein Sommerquartier schlägt Faistauer in diesem Jahr bei seinem Onkel in Scheffsnoth bei Lofer und anschließend in Edlitz auf; er beschäftigt sich dort hauptsächlich mit Waldbildern. In Scheffsnoth vernichtet er viele seiner älteren Werke[17]. Im Herbst findet bei Miethke abermals eine Einzelausstellung statt.

1915 übersiedelt Faistauer mit Frau und Kind nach Maishofen. Da alle Brüder eingerückt waren, muss er sich jetzt mit seinem Vater und russischen Kriegsgefangenen um die weitläufige Landwirtschaft kümmern. Zwischendurch ist er immer wieder in Wien. Während dieser Zeit kann er Egon Schieles Hietzinger Atelier mitbenutzen[18]. Obwohl er als überzeugter Kriegsgegner sehr beunruhigt ist und außerdem ständig gewärtig sein muss, zum Militärdienst eingezogen zu werden, ist diese Zeit künstlerisch sehr produktiv. Gemeinsame Ausstellung der vier Wiener Kunstvereinigungen (Künstlerhaus, Secession, Hagenbund, Bund österreichischer Künstler). Anfang **1916** statten die österreichischen Künstler der Berliner Secession mit ihrer modernen Fraktion einen Besuch ab; neben Schiele, Moser, Moll, Kokoschka, Kolig, Löffler, Klimt, Jungnickel, Harta, Gütersloh und Andersen scheint Faistauer mit zehn Werken auf. Am 28. August muss auch Faistauer Uniform anlegen und wird dem Infanterieregiment Nr. 59 in Salzburg zugeteilt. Trotz verschiedener Interventionen und Gesuche gelingt es ihm nicht, als Kriegsmaler Verwendung zu finden. Faistauer wird zu Wachdiensten eingesetzt und muss fürchten, als Frontsoldat verwendet zu werden.

Im Februar **1917** ist Faistauer in einer gemeinsamen Präsentation der vier Wiener Künstlervereinigungen in Nürnberg mit vertreten. Ende des Jahres hat er gleichzeitig mit Alfred Kubin eine Einzelausstellung in der Galerie Arnot am Kärntnerring.

Im April bekommt Faistauer einen zweiter Sohn, Georg Anton, der aber nach wenigen Wochen stirbt. Seine Frau erkrankt in der Folge schwer und muss operiert werden.

Am 22. April wird Faistauer zur Kriegsgräberinspektion für den Tiroler Abschnitt nach Innsbruck versetzt, ab 9. Juli ist er dem Heeresmuseum unter dem ihm sehr gewogenen General John unterstellt. Hier fällt ihm die Aufgabe zu, die vom Kriegspressequartier ausgerichteten Ausstellungen zu organisieren, mit denen Österreich im neutralen Ausland um Sympathien wirbt. Im November schickt man ihn mit einer gewichtigen österreichischen Kunst- und Kunstgewerbeausstellung auf eine „Friedensfahrt" nach Stockholm, die auch noch in Kopenhagen (Februar) und Zürich (Mai/Juni) Station macht. Gezeigt werden Werke von Egger-Lienz, Klimt, Schiele, Andri, Faistauer, Böhler, Kokoschka, Harta, Fischer, Ernst Wagner, Lendecke, Merkel, Gütersloh, Kubin, Vlastimil Hofmann, Hanak, Metzner, Pettenkofen, Romako, Waldmüller, Josef Hoffmann sowie Objekte der Wiener Werkstätte. Die Ausstellung kommt äußerst gut an und bringt speziell Faistauer, der in Schweden viel verkauft, Renommee ein. Er wird im selben Winter auch von der Berliner Galerie Neumann ausgestellt.

Im März **1918** überlässt die Secession der jungen Künstlerschaft ihre Räumlichkeiten, mit Schiele als Organisator und Hauptanziehungspunkt; er entwirft dazu das bekannte Plakat der „Tafelrunde". Faistauer ist mit 24 Ölbildern sehr prominent vertreten[19]. Im Sommer

Ausstellungsdelegation der Österreichischen Kunstausstellung in Stockholm. Zeitungsfoto aus „HVAR 8 DAG", 16.9.1917.
V.l.n.r. Bildhauer Anton Hanak, Univ.-Prof. Hanslik, Josef Hoffmann, die Maler Dr. Ernst Wagner, Hans Böhler, Anton Faistauer

Die Leitner-Villa auf dem Mönchsberg, Salzburg, Anton Faistauers Wohnhaus 1920–27. SMCA, Fotoarchiv

Die Leitner-Villa auf dem Mönchsberg, Salzburg, Anton Faistauers Wohnhaus 1920–27. Das ehemalige Nebengebäude von Schloss Mönchstein wurde um 1930 abgerissen. SMCA, Fotoarchiv

kann man seinen Bildern bei der österreichischen Ausstellung im Züricher Kunsthaus begegnen, die von Carl Moll arrangiert worden war.

Mittlerweile hat Faistauer seine Entlassung vom Militärdienst betrieben. Seine Idee, einen Krieger-Votivaltar für die Gefallenen des Salzburger Hausregiments zu schaffen, findet Gehör bei den entscheidenden Instanzen, und so wird er mit 1. August auf die Dauer von sechs Monaten beurlaubt. Faistauer zieht sich nach Maishofen zurück und widmet sich der Arbeit an diesem Werk, die von der Sorge um seine kränkelnde Frau und den schwelenden politischen Zuständen begleitet wird.

Am 17. August wird er im Salzburger Künstlerhaus mit einer goldenen Staatsmedaille ausgezeichnet, und zwar für eine 13 Ölbilder umfassende Kollektion, die der Kunstverein auf seiner 33. Jahresausstellung zeigt – eine erstaunliche Tatsache angesichts der Proteststürme, die ein Jahr später ähnliche Bilder am selben Ort auszulösen vermögen[20]. In Wien stellt sich der von Schiele initiierte „Sonderbund" im Rahmen der 51. Secessionsausstellung („Bildniskunst") als geschlossene Gruppe vor, und zwar mit Faistauer, Harta, Andersen, Oskar Vonwiller und dem inzwischen verstorbenen Schiele. Die erste selbstständige Ausstellung dieses „Sonderbundes", als dessen Präsident der Wiener Kunsthändler Gustav Nebehay fungierte, findet im Mai/Juni **1919** im „Haus der Künstlerschaft" in den Räumen der ehemaligen Galerie Miethke statt, u.a. mit Broncia Koller, Johannes Fischer, Felix A. Harta, Franz v. Zülow und Albert Paris Gütersloh[21]. Beginn der Freundschaft mit dem Schriftsteller Otto Stoeßl (1875–1936), mit dem er einen regen Briefwechsel unterhält.

Die hektischen Aktivitäten, die nach dem Zusammenbruch unter der Wiener Künstlerschaft ausbrechen, bekräftigen Faistauer in dem Entschluss, vorerst in Maishofen zu bleiben[21]. Doch beschäftigt er sich gedanklich sehr intensiv mit der Rolle der Kunst im zukünftigen Österreich und meldet sich sporadisch zu Wort. So übersendet er am 25. Februar einen Brief an Henri Barbusse, in dem er sich namens aller österreichischen Maler mit dessen Aufruf gegen Krieg und Gewalt solidarisch erklärt. Am 16. April veröffentlicht er in der Wiener Zeitung „Der neue Tag" ohne Namensnennung einen „An das Staatsamt für Inneres!" adressierten offenen Brief, in dem er in geharnischten Worten das Ende des Separatismus der Künstlervereine und die Sozialisierung der Ausstellungshäuser fordert.

In Salzburg versucht Felix A. Harta mit der Gründung der Künstlervereinigung „Der Wassermann" neue Impulse zu setzen und die Hausmacht des etablierten „Salzburger Kunstvereins" zu brechen. Nach einigem Zögern lässt sich Faistauer zur Mitarbeit gewinnen. In dem am 28. Mai am Mozarteum gehaltenen Vortrag „Ist Salzburg eine Kunststadt?" breitet er eine Fülle von reformerischen und kunsterzieherischen Ideen aus. Faistauers Anregung, in Salzburg eine repräsentative Bildergalerie einzurichten, führt einige Jahre später zur Gründung der „Residenzgalerie"[22]. Ziemlich weit gedeiht auch das von ihm betriebene Projekt zur Errichtung einer zeitgemäßen Kunstakademie in Salzburg. Im Zuge der Belebung der Salzburger Kunstszene kann sich vorübergehend eine ambitionierte Verkaufsgalerie, die „Neue Galerie" am Alten Markt, etablieren[23].

Die erste „Wassermann"-Ausstellung im August 1919 im Künstlerhaus ist von hohem Engagement getragen, sie wird in Salzburg skandalisiert, erregt aber weithin Aufsehen. Faistauer führt hier erstmals seinen „Votivaltar" vor. In der Nacht vor der Eröffnung stirbt seine Frau, die ihm zuletzt als Modell für die schmerzensreiche Muttergottes des Altares gedient hatte, im Salzburger Landeskrankenhaus an der damals grassierenden Kopfgrippe.

Im Dezember stellt Faistauer in München rund vierzig Bilder und ebenso viele Zeichnungen aus, acht werden verkauft. Die Ausstellung in der Galerie Caspari in der Briennerstrasse wird u.a. von dem bekannten Kunstgelehrten Wilhelm Hausenstein eingehend besprochen. Gleichzeitig ist er in der Ausstellung „Wiener Zeichner" der Galerie Würthle & Sohn in Wien vertreten.

Nach dem Tod seiner Frau findet Faistauer zunächst Aufnahme bei dem befreundeten Architekten Martin Knoll in Morzg bei Salzburg. Im Lauf des Jahres **1920** zieht er in die freigewordene Wohnung seiner Schwester Clara ein, die sich in der sogenannten Leitner-Villa auf dem Mönchsberg, einem Nebengebäude von Schloss Mönchstein, befindet. Obwohl er immer wieder einen Ortswechsel erwägt, hat er damit für mehrere Jahre in der Stadt Salzburg Fuß gefasst[23].

Deckblatt des Kataloges der 2. „Wassermann"-Ausstellung, Salzburg 1920. SMCA, Bibliothek

Anton Faistauer mit seiner zweiten Frau, Emilie Ehrenberger, und Sohn Peter Paul, 1921

In der April-Ausgabe der Zeitschrift „Der Merker" publiziert Faistauer einen Aufsatz über die Entstehung der neueren österreichische Malerei, eine Vorstufe zu seinem Buch von 1921.

Seine Ausstellungstätigkeit setzt Faistauer mit einer Präsentation von zwanzig Ölbildern bei Hartberg in Berlin fort. Wichtig ist seine Teilnahme an der Wiener „Kunstschau 1920" im heutigen Museum für angewandte Kunst, u.a. mit dem Votivaltar und dem jüngst geschaffenen „Marienleben". Mit vierzehn Ölbildern sowie Zeichnungen und Lithografien bestückt er die zweite „Wassermann"-Ausstellung in Salzburg. „Vier Lithographien" (Maishofen, Sommer 1920, Abb. S. 130, 131).

Im Herbst präsentiert sich der „Deutsch-Österreichische Sonderbund" mit Unterstützung Cuno Amiets beim Kunstverein in Winterthur. Die von Andersen organisierte Ausstellung wird anschließend auch in Genf (5.11.–18.12) und in der Kunsthalle Bern (20.2.–28.3.1921) gezeigt und endet mit einem finanziellen Misserfolg. Für Faistauer ist das Schweizer Unternehmen insofern von Bedeutung, weil er in der Person des Arztes Dr. Minnich aus Montreux einen neuen Freund und Förderer gewinnt.

Am 22. Jänner **1921** heiratet Faistauer in der Müllner Kirche in Salzburg die zehn Jahre jüngere Emilie („Mili") Ehrenberger aus Wien. Sie ist in den vier großen stehenden Akten („Rhythmische Komposition, Kat.-Nr. 70) oder in dem großformatigen Bild „Stillleben mit Frau" (Kat.-Nr. 71) zu erkennen. Die Kunstschau 1921 im Künstlerhaus beschickt er mit achtzehn Bildern, in Salzburg richtet er die dritte und letzte „Wassermann"-Ausstellung („Internationale Schwarz-Weiß-Ausstellung") ein und auf der Winterausstellung der Secession zeigt er seine vier lebensgroßen Frauenakte.

Im September vollendet Faistauer den Text zu seinem viel beachteten Buch „Neue Malerei in Österreich", einer „Auseinandersetzung mit dem Modernismus und den zeitlichen Verworrenheiten", die 1923 im Amalthea-Verlag erscheint.

Im April **1922** unternimmt Faistauer eine längere Reise in die Schweiz zu seinem Gönner Dr. Minnich in Montreux. Auf Zwischenstationen in Zürich, Winterthur, Basel und Bern („Mein Gewicht 28. IV. Bern 63 kg", aus einem Notizbuch) besucht er zahlreiche Museen und Privatsammlungen. Besonders beeindrucken ihn die Holbein-Bildnisse in Basel. Zuvor hatte er sich an der 65. Ausstellung der Wiener Secession mit acht Ölbildern beteiligt. Es folgen die von der Gemeinde Wien veranstaltete Schau „80 Jahre österreichische Malerei" im Künstlerhaus, eine Ausstellungsbeteiligung in Nürnberg und die Herbstausstellung der Secession. Illustrationen zu „Pan und die Flöte", Gedichte von Georg Ulrich (E. Strache-Verlag, Wien 1923, Abb. S. 416).

Schon seit seiner Jugend hatte Faistauer davon geträumt, seine gestalterischen Kräfte an einem sakralen Innenraum zu erproben. Er wollte nicht nur für Sammler und Ausstellungsbesucher, sondern auch für das einfache Volk schaffen. Die Gelegenheit dazu bietet sich jetzt in der Salzburger Nachbargemeinde Morzg, deren Kirche einen Freskenschmuck erhalten soll. Architekt Martin Knoll stellt die Verbindung her, wegen der Inflation einigt man sich auf eine Bezahlung in Form von Naturalien. Die Arbeit nimmt fast ein volles Jahr in Anspruch und vollzieht sich unter reger Anteilnahme der Bevölkerung. Faistauer zieht zeitweise ganz nach Morzg und findet in den jungen Malern Theodor Kern, Wilhelm Kaufmann und Franz Elsner tüchtige Gehilfen. Faistauer hat nun auch im Salzburger Künstlerhaus ein Atelier und engagiert sich im Ausschuss des Kunstvereins, wird sogar Präsident-Stellvertreter. Da sich bei der von ihm organisierten Jahresausstellung **1923** die älteren Mitglieder benachteiligt fühlen, kommt es zum Bruch und Faistauer zieht sich von allen Funktionen zurück[24].

Um seine Freskenschöpfungen auch in Wien bekannt zu machen, verfällt Faistauer auf den Gedanken, etliche Motive in Temperatechnik auf Leinwand zu übertragen, die er im Herbst 1923 im großen Mittelsaal der Secession zur Ausstellung bringt. Zur selben Zeit malt er im Auftrag der Salzburger Landesregierung vier repräsentative Porträts. Die Moderne Staatsgalerie kauft seine „Liegende Frau auf rotem Sofa" an.

1924 wird der dritte Sohn, Thomas, geboren. Die Ehe muss zu dieser Zeit allerdings bereits als gescheitert betrachtet werden. Infolge der Überbeanspruchung hat Faistauers Gesundheit ernstlich Schaden genommen und er erleidet im Spätsommer einen Blutsturz. Nur mit Hilfe einiger Freunde gelingt es ihm, die Mittel aufzubringen, die ihm einen längeren Genesungsurlaub im Süden ermöglichten. Faistauer fährt zunächst nach Bozen, wo er tiefer Verzweiflung anheim fällt. „Ich habe seit 3 Monaten nur gedacht und jetzt kann ich auch nicht mehr malen. Mir liegt nicht sehr viel an meiner Gesundheit. Mich erschütterten in den letzten Tagen einige Gedanken, sodaß ich wünschte, ich wäre vor 3 Monaten gestorben"[25].

Er verbringt das Ende des Jahres in Gardone am Gardasee, wo ihm sein Freund, der Musiker Paul Königer (1882–1943), zeitweise Gesellschaft leistet. Er kommt wieder zu Kräften und begibt sich Anfang **1925** für einige Zeit nach San Remo und an die französische Riviera. Währenddessen sind in Berlin Bilder von ihm in der Galerie Gurlitt sowie bei der juryfreien Kunstschau am Lehrter Bahnhof ausgestellt. Im März macht er einen Abstecher nach Rom und besucht dort die österreichische Ausstellung auf der „Biennale romana", auf

Anton Faistauer, um 1925. Foto: Trude Geiringer/Dora Horovitz, Wien.
„‚Er hat ein katholisches Gesicht', sagte einmal von ihm ein blonder norddeutscher Protestant; und tatsächlich gleicht das Antlitz des ernsten Salzburger Malers dem eines spanischen Mönches, wie sie Zurbaran oft malte; es weist große, bedeutende Züge auf, deren feierliche Flächenlage kaum jemals ein Lächeln bewegt. Die Grazie der Jugend hat sich in der gereiften Mannheit zur Grandezza gewandelt". (Arthur Roessler, 1918)

Karl Bodingbauer (1903–1946): Porträtrelief Anton Faistauer, 1926. Messing-Treibarbeit, 39,5 x 33 cm. Wien Museum, Nachlass Roessler

der u.a. ein nach einem Morzger Karton gewebter Gobelin (Mariens Opfergang) zu sehen ist. Er missbilligt allerdings die Zusammenstellung der Schau, deren Hauptbild das „Konzert" von Max Oppenheimer ist, was schließlich dazu führt, dass der „Sonderbund" (mit Kolig, Wiegele, Kubin, Andersen u.a.) geschlossen aus dem Bund österreichischer Künstler (Präsident: Josef Hoffmann) austritt[26]. Im Gegenzug ruft Faistauer einen „Sonderbund österreichischer Künstler Salzburg" ins Leben, der seinen Einstand während der Festspielzeit mit einer anspruchsvoll konzipierten „Kunstschau" in der Großen Aula feiert. Im Vordergrund steht der Gedanke des Gesamtkunstwerkes, was sich schon in dem hohen Anteil von architektonischen Beiträgen (von den Architekten Peter Behrens, Clemens Holzmeister, Wunibald Deininger und Martin Knoll) bekundet[27]. Auf der Bühne des Festspielhauses ist ein von Faistauer gestaltetes „Domfenster" der optische Blickfang in Max Reinhardts Inszenierung von Karl Vollmoellers „Das Mirakel". Neben der Frühjahrsausstellung im Wiener Künstlerhaus und der Beteiligung an der Ausstellung „Christliche Kunst" in Innsbruck ist Faistauer in diesem Jahr auch im Ausland zweifach an prominenter Stelle präsent: Zusammen mit Oskar Kokoschka vertritt er Österreich auf der Internationalen Kunstausstellung in Zürich und im Herbst stellt er auf Einladung der International Society of Painters, Sculptors and Gravers in der Königlichen Akademie in London aus, die ihn zum Ehrenmitglied ernennt. „Im übrigen habe ich den dummen Stolz zu glauben, dass meine Malerei nicht mehr verleugnet werden kann, nicht in Österreich, nicht in Europa"[28].

Anton Faistauer bei der Arbeit an den Festspielhaus-Fresken, 1926

Anton Faistauer in seinem Atelier, 1929
Foto: Trude Geiringer/Dora Horovitz, Wien

Im Spätherbst reist Faistauer nach Paris. Im Dezember hält er sich wieder an der französischen Riviera auf, hauptsächlich in Menton. „Meine Gesundheit festigt sich zusehends. Ich vertrage schon die abgehende Sonne", lässt er von dort seinen Wiener Galeristen Dr. Otto Kallir-Nirenstein wissen[29]. In dessen „Neuer Galerie" waren 1924 und 1925 Kollektionen von Faistauer zu sehen gewesen. In Südfrankreich trifft er sich im Jänner **1926** mit seinem Salzburger Freund, dem Maler Anton Steinhart. Gemeinsam unternehmen sie im Februar und März eine Malreise nach Korsika[30]. Zurück geht es über Menton und Marseille wieder nach Paris: „... mit Ausnahme von 3–4 Leuten, die hohen Geschmack, aber wenig Kraft haben, sehr wenig Künstler, die mich begeistert haben"[31]. Auf Veranlassung des österreichischen Gesandten Dr. Alfred Grünberger

Anton Faistauers Testament, 18.7.1929.
SMCA, Faistauer-Archiv

> Mein letzter Wille !
>
> Da mich durch den Tod meines Freundes ernstliche Sorgen quälen, und ich sehe wie rasch das Leben dahin sein kann verfüge ich über mein Vermögen wie folgt:
> Mein Barvermögen im W. Bank Verein u. in der Deutschen Bank und die Aussenstände (Lederer 10.000 Sch.) (Brecht 3.000 M) Auto 2800 (Johann) zu vier Teilen.-
> Davon zwei Teile für Peter, ein Teil Thomas ein Teil Gundi Krippel Meine Bilder sollen so lange als möglich zurückgehalten werden. Kein Bild darf nicht unter dem Preise von 1500 fünfzehnhundert Schilling verkauft werden.-
> Bilder befinden sich im Atelier in Wien in Maishofen, in München laufender Ausstellung Berlin, Cöln, Salzburg.-
> Die Bilder sollen ebenfalls in vier Teile aufgeteilt werden, davon sollen zwei Teile für Peter. ein Teil für Thomas ein Teil für Gundi bestimmt sein.-
> Das Atelier u. Möbel sollen Gundi gehören bis zum 22 ten Jahr von Peter. Meine persönlichen Sachen dem Peter in seinem 22. Jahr. Dann mag Peter das Atelier übernehmen wenn er es haben will.
>
> Die Bilder sind fast 50 od. mehr an der Zahl und ihr Wert würde nach meiner Schätzung als minimal angenomen fünf u. siebzigtausend Schilling ausmachen. Die Bilder sind womöglich zusamenzuhalten um ihren Wert zu steigern, besonders sind - - die Bilder der beiden Kinder nicht vor 6 Jahren zu verkaufen ausser wenn sich besonders günstige Anbote ergeben.-
> Das Geld hiefür ist anzulegen. Peter und Thomas haben erst im erwachsenen Alter (25 Jahren) ein Verfügungsrecht über

kann Faistauer mit den jüngst entstandenen südfranzösischen Landschaften in den Räumen der Botschaft eine Ausstellung durchführen. Aufgrund des Erfolges wird er mit dem Titel „Officier de l'instruction publique" ausgezeichnet.

Zurück in Salzburg, erreicht ihn Anfang Mai der für sein internationales Ansehen folgenschwerste Auftrag: die malerische Ausstattung der Vorhalle des vom Architekten Clemens Holzmeister grundlegend umgestalteten Salzburger Festspielhauses. Da der auf Betreiben von Landeshauptmann Dr. Franz Rehrl kurzfristig beschlossene Umbau noch in vollem Gange ist, bleiben Faistauer bis zur Eröffnung am 5. August nur knapp fünf Wochen zur Bewältigung des umfangreichen, auch gedanklich sehr weitläufigen Bildprogramms,

ihr Vermögen. Für Thomas bleibt sein Vermögen unantastbar,-
bis auf den Erziehungsbetrag der bis zu seinem 20. Lebensjahre den Wert von 200 Schilling monatlich nicht übersteigen
darf.-

Aus dem augenblicklichen Barvermögen von cirka 40000 sind
10000 als Erziehungsbeitrag für Thomas gedacht was hinreicht
bis aus dem Verkauf seiner Bilder seine weitere Erziehung be-
stritten werden kann.-
Gundi erhält Ihren Teil sofort.-
Peter erhält bis zu seinem 22 Lebensjahre monatlich 200 Schil-
ling.Hernach berattet er sich mit Johannes seinem Vormund, u.
Gundi über die Anlage seines Vermögens, was ihm möglichst viel
Sicherheit seiner Existenz bringen soll.-

Ich bemerke ausdrücklich, dass ich gegen meine
zweite Frau Emilie keine fürsorgende Verpflichtung fühle und
sie aus meinem Erbe ausschliesse.-
Bei verändertem Vermögenszustand soll dieser Wille mangels
eines späteren Willens die Grundlage für die Hinterlassen-
schaft sein. A.F.
Köln am 18. 7. 1929.-   AntonFeistauer m.p.

das dem von Hofmannsthal geforderten geistigen Universalismus Österreichs gerecht zu werden versucht. „Es brachte mir auch so viel Geld, dass ich diesen Winter ohne Sorgen wieder nach Frankreich gehen kann"[32]. Gleichzeitig beschäftigt sich Faistauer auch mit Bühnenentwürfen zu „Faust" (für eine nicht zustande gekommene Inszenierung von Max Reinhardt). Der Freskenzyklus wird von der in- und ausländischen Kritik als eine der bedeutendsten künstlerischen Leistungen der Gegenwart bewertet. Aufgrund seiner zeitweiligen Abnahme (zwischen 1938 und 1956) ist er nurmehr unvollständig erhalten. Als Gehilfen stehen Faistauer neben den Malern Egge Sturm-Skrla, Theodor Kern und Anton Bachmayr auch seine neue Lebensgefährtin, die Wiener Keramikerin Adelgunde (Gundl) Krippel (1900–1986) –

Anton Faistauer, um 1926. Privatfoto

Ausstellung des Carnegie-Institutes in Pittsburg, USA, 1927

das Modell u.a. zur Heiligen Cäcilie – zur Seite. Er hatte sie als Freundin von Hofmannsthals Tochter Christiane kennen gelernt[33].

Im September findet Faistauer noch die Kraft, im neu errichteten Kollegtrakt des Stiftes St. Peter zwei kleinere Wandfresken (Gnadenstuhl und Sonnenuhr) zu vollenden. Anschließend porträtiert er in München den Fabrikanten Georg Wrede. Schon im Vorjahr war er eingeladen worden, sich an der Ausstellung des Carnegie-Institutes in Pittsburgh, USA, zu beteiligen, die mit hohem Prestige verbunden war. Weiters ist er auf der Internationalen Kunstausstellung in Dresden vertreten. Die Neue Galerie Wien stellt eine Auswahl seiner Festspielhaus-Entwürfe aus. Am 16. November 1926 wird Faistauer von seiner Frau geschieden („ohne Groll u. zu viel Bitterkeit"). Kurz darauf reist er – mit Zwischenstation in Straßburg – nach Paris ab, doch verläuft dieser Aufenthalt nicht zuletzt wegen einer Grippeerkrankung für ihn wenig befriedigend. Am Ende dieses arbeitsintensiven und ereignisreichen Jahres kann Faistauer noch das Ernennungsdekret zum „Professor" in Empfang nehmen.

1927 kann Faistauer seine Beziehungen nach Deutschland weiter ausbauen. Im Februar porträtiert er den bayerischen Kronprinzen Rupprecht in Berchtesgaden, im Mai weilt er in München, um eine Fresko-Komposition mit dem Titel „Das Bild mit den sieben Tieren" für die von Fritz Behn organisierte Große Münchener Kunstausstellung im Glaspalast vorzubereiten. Sein Beitrag umfasst außerdem 21 Ölbilder und erregt im Rahmen der österreichischen Abteilung, für die Clemens Holzmeister ein markantes Raumensemble entworfen hatte, neben Werken von Hanak, Kolig, Egger-Lienz, Kitt u.a. starkes Interesse. Im Anschluss daran nimmt Faistauer in Salzburg einige Korrekturen und Änderungen an seinen Festspielhaus-Fresken vor. Im Juni malt er in Wien eines seiner bekanntesten Gemälde, den Sänger Richard Mayr im Bühnenkostüm des „Ochs von Lerchenau". Es wird gleich nach seiner Fertigstellung zusammen mit einigen anderen Arbeiten zur Carnegie-Ausstellung nach Pittsburgh geschickt. Auch Ausstellungen in Den Haag, Amsterdam, Rotterdam, Prag und Stockholm werden erwähnt.

Wegen der Bindung an Gundl Krippel und der zahlreichen Porträtaufträge verlegt Faistauer seine Tätigkeit nun wieder mehr nach Wien. Allerdings ist er in Ausstellungsangelegenheiten mehr denn je auf Reisen. Eine Berufung an die Stuttgarter Akademie entschließt er sich nicht anzunehmen, hier wird dann Anton Kolig Professor. Etwas später verzichtet Faistauer als aussichtsreicher Kandidat auch in Wien und München auf eine Bewerbung.

Als Präsident des Sonderbundes österreichischen Künstler in Salzburg widmet Faistauer dem Salzburger Museum eine Mappe mit vierzehn Arbeiten seiner Mitglieder, darunter sein Selbstporträt (Kat.-

Nr. 151) – „in einer Zeit, die aus öffentlichen Mitteln schwer im Stande ist Zeitkunst zu sammeln, wie es ihre Aufgabe wäre"[34].

Im Oktober verbindet er eine Einzelausstellung (bei Goldschmidt) mit einem längeren Aufenthalt in Frankfurt, von wo aus er eine Tagung des „Kulturbundes" in Heidelberg besucht. Seine Werke sind im ersten Halbjahr des Jahres **1928** in Düsseldorf, Duisburg, Bochum, Barmen und im April beim Kölnischen Kunstverein sowie im Juni/Juli im Kunstverein in Leipzig zu sehen. Die Bayerische Staatsgemäldesammlung erwirbt sein Bild „Die Hausmeisterin", das Wallraf-Richartz-Museum ein Salzburger Stadtbild. Sowohl in München, wo Faistauer Gast des Kronprinzen Rupprecht in dessen Leuchtenberg-Palais ist, als auch in Köln kommt Faistauer Porträtaufträgen nach. In Wien entsteht das Bildnis Hugo von Hofmannsthals, eine Widmung der Museumsfreunde an die Moderne Staatsgalerie. Diese erwirbt mit der „Salzburger Abendlandschaft" ein weiteres Bild. Ein Freskoauftrag führt ihn Ende Mai nach Bamberg: Das neu gebaute Priesterseminar erhält eine große Kreuzigung von seiner Hand. Keine Verwendung finden hingegen seine Entwürfe für Gobelins zur Ausstattung des Lloyd-Dampfers „Europa". Im Sommer begleitet er den amerikanischen Filmstar Lillian Gish, der auf Einladung von Max Reinhardt auf Schloss Leopoldskron weilt, in den Pinzgau[35]. Mit großen Erwartungen begibt sich Faistauer Ende November für drei Wochen nach Berlin, wo die Galerie Hartberg rund vierzig Bilder inklusive des Votivaltars zur Ausstellung bringt. Trotz zahlreicher ausführlicher und großteils vorzüglicher Rezensionen bleibt der materielle Erfolg vollständig aus.

In Salzburg löst Faistauer Ende des Jahres sein Atelier im Künstlerhaus auf. Er hatte seit Anfang des Jahres eine Atelierwohnung in der Biberstraße im I. Wiener Bezirk. In Wien beteiligt er sich am Wettbewerb um den Elida-Preis für das schönste österreichische Frauenporträt des Jahres 1928, den Sergius Pauser für sich entscheidet, und an der Internationalen Aktausstellung in der Secession. Ein wichtigeres Ausstellungsereignis ist die Kunstschau **1929** im Secessionsgebäude, die Faistauer mit 29 Ölbildern nochmals prominent in ihren Reihen sieht. Auch die Galerie Caspari in München stellt ihn im Juli abermals aus. Die Reihe der Einzelpräsentationen wird beim Bamberger Kunstverein und beim Kunstverein in Ostrau und im April in der Bremer Kunsthalle fortgesetzt. In Ostrau hatte er einen Vortrag gehalten und einen Bewunderer seiner Werke, Generaldirektor Dr. Adolf Sonnenschein, porträtiert. Im Herbst schließen sich der Ulmer und der Augsburger Kunstverein an. In Ulm erwirbt das Museum zwei Bilder („Gardone di sopra", 1924, „Bildnis einer jungen Frau", 1919), die im August 1937 als „entartete Kunst" beschlagnahmt und nach Berlin gesandt werden[36]. Zuzüglich der Be-

Zeitungsausschnitt Berliner Tagblatt, 1.12.1928: Zeichnung vom Prominenten-Karikaturisten Fred Dolbin (1883–1971)

Anton Faistauer, um 1928. Foto: Fayer, Wien

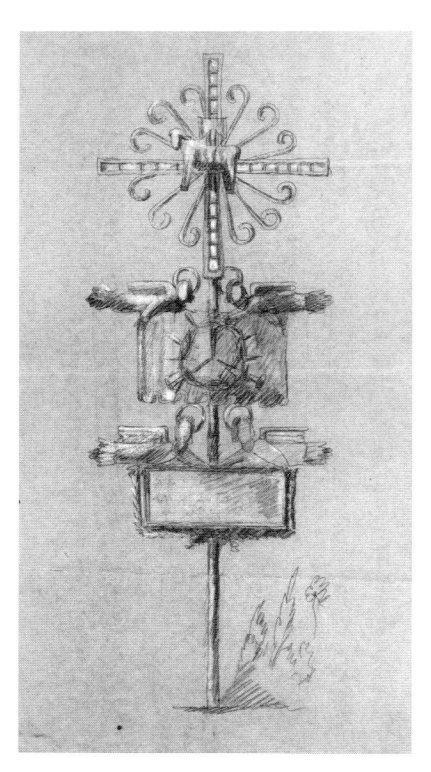

Clemens Holzmeister: Entwurf für ein Grabkreuz Anton Faistauer, 1930. SMCA, Grafiksammlung, Inv.-Nr. 1062/96
Anton Faistauers Grab am Maishofener Friedhof

teiligungen, etwa in Stuttgart, Brünn, Budapest und Köln, wird Faistauers Ausstellungstätigkeit fast unübersehbar.

Im März und April führt Faistauer wieder ein großflächiges Fresko, „Diana von der Jagd heimkehrend", aus: Im Treppenhaus des Schlösschen Weidlingau bei Wien, schmückt er die Decke mit dieser dem barocken Ambiente angepassten Komposition. Anton Bachmayr aus Salzburg unterstützt ihn bei dieser Arbeit. (Das Fresko konnte 1971/72 vor dem Abriss des Gebäudes gerettet und nach Salzburg verbracht werden. Es befindet sich jetzt im Alten Borromäum der Universität Mozarteum.)

Zur selben Zeit wird Faistauer verbindlich eingeladen, für die von Clemens Holzmeister erbaute Stadtpfarrkirche Bregenz-Vorkloster mehrere Glasfenster („Maria unterm Kreuz" und „Christi Geburt") zu gestalten, ein Auftrag, mit dem er sich in Entwürfen ausgiebig beschäftigt.

Sehr nahe geht Faistauer der Tod Hugo von Hofmannsthal im Juli des Jahres, von dem er in Köln erfährt; das belegen mehrere Briefe. Er hatte den Dichter, in dem er immer mehr eine Art geistigen Vater sah, regelmäßig in Rodaun oder Altaussee besucht und war auch mit seinen Kindern eng befreundet: Wenige Monate zuvor war er Taufpate von Christianes erstem Sohn Christoph gewesen. Aus diesem Anlass verfasst er den Brief an einen Neugeborenen (S. 241 in diesem Band). Faistauer schreibt noch in Köln, wo er mehrere Porträts malt, sein eigenes Testament nieder[37], „Hoffe aber trotzdem noch lange zu leben"[38]. Er trägt sich in Gedanken schon des längeren mit einer weiteren Buchpublikation, die in der Art eines Maler-Tagebuchs seine verstreuten Gedanken zur Kunst festhalten soll. In dieser Zeit zeichnet er auch Szenenentwürfe zu Hofmannsthals Schauspiel „Der Turm".

Im Oktober kann sich Faistauer endlich soweit von seinen Verpflichtungen befreien, um seine vielersehnte italienische Reise machen zu können, und zwar in Begleitung von Gundl Krippel, deren Schwester Liesl und des Malers Heinrich de Arnoldi. Man besucht Venedig, Florenz, Neapel, Taormina und Palermo, was mehrere Städtebilder aufs eindrucksvollste dokumentieren. Ein Besuch in Bregenz im Dezember stellt eine Ausweitung des Glasfenster-Auftrags in Aussicht, den später Faistauers Schwager Andersen übernimmt. Nach einem Neujahrsbesuch bei seinem Vater in Maishofen beschäftigt sich Faistauer im Jänner **1930** vornehmlich mit zwei großformatigen Kompositionen, der „Blauen Madonna" und „Adam und Eva". Im Februar wird sein altes Magenleiden wieder akut. Faistauer muss in das Sanatorium „Hera" eingeliefert und wird von Prof. Heyrowsky operiert. Er überlebt den Eingriff zwar, stirbt aber aufgrund körperlicher Entkräftung am frühen Morgen des 13. Februar. Am 17. Februar wird er auf dem Ortsfriedhof in Maishofen zur letzten Ruhe geleitet[39]. Das Grabkreuz entwirft Clemens Holzmeister, der in einem Kondolenzbrief über Faistauer schreibt: „Er hat nur den halben Weg, den schweren, von Kränkungen und Enttäuschungen übervollen Weg dieses Lebens gehen dürfen. Nun, nach all seinem so standhaften und immer männlichen Ringen wäre ihm mit Sicherheit der große Erfolg des führenden Malers Österreichs beschieden gewesen"[40].

Der Nachlass umfasste 65 Ölbilder. Die erste Gedächtnisausstellung veranstaltete der „Sonderbund" noch im Sommer des Jahres **1930** in der Großen Aula in Salzburg, im Herbst folgte die Wiener Secession. Eine Wanderausstellung mit Werken aus dem Nachlass begann am Jahresende 1930 in Zürich, wurde in der Folge in Karlsruhe, Heidelberg, Speyer und Heilbronn gezeigt und musste dann wegen der wirtschaftlichen Notlage abgebrochen werden. Beim verheerenden Brand des Münchener Glaspalastes am 5./6. Juni **1931**, der eine bedeutende Romantiker-Ausstellung zur Gänze vernichtete, wurden auch vier Faistauer-Gemälde aus seiner allerletzten Schaffenszeit ein Raub der Flammen: „Adam und Eva", „Canal grande", „Hafen von Neapel" und ein Damenporträt. **1932** konnte man Faistauer auf der Biennale in Venedig begegnen. **1935** widmete die Albertina seinem zeichnerischen Werk eine große Ausstellung. Salzburg ehrte Faistauer zum 50. Geburtstag **1937** mit der Enthüllung einer Gedenktafel im Faistauer-Foyer des Festspielhauses, die jedoch schon zwei Jahre später zusammen mit den Fresken verschwand. **1947** erschien bei der Büchergilde Gutenberg in Wien Arthur Roesslers Buch „Der Maler Anton Faistauer – Beiträge zur Lebens- und Schaffensgeschichte eines österreichischen Künstlers". **1948** nahm sich der Salzburger Kunstverein mit einer 76 Katalognummern umfassenden Ausstellung des Werkes von Faistauer an. Im Jänner **1950** zeigte die von Otto Kalir-Nirenstein geführte Galerie St. Etienne in New York Werke von Anton Faistauer. **1953/54** sah man den Zeitpunkt für eine große Gedächtnisschau gekommen, die nacheinander im Wiener Künstlerhaus, in der Neuen Galerie Linz, im Tiroler Landesmuseum Ferdinandeum und in der Residenzgalerie Salzburg Station machte. Kleinere Werkpräsentationen fanden **1962** im Salzburger Museumspavillon und **1970** in Maishofen statt. **1972** war ein besonders wichtiges Jahr im Hinblick auf Faistauers Geltung im Bewusstsein der Nachwelt: Zum einen würdigten ihn die Residenzgalerie Salzburg und die Österreichische Galerie Wien mit einem repräsentativen Querschnitt seines Schaffens, zum andern legte der Salzburger Residenzverlag eine von Franz Fuhrmann überaus sorgfältig erarbeitete Monografie über den Künstler vor. Damit war eine profunde wissenschaftliche Basis für

Plakat zur Gedächtnisausstellung, Wien 1930. SMCA, Plakatsammlung

Plakat zur Gedächtnisausstellung, Wien 1953. Salzburg, Privatbesitz

jede künftige Beschäftigung mit Faistauer gelegt. Die Salzburger Landesregierung vergibt seit 1972 alle drei Jahre einen Anton-Faistauer-Preis für Malerei. Die Wiederkehr des 100. Geburtstages nahm das Salzburger Museum Carolino Augusteum **1987** zum Anlass für eine Sonderausstellung. Der von Albin Rohrmoser dazu verfasste Katalog ist die bisher letzte Einzelpublikation über Faistauer. Allerdings sorgte das gestiegene Interesse an der österreichischen Malerei der Zwischenkriegszeit dafür, dass seine Werke seither immer wieder bei Überblicks- und Themenausstellungen zu sehen waren. Als besonders positive Errungenschaft der letzten Zeit ist zu vermerken, dass seit der Eröffnung des Wiener Museumsquartiers im Jahr **2000** Faistauers Schaffen im Leopold-Museum in einer seiner Bedeutung angemessenen Breite permanent präsentiert wird.

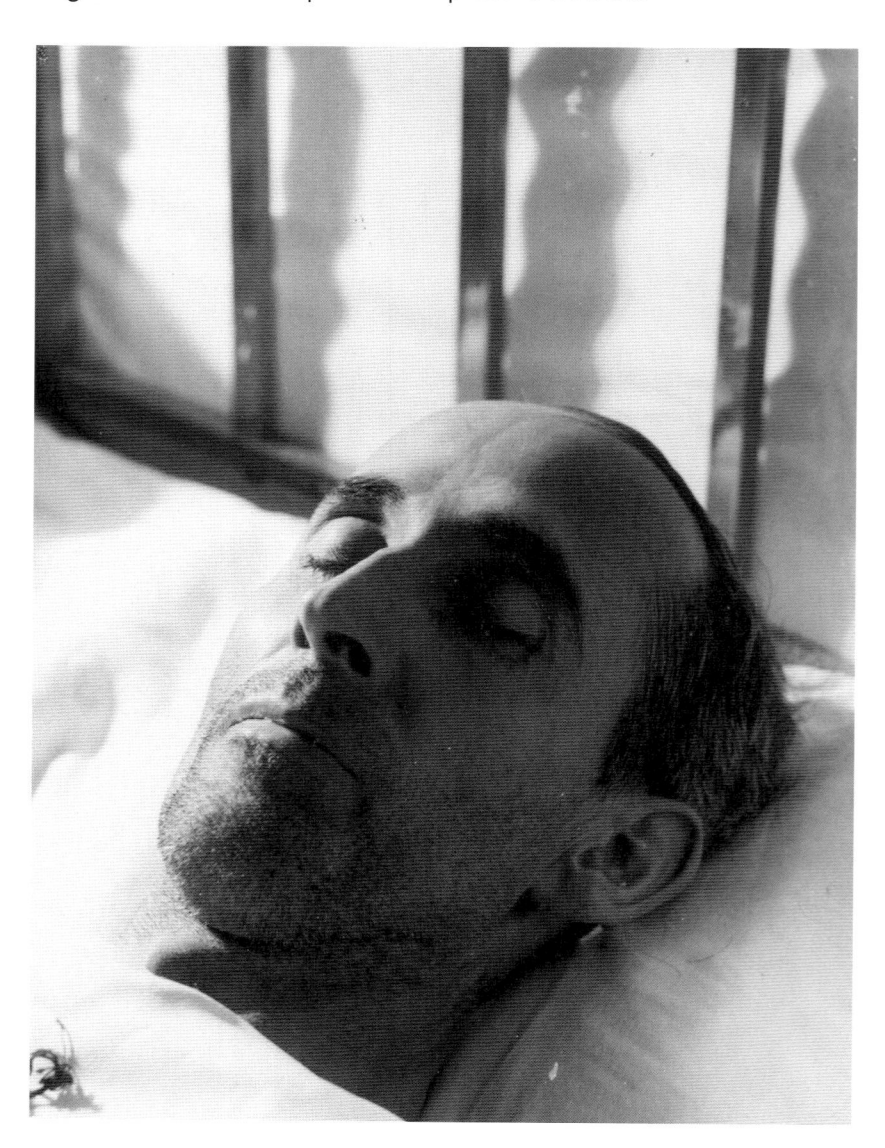

Anton Faistauer auf dem Totenbett,
13.2.1930

Anmerkungen

Die Biografie stützt sich im wesentlichen auf Franz Fuhrmanns Darstellung in der 1972 erschienenen Monografie über Anton Faistauer.

1 Genealogische Unterlagen, Stammbäume etc. im SMCA, Faistauer-Archiv.
2 Johanna Müller: Anton Faistauer, ein österreichischer Maler. Maturaarbeit am Bundesgymnasium Wien III, Kundmanngasse 22 (1934), S. 14.
3 Irmgard Hutter: Die ersten zwanzig Jahre (1899–1918). In: A.P. Gütersloh zum 100. Geburtstag. Wiener Secession 1987, S. 41.
4 J. Müller (Anm. 2), S. 16.
5 J. Müller (Anm. 2), S. 17. – Vgl. auch Anton Peschka, Niederschrift vom 2. Juni 1930 über seine Bekanntschaft mit Faistauer. SMCA, Faistauer-Archiv.
6 Vgl. Ludwig W. Abels: Toni Faistauer, der Salzburger Festspielmaler. In: Neues Wiener Journal vom 19.8.1926.
7 J. Müller (Anm. 2), S. 17.
8 Eintragung im Studienbogen Anton Faistauer, Akademie der bildenden Künste Wien.
9 A. Peschka (Anm. 5).
10 J. Müller (Anm. 2), S. 18.
11 Diese Ausstellung ist zwar nicht nachgewiesen, wird aber sowohl bei J. Müller (Anm. 2), S. 20, als auch in einem Brief Faistauers vom 20.5.1910 an Ida Andersen erwähnt.
12 J. Müller (Anm. 2), S. 21.
13 Vorwort des Ausstellungskatalogs, S. 12.
14 Tobias Natter (Hrsg.): Die Galerie Miethke. Eine Kunsthandlung im Zentrum der Moderne. Wien 2003 (anlässlich der Ausstellung im Jüdischen Museum Wien).
15 Vgl. Bestandskatalog der Österreichischen Galerie in Wien. Bd. 1 (A–F). Wien 1993, S. 209 ff.
16 J. Müller (Anm. 2), S. 22. – Vgl. Ausstellungskatalog: Künstler (Sammler) Mäzene, Porträt der Familie Hauer. Kataloge des Niederösterreichischen Landesmuseums Neue Folge 404. Krems 1996.
17 Brief vom 4.7.1914 an Paul Königer. SMCA, Faistauer-Archiv.
18 J. Müller (Anm. 2), S. 24.
19 Die Wiener Secession. Die Vereinigung bildender Künstler 1897–1985. Wien – Köln – Graz 1986, S. 100 f.
20 Franz Fuhrmann: Der Durchbruch der modernen Malerei in Salzburg. In: Das Salzburger Jahr 1971/72, Salzburg 1971, S. 20–24.
21 Zum „Sonderbund": G. Tobias Natter: Das Tagebuch der Silvia Koller. In: Ausstellungskatalog Broncia Koller-Pinell. Jüdisches Museum Wien 1993, S, 95 f.
22 G. Plasser: residenzfähig. Sammlungsgeschichte der Residenzgalerie Salzburg 1923–1938. Salzburg 1998, S. 248 ff., 276 ff.
23 Victor Kumpfmüller: Salzburger Häuser. In: Die Bühne Nr. 309, Wien 1931, S. 18–19.
24 Nikolaus Schaffer: Kurzer Höhenflug und langsames Stranden. „Wassermann" und „Sonderbund". In: 150 Jahre Salzburger Kunstverein – Kunst und Öffentlichkeit 1844–1994. Salzburg 1994, S. 115 ff., 135 f. Als der Salzburger Kunstverein 1928 unter dem Titel „Ein halbes Jahrhundert Salzburger Kunst" eine große Überblicksausstellung veranstaltete, war unter den 210 Exponaten kein Werk von Faistauer.
25 Brief vom 8.11.1924 aus Bozen an Robin Christian Andersen. Salzburg, Privatbesitz.
26 Vgl. Edith Baumgartner: Felix Albrecht Harta. Phil. Diss. Salzburg 1991, S. 90. „Wir haben aus Vorsicht den Sonderbund österreichischer Künstler, dessen Mitglied Sie sind, nicht aufgelöst. Es war gegen unser gutes Gefühl, dieses zwanglose Refugium, das unsere geistige Zusammengehörigkeit symbolisierte, aufzugeben und er steht nun wieder darinn [sic!], so unabhängig wie früher, wer will". Brief vom 4.5.1925 an Josef Hoffmann, den Präsidenten des österreichischen Künstlerbundes. SMCA, Faistauer-Archiv.
27 N. Schaffer (Anm. 24), S. 136.
28 Undatierter Brief an Robin C. Andersen. Privatbesitz.

29　Brief vom 8.1.1926 an Otto Kallir-Nirenstein. SMCA, Faistauer-Archiv.
30　Salzburger Volksblatt, Jubiläumsausgabe, „Spione auf Korsika – Prof. Steinhart berichtet von einer Studienreise mit Faistauer", abgedruckt in: Franz Fuhrmann: Anton Steinhart. Salzburg 1975, S. 10 ff.
31　Brief vom 2.1.1926 aus Mentone an Bruder Johannes Faistauer. SMCA, Brief-Exzerpt Fuhrmann.
32　Brief vom 29.8.1926 aus Maishofen an Bruder Johannes Faistauer. SMCA, Brief-Exzerpt Fuhrmann.
33　Barbara Wally (Hrsg.): Künstlerinnen in Salzburg. Salzburg 1991, S. 345.
34　Schreiben vom Oktober 1927 an Museumsdirektor Dr. Julius Leisching. SMCA, Grafiksammlung.
35　Gusti Adler: ... aber vergessen Sie nicht die chinesischen Nachtigallen. Erinnerungen an Max Reinhardt. München – Wien 1980, S. 220.
36　Günther Wirth: Verbotene Kunst 1933–1945. Verfolgte Künstler im deutschen Südwesten. Stuttgart 1987. – Ausstellungskatalog: Kunst und Kultur in Ulm 1933–44. Ulmer Museum 1993.
37　Original im SMCA, Faistauer-Archiv.
38　Brief vom 21.7.1929 aus Köln an Gundl Krippel. SMCA, Brief-Exzerpt Fuhrmann.
39　Salzburger Volksblatt vom 18.2.1930.
40　Brief Clemens Holzmeister vom 15.2.1930 aus Düsseldorf an Gundl Krippel. SMCA, Brief-Exzerpt Fuhrmann.

Nikolaus Schaffer
Sehnsucht nach Größe

> „Könnte ich meinen Linien die Spannung einer gestrafften Sehne, den Armen die Kraft einer Schöpfergebärde oder die Zagheit eines Liebesaktes, den Flächen des Gesichts die Weite der Mondscheibe [verleihen], jegliche Farbe aber in solch großen Gefäßen mit der Glut des selbstleuchtenden Edelsteins erfüllen, einen Stoff mit der Einfachheit der Lichter und Schatten und der unbedingt klaren, unwandelbaren Farbe der Orange ausstatten, so würde ich meiner Sehnsucht nach Größe nahe sein, und wäre das gemalte Objekt nur ein Gemüsestillleben, ein Kalb, ein Mensch, ein Stück Himmel oder Erde"'.

Die „vierte Dimension" – Faistauers „maniera magnifica"

Anton Faistauer ist, so eingängig und unproblematisch er sich in seiner Kunst gibt, wenn man ihm aus der Nähe betrachtet, ein komplizierter und womöglich auch undankbarer Fall. Man würde es seinen Bildern, die nichts als Ruhe, Wohllaut und Gleichmaß zu verströmen scheinen, nicht ansehen, dass kaum ein zweiter Maler seiner Generation in Österreich so viel über Malerei nachgedacht und theoretisiert hat wie er. Seine sprachliche Begabung, die er um der Malerei willen zurückgestellt hatte, verschaffte sich in zunehmendem Maße auf kunstschriftstellerischem Gebiet ein Ventil; abgesehen von den publizierten Schriften enthalten seine Briefe und seine Notizhefte eine Fülle von Reflexionen. Was ihn gedanklich immer wieder beschäftigte, war das Verhältnis zwischen den „ewigkeitstragenden" Qualitäten und den vom wechselnden Zeitgeist abhängigen, von Kommerz und Abwechslungsbedürfnis diktierten Erscheinungen. So sehr er es verachtete, sich in den bequemen Bahnen des Angelernten, Gewohnten und Erwünschten weiterzubewegen, so sehr beunruhigten ihn das Tempo und die Kurzlebigkeit, denen sich die Kunst auslieferte, nachdem sie sich vom Joch der Tradition befreit hatte. Faistauer hatte die Kunstkritiker im Verdacht, dass sie als Schrittmacher des Zeitgeistes die wahre Kunst aus dem Auge verlören. Er wollte sich diesem Mechanismus entziehen und hat erstaunlich viel Scharfsinn aufgeboten, um dies auch theoretisch zu untermauern, hat sich wie wenige seinesgleichen in der Rolle des philosophisch und historisch versierten Beobachters und Bekenners exponiert. Faistauer war keineswegs gegen Veränderung zugunsten bloßer Rückbesinnung eingestellt. Schließlich hatte er sich selbst im Namen eines sinnlichen, vom subjektiven Empfinden durchdrungenen Welterlebens gegen die lebensferne Kunstpraxis

Selbstbildnis, 23.3.1922. Zeichnung. Verbleib unbekannt

der älteren Generation aufgelehnt. Seine Ablehnung war nicht nur gegen die akademische Konvention, sondern auch gegen die secessionistische Stilkunst gerichtet, die als erste mit dem 19. Jahrhundert gebrochen hatte. Die Befreiung des künstlerischen Subjekts, die im Gefolge des Expressionismus die europäische Kunstszene mit Unruhe erfüllte, öffnete nun die Schleusen zum anderen Extrem hin. Die Wege der Kunst begannen sich vielfältig und scheinbar willkürlich zu verzweigen und aus dem großen Entwicklungsbogen auszuscheren.

Faistauer war überzeugt, dass das allzu Zeitgemäße bald rückständig sein würde, und er suchte der Gefahr, dem zeitlich Verhafteten und Modischen zu verfallen, schon im Ansatz zu begegnen. Er machte sich auf die Suche nach einem „Königsweg". Anstatt subjektiven Vorlieben nachzugeben und ein Individualist unter anderen zu sein, strebte er eine übergreifende Sichtweise an, die über ein eigenmächtiges Betonen von Teilaspekten hinausführt. Diesem Anspruch lag die Vorstellung zugrunde, dass es möglich sei, aus der Gesamtheit der im Lauf der Jahrhunderte geschaffenen Malerei bis hinauf zu den Vätern der Moderne objektive Grundbausteine und ewig gültige Ordnungsgesetze herauszuziehen. Die historischen Stilmerkmale stellten für diese universalistische, überzeitliche Perspektive keine Barriere dar, weil auch sie nicht das Essentielle der Kunst ausmachen. Faistauer glaubte die Malerei auf absolute Form- und Farbverhältnisse bringen zu können, um aus dieser Reduktion auf das „Wesentliche" feste Grundlagen für sein eigenes Schaffen zu gewinnen. Sowohl das mit Zufälligem behaftete Motiv in seiner Ausschnitthaftigkeit als auch Inhalte gedanklich-symbolischer Art gehören zu den Elementen, die aus einer „absoluten" Malerei, wie sie ihm vorschwebte, auszuscheiden sind.

Diese Antithese zum modernen Subjektivismus mit seiner Pluralität der malerischen Problemstellungen – man könnte Faistauers Position mit der eines Universalgelehrten im Heer der Spezialisten vergleichen – war nicht zuletzt gegen das eigene „Ego" gerichtet. Er wollte sich nicht damit zufrieden geben, einen persönlichen Stil zu kultivieren, sondern sich mit den Klassikern aller Zeiten auf eine Ebene schwingen. Nachdem er sich auf eigenes Betreiben der Kontrolle durch akademische Lehrer entzogen hatte und auch kein zeitgenössisches Vorbild in Reichweite fand, das er akzeptierte, war er dazu gezwungen, sich auf eigene Faust einen Weg zu bahnen. Nur unter den Kollegen fand er einige Gleichgesinnte, vor allem Anton Kolig und Franz Wiegele. Auf der Suche nach einer verlässlichen Instanz durchforsteten sie die Kunst der Vergangenheit, zu deren Verständnis ihnen paradoxerweise die Akademie den Weg versperrt hatte.

Während andere Künstler zu einem entschiedenen Standpunkt gelangten, indem sie mit weniger Skrupeln ihrem Ausdrucksverlangen folgten, suchte Faistauer den Anspruch seiner Kunst durch eine objektivierende Distanz immer höher zu schrauben. Das Überbrücken der sich im Spannungsfeld von autonomer Schaffensfreiheit und universellem Verantwortungsgefühl auftuenden Gegensätze war wohl zu keinem Zeitpunkt schwieriger gewesen. Der Rechtfertigungsdruck veranlasste gerade die ernsthaftesten Künstler zu weit ausholender Theoriebildung. Faistauers vermessener Anspruch, sich eine dem „Zeitgeist" überlegene und im teilweisen Widerspruch zu diesem stehende Position zu verschaffen, lässt ihn heute für manche als halbherzigen Zeitgenossen der revolutionären Avantgarde erscheinen. Allerdings ist sein Ruf als „Klassiker" innerhalb der „klassischen" Moderne in Österreich ungefährdet. Man schätzt an seinen Bildern eine gewisse zeitlose Aura, eine Distinktion, wie man sie von einem „alten Meister" erwartet, und die sich hier mit dem Form- und Farbgefühl der avancierten Moderne verbindet.

So fragwürdig das Ansinnen auch sein mag, Vergängliches und Unvergängliches am Kunstwerk trennen zu wollen, so sind Faistauers Intentionen dennoch nicht bloße Rhetorik und Einbildung geblieben. Schon Wilhelm Hausenstein hat bei ihm ein empfindsames Gleichgewicht des Alten und Neuen konstatiert – eine Aussage, die zunächst klischeehaft anmutet, die aber an Gewichtigkeit gewinnt, wenn sie gleichzeitig das Halsbrecherische und keineswegs Buchstäbliche und Eklektische dieser Symbiose betont. „Faistauers Künstlerschaft erreicht sich selbst gerade darin, dass sie wesentliche Formen der Zeit und Vorzeit mit einer Souveränität und Grazie übersetzt, die ins Unbegreifliche gehen. Zuweilen blieb nur ein Reflex"[2].

Diese Eigenschaft hat Faistauer beim Publikum stets einen gewissen Vorteil verschafft, da er die Auffassungsbereitschaft für das Neue nicht überstrapazierte. Wo andere tiefe Gräben rissen, wollte er als Brückenbauer tätig sein. Sogar in den Tagen des ersten Durchsetzungskampfes, als Faistauer und seine Mitstreiter als „Barbaren" und „Bolschewiki" verlästert wurden, verschaffte er sich rascher als mancher andere Akzeptanz. Kaum hatte man sich an eine „wildere" Gangart gewöhnt und war der Expressionismus salonfähig geworden, wurde Faistauer auch schon der dekorativen Schönmalerei bezichtigt. Sein unter Aufbietung höchster gestalterischer Disziplin bewerkstelligtes Ausgleichsstreben hat sich oft genug den Vorwurf eingehandelt, konzessionsbereit und gefällig zu sein, denn er konnte nicht mit aufwühlenden Seelenbotschaften aufwarten. Wenn er sich mit seinem Beharren auf dem Überzeitlichen und Überpersönlichen zum Expressionismus betont kontroversiell verhielt, so kam die nach dem ersten Weltkrieg überall einsetzende Beruhigung der Malerei, die unter Etiketten wie Neoklassizismus und Neue Sachlichkeit firmiert, Faistauers Auffassung zwar entgegen, doch lag er letztlich genauso wenig im Trend wie zuvor. Denn seine Kunst zeigt gerade in den späten zwanziger Jahren einen auffallenden Zug zum Dynamischen und Expressiven. Seine persönliche Entwicklungslogik hat immer auch etwas Gegenläufiges zu den Pendelbewegungen der vorherrschenden Stiltendenzen.

Nun hat sich zwar, im Gegensatz zu Faistauers persönlicher Einschätzung, vielfach das Individualistische, Partikuläre, Zeittypische durchgesetzt, doch war auch sein Eintreten für die Kontinuität in der Kunst – und gegen den radikalen Bruch mit der Vergangenheit – nicht vergeblich. Seine Kunst gilt als Synonym für zeitlos schöne, unaufdringliche Malerei, der allerdings der Stachel des Provokativen fehlt. Im Urteil der Nachwelt behauptete sie sich als konstante Größe, die nie ein Plädoyer nötig hatte, was nicht heißt, dass die Einschätzung, die ihn zum allzu Moderaten stempelt, nicht erheblicher Korrekturen bedarf. Mit dem oft bemühtem Prädikat „gemäßigt" oder „konservativ" wird man seiner Kunst nicht gerecht.

Die Sammler und Kunstfreunde wissen ihn heute im allgemeinen mehr zu schätzen als die Fachwissenschaftler, die sich hauptsächlich auf die Analyse des Entwicklungsgeschehens verstehen. Für sie steht Faistauer eher als ein „Bremser" da. Sein Verhalten irritiert sie einigermaßen, da einerseits an seiner tonangebenden Rolle als Pionier der Moderne in Österreich nicht zu rütteln ist, und man in ihm andererseits einen Kronzeugen dafür sehen muss, dass radikale Strömungen hierzulande in einen ebenso gediegenen wie unspektakulären Spätexpressionismus abgebogen wurden. Faistauer war also, wenn man diese Diktion wählt, Revolutionär und Revisionist, und wenn man genauer hinsieht, beides von Anfang an, und umgekehrt ist er auch keineswegs in seinen späteren Schaffensjahren angepasster geworden, wie ein verbreitetes Vorurteil meint.

Faistauer ist kein Protektionskind der Kunsthistoriker, weil er kein ergiebiges Demonstrationsobjekt abgibt für eine effektvolle Inszenierung der „Moderne", an der dem Kunstbetrieb sehr viel gelegen ist. Er passt nicht in die sakrosankte Entwicklungslinie mit ihren Überwindungs- und Überholvorgängen. Man kann ihn deswegen nicht automatisch als weniger interessanten Künstler einstufen. Zwar hat sich das Verfahren, die Kunst des 20. Jahrhunderts als revolutionäres Stationendrama zu betrachten und ausschließlich in Hinblick auf ihre innovativen Errungenschaften zu würdigen, allmählich totgelaufen, doch wird das offensichtlich als Aufforderung verstanden, die Protagonisten der „heroischen" Zeit rückwirkend umso stärker zu reglementieren. In keinem Gebiet machen sich diese

Anton Faistauer in seinem Atelier, nach 1926

Heroisierung der Avantgarde und Verklärung der Moderne so massiv geltend wie in der bildenden Kunst.

Die Vorwärtsstürmer, die den Kunstbegriff auszudehnen trachten und ihre künstlerischen Energien als Sprengkraft nach außen entfalten, erheischen per se mehr Aufmerksamkeit als jene Naturen, die ihren Handlungsrahmen als einen von vornherein gegebenen erachten, innerhalb dessen sie nach Verfeinerung und Vertiefung streben[3]. Jegliche Art von „Klassizismus" müsste demnach konsequenterweise von vornherein obsolet erscheinen. Wenn man Faistauer den Vorwurf machte, sogar für den bürgerlichen Geschmack genießbar geblieben zu sein, so müsste man in Hinblick auf die Rezeptionsgewohnheiten konstatieren, dass sich der Spieß mittlerweile umgedreht hat. Was damals weniger aneckte, erschließt sich heute nicht mehr so unmittelbar, bedarf des Hinweises auf Hintergründigkeit. Der Expressionismus hat seine Breitenwirkung nicht verfehlt. Die Publikumserwartung hat sich auf Drastik und Radikalität geradezu als einem Markenzeichen der Kunst des „hässlichen" 20. Jahrhunderts eingespielt und steht einem „zahmen" Modernen von der Art Faistauers eher verständnislos gegenüber, weil sie für sein diffiziles Kalkül kein Sensorium mehr hat.

Die Versuchung liegt nahe, in Faistauers Konzept einer universellen, entindividualisierten Synthese einen bloßen Mittelweg zu sehen und in ihm einen jener Künstler, die man heute mit einer bequemen Formel „zwischen Tradition und Moderne" einzuordnen pflegt. Faistauer dagegen hat mit dem Bewusstsein eines modernen Problem- und Reflexionskünstlers nicht das „Zwischen", sondern das „Weder-Noch" zu verwirklichen getrachtet. Das ist ein Unterschied, den man sich bewusst machen muss, um hinter seiner Umgänglichkeit den hoch gespannten, gewagten Anspruch zu erkennen. Er wollte ein „absoluter" Maler sein, die Kunst entrümpeln und nicht mit neuen Unwesentlichkeiten beladen. Seine Ausgangsposition hat viel gemeinsam mit dem „Reinheitsstreben", dem Drang nach „Vergeistigung", der alle zukunftsweisenden Konzeptionen der Avantgarde auszeichnet. Der „Pferdefuß" seiner Auffassung liegt darin, dass Faistauer es gleichzeitig ablehnte, sich von den klassischen Instanzen zu trennen, der Welt des Sichtbaren und dem evidenten Vorbild der altem Meister. Er will auf der Basis des sinnlichen Eindrucks in eine überwirkliche Dimension vorstoßen, aber in der Weise, dass das Abstrahierte, auf die Fläche Gebannte vom atmenden, lebendigen Raum, der uns umgibt, durch keine unüberbrückbare Schranke getrennt ist. Diese „Diesseitigkeit" soll verhindern, dass sich die Formwelten verselbstständigen und die so entstandene Kunst sich sozusagen nur mehr im Kopf abspielt. Es geht um die Wiedergewinnung eines Selbstverständnisses, das der alten Kunst innewohnte, bevor das Vordringen des physikalischen Weltbildes sie immer mehr zum Wirklichkeits-Imitat herabwürdigte. „Im Grunde genommen liegt aller geistige wie seelische Inhalt in der Form und der absolute Maler, der bloß aus den Augen malt – ist das Auge nur groß und hell – ist der einzige ewige Maler"[4].

Was Faistauer am nächsten lag, war der französische Impressionismus, der ihm zu seinem malerischen Erweckungserlebnis verholfen hatte. Der Sensualismus der Farbe und des Lichts kam seiner Begabung entgegen, doch gab er sich nicht damit zufrieden, der Welt nur als Genießer gegenüberzustehen, er hielt nach einer geistigen Überhöhung des Zufallsbildes Ausschau. Die Form der

Stilisierung, die er bei Klimt vorfand, sah er als Irrweg an, als priesterliche Allüre, die den Zusammenhang mit den elementaren Lebenskräften zugunsten eines ornamentalen Schmuckbedürfnisses verloren hat; die Allianz von Fläche und Linie verkörperte für ihn überhaupt ein Feindbild, obwohl sie als Alternative zur impressionistischen Verflüchtigung der Eindrücke auch für ihn eine zeitlang unumgänglich war. Er sucht aber nach einer objektiven Möglichkeit der Stilisierung. Gauguin und Hodler, deren Wiener Ausstellungen ihn in Bann zogen, kamen seiner Vorstellung von einer im Irdischen wurzelnden und gleichzeitig ins Paradiesische entrückten Farbmalerei wesentlich näher, waren ihm aber immer noch zu dekorativ und symbolistisch-prätentiös.

Zur wichtigsten Stütze in seinem Streben nach einer Objektivierung der Form, die sich im vollkommenen Einklang mit der Schöpfung befindet, wurde ihm Cézanne. Er hat die Natur nicht stilisiert, aber auch nicht abgemalt, sondern auf eine bleibende Struktur zurückgeführt, die jede Willkür ausschloss. Ohne ihnen von außen Bedeutung zuzuführen und sie ihrem natürlichen, schlichten Dasein zu entfremden, hat Cézanne die Dinge in reine Kunstgebilde verwandelt. Seine Gabe des kontemplativen Schauens, seinen Ordnungsgeist, sein bedächtiges Vorgehen deutete Faistauer als ein Transzendieren der Welt der unbeständigen, zerfließenden Erscheinungen, das ihn zur Erkenntnis „ewiger" Formgesetze vorstoßen ließ. Diese Einsicht in den Aufbau der sichtbaren Welt setzte ihn in die Lage, die Formelemente nach einem unverrückbaren Bauplan zusammenzufügen, wofür das Wort „realisieren" steht. Auge und Gedanke, Natur und Geist treffen sich hier in der Formgebärde.

In Cézanne offenbarte sich für Faistauer eine archaische Form von Modernität, die jedem ehrlichen Künstler den Weg weisen müsse. In seinem Schaffen fand er einen arithmetischen Punkt, den er später in die Formel „Weltbauform ist Bildbauform" fasste, die konträr zu jener Position steht, derzufolge Kunst Neuerfindung zu sein habe. Eine allzu einseitige Fixierung seiner Kunst auf Cézanne wäre dennoch verfehlt. Von dieser Warte aus müsste Faistauer zwangsläufig entweder als vergröberter Cézanne-Ersatz oder als zu vorsichtiger Expressionist klassifiziert werden, wie es oft geschehen ist. Wiegeles Frage in einem Brief an Faistauer: „Wo bleibt die freie Fortentwicklung dem eigenen sicher nicht programmäßigen Herzen nach?"[5] wäre demnach völlig zu Recht gestellt.

Faistauer wurde schon immer für den Cézanne am nächsten stehenden österreichischen Maler gehalten, obwohl auch frühzeitig Einwände gegen eine solche Vereinnahmung laut wurden, zumal die routinemäßige Cézanne-Manier in Wien bereits vor 1920 als abgedroschen galt[6]. Heute bedeutet die Ausrichtung an Cézanne wieder ein besonderes Gütesiegel, was damit zusammenhängt, dass Cézanne zum „Übervater" der Moderne und seine Kunst zum kopernikanischen Wendepunkt erhoben wurden, wobei die Kunstgeschichte vielfach mit einem Idealmodell von Cézanne operiert, während seine Bilder sehr unterschiedliche Ansätze zeigen. In der stilllebenhaft-zuständlichen Grundnote, die das „Wesen" der Dinge in ihrer äußeren, selbstgenügsamen Erscheinung zu fassen sucht, liegt eine tiefe Gemeinsamkeit zwischen den beiden Künstlern, ebenso wurde sie im „provinziellen" biografischen Hintergrund, sprich einer herkunftsbedingten Naturverbundenheit, gesehen. Faistauer hat in Cézanne nicht zuletzt ein Monument unerschütterlicher Selbstdisziplin bewundert, das seiner von Natur aus eher ungestüm drängenden Art als Regulativ dienen konnte. Doch selbst dort, wo er sich einer strengeren Schulung an Cézanne unterzog, setzte sich bei ihm unweigerlich eine emotionellere, lebhaftere Art des Vortrags durch.

Die Systematisierung der Bildfläche durch ein gleichmäßiges Mosaik von farblich modulierten Farbflecken, die chromatische Zerlegung und Begradigung des Raumes und der Körper, die als spezifisch cézannisch gelten, war eine Methode, die Faistauer nicht lag, abgesehen davon, dass Cézanne nicht in diesem Maße Kolorist war. Der Unterschied stellte sich schon dadurch ein, dass Cézannes Sprödigkeit, die man eher einem philosophischen Rationalismus zuordnet, in ein geistiges Klima übertragen wurde, dem ein expressionistisches Weltgefühl zugrunde lag, eine visionäre Gefühlsmystik. Bei aller gegensteuernden Gemessenheit, die sich Faistauer verordnete, kann er sein eigenes Involviertsein in die von ihm problematisierte Zeitströmung nicht verleugnen.

Die synchronisierende, eklektizistische Anbiederung vermeidende Art, mit Vorbildern umzugehen und die von ihnen ausgehenden Anregungen auf das „Allgemeingültige" zu reduzieren, erlaubte es Faistauer, seine Prioritäten mitunter recht sprunghaft zu wechseln. Es war auch von der Aufgabe und vom Sujet abhängig, ob er nun eher mit Courbet oder Delacroix oder mit Manet und Marées in einen ideellen Wettstreit trat; generell war er ja der Ansicht, dass die abendländische Malerei den Materialismus des 19. Jahrhundert nur in Frankreich einigermaßen unbeschadet überdauert hatte. Zeitweise übertrugen sich seine Vorlieben für Renoir und Rubens, die speziell seiner Sichtweise des Weiblichen entgegenkamen, recht deutlich in sein Idiom (Abb. S. 286, 337, 366). Er bezog sich manchmal frei paraphrasierend auf die alten Niederländer (Abb. S. 277, 307), und in seinen Venedig-Bildern (Abb. S. 340) spielte er ganz bewusst auf Guardi an. In den alten Venezianern sah er ohnehin nächste Geistesverwandte. Faistauer legte als Orientierungshilfe einen „goldenen

Schnitt" quer durch die Epochen. In seiner ahistorisch verkürzenden Perspektive stellte sich Holbein als ein Vorläufer Van Goghs heraus, baute Kokoschka vornehmlich auf Tintoretto auf und fanden die gotischen Glasfenster in Gauguin eine kongeniale Nachfolge[7].

Cézanne stellte wohl eine von der reinen Abbildfunktion befreite Bildtektonik bereit, doch konnte er keinen Ersatz für die verloren gegangene Räumlichkeit und Dreidimensionalität der Formen – nicht zu verwechseln mit Illusionismus, mit Raum und Körper als bloßer Staffage – bieten. Die Opponenten der secessionistischen Flächenkunst, Faistauer und seine Mitstreiter, sahen es als ihr vordringlichstes Bedürfnis an, den Raum und die plastische Form wieder in ihre alten Rechte zu setzen, denn sie standen für Gefühlstiefe, kosmisches Weltempfinden im Gegensatz zum vordergründigen Kult des Dekorativen. Nach diesen mussten tiefere Sonden gelegt werden, bis in die Antike, um auf „Archetypen" zu stoßen, die sich in das universalistische System integrieren ließen. Sie sind keine Zeitmaler, wie in zugespitzter Form die Futuristen, sondern Raummaler, denn der Raum ist ewig und unveränderlich.

Es gibt ein Briefdokument, in dem Faistauers seine Position im Tonfall eines ekstatischen Manifests umreißt: „[...] Die Erde ist RUND. Es ist ein großes wundervolles Leben der Kurve. Es ist eine wundervolle Art, Plastiker sein u. ein Mysterium die förmliche Malerei. Das Greifen ist der einzige große Sinn u. das Runde ist die Wollust. Ich bin erregt über die Kurven der Vögel, über den Bauch der Fische u. den Bauch der Rinder ... Wie soll ich's Ihnen sagen. Das Rätselhafteste beginnt an dem Kontur. Prophetisch ist das Bild, das Umseitige, die Offenbarung vom Jenseits. Es gibt doch nur eine Dreitymensionale [sic!] Kunst. Die primitive zweidimensionale ist materialistisch, ist die Freude am Endlichen. Hier ist keine Erlösung. Und die Erlösung ist unser Entzücken, ist unser Gewicht, ist das göttlich sein im Übermaß. [...]

Alle Dinge der Welt sind gebogen zu uns. Alles Wasser ist rund wie der einzelne Tropfen. Haben Sie nicht Freude an solchen Dingen! Es sind die alleinseligmachenden Wahrheiten. Oh Malerei um dich geb ich mich den runden Mäulern der Würmer, um dich der kleinen Erdkuppe, die die Sohlen des Allerbarmers getreten. Der Kreis u. Gott ..."[8].

Wenn dieser Brief auch noch in die „Kraftjahre" des Malers gehört und ihm in einer Anwandlung heidnisch-pantheistischen Sinnentaumels eingegeben wurde, so enthält er im Kern doch eine wichtige, für sein gesamtes Schaffens gültige Direktive. Faistauer schwebt eine Art „Sphärismus" vor, der im gesteigerten Erlebnis des Raumes und der Körperformen die größte Herausforderung für

die Malerei postuliert. Noch 1922, in der Widmung auf einer Porträtzeichnung des Dichters Ginzkey (Abb. S. 377), klingen diese Gedankengänge nach:
„Wohl gemessen u. erwogen, zur Fläche
gezwungen, offen noch der Phantasie, eine Seite
der Kugelrundheit einer Welt,
ein Tag nur einer Ewigkeit; von dieser aber ein
guter".

Das Festhalten an räumlichen und plastischen Werten und ihre Verbindung mit weitgehend autonom gesetzten Form- und Farbqualitäten, einer „Malerei an sich", ist eine wenig gewürdigte, meist als anachronistisch hingestellte Sonderleistung der österreichischen Kunst. Sie ging insbesondere von Faistauer, Wiegele und Kolig aus, die in ihrer Studienzeit ein sich gegenseitig befruchtendes, Erkenntnisse austauschendes Dreigespann bildeten. Das Ergebnis ist eine eigenwilligen Koppelung von koloristischen und plastischen Anschauungsqualitäten, von klassizistischen, sensualistischen und expressiven Tendenzen, eine Zusammenführung größtmöglicher Gegensätze also, die, je nach Temperament, im Werk dieser drei Künstler zu recht unterschiedlichen Lösungen geführt hat. Ihre Gegenständlichkeit ist sehr ausgeprägt und spielt doch ständig – und ganz bewusst gelenkt – ins Abstrakte hinüber, sodass die Figuren manchmal wie halb organische, halb konstruierte Mischwesen wirken. Im Gegensatz zum akademischen Idealismus wollten sie Idealgestalten aus Fleisch und Blut erschaffen, die sich in einer sonnendurchfluteten Weite oder einem geheimnisvollen Raumdunkel bewegen und nicht in der Fläche „eingesperrt" sind. Wenn man so will, haben es sich diese Künstler besonders schwer gemacht, denn während der Weg der Moderne generell dahin ging, einzelne Teilaspekte auszusondern, grundlegend neu zu definieren und isoliert zu bearbeiten, unternahmen sie noch einmal den Versuch einer Zusammenschau.

Im Expressionismus absorbiert die emotionalisierte Farbe alle anderen sinnlich-visuellen Eigenschaften. Raum, Licht, Volumen, Umriss sind einem ekstatisch gesteigerten Ausdruckswillen unterworfen, zu einem geistig-visionären Erlebnis verschmolzen. Die österreichischen „Neukünstler" hingegen legten ihr besonderes Augenmerk darauf, keine dieser Kategorien auf Kosten einer anderen überzubetonen, sondern sie in einer besonders durchklärten und entschlackten Form zur Anschauung zu bringen. Die Suche nach Klarheit, Maß und absoluten Verhältnissen, nach Gesetzmäßigkeiten und Grundelementen, eben nach den „ewigen" Strukturen, beherrschte ihr künstlerisches Weltbild, aber eben dergestalt, dass die Ergebnisse dieser Analyse wieder mit dem fließenden Bild der Außenwelt vernetzt werden. Sie werden zum Ausgangspunkt zurückgeführt und emanzipieren sich nicht als eine abgehobene, außerhalb des Sichtbaren angesiedelten Sphäre.

Faistauer sah in den Abstraktionen etwa Kandinskys nur eine neue, noch stärker intellektualisierte Form der Symbol- und Gedankenmalerei. Seine eigene Malerei möchte gerade den Übergang sichtbar machen, sie strebt nach einer Sinnliches und Geistiges verbindenden Schau. Der Bereich der Kunst markiert für ihn jenes Zwischenstadium, in dem die zufälligen Erscheinungen mit dem objektiven Ideenreich zusammentreffen. Dabei geht es für den Künstler darum, nicht neue, vom Subjektiven ausgehende Konflikte zu produzieren, sondern immer mehr Unwesentliches abzubauen, in letzter Konsequenz nur mehr Medium eines überpersönlichen Formgesetzes zu sein. In jeder Formsetzung soll sich, wie in einer Monade, die Sphärenharmonie spiegeln.

Das Ziel seiner persönlichen Entwicklung, die Gegenwart und Vergangenheit souverän verinnerlichende Zusammenschau, bezeichnete Faistauer einmal mit einem etwas hochtrabenden Ausdruck als die „maniera magnifica"[9]. Es waren natürlich auch die Widerstände, die sich diesem Wunschbild entgegenstellten, besonders groß. Der Fluch der Reflexion traf einen Künstler wie Faistauer, der die Wirklichkeit auf voneinander isolierte Bausteine zurückführte und diese wieder zu einem ungeteilten, welthaltigen Ganzen zu verschmelzen trachtete, im besonderen Maße. Er musste ein Gleichgewichtsgefühl sondergleichen entwickeln, um zwischen dem Fluktuierenden und dem Festgefügten, dem Begrenzenden und dem Verbindenden, dem Abstrakten und dem Konkreten, dem flüchtigen Schein und dem dauerhaften Sein, der schwelgerischen Farbe und der Halt gebenden Form, der Linie und dem Raum, auch zwischen einer zu offenen und einer zu gebundenen Malweise, zwischen Schwung und Behutsamkeit zu vermitteln. Er musste jeden Pinselstrich einzeln abwägen, um nicht einen Aspekt zugunsten eines andern aus den Schranken treten zu lassen. In dieser Balance liegen die Grenzen von Faistauers Malerei, sie macht aber auch ihre Qualität aus, ihren Reichtum in der Reduktion, ihre noch in der Gezügeltheit vernehmliche Leidenschaft. Sein Denken in großen Zusammenhängen „sub auspicie aeternitatis" verführte ihn auch hinsichtlich der eigenen Berufung zu kühnen Spekulationen, wie aus einem von F.A. Harta überlieferten Gespräch ersichtlich ist, das auf der Terrasse des Café du Dôme in Paris stattfand: „Er ging damals die ganze Malergeneration kritisch durch, ausgehend von der Frage, wer wohl der größte Maler der Gegenwart wäre? Kokoschka, meinte er, hätte das Zeug dazu, aber dem ist es zu wenig ernst. Sollte am Ende ich der größte Maler dieser Zeit werden …"[10].

Dame mit Hut und dunklem Kostüm. Ölgemälde, 1916, WV 130. Wien, Hotel Sacher

Als Hüter der Form ging es dem geborenen Koloristen Faistauer zunächst vor allem darum, dass die gefühlsbetont eingesetzte Farbe nicht die raumplastischen Werte überwucherte. Als gegensteuerndes Mittel findet man oft die beinahe als störend empfundenen schwarzen Umrandungen, die eine Art Gefäß für die Farbe bilden sollen. So wie die frühen Bilder Faistauers keine reinen Farbarchitekturen sind, als die man sie ihrer „Modernität" zuliebe oft interpretiert – dazu haben sie zu starke Raumstimmung und plastisches Profil –, so sind auch diese fast derben Begrenzungslinien nicht ein Element, welches das Abbildhafte der Darstellung unterstützt, sondern, ganz im Gegenteil, den Abstraktionsgrad der zu Formkomplexen zusammengefassten Gegenstände unterstreicht. Wir haben es in Faistauers Malerei immer mit solchen komplementären, Ausgleich schaffenden Mechanismen zu tun, sie beanspruchen seine Aufmerksamkeit so vollständig, dass das Modell als Person für ihn eigentlich nicht existiert. Hier hat die oft beanstandete Kommunikationsschwäche seiner Figuren, ihre innere Antriebslosigkeit und Passivität, ihre Ursache. Dabei ist aber zu bedenken, dass der Ewigkeitscharakter, die „vierte Dimension"[11], in seinem Verständnis den höchsten Wert bedeutete.

Es geht immer um das malerische Problem, sodass komplizierte kompositorische Aufgaben oder komplexe inhaltliche Bezüge für ihn zunächst einmal außer Betracht standen. Er strebte vielmehr nach einer fast emblematisch anmutenden Vereinfachung von Bildmustern, die die Kunstgeschichte vorgeprägt hat. Er hätte, überspitzt gedacht, mit einem einzigen Sujet sein Auslangen finden können, denn er war im Malerischen wandlungsfähig genug für eine unbegrenzte Zahl von Variationen; ein durchaus „moderner" Zug, wenn man an die Schaffensweise eines Malewitsch, Kandinsky, Jawlensky denkt. Dass diese Überlegung nicht pure Spekulation ist, lässt sich sogar durch ein interessantes Zitat untermauern. Als Faistauer nach dem Tod seiner Frau resümierte, dass er sie an die sechzig Mal in Bildern festgehalten habe, „ohne u. mit unserem Kinde, in der Landschaft, in der Scheune, in der Küche, im Zimmer, unterm Kreuz, mit dem Sebastian", fügt er den befremdlich klingenden Vergleich hinzu: „wie eine Kugel in allen ihren Graden"[12]. An einer solchen Nebenbemerkung wird mit einem Schlag der absolute Anspruch deutlich, die vermittelnde Stellung zwischen Realität und abgeklärter, transzendenter Dimension, die er dem Kunstwerk zuwies. Man geht wohl nicht fehl, wenn man hier die Idee der ewigen Grundformen, die in Faistauers Denken eine so große Rolle spielen, wiedererkennt, die der zeitverhafteten Erscheinung gewissermaßen überblendet sind. Bereits Fuhrmann hat in Anbetracht mancher Bilder von einer „ovalen Zusammenschließung der Figur"[13] bei Faistauer gesprochen und einen verstärkten Zug zum Geometrischen im Spätwerk beobachtet. Man kann bei Faistauers auf den ersten Blick so gar nicht vom konstruktivistischen Geist berührten Malerei durchaus von einem latenten Vorhandensein stereometrischer Konfigurationen, die den Aufbau seiner Bilder bestimmen, ausgehen. Diese bilden den Unterbau, der während des Malprozesses zwar durch die Überlagerung mit schwellender, weicher Farbsubstanz verwischt wird, aber immer noch hindurchscheint oder sogar nachträglich durch Konturierung verstärkt wird, in einer Art und Weise, die sich mit den anatomischen Gegebenheiten nicht unbedingt im Einklang befindet. Die Kritik spricht dann gerne von Zeichenfehlern – auch Cézanne blieb dieser Vorwurf bekanntlich nicht erspart –, aber gerade in solchen Unstimmigkeiten gibt Faistauer zu erkennen, dass er zwar vom Sichtbaren ausgeht, aber ein übergeordnetes Formprinzip anvisiert. Auch er deformiert ganz bewusst, aber bei weitem nicht so krass wie jene Künstler, denen er jegliche Demut vor der Schöpfung absprach.

Vor allem bei den zwischen 1910 und 1920 entstandenen Frauenbildern fällt auf, dass sie sich einem Kreis oder Oval einschreiben lassen oder dass sich die Komposition aus sich überschneidenden Kurven ableiten lässt (vgl. Abb. S. 48), während bei den Landschaften und Stillleben die geraden und diagonalen Konstruktionslinien überwiegen, die später auch verstärkt ins Figurale übergreifen. Das abstrakte Bildgerüst tritt im Lauf der Entwicklung immer vernehmlicher in den Vordergrund, was zu einem gewissen Schematismus führen kann. Dieser Verfestigung steuert Faistauer auf unterschiedliche Art entgegensteuert, etwa durch einen besonders sprühenden malerischen Vortrag, der dem Ganzen eine skizzenhaft aufgelockerte Note verleiht. Früher war es, genau umgekehrt, eher darum gegangen, den labil ineinandergreifenden Farbflecken durch den Zusammenschluss zu größeren Komplexen einen formalen Halt zu verleihen.

Faistauer reagierte hochempfindlich auf alle Verschiebungen innerhalb der Gewichtung der Bildelemente. Er malte stets mit einer Goldwaage, erinnert an einen Dichter, der nicht auf das Versmaß verzichten will, auch wenn ihn die Eindrücke noch so bedrängen. Er war kein Seelenanatom wie Kokoschka, hatte nicht die „Pranke" eines Boeckl, bei ihm trat sogleich ein ausgleichender, die Erregung dämpfender, den Kontakt mit dem Gegenüber distanzierender Mechanismus in Kraft. Auch wenn er seine Konflikte nicht so direkt auf der Leinwand ausgetragen hat, heißt das nicht, dass er den Weg des geringsten Widerstandes gegangen wäre. Die zurückhaltenden Naturen, die ihre Schaffensimpulse mit großem formalen Aufwand verinnerlichen, sehen immer ein wenig harmlos aus neben solchen,

Sitzende Dame in blauer Bluse. Ölgemälde, um 1912/13, WV 45. Wien, Österreichische Galerie Belvedere

die sie als aggressive Munition verwenden. Expressivität und Spontaneität stehen als Gradmesser schöpferischer Leistung hoch im Kurs, die vornehme, gewissermaßen vorbeugende Art, mit formalen und psychischen Spannungen umzugehen, verleitet dazu, auf einen unproblematischen Schaffenshintergrund zu schließen und solche Künstler vorschnell mit schönfärberischen Akademikern und Epigonen in einen Topf zu werfen.

Faistauers bäuerliche Abstammung nährte solcherlei Vorurteil, in ihm den durch eine Prise französische Malkultur veredelten Naturburschen zu sehen, der aus schierer Arglosigkeit einem naiven Ideal nachgehangen wäre. Sein ausgeprägtes Ästhetentum, das nicht zum Klischee des verwurzelten Landmenschen passt, wurde damit erklärt, dass er eben ein „Bauernaristokrat" war. Eine der bekanntesten Publikationen zur österreichischen Kunst des 20. Jahrhunderts aus dem Jahre 1965 beispielsweise schlägt in diese Kerbe: „Faistauer ist ein glückliches, harmonisches Talent, das sich am wohlsten bei der Gestaltung von Stilleben und Blumenmalerei fühlt ... aus dieser Situation innerer Entspanntheit und Konfliktlosigkeit gelang es dem Künstler, ohne sonderliche Mühe allegorische und religiöse Themen zu bewältigen"[14]. Mit einem solchen Image bedacht, konnte Faistauer leicht in den Verdacht geraten, dass er, während andere sich im Ringen um ein vergeistigtes Menschentum aufrieben, in einer recht fragwürdigen Verherrlichung des Daseins verharrte. Im Spannungsfeld zwischen Vereinnahmung seitens regionalistischer Wichtigtuerei und Ausgrenzung aus einer diktatorisch exekutierten „Moderne" wird einem der Zugang zu seinem Werk nicht ganz leicht gemacht.

Wenn man Faistauer als Vertreter eines überlebten apollinischen Schönheitsbegriffs abqualifizieren will, so muss man zu bedenken geben, dass unter den „harmoniesüchtigen" Künstlern, die die Malerei jeder Epoche kennt, wohl nur wenige zu finden sind, die dieses Ideal von so vielen Seiten her in Angriff genommen, das Gelingen der Synthese von so widersprüchlichen Voraussetzungen abhängig gemacht haben. Das angestrebte Gleichgewicht kann in Verbindung mit der expressiven Grundhaltung, von der auch sein Schaffen getragen ist, nur ein äußerst prekäres sein. Man könnte Faistauer einen Raffael des Expressionismus nennen. Das abstrakte Denken, das in die Malerei einfließt, bewirkt jedoch, dass Inhalt und Form auseinanderfallen, Farbe und Linie autonom wirken und eine „Harmonie aus der Mitte" nicht mehr bruchlos bewerkstelligen können. Er will hinauswachsen über die Künstler, die sich nur ausdrücken, ordnet das Selbstverständnis des Ausdruckswollens einem idealen Kunstanspruch unter, der als „Würdeform" einfließt und die Bilder gravitätisch erscheinen lässt.

Faistauers Harmonismus funktioniert in der Art, dass die Bestandteile nicht restlos miteinander verschmelzen, sondern sich gegenseitig wie Gewicht und Gegengewicht in Schach halten. Es ist eine aus Widersprüchen gewonnene Harmonie. Gewisse Spannungen, gewisse Härten im Aufeinandertreffen bleiben, das Reaktionsvermögen, nicht das in sich ruhende Gleichgewicht, schafft die Ausgewogenheit. Dass jede Form- und Farbgegebenheit weder nach dem Abstrakten noch dem Abbildhaften einen Überhang aufweisen, sowohl Abbild als auch „absichtslose Ausdrucksform"[15] sein sollte, machte den Malakt zu einem Drahtseilakt. Jedes Bild hat wieder andere Gleichgewichtungsprobleme, und jede harmonische Lösung bringt eine neue Sperrigkeit hervor, sodass sich dieser Prozess niemals totlaufen kann. Es liegt ein feinsinniges Kalkül in diesen leisen Dissonanzen und prickelnden Reibungen. Faistauer lässt sich im Zweifelsfall immer von der Intuition, von der momentanen Anwandlung leiten – im Gegensatz zu seinem von ihm über alle anderen gestellten Kollegen Wiegele, der sich mit geradezu rechnerischer Gründlichkeit in malerische Probleme verbohrte und daher kaum eine größere Arbeit zu Ende bringen konnte. Faistauer suchte dem Angestrengten seines Konzepts mit Leichtigkeit zu begegnen, er bereicherte die reduktionistische Strenge doch wieder mit einer sensualistischen Raffinesse. Instinktiv entging er der Gefahr formalistischer Starrheit durch einen entsprechend lockeren Aplomb, der bis zur Flüchtigkeit gehen konnte. Man könnte auch sagen, er hat die Schranken, die er sich auferlegte, die vielleicht auch innere Hemmschwellen waren, durch seine Fähigkeit zum Improvisatorischen überlistet. Die dauerhafteste Technik, die der Wandmalerei, ist von dieser skizzenhaften Manier keineswegs ausgenommen. Üblicherweise malte er das Bild nicht gleichmäßig aus, sondern ließ manche Partien im Andeutungshaften stehen und relativierte die Geschlossenheit der Konturen durch betont spontan wirkende Pinselschwünge.

Die Verschiebungen im Malprozess, die einmal mehr den Aufbau, die Bildkonstruktion, einmal mehr die Farbstimmung, das sinnliche Flair betreffen, hielten Faistauers Malfluss stets in Bewegung. Innerhalb des selbst gewählten Spielraums, der die heftige Ausschlagbewegung nach dieser oder jener Seite verbot, beschrieb seine Malerei eine abwechslungsreiche Bahn. Ganz grob gesprochen führte die Entwicklung von dunkel zu hell, von weich zu hart, von rund zu eckig, von impressiv zu konstruktiv, von lyrisch zu dramatisch, von farblich zu zeichnerisch dominiert. Trotz der zwecks Vermeidung von Extremen gebundenen Hände bewegte sich Faistauer mit erstaunlich großem Atem von einem Pol zum entgegengesetzten.

Anton Steinhart: Anton Faistauer 1926. Rohrfederzeichnung. SMCA, Inv.-Nr. 110/60

Selbstbildnis. Ölgemälde, 1819, WV 154. Wien Museum

Er ging zunächst ohne Rücksicht vom Farblichen aus – aus angeborener Neigung sowie Antipathie gegenüber Akademismus und Ornamentalismus – und konnte sich damit gegenüber seinem Intim-Konkurrenten Egon Schiele profilieren. Schon bei der Aufnahmsprüfung an die Akademie machte er sich bei seinem Lehrer unbeliebt, als er, anstatt die gestellte Aufgabe zeichnerisch zu bewältigen, gleich zur Ölfarbe griff. Seit seinen ersten Auftritten wurde Faistauer nachgesagt, dass er den Glanz des Farblichen zu einer geradezu erotisierenden Sinnlichkeit aufzumischen verstand: Weniger dadurch, dass er mit scharfen Kontrastmitteln arbeitete – er hasste die papageienhafte, plakative Buntheit expressionistischer Bilder, die von ihm so genannte Palettenmalerei –, als dass er den tonalen Kolorismus, die Valeurmalerei, mit ihren eigenen Mitteln überbot, die exklusiv verwendete Einzelfarbe durch alle Register hindurchführte und ihr dadurch eine selbstherrliche und dennoch nicht entfesselte Leuchtkraft verlieh. Um sich gegen eine hemmungslose Farbenschwelgerei abzugrenzen, hat er trotzig eine zum altertümlichen Braun hin gedämpfte Tonigkeit gepflegt.

Formal stützte er das Farbliche zunächst durch ein kräftiges Helldunkel-Relief ab, wie vor allem die Bilder aus den Jahren 1912/13 zeigen (Abb. S. 102, 275). Faistauer blieb seiner koloristischen Veranlagung immer treu, doch ist gegen 1920 eine Hinwendung zur zeichnerisch umrissenen Form, zum „disegno", zu beobachten, die durch die Beschäftigung mit der Freskomalerei nicht ausgelöst, sondern verstärkt wurde. Die Produktion an Zeichnungen, die anfangs eher spärlich gewesen zu sein scheint, wuchs ebenfalls kontinuierlich an. Darin umreißt er die Form mit einer Bestimmtheit, dass sie vom Kontur wie gerahmt erscheint. Er fand nun auch in der Linie zu einer das Dekorative überwindenden Kraft der Vereinfachung und war stolz darauf, ganze Heerscharen von Figuren mit sicherem und geschwindem Strich an die Wand zaubern zu können.

Die grundsätzlich angesprochene Dialektik zwischen Farbe und Linie wurde immer auf dem Hintergrund der Vergegenwärtigung von Raum und Körper mitsamt ihren atmosphärischen Begleiterscheinungen, den vielfältigen Brechungen durch Licht und Schatten, abgewickelt. Die Geschlossenheit der Umrisse, die kompakte Stofflichkeit der plastischen Formen im Gegensatz zur Durchlässigkeit und Tiefe des Raumes sollten durch die eigenmächtig auftretenden Bildmittel nicht verwischt und verunklärt, sondern präzisiert und gesteigert werden. Das, worauf die Expressionisten am wenigsten Wert legten, den in die Tiefe gestaffelten Raum und die klare Begrenzung des Gegenstandes, war ihm ein besonderes Anliegen. Um das Ineinandergleiten der Formen zu verhindern, modellierte und meißel-

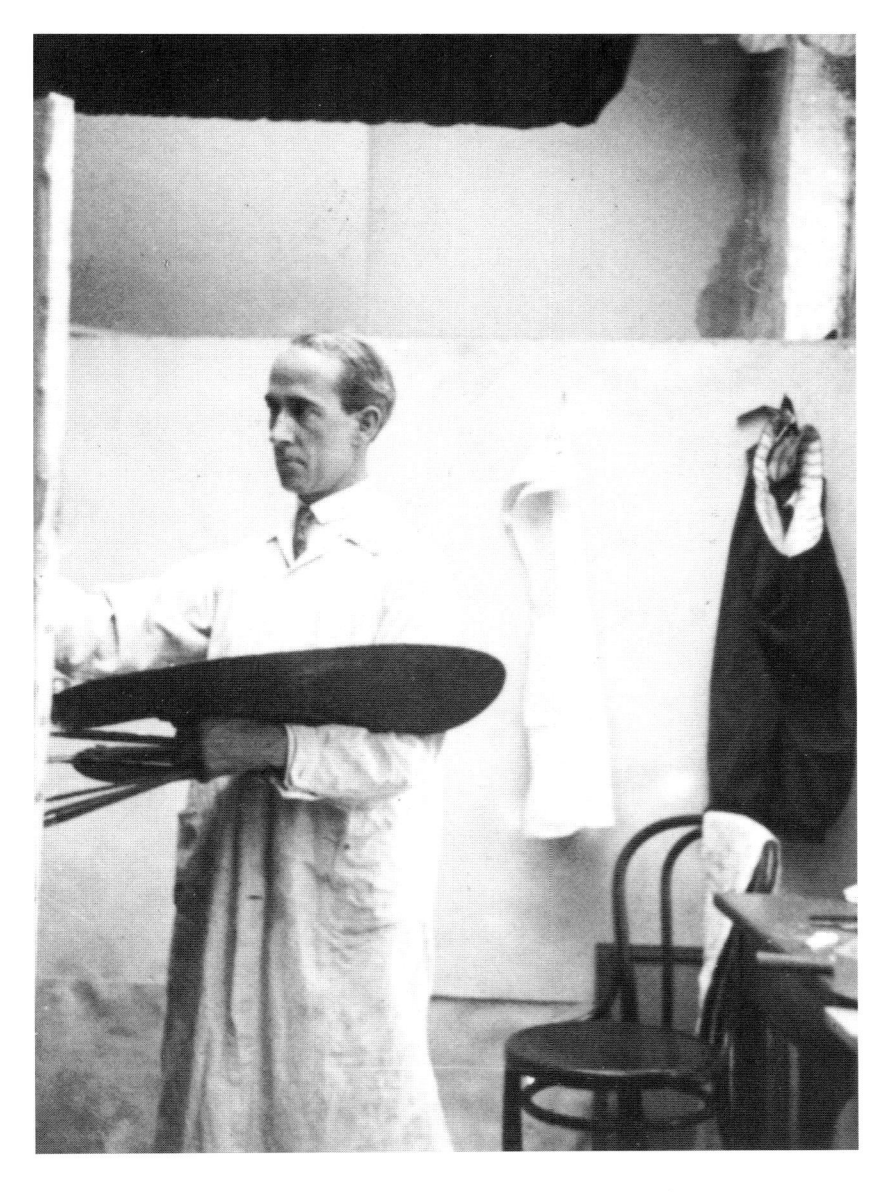

Anton Faistauer in seinem Atelier, um 1928

te er geradezu mit dem Pinsel. Deshalb nehmen sich Faistauers Gestalten, wenn man sie denen eines Matisse oder Modigliani gegenüberstellt, die seiner Auffassung relativ nahe stehen, massig und bodenverhaftet aus, obwohl sie andererseits auch nichts Erdenschweres haben. Denn sie sind ja der Realität zur Hälfte entzogen.

Der Weltfreund und die Provinz

Faistauer wusste sich in seinen grundsätzlichen Bestrebungen vor allem mit Anton Kolig und Franz Wiegele einig, die sich als ehrgei-

Bildnis Franz Wiegele, Zürich 1922, Zeichnung. Verbleib unbekannt

zige Kunstjünger in Jugendjahren Schützenhilfe geleistet hatten, als sie nach Wegen jenseits der von der Akademie vermittelten Konventionen suchten: Es war nichts weniger als der Versuch einer Zusammenführung von malerischer Raumschöpfung und Bildhauerei. „Die um Klimt fielen auf die Epigonen der Impressionisten herein, Kolig und ich, auch Gütersloh und später Faistauer, selbstverständlich auch Kokoschka, gingen zur Quelle", schrieb Wiegele rückblickend im Jahr 1933. Kolig erinnerte sich noch in einem Brief von 1940 der „edlen Konkurrenz" mit Faistauer und Wiegele, die von Eifersüchteleien sicher nicht frei war[16]. Aufschlussreich ist ein auf Vorhaltungen Wiegeles reagierendes Schreiben Faistauers von ca. 1929, in dem er auf lange zurückliegende Vorfälle zu sprechen kommt: „Du sagst mir, dass sich Kolig damals sehr gekränkt hätte! Er war ja immer der würdigere. Dann hat mir Kolig in eines meiner Bilder gemalt. Ja, ich bat ihn, mir einen Ton anzugeben, von dem er sprach. Das war vor zwanzig Jahren. Ich dachte damals, dass das dem Kolig zu Ehren gereicht hätte: so ein einfaches Vertrauen. Ich hatte drei Freunde, denen ich auf diese Art helfen durfte. Ich habe Kolig bewundert. Aber Kolig war kein Original, er sah Cézanne u. Gauguin früher als ich u. die Italiener früher als ich ... Er nahm, wo er es fand, u. auch du nahmst u. nimmst, wo du kannst und ich auch. Da nahm ich einmal von Kolig und meine, es sollte eine Ehre für ihn sein. Übrigens sagte mir Kolig, dass auch er von mir profitiert habe ..."[17]. Diesen Werdejahren hat Faistauer als Historiograf in eigener Sache in seinem kaum bekannten Aufsatz über die österreichische Malerei im „Merker" ein Denkmal gesetzt. Sie waren für ihn gleichbedeutend mit dem Eintritt Österreichs in die moderne Kunstbewegung, die in Munch, Hodler und den Franzosen wurzelte. In seiner Darstellung erscheinen diese Ereignisse, obwohl erst zehn Jahre zurückliegend, schon in ein mythisches Licht getaucht. Aber auch später gab es keine Kollegen, die er als Künstler mehr schätzte und an deren Gesinnungstreue ihm mehr lag als Kolig und Wiegele, höchstens noch sein Schwager Andersen. Davon zeugt schon die bevorzugte Behandlung, die er den beiden Freunden in seinem Buch „Neue Malerei in Österreich" einräumt. Sie trauerten ihrer alten Verbindung nach, die durch räumliche Trennung auseinandergegangen war, und hielten sie durch Briefverkehr und gegenseitige Besuche, so gut es ging, aufrecht. Sie sahen sich als die drei Säulen der österreichischen Malerei, zusammengeschweißt durch die gemeinsam durchlebte heroische Vergangenheit. Faistauer hatte immer ein Auge darauf, dass die alten Ideale im „Sonderbund", der Nachfolgeorganisation der „Neukunstgruppe" und der „Kunstschau", hochgehalten wurden, die sie berechtigten, sich als die „einzigen wirklichen Maler Österreichs" zu fühlen[18].

Die Gemeinsamkeiten zwischen Faistauer und den Nötscher Künstlern, ihr klassizierender Expressionismus, sind kunstgeschichtlich bisher kaum zur Sprache gekommen, wohl weil sie durch temperamentsbedingte Unterschiede etwas verwischt werden[19]. Neben der titanischen Leiblichkeit und dynamischen Tektonik, die Kolig seinen Akten verlieh, nehmen sich Faistauers Gestalten wie filigrane Kunstfiguren, statuarisch und anmutsvoll, aus. Mit seinem vitalen Pinselstrich suggerierte Kolig Raum und Körper weit mehr, als dass er sie so planvoll und formell wie Faistauer anlegte. Wiegeles penibler Wirklichkeitsfanatismus, der das Sehbild perspektivisch aufsplittert, lässt Faistauers Bilder wiederum artifiziell-geglättet aussehen. Ihr gemeinsamer Ausgangspunkt, der Zug zu altmeisterlicher, ja antikischer Größe, die mit moderner „Lebenstrunkenheit" aufgeladen wird, wurde in Wiegeles programmatischem Frühwerk „Drei Akte im Wald" zuerst deutlich greifbar. Klassisches Körpergefühl gewinnt sinnliche Lebensunmittelbarkeit, wenn Kolig im improvisatorischen Schwung mit einem Aufgebot an kraftstrotzender Jugend sozusagen den Olymp in sein Atelier herunterholt. Gegenüber solch heidnisch inspiriertem, allegorisch verbrämtem Körperkult hebt sich Faistauer als ein Puritaner und christlicher Friedensstifter ab, der alle Menschen in Heilige und alle Heilige in Menschen verwandeln möchte und alle zusammen in eine einzige heilige Familie, eingegangen in die Glückseligkeit eines aus Farbe und Form gewirkten künstlichen Paradieses, nicht als entrückte Symbolfiguren, sondern als Geschöpfe aus Fleisch und Blut. Schiele stand man in diesem Kreis distanziert gegenüber, weil er zu sehr an der Linie festhielt und zu deutlich einem bestimmten Milieu verhaftet war, erst seine letzten Werke, in denen auch er plastisch wurde, fanden vor Faistauer Gnade. Zu Kokoschka hatte er ein gespaltenes Verhältnis, das sich immer mehr zum Positiven hin wendete. In diesem Umfeld nimmt sich Faistauers Stimme als eine eher sanfte und introvertierte, einsinnige und ästhetisierende aus, was in einem gewissen Widerspruch zu seinem Hang zum Monumentalen steht.

Gemeinsam war dieser Künstlergeneration der Hass auf Wien, das sie als einen von Intrige und Gefallsucht beherrschten Moloch erlebten, der jeden ehrlichen Ansatz im Keim erstickte. Die Schwierigkeiten, die sich ihr in den Weg stellten, und die tatsächlich erdrückende Vormachtstellung der Metropole und ihrer Institutionen machen diese Einstellung durchaus begreiflich. Sie träumten von einem „Südsee-Erlebnis", das sie näher an die Quellen des Schöpferischen heranführte und das sie sich, entsprechend den sehr eingeschränkten Möglichkeiten, auch von einem Aufenthalt im Böhmerwald oder in der Wachau erhofften. Aus eben diesem Grund setzte sich Schiele nach Krumau ab und hielten die Künstler nach länd-

Anton Kolig: Der Reigen. Ölgemälde, 1911. Verbleib unbekannt. Ausgestellt in der Neukunst-Ausstellung in Budapest 1911

lichen Enklaven Ausschau, in denen sie wenigstens über den Sommer der „gänzlich korrumpierten, schleimigen Metropole"[20] entrinnen konnten. Es ist verfehlt, aus dieser Stadtflucht eine Hinwendung zur Heimatkunst abzuleiten. Die reale Konfrontation mit der „Idylle" führte meist sehr rasch einen Stimmungsumschwung herbei. So vermissten auch unsere Künstler, als sie vor allem das Nahrungsproblem während und nach dem Krieg in ihre Heimatdörfer verschlug, nur allzu schmerzlich die Anregungen des Großstadtlebens und die vordem so verdammte Kaffeehaus-Mentalität mit ihren geistigen Austauschmöglichkeiten. Kolig ist sich in Nötsch lange Zeit als Exilierter, Verstoßener vorgekommen, und Faistauer wurde seines vorübergehenden Daseins in Maishofen wie auch in der Stadt Salzburg niemals froh. „Denn in Wahrheit ist die Einsamkeit in Salzburg schwer zu ertragen ... Es ist kaum jemand da, der mir in meiner Kunst hilfreich werden könnte oder gar über die Mittel des Ausdrucks mich beraten könnte. Dieser Mangel besonders erfasst mich mit der Sehnsucht nach dem Wiegele od. Kolig, besonders aber Wiegele, der mit äußerster Kraft u. Sicherheit ganz unfehlbar zielend ist"[21]. Und für Kolig war „die Zeit in Wien ... eine der wenigen glücklichen Zeiten der Erinnerung"[22]. 1928 findet Faistauer gar „die Leute drinnen extra ungut im Gegensatz zu den Wienern, mit denen ich mich besser verbunden fühle"[23].

Faistauer stand ohnehin in einem verschärften Zwiespalt, denn einerseits hielt auch er den Glauben an ein naturverbundenes, konfliktfreies Dasein aufrecht, andererseits kannte er die realen dörflichen Verhältnisse zu gut, als dass er sie mit dieser Utopie in Einklang bringen hätte können. Er projizierte sein Wunschbild in eine mythische Vergangenheit: So wie in den alten Meistern der Kunst, so lebte auf dem Lande höchstens in den uralten Bauern noch etwas von dem heilen Zustand fort. So aber empfand sich Faistauer als Fremdkörper in der vertrauten Umgebung, die mit seiner künstlerischen Berufung nichts anzufangen wusste. Seine künstlerischen Anlagen hatten sich gerade in der Abwehr des rustikalen Milieus in besonderer Weise sensibilisiert. Diese Ablehnung äußerte sich in einem gesteigerten Bedürfnis nach Kultiviertheit, führte dazu, dass er auf alles Derbe, Primitive, Grobschlächtige besonders empfindlich reagierte. „Das Großstadtproletariat ist wesentlich kultivierter als der Bauer und Bürger auf dem Lande", äußert er sich gegenüber Johannes Fischer am 23. April 1919. „Die Kultur gerade für ein Gebirge ist zur Gänze verschwunden. Es existiert auch nicht einmal die geringste Sehnsucht danach. Die Leute sind ahnungslos u. haben glatt vergessen was ihre Großeltern noch genossen haben"[24].

In der Stadt war er wieder mit ganz anders gelagerten gesellschaftlichen Hindernissen konfrontiert, hier sah er seine Kunst durch

Briefkopf von „Josef A. Faistauer, Realitätenbesitzer", dem Vater Antons Faistauers. SMCA, Faistauer-Archiv

Das Haus der Familie Faistauer in Maishofen, um 1930. Maishofen, Privatbesitz

Egon Schiele: „Maler Faistauer", Farbkreide, Bleistift und Wasserfarben auf Papier, 1909. 28,7 x 30 cm. Wien, Albertina Museum

Händler- und Spekulantentum entwürdigt, und dieses Dilemma hat seinen Werdegang unter doppelt schwierige Bedingungen gestellt. „Der Konflikt mit dem äußeren Leben, der Behauptung in der ‚Gesellschaft', das Geben und Nehmen, das Handeln ist's, was mich so mit Ekel erfüllt – das Haben und Geizen und dazu die wichtigen Ausreden von der sichtbaren Notwendigkeit ..."[25]. „Damals war Faistauer in Aufruhr mit der ganzen Welt, ein Bauerssohn, der ausgezogen war sie zu erobern, von brennendem Ehrgeiz und doch gehemmt in der Großstadt durch seine bäuerliche Herkunft"[26]. Sein hochfahrender Kunstanspruch ließ ihn selbst seinen Förderern und Sammlern mit Misstrauen begegnen. Das profanen Interessen entzogene religiöse Wandbild erschien ihm schon aus diesem Grund als einzige wahrhafte Alternative. „Aber die Wand ist ja meine Leidenschaft u. diese Leidenschaft, der ich so selten frönen kann, zu verlieren meine Angst", schreibt Faistauer Anfang 1912 an seine Braut. „Aber meine Franziskus-Bilder werde ich doch malen u. in dieser Betrachtung sind das alles was ich bis jetzt gemalt mit Ausnahme von Geburt u. großem Aktbild, doch nur Eingang in diese furchtbar schönen Gemälde des großen Heiligen, die dann durch die Ausstellungen wandern sollen, da sie ja nicht für Privathäuser u. auch nicht für Kirchen gemalt werden können, bis sie den großen Saal eines heiligen Orts finden, in dem Männer eine heilige Gesellschaft bilden"[27].

Die Ursulinenkirche in Salzburg, Ölgemälde, um 1926, WV 321.
Galerie Ostrava

Künstler wurden von der bäuerlichen Bevölkerung damals als arbeitsscheue Taugenichtse angesehen, und Faistauer hatte noch Glück, von seinem Vater, einem Herrenbauern und Patriarchen alten Schlags, nicht verstoßen zu werden. Verständnis wurde ihm nur von weiblicher Seite entgegengebracht, seiner Mutter, seiner Tante Klara, seiner Schwester Anna. In seiner ganzen Kunst fühlte er sich dem weiblichen Element, das für ihn die bessere Hälfte der Menschheit darstellte, besonders verbunden, während er der Männerwelt vornehmlich als Kontrahent, als Ringender, gegenüberstand. Aus dieser Sicht führte seine malerische Entwicklung von einer Geborgenheit im mütterlichen Schoß der Farbe zu einer Ausdrucksweise, die mehr männliche Entschlossenheit und geistiges Durchdringungsvermögen zeigen soll.

Es war in erster Linie die österreichische Kunstgeschichte selbst, die Künstlern wie Kolig und Faistauer das Image von Regionalkünstlern verpasste, deren Hauptmission darin bestanden hätte, dafür zu sorgen, dass von den Segnungen der Moderne auch Brosamen auf die Provinz fielen. Ihrer Resistenz gegenüber Errungenschaften, mit denen man im internationalen Vergleich renommieren konnte – allzu bereitwillig gleichgesetzt mit einem gewissen Hinterwäldlertum – wurde dadurch die peinliche Spitze genommen, dass man sie auf ihrem Heimatboden festnagelte. Dieses Unterlegenheitsgefühl hat einen differenzierteren Zugang zur österreichischen Kunst der Vor- und Zwischenkriegszeit lange verhindert[28]. Die polarisierende, die Abstraktion einseitig bevorzugende Einstellung war als Reaktion auf die Zeit vor 1945 verständlich. Die österreichische Spielart des Expressionismus führte, von Schiele und Kokoschka abgesehen, die schon zu ihrer Zeit als Ausnahmefälle behandelt wurden, neben dem „brutaleren" deutschen Expressionismus, von dem sich Faistauer und Konsorten dezidiert abgrenzten, ein Schattendasein und rangierte eher unter den Künstlern der „verschollenen Generation". Hierzulande listete man lieber die Versäumnisse auf und meinte die Künstler in ein etwas gnädigeres Licht zu rücken, wenn man sie sozusagen aus dem internationalen Verkehr zog und in die Bundesländer „auslagerte", Kolig und Wiegele in erster Linie zu Kärntnern erklärte und Faistauers Bedeutung auf seine Salzburger Wirkensstätte einschränkte. Damit beging man unter umgekehrten föderalistischen Vorzeichen denselben Fehler wie jene besonders patriotisch denkende Zeit, in der man Faistauers Leistung vor allem an seiner angeblichen Verwurzelung im Volk und seinem gesunden Traditionalismus maß. Zum besonders Heimatverbundenen stilisiert – zur provinziellen Größe degradiert: Da blieb die eigentliche Leistung, die stets weit über einen engen Wirkungsbereich hinaus zielte, auf der Strecke.

Im Zusammenhang mit verfestigten Klischees der Rezeptionsgeschichte wirkte es sich fatal aus, dass Faistauer der Ruhm in seiner engsten Heimat ereilte. Die dem organischen Wachstum abgelauschte Vorstellung, die Kunst bringe umso schönere Blüten hervor, je tiefer sie im Schoß der Erde verwurzelt ist, hatte für die krisengeschüttelte Nachkriegszeit eine unwiderstehliche, gewissermaßen selbsttherapeutische Anziehungskraft. Das große Echo, das Faistauers Wandmalereien in der Pfarrkirche von Morzg auslöste, ist nicht nur darauf zurückzuführen, dass ihm damit ein erstaunlicher Wurf gelungen war. Man verstand es als ein wunderbares Signal, dass hier eine seit dem Mittelalter nicht mehr denkbare Symbiose zwischen „anonymem" Auftraggeber und sich gänzlich unterordnendem Ausführenden, Wirklichkeit geworden war: Einer aus der Mitte des Volkes war hier für die einfache Dorfbevölkerung nahezu um Gottes Lohn tätig geworden, und diese Schaffensbedingungen beflügelten ihn zu einer Leistung, die nicht nur schlichte Gemüter ansprach. Sogar Hermann Bahr, der Apologet der Provinz und Vordenker der Salzburger Festspiele, pilgerte mit hochgespannten Erwartungen nach Morzg.

Die Entstehungsbedingungen, die bei nüchternem Hinsehen die ökonomische Ausnahmesituation der Inflationszeit widerspiegeln und nicht ganz frei von Zwangsbeglückung sind, wurden reichlich idealisiert. Faistauers Ehrgeiz, sich auf großen Wandflächen bestätigen zu können und sich dadurch dem schnöden Bilderhandel für einige Zeit zu entziehen, stand als treibende Kraft hinter der Sache, unterstützt von einer einflussreichen Baumeister-Familie. Bei der Verwirklichung dieses Jugendtraums, die Tradition der Kirchenmalerei mit neuem Geist zu beleben, ließ er sich ganz von seiner Begabung zum Lyrischen und Intimen leiten, wobei ihm die kleinteilige Felderung entgegenkam. Er verstand die einzelnen Szenenbilder mit leichter Hand aus fast cézannehaft-lichten Farbgespinsten zu entwickeln, was sie aus dem Dunstkreis des Kunstgewerblichen rückt. Dennoch haben sie mehr mit „Wiener Werkstätte" als mit volkstümlich-lieblicher Bauernmalerei zu tun, sind sie mehr romantisches Kunstmärchen als naiv geschaute Heiligenlegende. Die heimischen Landschaftshintergründe und Stadtkulissen und die Gesichtstypen lenken von dieser urbanen Komponente etwas ab. Die von dramatischer Inbrunst unbeschwerte, elfenhafte Poesie steht im stärksten Gegensatz zur dampfenden Spiritualität jener spätexpressionistischen Kirchenmalereien, die zur selben Zeit in Deutschland sehr verbreitet waren. Der Mangel an Bewegung – ein Einwand, der bei Faistauer stets auf der Lauer liegt – ist hier durch das fast rokokohaft-duftige Farbenspiel ins Grazile und Beschwingte gewendet (Abb. S. 166, 167, 170, 171, 174, 175).

Festspielprogramm 1925, Titelblatt.
SMCA, Bibliothek

Festspielprogramm 1926, Titelblatt.
SMCA, Bibliothek

Machte Morzg den Namen Faistauer in ganz Österreich bekannt, so haben ihn die Fresken im Festspielhaus ins europäische Rampenlicht gerückt. Vom großen internationalen Interesse an den aufstrebenden Salzburger Festspielen fiel ein gehöriges Quantum auf ihn. Salzburg dürfe sich glücklich schätzen, dass es bei der Bewältigung einer so anspruchsvollen Aufgabe aus eigenen Reserven schöpfen konnte, lautete der allgemeine Tenor. Österreich, das sich nach außen hin gern als „Musenrepublik" darstellte und sich bemühte, seine verlorene Größe in eine kulturelle Mission hinüberzuretten, hatte ein veritables Aushängeschild. Man tut sich aber gerade bei den Festspielhaus-Fresken schwer, das bodenständige Element ausfindig zu machen. Die Aufgabe, ein enzyklopädisches Panorama zu entrollen, hat Faistauer mittels einer epochenübergreifenden „Universalsprache" zu lösen versucht. Zwanglos kombinierte er mythologische, allegorische und religiöse Stoffe mit realistischen Szenen und zeitgenössischen Porträts zu lockeren Figurenkomplexen. Sie stehen alle auf der Bühne des großen Welttheaters, das Faistauer mit zurückhaltender Deklamation in deutlicher Anlehnung an Calderon – Hofmannsthal inszeniert[29]. Die märchenhafte Unbefangenheit der Morzger Figurinen haben sie zugunsten eines auf stärkere Öffentlichkeit zielenden Auftretens eingebüßt. Während dort intime Szenen in einem farblich-poetischen Fluidum eingebunden sind, mutet Faistauer hier seinen Geschöpfen ein höheres Maß an Eigenständigkeit und Handlungsvermögen zu. Wir sehen aber keine Dramenhelden, sondern kindgebliebene, romantische Idealgestalten, die in einer somnambulen Unbestimmtheit verharren. In ihrer stillen, unheroischen Allegorik scheinen sie einer mythologischen Traumzeit anzugehören (Abb. S. 178, 180, 181).

Die vor- und zurückspringenden Bildstreifen sind durch eine Scheinarchitektur verklammert, deren bewusst überzogene Perspektive manchmal fast surreal anmutet. In den Köpfen der Gesellschaftsszenen lässt Faistauer sogar einen bei ihm sonst unbekannten Sarkasmus anklingen. Das Erfolgsgeheimnis der Fresken ist wohl eher in ihrer friedlichen, milden Entrücktheit zu suchen, die eine mühelose Rezeption begünstigte, als in dem ihnen angedichteten Lokalkolorit. Reinhardt und Hofmannsthal gründeten ihre Festspielidee in ähnlicher Weise auf pseudohistorische Reanimationsversuche.

Das enorme Echo, das von diesen Fresken im Fahrtwind des rapide anwachsenden Interesses an Reinhardts Festspielen auf Faistauer zurückfiel, führte dazu, dass man ihn zum kongenialen Erneuerer der Freskokunst und berufenen Erben der barocken Tradition erklärte. Aus seinem angeschlagenen Selbstbewusstsein heraus hat sich das damalige Österreich keine Gelegenheit entgehen lassen, die Gegenwart in den Glorienschein kultureller Blütezeiten

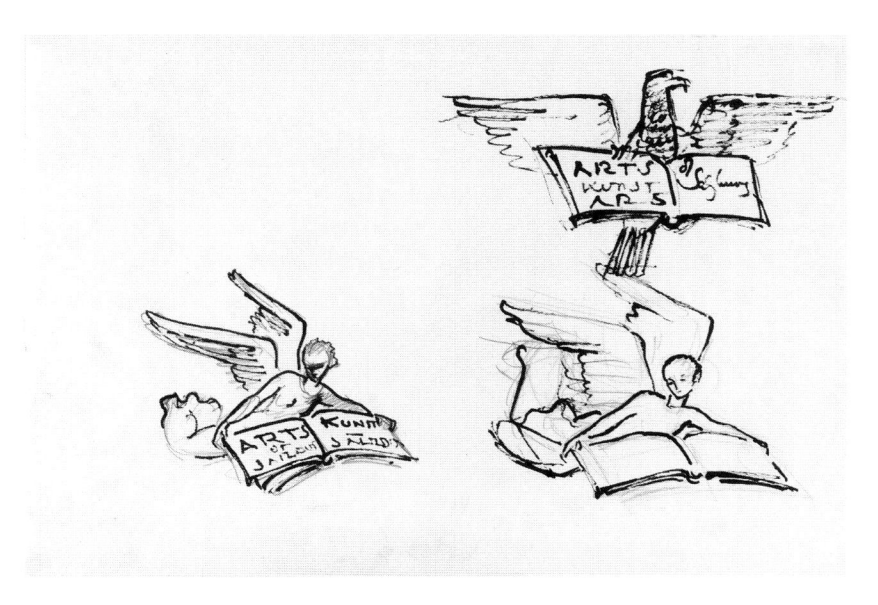

Grafischer Entwurf (Buchtitel?). Tusche über Bleistift. Salzburg, Privatbesitz

der Vergangenheit zu tauchen. Angesichts der farbsinnlichen Ausstrahlung seiner Malerei konnten die Zeitgenossen der Verlockung, in Faistauer einen „neuen Rottmayr" zu sehen, nicht widerstehen, wobei man die „präraffaelitische" Sprödigkeit und Bewegungsarmut seines Figurenstils ganz außer Acht ließ.

Auch da befand man sich auf dem Boden patriotischen Wunschdenkens, da Faistauers „barocke" Vorlieben hauptsächlich bei den Venezianern Tizian und Veronese lagen[30]. Die dynamisch-dramatische Komponente fiel bei ihm weitgehend aus. Mit dem Fresko von Weidlingau bei Wien hat er, zusätzlich motiviert durch das historische Ambiente, diesen Erwartungen zu entsprechen versucht. Trotz des erfolgreichen Bemühens um gesteigerte Massivität und entschiedenere Körpersprache überwiegt der Eindruck einer arrangierten Scheinwelt, die von einem unsichtbaren Schnürboden aus dirigiert wird (Abb. S. 186–187). Faistauers Bekanntheit fußt heute, im Gegensatz zu damals, kaum mehr auf seinem Freskoschaffen, an das er die stärksten Hoffnungen auf Unvergänglichkeit heftete – weniger weil es dem Urteil der Zeit nicht standgehalten hätte, als deswegen, weil die Monumentalmalerei ihre Autorität verloren hat.

Faistauers Idealismus tendiert grundsätzlich zum Kosmopolitischen und bezog immer wieder Stellung gegen eine national verengte Perspektive. Sie widersprach seiner Vorstellung von Malerei als einer von soziokulturellen und bildungsmäßigen Voraussetzungen unabhängigen Universalsprache. „... hinter dem dekorativen Aufputz wird das deutsche Herz eine ganz merkwürdig große Ähnlichkeit ... mit den Herzen der Asiaten, Franken od. Indianer [haben]. Bisher scheint es, daß die Herzen nach Nationalfarben gefärbt seien, dann werden sie wohl alle rot sein"[31]. Das wird sogar bei der Lektü-

Festspielprogramm 1927, Titelblatt. SMCA, Bibliothek

Bildnis Kronprinz Rupprecht von Bayern in der Uniform des italienischen Malteserordens. Ölgemälde, 1928, WV 338. Wittelsbacher Ausgleichsfonds

Bildnis des Salzburger Landeshauptmanns und Förderers von Anton Faistauer, Dr. Franz Rehrl. Ölgemälde, 1927, WV 335. Verbleib unbekannt

re seines Buches „Neue Malerei in Österreich" deutlich, obwohl es dessen Hauptanliegen ist, einen spezifisch österreichischen Weg aufzuzeigen. Gelegentliche dogmatische „Ausrutscher" bringen einen Missklang in seine mehr von einem menschheitsbeglückenden Optimismus als von kulturpessimistischer Grämlichkeit zeugenden Ausführungen[32]. Seiner Vorliebe für die französische Kunst, die sich aus dem hohen Stellenwert erklärt, den er Formbewusstsein und Sensualismus beimisst, geht mit einer übersteigerten Abwehr „östlicher Einflüsse" einher. Im übrigen hat man das Gefühl, dass er sein Abgrenzungsbedürfnis gegenüber extremeren Richtungen der Moderne, vor allem der abstrakten Kunst, deswegen so heftig artikulierte, weil er einen Schutzwall gegen Gefährdungen benötigte, die sein eigenes Schaffen zu unterminieren drohten, eine Stärkung gegenüber Auflösungstendenzen in seiner eigenen Malerei.

Erst seit den Festspielhaus-Fresken war Faistauers von materiellen Sorgen geplagte Existenz einigermaßen abgesichert. Noch zwei Jahre zuvor, als ihn mehrere Blutstürze zu monatelanger Schaffenspause zwangen, war er zu Bettelbriefen genötigt, um sich den dringend geratenen Aufenthalt im Süden leisten zu können. Dabei sah man ihn schon damals für einen der ganz wenigen österreichischen Maler an, die sich vermöge ihrer Reputation aus eigenen Kräften über Wasser zu halten imstande seien – was für ein bestürzendes Zeugnis für die Situation der Kunst in dieser Zeit! Der Erfolg befreite ihn zwar vom schlimmsten Druck, doch die ihn ständig begleitend Ahnung, dass ihm nur mehr eine knappe Frist zur Verfügung stehen könnte, um ein gültiges Werk zu hinterlassen, ließ ihn umso rastloser werden. Sogar deutsche Museen sahen ihn nun für interessant genug an, um Bilder von ihm zu erwerben. Faistauers Motive gab es als Hanfstaengl-Drucke und als Zigaretten-Sammelbildchen. Der Verlockung, zum Prominentenporträtisten zu werden, widerstand er nicht ganz, dafür nahm er sich die Freiheit heraus, drei akademischen Berufungen „wegzuwerfen". Ein ungebundenes Schaffen ging ihm doch über alles, so wie er sich nach seiner geschiedenen zweiten Ehe trotz enger Lebensgemeinschaft mit Gundl Krippel nicht mehr verheiratete. Eine Muse brauchte er jedoch immer. Nach der seelenvollen, mütterlichen Ida und der nicht mehr ganz so fügsamen, herberen Emilie war seine Wahl nun auf eine sehr mondäne und selbstbewusste Frau, Wienerin wie die beiden anderen, gefallen. Er fand gerade noch einmal Zeit, seine Sehnsucht nach südlichen Sphären zu stillen und hat sich mit den auf dieser Reise entstandenen Veduten nochmals auf einen souveränen Gipfel geschwungen. Wie er die blendende Vision auf die bündigste Formgestalt zu konzentrieren vermochte, Überschwang und Askese in eins setzend, mutet wie eine Essenz seiner Kunstauffassung an.

Aber auch in seinen figürlichen Kompositionen vermochte er noch unvermutete Reserven zu mobilisieren.

Dank seiner Klarsicht war es Faistauer schon in jungen Jahren gelungen, als vertrauenswürdige Instanz in organisatorischen und kunstpolitischen Belangen anerkannt zu werden. Zahlreiche Ausstellungsprojekte gingen durch seine Hände. Er hat sich mehrfach exponiert, wenn es um Fragen des künstlerischen Gemeinwohls ging. Eines seiner Hauptanliegen war die Demokratisierung des Ausstellungswesens, schließlich hatte er die Nöte des Ausgestoßenseins selbst sehr hart zu spüren bekommen. In Wien herrschte eine strikt praktizierte „Vereinsmeierei", die es jedem unliebsamen Außenseiter oder nicht Etablierten unmöglich machte, an Ausstellungen teilzunehmen. Besonders in den ersten Nachkriegstagen verfolgte Faistauer von Maishofen aus mit großer Besorgnis die Vorgänge in Wien, wo der Gemeinschaftsgeist in lauter Einzelinteressen zu zersplittern drohte. Er publizierte in der Wiener Zeitung „Der neue Tag" vom 16. April 1919 einen geharnischten „Offenen Brief", in dem er die Öffnung der Ausstellungshäuser forderte. Andere bevorzugte Angriffsziele waren unter anderem das Kunstgewerbe, mit dem sich Wien stets besonders hervortat, und die von Franz Cizek angeführte pädagogische Bewegung der Kinderkunst[33]. Immer war er wegen der Veräußerlichung, Verrohung und modernistischen Ausschlachtung des hohen und ernsthaften Kunststrebens besorgt. Entsprechend dem klassischen Menschenbild des Idealismus sah Faistauer den Sinn der Kunst in der Erziehung zum Schönen und Guten. Dieses Verantwortungsgefühl bewog ihn nach einigem Widerstreben, sich an den Aktivitäten der Salzburger Künstlergruppe „Der Wassermann" zu beteiligen. Sie waren von großem volksbildnerischen Elan getragen, weil man sich vom politischen Neubeginn auch eine günstige Weichenstellung für die Kunst erhoffte. Trotz des vom lokalen Kunstverein gegen Faistauer veranstalteten Kesseltreibens fühlte sich der aufgeschlossene Teil der Salzburger Künstlerschaft von seiner Kunst mächtig in Bann gezogen. Josef Schulz, Theodor Kern und Anton Steinhart, um nur drei Namen zu nennen, trugen die von ihm erhaltenen Anregungen ambitioniert weiter. Aber auch österreichweit kann man Faistauers Einfluss auf Schritt und Tritt begegnen, schließlich mussten die vielen Maler, die den Weg eines wirklichkeitsgesättigten, expressiven Kolorismus einschlugen, in ihm zumindest einen Wegbereiter und Maßstabsetzer sehen.

Obwohl er sich gerne als Friedensstifter gesehen hätte, war der „schwerwesige" Faistauer – ein Wort, das Roessler für ihn prägte – zu sehr eigensinniger Einzelkämpfer, als dass er eine Integrationsfigur abgeben hätte können. Dem Überströmenden, Begeisterungsfähigen in seinem Charakter stand das Misstrauische, Widerborstige,

Emma Schlangenhausen: Plakat der „Wassermann"-Ausstellung, Salzburg 1919. Wien, Museum für angewandte Kunst

Zwei Entwürfe für die Neue Galerie Salzburg, Ludwig-Viktor-Platz (heute Alter Markt). Federzeichnungen, um 1920. Salzburg, Privatbesitz (Kat.-Nr. 131)

Blick in die „Wassermann"-Ausstellung im Salzburger Künstlerhaus, August 1919. In der Vitrine Keramiken von Luise Spannring. Im nächsten Raum links Faistauers Votivaltar, Kat.-Nr. 64

Eifernde gegenüber, und diese Mischung machte ihm und seiner Umwelt das Leben nicht leicht. „Er war bedächtig und zielbewusst in seinem Leben, aber doch voll Leidenschaft, die ihn oft zu scharfen und grausamen Urteilen gegenüber Malerkollegen hinriß. Die Maler fürchteten ihn und verehrten ihn zugleich und waren voll Schreck und Trauer, als die unerwartete Nachricht von seinem Tod durch die Zeitungen ging"[34].

So wie der Nährstoff von Faistauers Kunst nicht die Milch der frommen Denkungsart ist, so irrt man auch, wenn man in ihm eine in Einklang mit ihrer Umgebung stehende, „natürlich" ausgeglichene Persönlichkeit vermutet. Emil Szittya hatte wohl nicht ganz unrecht, wenn er schrieb: „Dieser Faistauer ist aus lauter Kontrasten

Bildnis Ida Andersen, August 1919. Farbkreiden auf Papier. Linz, Oberösterreichische Landesmuseen (aus dem Besitz von Alfred Kubin)

Anton Faistauer an der Côte d'Azur, 1926/27

zusammengesetzt"[35], einerseits scheu, reserviert, gehemmt, andererseits energisch, polemisierend, gerne in Opposition stehend und sich stets als Schwimmer gegen den Strom empfindend. In sein Ringen um Ausgewogenheit ist viel von der Suche nach dem eigenen seelischen Gleichgewicht eingegangen, denn er war „durch die kleinste, für einen anderen gar nicht wahrnehmbare Dissonanz in seinem inneren Frieden bedroht"[36]. Deshalb wirkt seine harmonisierende Malerei nicht wie eine ästhetische Spiegelfechterei und, obwohl nach dem unpersönlichen, „namenlosen" Kunstwerk strebend, dennoch signifikant und unverwechselbar.

Sofern es ihm seine Verhältnisse gestatteten, war Faistauer mehr unterwegs als zuhause, es hielt ihn nirgends lange. Auch in seinem äußeren Erscheinungsbild legte der Künstler großen Wert darauf, sich als Weltmann von geradezu dandyhafter Eleganz zu präsentieren. So zeigen ihn seine Fotokonterfeis, auf denen er fast schauspielerisch posiert. Wiederholt trug er sich mit Auswanderungsplänen. „Früher war ich immer in Maishofen, das mir aber als Heimat zu wenig mehr bedeutet", schrieb er zu Neujahr 1921 an Marie de Arnoldi[37]. Aber auch in Salzburg, das ja zur Stätte seines Triumphes geworden war, fühlte er sich nicht heimisch, da er eine geistige Atmosphäre nach seinem Geschmack vermisste. „Glaubst du, dass wir nach Salzburg gehen werden? Was haben wir dort schon verloren?" – mit dieser lapidaren Feststellung wandte er sich brieflich aus Köln an seine Lebensgefährtin Gundl Krippel, kurz nachdem er sein Testament gemacht hatte[38].

Allein der Umfang seines Schaffens ist, gemessen an der kurzen Lebenszeit, gewaltig. Faistauer wirkt wie ein Rastloser, der nur in der Beschäftigung mit der Kunst Ruhe fand, wie ein Zerrissener, der sich persönlich dafür verantwortlich fühlt, eine auseinanderzubrechen drohende Schöpfung wieder zu einem intakten Weltgebäude zusammenzufügen.

Mit diesem Anspruch hat er sich nicht nur ideell übernommen, sondern auch weit vor der Zeit aufgerieben. „Wenn ich trotz der widerlichen Umstände einer materiell schlecht gestellten Jugend u. des Krieges u. des fast ebenso schlimmen Nachkrieges, die gerade in meine Entwicklungszeit fallen, so viel gearbeitet habe, so kam es von der verzehrenden Leidenschaft, mit der ich meiner Malerei anhing, ihr verfallen bin", bekannte er einmal[39]. Seine Auffassung war, dass die Malerei nicht für den Maler da ist, sondern umgekehrt der Maler der Malerei dient. Er wäre wohl kaum so früh gestorben, wenn er im Dienst der Kunst nicht so oft über die Grenzen seiner physischen Leistungskraft gegangen wäre.

Doppelbildnis Arthur und Ida Roessler, 1912. Verbleib unbekannt

Tonio Faustiner und sein Antipode

Es war Alfred Kubin, der zehn Jahre nach dem Tod „unseres unvergesslichen Freundes Toni Faistauer" gegenüber Anton Steinhart bedauerte: „Ein schönes Faistauer-Werk in Gestalt eines Bandes mit guten Abbildungen hat man bei allem angeblichen Interesse (für diesen repräsentativsten österreichischen Maler) nicht zustande gebracht"[40]. Zum Zeitpunkt dieser Äußerung, 1940, war Faistauer nicht gerade eine persona grata, und so dauerte es weitere sieben Jahre, bis das „Österreichische" wieder gefragt war und dieses Versäumnis nachgeholt wurde. Mit Arthur Roessler, den man heute vor allem als Schieles frühesten Förderer kennt, konnte sich ein alter Wegbegleiter in einem für die Nachkriegszeit erstaunlich aufwändig gestalteten Buch ein weiteres Mal um Faistauers Sache verdient machen. Es versteht sich als Dokument der Zeitgenossenschaft und vermittelt einen sehr persönlichen Zugang zu Leben und Werk, wobei das Gewicht des Persönlichen die sachliche Distanz etwas verringert. „Intim Psychologisches, sogenannte ‚Indiskretionen', ja sogar auch anekdotisch Anmutendes ... wurde von mir absichtlich nicht ausgemerzt, sondern in der originalen Form an Ort und Stelle belassen, weil ich derartigen Subjektivismen gewichtigere Bedeutung zumesse als irgend welchen angeblich oder vermeintlich ‚objektiven' Darstellungen und spitzfindig konstruierten Analysen", legte Roessler im Vorwort seine Absicht dar.

Bildnis Alfred Kubin. Farbkreiden auf Papier, 1921. Linz, Oberösterreichische Landesmuseen

Das nötige Korrektiv zu einer solchen emotionalen Darstellung, das ganz vom Standpunkt nüchterner Faktizität ausgeht, kam 25

Bildnis des Wiener Schriftstellers Otto Stoeßl. Farbkreiden auf Papier, 1920. SMCA, Inv.-Nr. 185/50

Bildnis des Malers Robin Christian Andersen. Farbkreiden auf Papier, 1922. Wien, Kupferstichkabinett der Akademie der bildenden Künste

Anton Faistauer, um 1906

Jahre später mit Franz Fuhrmanns Faistauer-Monografie. Sie verfügt über eine lückenlos recherchierte biografische Darstellung und – damals noch eine Seltenheit – ein bebildertes Werkverzeichnis, das im großen und ganzen bis heute standgehalten hat[41]. Das Buch, dessen Seitenumfang in keinem Verhältnis zum bewältigten Material steht, wird auch in Zukunft die Grundlage jeder Beschäftigung mit Faistauer bleiben.

Die Kunstwissenschaft ist Faistauer ja noch einiges schuldig geblieben. Albin Rohrmosers Katalogbeitrag von 1987, der zu den wenigen Ausnahmen gehört, ist eine brillante stilkritische Etüde über das frühe Schaffen. Sie tut aber insofern etwas zuviel des Guten, als sie Faistauers Genese allzu einseitig auf die Begegnung mit Cézanne fokussiert. Wenn Rohrmoser ihm im Untertitel eine „Abkehr von der Moderne" unterstellt, so versteht man dieses „Todesurteil" umso weniger, als er sich im Vorwort mit Bezug auf eine weniger dogmatisch gesinnte Postmoderne gegen die ungerechtfertigte Zurücksetzung Faistauers ausspricht. Noch Kindlers Lexikon der Malerei von 1965 führt Faistauer als einzigen österreichischen Maler des 20. Jahrhunderts neben den Altersgenossen Schiele und Kokoschka – die als „Originalgenies" von Anfang an einen Sonderstatus genossen – sowie dem etwas jüngeren Boeckl. So gesehen hat er einen gewissen Terrainverlust zu verzeichnen, denn einige Künstler, die früher eindeutig hinter ihm rangierten, sind inzwischen aufgerückt.

Nicht als Publikation im strengen Sinn bezeichnen kann man eine ausführliche Abhandlung über Faistauer, die schon wenige Jahre nach seinem Tod entstanden ist. Da es sich „nur" um eine Maturaarbeit handelt, ist sie völlig unbeachtet geblieben[42]. Man erlebt hier eine Überraschung: zum einen wegen des biografische Kenntnisreichtums, vor allem was die Studenten- und Bohemienzeit des Künstlers anbelangt, über die man aus anderen Quellen wenig erfährt. Aber auch die Art, wie Faistauers Leistung von gesamtkulturellen Zusammenhängen her aufgerollt wird, weist ein Niveau auf, das man auf gymnasialem Boden nicht vermuten würde. Die Autorin hat es später auf einem ganz anderen Gebiet zu Ansehen gebracht, deshalb war es nach so vielen Jahren auch schwierig, sie ausfindig zu machen. Als Tochter eines passionierten Wiener Sammlers hatte Johanna Müller, die spätere Botschafterin Dr. Johanna Nestor, Zugang zu Künstlerkreisen, und gelangte dadurch zu Informationen aus erster Hand. Robin C. Andersen, der lebenslange Intimus und Schwager Faistauers, und Bruno Grimschitz, der ideologischen Kopf des österreichischen Expressionismus, waren ihre Gewährsleute. Spiritus rector ihrer Arbeit war niemand geringerer als Albert Paris Gütersloh, was ihrer Arbeit den Stempel besonderer Authentizität aufdrückt.

Gütersloh und Faistauer fanden einander bereits 1901 als Externisten auf dem Franziskaner-Gymnasium in Bozen, wohin sie die Eltern wegen des der Gesundheit förderlichen Klimas schickten. Der Drang nach künstlerischer Betätigung entfernte sie von ihrer ursprünglichen Bestimmung für den geistlichen Stand. Gütersloh war bereits ein literarischer Wunderknabe, als er nach Bozen kam, Faistauer dichtete damals „entzückende Novellen in der Art E.A. Poes"[43]. Dagegen hat er den Zeichenunterricht, laut Schulzeugnis, nicht einmal belegt. Erst als er einmal längere Zeit bettlägerig war, fing er aus purem Zeitvertreib zu zeichnen an und wurde bei dieser

Bildnis Anna Faistauer, die Mutter des Künstlers. Ölgemälde, 1929 (posthum gemalt), WV 369. Maishofen, Privatbesitz

Bildnis Josef Faistauer, der Vater des Künstlers. Ölgemälde, 1929, WV 368. Maishofen, Privatbesitz

Albert Paris Gütersloh, 1920er Jahre

Gelegenheit von Gütersloh „entdeckt". Die Begeisterung beim gemeinsamen Besuch der Impressionisten-Ausstellung in der Wiener Secession ließ die Freunde den Mut zu dem folgenschweren Schritt finden, die Schule zu verlassen. Weder der Entzug der väterlichen Unterstützung noch das Debakel vor der Prüfungskommission der Akademie konnten Faistauer an der Durchsetzung dieses Vorhabens hindern. Seine Existenznöte hat er vor den Angehörigen im fernen Pinzgau schamhaft verschleiert und sich mit Gelegenheitsarbeiten durchgeschlagen.

Während Faistauer in der privaten Malschule Scheffer für die Akademie „trainierte" und Anton Peschka und Robin Andersen als Freunde gewann, ließ sich das Multitalent Gütersloh zunächst mit der Schauspielerei ein und war zwischen 1906 und 1910 aufgrund seiner Engagements häufig von Wien abwesend. Er ließ aber auch seine zeichnerische Ader nicht verkümmern, hielt sich für die „Neukunstgruppe" verfügbar und war vor allem schriftstellerisch ungeheuer produktiv – was sich zusammengenommen nicht sehr günstig auf sein Rollenstudium ausgewirkt haben dürfte, da dieser Abschnitt seiner Karriere bald der Vergangenheit angehörte. Noch während seiner Berliner Verpflichtung gelang ihm mit dem umfangreichen Roman „Die tanzende Törin" ein Geniestreich, der bei seinem ersten Erscheinen 1911 noch nicht als solcher erkannt wurde, während es die zweite, gekürzte Fassung von 1913 in intellektuellen Kreisen zu einer gewissen Berühmtheit brachte[44]. Obwohl das Buch in jüngster Zeit wieder auf fachliches Interesse gestoßen ist, als sprachlich frappante Meisterleistung und Vorstoß auf dem Gebiet des literarischen Expressionismus gerühmt wird, ist ein anderer, mehr kulturgeschichtlicher Aspekt unbemerkt geblieben. Das Buch ist so anregend geschrieben, dass man in der Tat übersehen kann, in welch interessantem Milieu es spielt, und dass dieses Milieu dasjenige ist, das Gütersloh aufs beste vertraut war. Er hat Künstler aus seinem persönlichen Kreis verwendet und porträtiert, und so ließe sich das Buch bei genauerer Kenntnis in der Art eines Schlüsselromans lesen, wenn es nicht ständig aus der fast reißerisch und melodramatisch bewegten Handlungsebene ins Gesellschaftskritische, Parabelhafte, Sprachphilosophische, Metaphysische ausscheren würde. So muss man denn auch nicht sehr lange warten, bis ein Maler Tonio Faustiner die Szene betritt, zunächst in der Rolle des über alle Maßen übersinnlich-romantischen Liebhabers. Man darf davon ausgehen, dass Gütersloh sich bei der Charakterisierung der Figur eng an das Vorbild gehalten hat; er hat ja auch den Namen nur geringfügig abgewandelt. Manche Episode wirkt dokumentarisch geschildert, einer der Schauplätze, Tonios armseliges Atelier in der Stumpergasse, ist mit peinlicher Detailtreue wiedergegeben.

Faustiner hat einen gewichtigen Part in diesem schwer entwirrbaren Beziehungs-Reigen inne, der für alle Mitwirkenden so vielversprechend wie dann frustrierend abläuft, vor allem für die tanzende Törin selbst. Durch die Manie des Autors, sein Repertoire durch perspektivische Brechungen, Sprach- und Gedankenspiele zu vervielfältigen, ist der Roman bis zu einem gewissen Grad sogar darauf angelegt zu verwirren. Sprachlich wie atmosphärisch schwankt er zwischen schwüler Decadence, rokokohaftem Spitzentanz und schrillen ekstatischen Tönen.

„Leitmotiv" der Handlung ist die Jungfräulichkeit der Heldin, die dieser trotz höchster Anstrengung und aller Begehrlichkeit, die sie in den Männern entfacht, nicht abhanden kommt. Obwohl emanzipiert und männlich-fordernd, scheitert sie an der eigenen Gehemmtheit und Unaufrichtigkeit, die sie in den Gestalten, die in ihren Bannkreis treten, widergespiegelt bekommt. Das Geflecht aus Pose, Maske und Camouflage erweist sich als undurchdringlich. Für ihr ver-

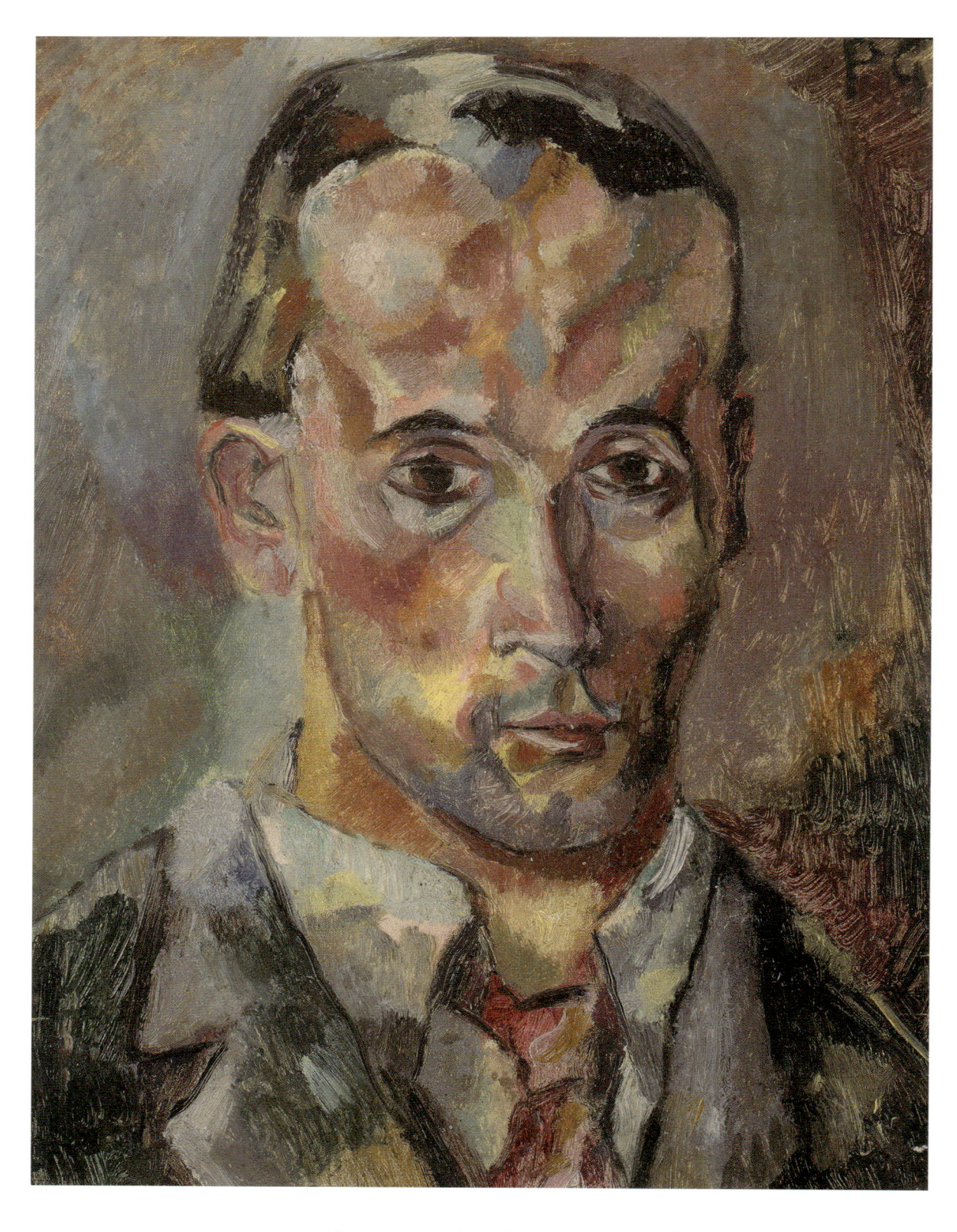

Albert Paris Gütersloh: Bildnis Anton Faistauer. Ölgemälde, 1910. Wien, Privatbesitz

Anton Faistauer, um 1910. Salzburg, Privatbesitz

gebliches Streben, zur menschlichen Essenz und erlösenden Eindeutigkeit vorzustoßen, steht der Wunsch, Ausdruckstänzerin zu werden. Auf die Figur, die authentisch genug wäre, den fatalen Knoten zu durchhauen, wartet man vergeblich. Faustiner, scheint es, hätte am ehesten das Zeug dazu, er ist als Person vollkommen aus einem Guss und seelisch unkorrumpiert, aber in seiner manischen Suche nach Gottesnähe auch wieder ein Verblendeter. Gütersloh lässt in der Figur des Faustiner das Gegenprinzip zum galoppierenden Selbstverlust der Törin erkennen, den orthodoxen Kreuzritter, der im Dienst einer einzigen monumentalen Idee aufgeht und für die nackte menschliche Existenz kein Auge hat. Er maßt es sich an, mit seiner Kunst sogar Gott auf die Probe zu stellen, indem er sich wie dieser auf die Suche nach zwei Gerechten begibt. Erst ihr verklärter Ausdruck im Augenblick des Messopfers gilt ihm als Gottesbeweis. Die Szene, in der Faustiner über dem Altar der Karlskirche als Voyeur von Gottes Gnaden seinem Handwerk nachgeht, ist typisch für die fast makabre Vorliebe des Autors, gedankliche Spitzfindigkeiten mit einer realistischer Drastik auszubreiten (S. 143–153 in diesem Band).

Gütersloh war als Schriftsteller immer ein Meister darin, Erlebtes ins gedanklich Spekulative, Fabel- und Gleichnishafte umzudichten. Auch im Fall der „tanzenden Törin" basieren der stoffliche Vorwurf und wohl auch so manche konkrete Situation auf wahren Begebenheiten. Die entscheidenden Hinweise dazu liefert Müller, die sie wiederum von Gütersloh persönlich haben dürfte. Sie erlauben es, die Hintergründe in vagen Umrissen zu rekonstruieren. Sie reichen in den Sommer 1906 zurück, als Faistauer wieder einmal auf „Heimaturlaub" weilte. Während dieser Zeit lernte er den Maler Karl Walser kennen, der damals als Ausstatter bei den Berliner Reinhardt-Bühnen große Erfolge feierte; zusammen mit ihm unterwegs war sein heute viel berühmterer Dichter-Bruder Robert. „Diese regten ihn lyrisch stark an, sodaß er selbst viel dichtete und schrieb. Die Braut Karl Walsers, Molly – sie endete später durch Selbstmord – war die Muse und der Mittelpunkt der ganzen Gesellschaft. Sie ist auch die tanzende Törin des Gütersloh-Romans, wo sie Ruth heisst"[45].

Im Roman ist es Walser, unter dem Namen Welser zum hässlichen Lebemann umgemodelt, der sich der aus ihrer gutbürgerlichen „Familienhölle" verstoßenen Ruth Herzenstein annimmt und sie seinen Freunden in Wien weiterempfiehlt, wo sie sich bei einem berühmten Tanzmeister ausbilden lassen soll. Die anziehende und unkonventionelle Berlinerin schließt sich dem Freundestrio Faustiner, Moses Ebenbauer und Julian Corinth an und verdreht einem nach dem andern den Kopf. Als Vorbilder für die beiden Freunde Faustiners kommen in erster Linie Andreas Thom (recte Felix Csmarich), später ein mäßig erfolgreicher Romanschriftsteller, und Karl Linke, Kompositionsschüler bei Arnold Schönberg und nachmals um das Schulwesen sehr verdienter Beamter im Unterrichtsministerium, in Frage. Faistauer war mit ihnen viel zusammen, ihre Porträts zählen zu den ganz wenigen Schaffenszeugnissen aus Faistauers früher Wiener Zeit. Zwei Zeichnungen mit Gütersloh, Linke und Thom wirken wie Szenarios aus dem Roman, der in der Gesellschaft zwischen Boheme und kunstbeflissener „Schickeria" angesiedelt ist (Abb. 348, 349).

Als weiteres Indiz kann hier ein 1907 datierter Brief ins Treffen geführt werden, in dem Faistauer dem Freund Csmarich mitteilt, die lebenslustige Molly beklage sich über „unseren Scheintod" und verlange heftig nach „einem von uns", falls sie in dem „Scheißwien" vor Langeweile nicht zugrunde gehen soll[46]. Das nächste Zeugnis von Mollys Existenz ist schon posthum, ein Brief Walsers an Faistauer vom 8. Juni 1908: Weil er seine Adresse nicht hatte, konnte er ihm Mollys Tod nicht früher mitteilen. Er fragt jetzt bei ihm, Mollys engem Freund, an, ob er ihm dabei behilflich sein könne, die Ursache ihres traurigen Entschlusses, dem Leben ein Ende zu machen, zu ergründen. „Besonders möchte ich Sie dabei fragen, ob Sie ihr den Revolver geschickt haben. Molly erzählte mir das, einige Wochen vor ihrem Tode"[47]. Der Name Molly geistert dann noch mehrmals vielsagend durch die zwischen Faistauer und seiner Braut Ida Andersen gewechselten Briefe, die Neugierde auf weitere Einzelheiten bleibt jedoch ungestillt. Das sichtlich aus der Position des Etablierten verfasste Schreiben Walsers endet etwas zynisch mit der Aufforderung an Faistauer, er möge ihm gelegentlich einige Skizzen vorlegen, „oder teilen Sie mir etwas von dem Himmel mit, in dem Sie sich wohl, wie alle jungen und hoffenden Künstler, befinden".

Es mag überraschen, Faistauer in erotische Kalamitäten, wie sie nur das Boheme-Leben hervorbringen konnte, verwickelt zu sehen. Er war aber weder damals noch später der fromme, „kreuzbrave" Provinzmensch, den man in ihm manchmal sehen wollte. Er war trotz seines Heiligenscheins um nichts weniger exzentrisch als die anderen hoffnungsvollen Jungkünstler seines Kreises. Sein Leben spielte sich damals zwischen Atelier und Kaffeehaus ab[48], letzteres war als Informationszentrale von höchster Wichtigkeit, es war aber auch der Ort, wo Faistauers Dünnhäutigkeit auf die härteste Probe gestellt wurde. Abgrenzungsbedürfnis und Kontaktfreude prallten hier aufeinander. Es kam vor, dass er sich wie von einem Pandämonium bedroht fühlte, die vertrauten Gesichter umgaukelten ihn wie Fratzen – der Leser muss um des jungen Künstlers psychisches Heil bangen, wenn er die von Entsetzen diktierte Beschreibung eines Kaffeehausbesuches in einem Brief von 1912 liest. Es muss ein

Zwei hockende Bauernmädchen. Ölgemälde, um 1910, WV 25. Privatbesitz

Schlüsselerlebnis gewesen sein, dessen sich Faistauer noch fünfzehn Jahre später erinnert[49]. Die beklemmende halluzinative Drastik bezeugt, dass Faistauer durchaus über die kritische Hellsichtigkeit eines Kubin oder Kokoschka verfügte, doch dass ihn eine Art Schutzmechanismus in die entgegengesetzte Richtung lenkte: das „wirkliche Sein" in einem Ideal der Reinheit zu suchen, das ihn aus der Einflusssphäre von Hässlichkeit, Lüge und Aufschneiderei herausführte. Er hat die Destruktion des Menschlichen ins Zerrbildhafte, die Verselbständigung einzelner Gliedmaßen ins Ungeheuerliche aus eigener Anschauungskraft erfahren, und man versteht die an Phobie grenzende Abneigung gegenüber verschiedenen Phänomenen expressionistischer Kunst – sie gemahnten ihn an den panischen Schrecken von damals:

„Ich erinnere mich an dies Bild. Da war ein Mann mit verkehrten Beinen, der sah mit geschlossenen Augen. Auf seinen Lidern waren schwarze Pupillen gemalt. Einem andern konnte man nur durch ein Fenster in die Augen sehen, wieder einer hatte einen kleinen schwarzen Halbmond vor der Nase nach unten hängen, der vierte hatte ein schwarzes Lammfell über den Kopf gezogen. Einer glich einem Hasen, war blond u. hielt den Kopf seitlich schief mit der Absicht, an das Kreuz des hl. Andreas zu erinnern. Ich hörte kaum etwas. Ich hörte zueinander lateinisch sprechen. Der Sprecher bog fortwährend mit den Fäusten sein Kinn nach auswärts. Er genoß die Protektion der Dame eines Grafen, soll der Sohn eines Hofmarschalls u. einer Kellnerin od. eines Priesters gewesen sein. Es ist spät in der Nacht. Die Stube gähnt mit der Gesellschaft. Es ist das Gähnen, das der Rachen eines Löwen sein möchte, aber der eines verzweifelt Gelangweilten ist.

Die ganze Gruppe am roten Tisch ist total maskiert. Der Zyniker unter ihnen grinst u. sagt: ja, ich bin ein Schurke, ob Sie's glauben od. nicht. Keiner schämt sich, denn er ist wirklich ein Schurke. Dieser trägt sein eigenstes Gesicht als Maske ... Diese Gesellschaft von Räubern tragen die besten Namen der Stadt. Nein, sie sind mir als die besten Namen genannt worden als ich in diese Stadt zog. Das Kaffee M ist das Haus dieser seltsamen Vögel und ich sitze augenblicklich da auf einer Leimrute und denke nach wie ich ihr entrinne u. ohne Öde trotz dieser Henker lebe. Sag, ist die Gesellschaft gerade unseres Alters so gierig so geil so gemein? Wird es mit den 40 Jahren besser od. dauert der Kreuzgang 20 Jahre. Wenn ich die Menschen auf der Strasse betrachte so seh ich kaum einen unter 50 u. über 25 dem ich trauen würde. Mein Freund, hilf mir, gib mir Hoffnung und zeig einen Weg"[50].

Auch in seiner eigenen Malerei hatte Faistauer zu kämpfen, dass ihm die organische Ganzheit seiner Gestalten nicht in einzelne Be-

Stehender Herr (Andreas Thom). Bleistift und Aquarell auf Karton, um 1907. Wien Museum

Titelblatt des Kataloges zur Budapester „Neukunst"-Ausstellung, 1912. Verwendung eines Motivs von Anton Faistauer

Selbstbildnis aus der Zeit in Ascona. Abbildung im Budapester „Neukunst"-Katalog, 1912

standteile zerfiel. Da er die Aufmerksamkeit vom Gegenstand auf den Malvorgang und den malerischen Zusammenklang abzog, konnte es nicht ausbleiben, dass manche Gliedmaßen oder Farbpartien ein Eigenleben zu führen drohten und die organische Verlebendigung des Ganzen zum Problem wurde.

Selbst der Freund Gütersloh war Faistauer aufgrund solcher Begegnungen zeitweise nicht mehr geheuer, er musste einmal richtiggehend Reißaus vor ihm nehmen. „Es ist gerade acht Uhr am Abend und ich saß nicht lange im Museumcafé. Paris war da ... Es kam bald der Harta ... Aber was fange ich mit der eitlen Prahlerei meiner Bekannten an? ... ich glaube fast, man sollte nie zusammenkommen, wenn wir uns etwas sagen wollten, sollten wir schreiben. Denn schon mit der Rede treten wir durch die Agilität in eine Dekorativität ein, die gar nicht wirklich ist, sondern ganz Schein ... Gingen wir doch zusammen Muscheln suchen, wir täten mehr als wenn wir über alles redeten, was uns wirklich nicht beide gleich angeht ... Wir müssten bloß an den Gegenständen aneinander klug werden, d.h. an unserer Arbeit. Darum ist Arbe t das Einzige, was wir machen sollen, aber keine Reden ... Ich will großen Redereien jetzt aus dem Wege gehen, um nicht taub zu werden für den Gesang und will schweigen, um nicht stumm zu werden für die Predigt ... Darum werde ich doch wieder zu Paris gehen und will mit ihm ringen. Ich bin so friedfertig oder ich bin bequem, aber der Paris ist wie der Teufel"[51].

Der brillante und provokante Gedankenakrobat Gütersloh und der „fundamentalistisch"-geradlinige Faistauer waren ein äußerst konträr veranlagtes Paar, dessen Freundschaft einen starken Reibungskoeffizienten enthielt. Bereits 1906 erwähnt Gütersloh in einer autobiografischen Skizze „Tony Faistauer, den ich heute noch meinen Freund nenne, obwohl ein Bruch unausbleiblich scheint"[52]. Dazu ist es allerdings, trotz heftigster Störungen zu wiederholten Malen, nie gekommen. Das weltanschauliche Band zwischen beiden, eine Mischung aus Katholizismus und sozialutopischen Ideen, schloss gröbliche Meinungsverschiedenheiten nicht aus. Besonders hart hat sich Faistauer über Gütersloh Roessler gegenüber geäußert, der diese Passage – ohne allerdings den Namen ausdrücklich zu nennen – als eine seiner „Indiskretionen" zitiert: „G. besitzt unbestreitbar Geist, und zwar Geist von bemerkenswerter Eigenart und Schärfe, nur ist's leider kalter, güteloser Geist, dafür umso selbstgefälligerer. So mancher ihm entwachsene Gedanke ist wahr und auch schön, aber als das nicht leicht zu erkennen hinter dem gestrüpppartigen barocken Satzgeschnörkel ..."[53].

1914 hatten die beiden Schützlinge Roesslers ein gemeinsames Erfolgserlebnis beim Reininghaus-Wettbewerb, wo Faistauer – mit einem nicht identifizierten Akt – den ersten und Gütersloh – mit einer Madonna – den zweiten Preis errang. Anschließend versuchte sie ihr Mentor bei Cassirer in Berlin „unterzubringen".

Gütersloh war für Faistauer eine Art Antipode, gegen dessen überspannten Manierismus er seinen trotzigen Urväterglauben vermutlich in vielen Konflikten hervorgekehrt hat, was für seine Selbstkonsolidierung wohl zeitweise ungemein wichtig war. 1910 haben sie sich, von Roessler aufgefordert, gegenseitig porträtiert, in dem kurzen Moment, in dem sie sich künstlerisch recht nahe kamen (Abb. S. 76). Wie Gütersloh jeden Gedanken in möglichst viele Brechungen aufzufächern liebte, so zerlegt auch seine Malerei die Gegenstände in lauter Prismen, die zusammen ein bijouteriehaftes Gefunkel ergeben. Im Faistauer-Porträt steckt dieser spielerische Kubismus noch in den Anfängen, ist weich facettiert und unter dem Eindruck der „neukünstlerischen" Suche nach unverbrauchten Quellen auf ein kindliches Schauen abgestellt. Das Gegenstück ist nicht erhalten, denn Faistauer hat es selbst verbrannt.

Gütersloh hat der „Neukunstgruppe" auch als intellektuelles Sprachrohr gedient[54]. Für die Ausstellung im Budapester Künstlerhaus 1912 hat er ein ungeheuer verklausuliertes Vorwort verfasst, in dem er den Intentionen der Gruppe Umrisse zu geben versucht[55]. Er spricht von einem notwendigen Affront gegen das saturierte bürgerliche Geschmacksempfinden. Eine gewisse barbarische Verachtung der Form tue Not, um der überreifen und ermüdeten abendländischen Kultur frische Energien zuzuführen. Diese Erneuerung habe abseits der hochkulturellen Zentren wie Paris die größeren Chancen, da dort das Kunstleben nur mehr dem Snobismus diene. Die Beteuerung, dass der Ausdruck wichtiger sei als formale Geschliffenheit, dass man Anschluss an die ursprünglichen Lebenskräfte finden müsse, weist deutlich in die expressionistische Richtung. Gütersloh betont, dass die Farben, abgehoben von ihrer gegenständlichen Funktion, analog zu erotischen Anziehungskräften wirken müssen. In dieser Hinsicht sieht er in Faistauer den „absolutesten Maler dieses Kreises".

Auffallend ist, mit welch hochgestochen argumentativem Aufwand Gütersloh die Aufbruchssignale der kleinen Wiener Gruppe in welthistorische Zusammenhänge einbindet, nicht zuletzt um dem erwarteten Protest den Wind aus den Segeln zu nehmen. Diese Taktik wurde auf zahlreichen Ausstellungen der Zeit in der Form praktiziert, dass man den „gewagten" zeitgenössischen Arbeiten abgesegnete historische Werke zur Seite stellte. Man wollte damit Kontinuität suggerieren und den Gedanken, die „Moderne" könne einen Bruch mit der Tradition bedeuten, bereits im Keim ersticken. So erinnert sich Kolig, dass er 1911 versuchte, Tizians Spätwerk „Schäfer

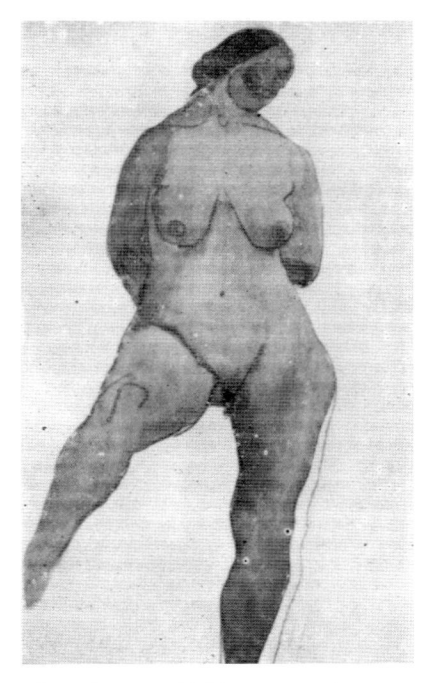

Aktzeichnung. Abbildung im Budapester „Neukunst"-Katalog, 1912

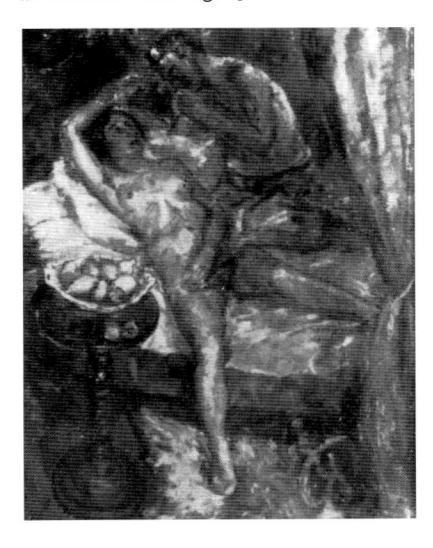

Verführung. Abbildung im Budapester „Neukunst"-Katalog, 1912

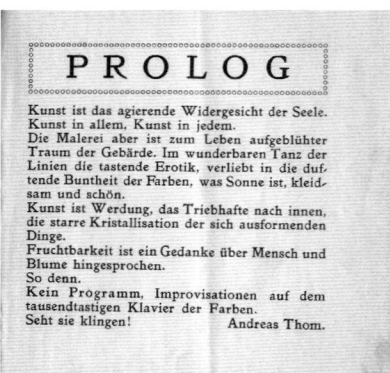

*Katalog der „Neukunstgruppe", 1909.
Umschlag und die ersten beiden Seiten.
Privatbesitz Salzburg*

und Nymphe" aus dem Kunsthistorischen Museum geliehen zu bekommen, weil er es als „Motto" für die Ausstellung der jungen Garde im „Hagenbund" haben wollte[55]. Die Jungen schöpften Kraft aus der Vorstellung, den Geist und die Herrlichkeit der Kunstgrößen der Vergangenheit wiederbeleben zu können, in denen man nicht Repräsentanten historischer Stile, sondern Kronzeugen für das Unverbrüchliche der Kunst sah. Aus demselben Grund hatte sich die „Neukunstgruppe" auch diesen relativ indifferenten Namen zugelegt, der besagen sollte, dass alte wie neue Kunst aus denselben ewigen Quellen der Empfindung, des Geistes und der Natur schöpfen. Es ging ihr vorrangig weniger um ein separatistisches Programm als um eine Plattform, von der aus gegen den offiziellen Ausstellungsbetrieb opponiert werden konnte.

Der erste Auftritt der „Neukunstgruppe", im Dezember 1909 im Kunstsalon Pisko, einer der wenigen Wiener Privatgalerien, war noch unter verschwommeneren Vorzeichen gestanden. Damals war dem Katalog ein von Andreas Thom in freien Rhythmen verfasster „Prolog" vorangestellt, dessen lyrische Assoziationsfolge eher an eine neuromantische Kunsttändelei denken ließ. Dass Kompositions- und Dichtervorträge eingeplant und dem Kunstgewerbe ein Mitspracherecht im Ausstellungsprogramm eingeräumt waren, zeigt, dass man sich noch in den Kategorien des synästhetischen Gesamtkunstwerks des Jugendstils bewegte. Blättert man die Liste der Exponate durch, gibt das verstärkte Auftreten von bäuerlichen und religiösen Motiven einen Hinweis auf die Stoßrichtung dieser noch in den Kinderschuhen steckenden „Moderne".

Mit dieser Ausstellung probten die um Egon Schiele und Anton Faistauer versammelten akademischen Freischärler den Aufstand der Gemütskräfte gegen leeres Regelwerk. Persönliche Konflikte mit Professor Griepenkerl, dem Senior des Lehrkörpers und unbeugsamen Verfechter der traditionellen Lehrmethode, steigerten sich zum Eklat. Die Schüler legten eine Protestnote vor, die einigen Staub aufwirbelte, und formierten sich zur Gruppe. Man fühlt sich an den Exodus der „Lukasbrüder" hundert Jahre früher am selben Ort erinnert. Die äußeren Umstände von 1909 und die drohenden Konsequenzen des Ungehorsams wurden, wie es bei derartigen Ereignissen oft der Fall ist, im nachhinein zweifellos etwas aufgebauscht. Tatsache ist, dass alle „Rebellen" das Semester bis zum regulären Ende absolvierten. Faistauer nahm beispielsweise noch an der Abschlussausstellung der Akademie teil[57]. Er hat sein Studium wie Schiele und möglicherweise einige andere aus freien Stücken nicht wieder aufgenommen, sie hielten es wohl für Zeitverschwendung. 1911 scheint sich Faistauer kurz mit dem Gedanken getragen zu haben, in die Spezialschule von Professor Delug einzutreten, hat sich aber noch vor Semesterbeginn wieder abgemeldet[58]. Das alles ändert aber im Grunde nichts daran, dass man die Gründung der „Neukunstgruppe" als Initialzündung der modernen österreichischen Malerei bezeichnen kann[59]. Großteils noch mit sehr unsicheren Schritten unterwegs, bewegten sie sich auf eine Ausdrucksform zu, die man heute als „österreichischen Spätexpressionismus" tituliert und die auf längere Sicht zur stärksten Strömung wurde, einem koloristisch dominierten Stil von betont klassisch-figuraler Prägung, der gleichzeitig alle Anzeichen expressiver Gefühlssteigerung erkennen lässt. Die späteren Hauptvertreter dieser Richtung waren bereits in dieser Keimzelle vertreten.

Die „Neukunstgruppe" hielt zwar nur wenige Ausstellungen lang, doch hatte dieses Intermezzo Folgen. Aus den recht bunt zusammengewürfelten Teilnehmern der ersten Ausstellung kristallisierten sich neben den schon genannten Schiele und Faistauer, der hier noch als „Toni" figuriert, vor allem Wiegele, Gütersloh, Peschka

Studenten der Wiener Akademie der bildenden Künste, um 1906/07. Faistauer mit Hut ganz rechts hinten, links von ihm Schiele

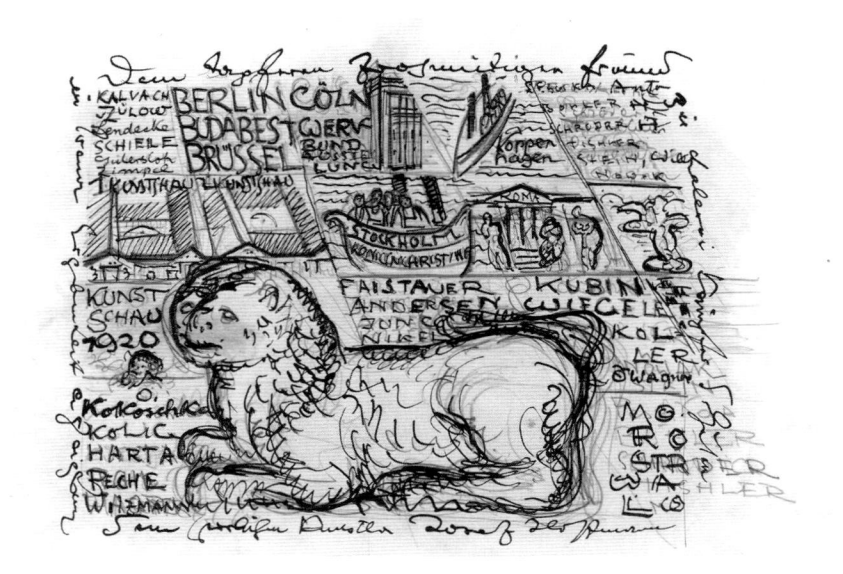

Entwurf einer Glückwunschadresse für Josef Hoffmann anlässlich der Kunstschau 1920. Kat.-Nr. 135. Hier sind Namen von Künstlern und Ausstellungsorten aufgeführt, die die Entwicklung der „Kunstschau" und des „Sonderbundes" prägten

und Hans Böhler heraus, zu denen bald darauf Kolig und Andersen stießen. Die an das so beherzte Auftreten einer völlig „unbeleckten" Generation nicht gewöhnte Öffentlichkeit reagierte zwar überwiegend ablehnend, doch gab es durchaus eine mit mehr Weitblick begabte Corona von Kritikern und Sammlern, die in ihnen die Ablöse-Mannschaft der in die Jahre gekommenen Secession begrüßte, die Hoffnungsträger der Zukunft. Die Daseinsberechtigung einer aufbegehrenden Avantgarde konnte selbst im für Neuerungen wenig aufgeschlossenen Wien nicht mehr weggeleugnet werden. Sie drängte mit Feuereifer ins offizielle Ausstellungsleben, wobei es die Bastionen der etablierten Künstlervereinigungen zu stürmen galt. Vorerst öffnete nur der besser unter dem Namen „Kunstschau" bekannte „Bund österreichischer Künstler", der Kreis um Klimt, Moser, Hoffmann und Moll, den Akademieflüchtlingen ihre Pforten. Und sie arbeiteten sich zu den fördernden staatlichen Behörden vor. Bald wurden sie als „Visitenkarte" der österreichischen Nachwuchskunst bei Präsentationen im Ausland eingesetzt.

Faistauer war mit Schiele der organisatorische Kopf der Gruppe, und den beiden Anführern begegnete auch die Kunstkritik mit dem meisten Respekt, wobei am Anfang die Schmähungen überwogen. War an Schiele die zu beängstigender Intensität auflaufende zeichnerische Sicherheit unübersehbar, so war es bei Faistauer das Gefühl für die Farbe, mit dem er Freund und Feind betörte. Dass ihr zweifellos vorhandenes Genie in völlig entgegengesetzte Richtungen strebte, war von vornherein klar. Bald hieß es von Faistauer, nicht nur unter den „jungen Barbaren", sondern in ganz Wien gebe es keinen zweiten, der derartige Wunder der Palette wirken könne[60]. Anstoß erregten zunächst noch seine formalen Ruppigkeiten, seine

„unbändige Vortragsweise". Unter seiner Klientel fanden sich bald bekannte Sammler wie Dr. Heinrich Rieger, Oskar Reichel, Josef Hauer, Josef Siller[61]. Hier noch einige andere Namen von Käufern seiner Bilder, die in den frühen Notizbüchern auftauchen und von denen viele dem auch aus anderen Zusammenhängen bekannten kunstsinnigen Wiener Großbürgertum angehören: Gomperz, Mauthner, Franzos, Oppenheim, Dr. Spitzer, Ast, Baron Haas in Brünn, Richard Lany, Dr. Hugo und Broncia Koller, Marcell von Nemes, Architekt Karl Arnoldi, Fritz Wärndorfer, Dr. Emil Frankl (der Vater des Malers Gerhard Frankl), Familie Zirner[62], Heinrich Böhler, Heinrich Benesch, Grete Wiesenthal, Eugenie Schwarzwald, die Künstler Alfred Roller, Kolo Moser, Carl Moll und Erwin Lang. Neben Hugo von Hofmannsthal und Stefan Zweig gehörte mit Hermann Broch und seiner Freundin Ea von Allesch[63] ein weiterer großer Literat zu den Liebhabern seiner Bilder.

In Budapest hat sich die Neukunstgruppe nicht nur programmatisch stärker profiliert, sie ist auch selektiver aufgetreten[64]. Diesmal waren nur Andersen, Faistauer, Gütersloh, Kolig und Schiele mit von der Partie, dazu der malende Komponist Arnold Schönberg, den Gütersloh vermutlich von seinem Berliner Aufenthalt her vermittelte. Als Ehrengast kam Hermann Bahr für einen Tag nach Budapest. „Er ist begeistert! Oh er ist ein prächtiger Mensch", schrieb Faistauer am Tag der Eröffnung euphorisch an seine Freundin Ida nach Wien. „Es ist mir schon recht, dass Kolig da ist. Er benimmt sich ganz gut ... Die Presse ist durchaus gut. Schlechter wäre sie mir fast lieber ... Gütersloh wird sehr vergöttert. Er hat helle Stimmung!" Und zwei Tage später: „Ich habe 300 K verdient. Nicht viel. Hoffe aber dass mehr nachkommt. Es muß schon so kommen. Die Goldstücke aus dem Schlamm ziehen. So sehr dich ekelt ... Die Leute sind bestürzt über unsere Bilder ... Ich habe schon Sehnsucht nach deiner Stille, nach deiner Verborgenheit, deiner Keuschheit"[65].

Über Faistauer schrieb Gütersloh, phantasievoll formulierend, in seinem Katalogbeitrag unter anderem: „Der Entwicklung dieses Künstlers zu folgen war ein Genuß, gleich dem eines Schauspiels, dessen Wirkung sich mit der Einsicht in sein Konstruktives noch vergrößerte ... Die Gebärde, womit sein erstes, reines Farbenbild die dekorativen und rhythmischen seiner Jugend niederlegte, kam so unerwartet, zugleich aber so reich orchestriert, und lenkte die Masse warmer und kalter Töne (worauf es einzig ankommt), so sicher gegeneinander, als wäre dieses Bild das zehnte, hundertste nach ähnlichen, und nicht das erste nach keinem. Dieses Werk, „Die Geburt Christi", sich als doppelte Bekehrung vorzustellen: als solche, zugleich zur Farbe und zum Religiösen, mag den Aufwand an Energien beiläufig bewusst machen, deren sein Schöpfer fähig ist.

Das so verrufene Dunkel liebt er mit altmeisterlicher Liebe, er hat die gotische Finsternis der wahren Kirche wiederhergestellt in seinen Bildern, es ist sein einziger, aber hoffnungsloser Irrtum, den Tag seiner Geburt in ein so nahes Jahr, wie in das achtzehnhundertsiebenundachtziger, zu setzen, da er noch gestern mit Dürer gesprochen und eben mit Tintoretto über die Piazzetta ging. [...] Er sucht einen dunklen Traum ans Licht zu schaffen. Den Traum von Tradition.

Er ist der Adelige, der in die vaterlose, illegitime Moderne niederkam, Heimweh nach seinen unbekannten Vätern hat und fanatisch der Ansicht ist, man dürfe sich nicht fortpflanzen, solange man noch Individuum ist, sondern müsse warten mit diesem süßen Willen, bis man sich als die Abbreviatur seines Stammes fühlt, und das Gesicht der Braut Gnade gefunden hat vor den Augen der Ahnen.

Darum hat er noch die verachtende Geste für meine Zeit, darum übergeht er das Molekül, ein Forscher, der nach dem Atom sucht, und malt nach seinem Anfang zurück, immer mehr die Zeit komprimierend, bis er die Wärme Tizians spüren wird, ohne Medium und als Damaliger, und bis zwischen heute und dem Tag, da die Tradition verloren ging, und die wissenschaftliche Schamlosigkeit des Impressionismus einsetzte, nichts mehr liegt, als sein Wert: die nachgetragene Kunst einst unterbliebener Bilder.

So ist er reaktionär wie Cézanne, vorzeitlich wie Marées. Niemand würde sich energischer wundern, denn er, hörte er seine Bilder als ‚modern' bezeichnet. Sie sind es trotzdem nicht. Alles, was an ihm neu ist, ist bloß einmal unterblieben. Er bringt es nach vorne. Was Zukunft an ihm scheint, ist der Schimmer der Gegenwart, der sich irgendwie in seine Holbeinsche Gestalt verirrt hat. Aber plötzlich laufen Farben zusammen, künftiges Licht tropft voreilig durch eine Stelle eines Bildes, er ist ‚neu', widerwillig neu noch ..."[66].

Über Faistauers erste religiös-monumentalisierende Phase kann uns nur eine „Anbetung der Muttergottes" (Abb. S. 243), die schon bei Pisko zu sehen gewesen war, Aufschluss geben, denn weder die „Geburt Christi" noch die 3 x 3 m große „Taufe Christi", die 1909 sein Hauptbild gewesen ist, sind jemals wieder zum Vorschein gekommen. Der revolutionäre Gehalt solcher Werke der „Neukunst" ist nur mehr schwer nachvollziehbar. Es ging darum, den prätentiösen „Stilismus" Klimts durch eine neue Idealität, die aus dem Leben schöpfte, zu unterlaufen, das Figurale aus der Umklammerung des Ornaments zu lösen und dessen Extravaganz ins Volkstümlich-Frische und Bunte umzubilden. Die betont schlichten Gewänder, die in sich gekehrten Haltungen der Figuren, die ebenso wie die Blumenwiese den reinen Flächencharakter durchbrechen, lassen an ein

„ideales" keusches Mittelalter denken. Noch weiter in dem Verzicht auf äußerliches Gepränge ging Faistauer in einer „Grablegung", von der sich nur eine Fotografie erhalten hat und mit der er sich in die Rolle eines frommen anonymen Maler zurückzunehmen scheint. Die im Budapester Katalog abgebildeten Arbeiten Faistauers weisen ein sehr unausgeglichenes Profil auf (Abb. S. 82, 83). Die Möglichkeit, in eine mehr expressiv-zerklüftete Richtung einzuschwenken, scheint durchaus noch gegeben.

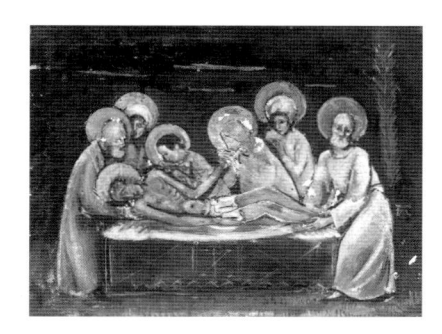

Grablegung. Vermutlich Frühwerk, Technik unbekannt. Nach einer Fotografie

Noch vor dem Auftritt bei Pisko, im Sommer 1909, bot sich Faistauer die Gelegenheit, eine winzige Kapelle auf einer von seinem Vater erworbenen Alm, von der man auf den Zeller See blickt, zu schmücken. Er berichtete darüber am 17. Juli an Ida nach Wien: „Die Kapelle auf dem Berge wird machtvoll aus vier gewaltigen Säulen erbaut. Die vier Evangeliums Männer sind schon an die Wände gekratzt wie Speerwunden. Um den Altar schlanke durchsichtige anbetende Engel. Nächstens mag sie die Farbe nähren zur Leibhaftigkeit, zum betend Singen u. die Alten zu großen Kraftworten des Evangeliums ..."[67].

Der – in dieser Umgebung – sehr überraschende Reiz der auf den reinen Kontrast von Blau und Weiß gestimmten Stablberg-Fresken liegt in der ländlichen Adaption eines artifiziellen, urbanen Flächenstils. Das Silhouettenhafte ist durch die weichen, ausschwingenden Gewänder ins sanft Gerundete überführt. Ebenso findet die Jugendstil-Zartheit in den leicht bäuerlichen Physiognomien der Engel und der archaischen Würde der Evangelisten ein herbes Gegengewicht (Abb. S. 162, 163).

Faistauers Problem war es, die Figur zum Sinnbild zu steigern, ohne sie in ihrer Leiblichkeit zu entwerten, das Empfindungsleben seiner Gestalten in objektive Gesten zu bannen, und nicht in zufällig wirkende Bewegungsmotive. In dieser Hinsicht lieferten ihm Munch, Hodler, Gauguin, Marées und Maurice Denis Anregungen. Er suchte die Stilisierung zunächst vom gefühlvoll gerundeten, ruhigen Umriss her aufzubrechen und dadurch ein weiches Körpervolumen anzudeuten. Der gespreizten Körpersprache Schieles setzte er verinnerlichte, in sich ruhende Gebärdefiguren entgegen. In der für Faistauer ungewohnt kantigen Zeichnung eines gotisch-verinnerlichten Jünglings auf dem Plakat der „Neukunstgruppe" überwiegt – für kurze Zeit – noch das Gemeinsame (Abb. S. 353).

Maleraugen mit Dichterseele

Die frühesten bekannten Faistauer-Bilder sind einerseits kleine Porträts von Familienangehörigen, die Seelenbildnisse sein wollen und

Anton Faistauer in Maishofen, um 1905

Baumgruppe mit Steinernem Meer, Ölgemälde, um 1907, WV 9. Steiermark, Privatbesitz

deren träumerische Empfindsamkeit er durch eine rembrandtische Aura unterstreicht; dem Selbstbildnis (Abb. S. 253) kann man das jüngst entdeckte Porträt eines Mädchens mit schwarzer Masche (Abb. S. 251) an die Seite stellen, dessen Gesicht von innen leuchtet und den Betrachter wie aus einer anderen Welt anblickt. Andererseits sind es kleinformatige Landschaften aus seiner Heimat (Abb. S. 244, 245, 247), die, 1906 und 1907 entstanden, mit erstaunlicher Leichtigkeit auf die natürlichen Gegebenheiten der Beleuchtung und Witterung eingehen. Das zügige Niederschreiben von visuellen Eindrücken mit den Mitteln einer differenzierten, vom gedämpften Ton bestimmten Palette lag ihm offenbar sehr, wurde ihm aber schon bald zu wenig. In den wenigen Beispielen aus 1909/10 wird das Bemühen erkennbar, die flutenden Eindruckspartikel, die alles in ein körperloses Spiel der Reflexe zu zerlegen drohen, in eine strengere Bildorganisation zu überführen, mit anderen Worten: das Bildgeviert nicht mehr als zufälligen Ausschnitt zu betrachten, sondern als durchstrukturierten Organismus, dessen Elemente miteinander korrespondieren. Das geschieht durch stärkere Systematisierung der Pinselzüge oder dadurch, dass motivische Gegebenheiten umfunktioniert werden, um den tektonischen Zusammenhalt zu stützen, es betrifft aber auch die Farbskala, die einem festgelegten „chromatischen" Klangmuster folgt. Wie die spontane, vom Licht beherrschte Impression durch solche stabilisierende Maßnahmen aufgewertet wird, zeigen etwa das Interieur aus Schloss Kammer (Abb. S. 246) sowie zwei Freilichtstudien aus Ascona (Abb. S. 258, 259), bei denen schon der eng begrenzte Bildausschnitt auf eine besonders überlegte Durcharbeitung hindeutet.

Die erste Phase der großformatigen religiösen Bilder, von Gütersloh als „Bekehrung" gefeiert, bedeutete die Abkehr vom impressionistischen Leitbild zu einer selbstbestimmten Form- und Farbgebung hin. Am Impressionismus schätzte man zwar weiterhin die sinnliche Unmittelbarkeit, bemängelte aber den fehlenden geistigen Anspruch, man vermisste das Schöpfungsverwandte und betrachtete ihn daher mehr und mehr in einem negativen Licht. Um die Kunst zu einem neuen Idealismus zu führen, musste man tiefer an die schöpferischen Ursprünge rühren und sich eine Zeit vergegenwärtigen, in der die Kunst noch nicht von Händlergeist und Marktinteressen beherrscht worden war. Als probates Instrument, die Kunst in diesem Sinn zu reformieren, ist dann die Wandmalerei in den Köpfen der Künstler an die höchste Stelle gerückt, sie sahen in ihrer Wiederbelebung eine „demokratische" Alternative zur elitären Raumkunst der Wiener Jahrhundertwende. Besonders die Hagenbundausstellung von 1911, in der einzelne Exponate von Faistauer, Wiegele und Kolig zu sakraler Raumwirkung zusammengestellt waren, sollte dies demonstrieren. Dabei war es allein schon die archaische Würde, das vom Trägermaterial her Ewigkeitsträchtige, das am Fresko faszinierte. Etwas vom Monolithischen, „Steingewordenen", ist dann in den Figurenstil Faistauers übergegangen. Auch in seinen Leinwandbildern schwingt immer etwas von dieser Metaphorik des Unvergänglichen mit.

Für die Jagdausstellung des Jahres 1910 im Prater malte Faistauer ein großformatiges dekoratives Paneel, eine „an Gauguin angelehnte Darstellung von Sagen, Indianern im Urwald, welche sich auf die Jagd begeben"[68], von ihm selbst verächtlich als „Jagdquark"[69] apostrophiert. Mit ähnlichen Gelegenheitsaufträgen hatte – sicherlich in unterstützender Absicht – der für die Gestaltung verantwortliche Josef Hoffmann auch Schiele und Gütersloh betraut. Als zweites Bild erwähnt Müller die schon genannte außerordentlich große Darstellung von Christi Geburt, die von El Greco und Tintoretto inspiriert gewesen sein soll. „Auf beiden Bildern waren die Hintergründe schwarz zu nennen und die Farben hoben sich von ihm nur so ab, wie sich die Wasserpflanzen von der Oberfläche des Tümpels abheben, d.h. der große Gesamtton war schon bei dem jungen Faistauer das wesentliche, er war eben schon damals als ein reiner

Christine Andersen, die Schwägerin des Künstlers, am Klavier. Bleistift, laviert, 1909. SMCA, Inv.-Nr. 1001/91

Schloss Saalhof in Maishofen. Ölgemälde, um 1907, WV 10. Maishofen, Privatbesitz

Maler zu erkennen, für den die Farbe keine lokale, sondern eine universelle Bedeutung hat"[70].

In den Spuren des bretonischen Gauguin bewegt sich Faistauer mit den „hockenden Bauernmädchen" (Abb. S. 80). Die genrehaften Bezüge des Motivs treten hier gegenüber den „absoluten" Form- und Farbkonstellationen in den Hintergrund. Man kann von einem verfestigten Impressionismus sprechen, der das Zufällige und Unruhige des Eindruckshaften ins Statuarische, Geschlossene, eindeutig Begrenzte hebt. Die Farbgebung ist nicht mehr tonlich vermittelt, hat aber auch nichts von dekorativer Buntheit. Infolge der abstrakten Behandlung der Figuren, die aus Farbkomplexen zusammengesetzt sind, wirken diese merkwürdig miteinander verwachsen, stellt sich auch eine gewisse sphinxhafte Starre ein – ein Phänomen, das sich auf Faistauers Figurenbildern immer wieder bemerkbar machen wird.

Die „hockenden Bauernmädchen" sind ein wichtiger Schritt auf dem Weg zur koloristischen Eroberung des Raumes und der Körperhaftigkeit. Sie sind in eine Reihe mit Koligs „Reigen" (Abb. S. 55) und Wiegeles „Akten im Wald" zu stellen, Bildern, die der überzüchteten „Gedankenkunst" und dem ästhetizistischen Symbolismus der Jahrhundertwende ein größeres und kräftigeres Leben entgegensetzen wollen. Sie gehen mit einer ekstatischen Naturbegeisterung einher, die auch in den zeitgleichen Briefen Faistauers einen poetisch überhöhten Niederschlag findet: „Dann gehen wir auf die Bergwiesen u. sehen ganz nahe das rasche Bächlein vorbei u. legen uns in die nächste Erde u. sehen das Gold auf unseren Körpern rauschen u. die sanfteren nächsten Farben sich drein mischen mit ihrer Süße u. versteckten grünen Reflexen der Matte. Dann erinnern wir uns, dass wir aus diesem fruchtbaren Schlamm geboren sind, der uns sich erwärmt wie der Schoß unserer letzten Mütter. Er erinnert sich noch nach Jahrmillionen an diese gütige Urmutter Erde. Droben verfärbt sich ganz leise der Schnee leicht rosa erglühend in den Gedanken zur Nacht. Aus der Erde sprießt der Abend herauf zuerst in den Kornglocken u. allen blauen Blumen, dann in den roten, die müde violett werden u. in die gelben u. grünen Felder sinken u. das letzte Weiß zum roten Himmel ruft bis ihr blaues Blut in die Blüte drängt u. es schwer in den Schlaf zieht. Dazwischen flammen auf den Bergwiesen die Körper wie Feuer in blauen Schalen und duftender Rauch breitet sich über die Bergwiese. In den Ställen röhren die Kühe. Aus den Schornsteinen drängen lila Rauchstäubchen in den Himmel. Die Menschen grüßen sich u. staunen über sich … Sie tragen sich in den Schlaf u. verschließen die Augen u. verinnerlichen die Fülle, träumen, ruhen"[71].

In solchen empfindsamen Momenten lebte die romantische Utopie auf, dass der Mensch wieder Teil der Natur wird, der Glaube an die Möglichkeit, das zerrissene Band wieder knüpfen zu können. Der Aufbau einer neuen Gesellschaft von den Ursprüngen her, im Zeichen einer wiedergewonnenen Unbefangenheit gegenüber der Schöpfung und gegen die verderblichen Mächte der Technik. Zur Ideologie, die in der Verherrlichung einer bäuerlichen Idylle gemündet wäre, hat sich diese Auffassung jedoch nie verfestigt. Im Verständnis der „Neukünstler" hat die ländliche Motivik eher etwas Exotisches als Heimattümelndes, sie verweist eher auf ein neues Menschengeschlecht, auf eine universelle Heimat als auf die bestehenden Verhältnisse.

„Ich mag sie nicht alle die Landleute", schreibt Faistauer 1909 aus Maishofen an Ida, „Sie sind Prahler, sie haben einen lauten Tritt, sie schreien u. sind wie Schlächter hochfahrend u. roher Art ... Sie erschlagen sich mit Mistgabeln, sie schelten hässlich u. betrinken sich an 3 Bieren, sie lachen niederträchtig u. ihre Sprache kommt mit kratzenden Widerhaken als Kehle misstönig"[72]. Die Verderbtheit, führt er weiter aus, sei mit der Technik über die Bauern gekommen. „Sie lieben ihre Äcker nicht mehr, sie halten Maschinen in ihrem Dienst, nicht aus Klugheit, sondern aus Faulheit, denn es ist ja nicht klug, sich der Maschinen zu bedienen, die uns alles entfremden, auch wissen wir nicht, ob uns diese nicht arg betrügen u. den Acker ruinieren, einmal auch den Weizen vergiften. Ein anständiger Mensch wird bald nichts mehr zu essen haben, da man sich doch ekeln muss vor dieser Maschinenarbeit ... Ich glaube unbedingt, dass die Moral unter der technisch-mechanischen Anschauung leidet u. gar zugrunde gehen wird. Wir werden seelisch immer ärmer werden u. am Ende wahnsinnig, wenn wir nicht mehr imstande sein werden, alle diese Maschinen stehen zu machen u. umzubringen"[73].

Vielleicht nicht ganz ernst, aber auch nicht zu ironisch gemeint ist dann das folgende reizend ausgemalte Gegenbild: „So sitzen wir in Sonnenrosenlauben mit Abendsonne u. zählen die Kringel, die Gottes Sonne auf den Scheitel unseres Kindes malt. Sagst du nicht, dass alle Wege in unserem Garten lila gefärbt sind. Ja, und jede der vier hohen Rosen hat einen blauen Kreis Duft um sich, die uns im Südwind voll an die Wangen puffen. So schön ist die Natur zu uns, wie lieb wir zu ihr sind. Es gibt viele breite Tale auf dieser gottgeweihten und gebenedeiten Erde, von denen wir eines mehr lieben werden u. uns dort niederlassen, wir zwei lieben Nomaden. Gott wird Berge versetzen, wenn wir ihn gläubig darum bitten u. es wird so prächtiges zu malen geben, so überreiches, so ganz ergreifendes, dass wir uns an der Brust weinen werden. Du wirst einmal lange bunte u. ganz weiße Kleider haben u. einmal kurze Dianaklei-

Brief von Anton Faistauer an Ida Andersen, 27.12.1909, mit Signet der Neukunstgruppe. Privatbesitz

der. Ich werde einen langen schwarzen Kittel haben u. manchmal einen sehr weiten Rock aus Zwilch. Ich freue mich darauf, dass wir in dem Tal Freunde sein werden und wir uns die Menschen suchen können, mit denen wir umgehen wollen[74]" (Abb. S. 94).

Die Briefe, die Faistauer seit Ende 1908 an seine spätere Frau Ida, genannt Idschi, geschrieben hat, sind deshalb wunderbare Dokumente, weil seine dichterische Ader so stark spürbar wird, dass sie uns als Ersatz für die verlorenen literarischen Ergüsse seiner Jugend dienen können. Sie gewähren Einblick in eine äußerst empfindsame Psyche, die sich über eine erstaunliche sprachschöpferische Spontaneität äußert, manchmal in einer sich überstürzenden Flut von Wahrnehmungsbildern. Er drückt sich weniger begrifflich aus als in Form von synästhetischen Eindrücken, wobei natürlich die Farbassoziationen überwiegen. Es sind – und das ist in Parallelsetzung zu seiner Malerei interessant – keine Impressionen, sondern sofort durch seine Stimmung getönte Außeneindrücke, und nur solche, die sein Innenleben zu spiegeln vermögen, darin Schieles literarischen Selbstzeugnissen verwandt. Neben dem poetischen ist auch der psychologische Aspekt interessant, denn es handelt sich um rasch von der Seele geschriebene Selbstzeugnisse aus einer Phase, in der Faistauers Leben einer zwischen Extremen schwankenden Gemütsverfassung ausgesetzt war. Die Briefe offenbaren manchmal beängstigende Seelenzustände am Rande von Auflösungstendenzen („Ach mich wird der Boden einsaugen. Ich werde wie in einem Meer versinken, wie erfrierend einschlafen ..."[75]), er fühlt sich bedroht von den Menschen („Sie tropfen ihre letzten süßlichen Tropfen über die Lippen u. halten mich für einen Tintenfisch u. Seeschlangenfutter, die gelben fetten Gräuel dieser Straße"[76]), dann wieder von herkulischen Kraftgefühlen angewandelt („sag ihm auch dass ich werde damit anfangen trachten starken Herzens zu sein u. mutig mit Wintern umzugehen u. gar mit Sommern sehr zu ringen, Du süße Frau meiner Kinder, die Helden werden gleich ihrem Vater, Großvater, Vettern u. Großeltern. Idschy! Gehe viel spazieren mit Robin u. werfe Ball mit euren Sesseln u. Kommoden"[77]).

Seinem Dorf nähert sich Faistauer eher wie ein städtischer Decadent, den die „maßloseste Einfalt" rührt, die er hier zu sehen bekommt, vor allem bei den Alten, Kindern und Tieren. Es ist weniger seelische Gesundheit und Bodenständigkeit, was ihn mit der Landschaft seiner Heimat verbindet, sondern eine „importierte" dichterische Wahrnehmungsweise. „Es ist eine wahnsinnige Angst in mir um meine Berufung zum Künstler", gesteht er Anfang 1909, und: „Ich möchte keinem schwachen Herzen mein wahnsinniges Medusenherz zeigen"[78]. Dann wieder verheißt er der abwesenden Geliebten hymnisch: „Ich will dich wieder malen wenn du da bist in Pracht

Ida Faistauer, um 1915

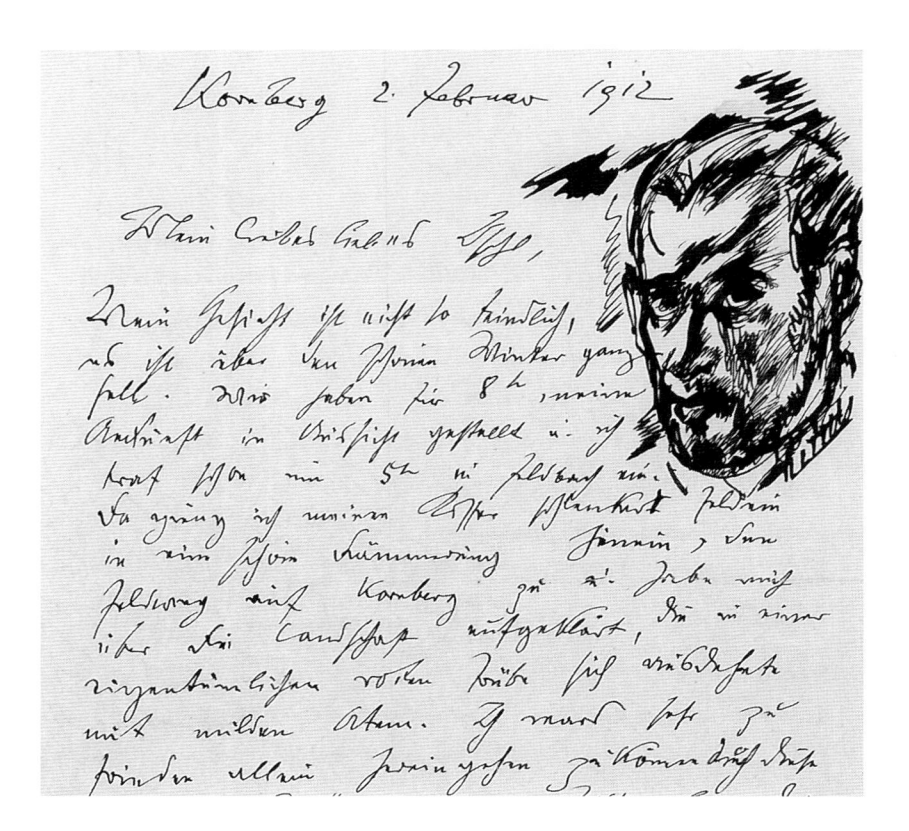

Brief von Anton Faistauer an Ida Andersen, 2.2.1912, mit gezeichnetem Selbstbildnis (Ausschnitt). Privatbesitz

u. Schönheit u. keuscher Nacktheit u. hoher Liebe, dass es für alle Kommenden ein Zeugnis ist unserer Schönheit u. Freude"[79].

In Ida fand Faistauer den menschlichen Rückhalt und die Geborgenheit, die seine künstlerische Konsolidierung vorantreiben konnte. Es ist gewiss kein Zufall, dass das Jahr seiner Eheschließung mit dieser mütterlichen, sanften, seelenvollen, leider auch schon immer kränklichen Frau die Erreichung eines souverän ausgewogenen Stils in seiner Malerei markiert. Das Verhältnis war schon längst besiegelt, als man daran ging, „unser ebenmäßig sanftes u. unendlich inniges Liebesglück" auch zu legalisieren, da Faistauer den Institutionen Staat und Kirche sehr kritisch gegenüberstand. Erst nach längerem Abwägen kam er zur Überzeugung, dass es besser sei, „mit dem ganzen Glauben der menschlichen Gesellschaft einander zu gehören"[80]. Als der letzte Schritt getan wurde, war das erste Kind im Anzug. Damit wich der lyrisch-emphatische Ton der Briefe immer mehr den alltäglichen Sorgen um das Wohl seiner „heiligen" Familie, die für ihn das Versprechen einer „möglichen Seligkeit unter drei Menschen"[81] darstellte. Faistauer blieb jedoch ein sehr fruchtbarer, sprachlich und gedanklich ambitionierter Briefschreiber.

Die Malerei bedeutete für den jungen Faistauer eine Rettungsinsel, sonst wäre er in einem Seelenmeer ertrunken, und das Medium, an dessen Hand er diese Insel immer besser absichern konnte, war die geliebte Frau. Wenn ein Klischee über Faistauer richtig ist, dann das, dass seine Kunst in besonderem Maße eine Huldigung des Weiblichen darstellt. Er projizierte seine Empfindsamkeit vor allem in die weibliche Erscheinung, suchte Schutz im Prinzip des ewig Weiblichen, in dem Religion, Natur, Kunst, Erotik zusammenfließen. Faistauer steht damit in der romantischen Tradition, die in der Frau noch das paradiesische, sich seiner weniger bewusste Naturwesen sieht, während der Mann stärker der Natur entfremdet ist. Sein Traum ist es, „zwei erste Menschen zu sein nach Gott in der großen Natur"[82].

Ida war durch zehn Jahre Faistauers beinahe einziges Modell und die Muse seiner vielleicht bedeutendsten Schaffenszeit. Als sie verstorben war, schrieb er an Paul Königer: „Will ich es kräftig anstreben, die mir von ihr okulierten Tugenden festzuhalten, so heitert sich meine Trauer offenbar auf. Und auch sind die Bilder nach ihr ein Segen, die nicht ihr leibliches Sein bilden als vielmehr ihre seelische Curve und Maß wiedergeben, die ich ja fester in mir habe als je zuvor"[83]. Faistauer spürte unverzüglich, dass er nun keinen Schutz mehr an seiner Seite hatte – „Ich fühle mich exponiert, was ich im Schutz dieser Frau jetzt viele Jahre nicht war" – und dass von ihm das Wagnis einer neuen Selbstbestimmtheit gefordert war. Tatsächlich tun sich wie bei einem Neubeginn umfassende Zukunftspläne vor ihm auf: „Ich möchte weit fahren und offen sein für alles. Ich möchte auch schrecklich viel malen ... Mein schwerster Drang ist aber wohl in ein hartes Joch und helles, der Arbeit, einzugehen und ich suche einen Platz, der für diesen Bau der geeignetste ist ... ich will diesmal nach München gehen und in eine Flut von Arbeit, die sich in mir meterhoch staut, ergießen so Gott es will. Meine Todesangst ist übrigens stark gewichen ...".

Bald nach Idas Tod findet in seiner Malerei ein Orientierungswechsel statt, den man so beschreiben könnte, dass sie sich aus dem alleinigen Schutz der Farbe begibt, in die alle seine Gestalten gleichsam wie in ein Biotop gebettet waren. Das Heraustreten aus dem intimen häuslichen Rahmen in eine mehr öffentliche, repräsentative Dimension ist aus den Bildern deutlich abzulesen.

Faistauer hatte wohl das Gefühl, dass seine Kunst zu sehr in sich, in ihre farblichen Reflexionen versponnen gewesen war, es war auch ein immer wieder geäußerter Punkt der Kritik, dass er zu sehr im Malerischen schwelge. Er versuchte nun in die Offensive zu gehen, sich in seinem malerischen Gestus verstärkt nach außen zu wenden. Das Charakteristikum einer weichen, fast noch flüssigen Farbmaterie wendet sich durch einen energischen Zug fast ins Gegenteil; was er früher gerundet hat, wird hart und kantig in den

Innsbruck, Militärfriedhof gegen Schloss Ambras. Ölgemälde, 1917, WV 151. Gemalt für die Kriegsausstellung in Wien 1917.
Innsbruck, Privatbesitz

Blumenstrauß in blauer Henkelvase. Ölgemälde, um 1922, nicht im WV. Wien, Österreichische Nationalbank

Raum gestellt. „Heute geht es nur um die Betonung der Sprache im Bild", schreibt er 1927, nicht mehr um die Erscheinung. „Nicht dass sie nicht auch früher vorhanden gewesen wäre ... Die Bilder waren leiser, verschwiegener, sie wurden durch sanftere Zeichen verstanden. Wir wollen das Bild wieder lauter haben, eindringlicher"[84].

Verbunden mit der unmissverständlichen Positionierung des Gegenständlichen, sah man in dieser Wendung vielfach einen Konservatismus in seiner Kunst obsiegen. Zumindest müsste man darauf verweisen, dass tendenziell eine gewisse Übereinstimmung mit der Wiederkehr des Figurativen in der Neuen Sachlichkeit besteht. Allerdings hat Faistauer die fest gefügten, manchmal sperrig wirkenden Formen mit einer betont heftigen Art des malerischen Vortrags aufgeladen und damit eine zu dieser Zeitströmung doch wieder gegenläufige Haltung eingenommen. So wie „Expressionismus" war auch „Sachlichkeit" für ihn ein Reizwort, denn in seinen Augen verfehlte der aufgepeitschte Subjektivismus nicht minder wie dessen zu regloser Glätte erstarrtes Gegenbild die Wirklichkeit. Tatsächlich ist Faistauer in seiner Spätphase expressiv wie nie zuvor geworden, doch hat er sich zu diesem Aktivismus nur im Konnex mit einer kristallinen Klarheit des Bildaufbaus durchringen können, denn er wollte einen emotionell durchglühten Objektivismus erreichen, dessen Möglichkeit ihm vor allem in den Bildern Van Goghs begegnet war.

Faistauer flüchtete – wohl etwas überstürzt: „Es fehlt mir zu sehr das frauliche Element"[85] – in die Ehe mit einer Frau, die auch ein „prachtvolles Modell" abgab. In der Zwischenzeit war Kindermädchen Hertha Kern sein bevorzugtes Modell und Heiratskandidatin. Oft behalf er sich mit seiner Nachbarin, der Professorengattin Irmgard Anselmi, die mehr einem bäuerlichen Schönheitsideal entsprach. Nach dem Scheitern der Ehe nahm die vom Faistauer der Vorkriegszeit im Himmlischen angesiedelte Liebe einen stärker vom Irdischen bestimmten Weg. Seine „erstaunliche[n] Erfolge bei Frauen", die sogar Alfred Kubin im abgelegenen Zwickledt zu Ohren kamen[86], sind Anlass für mancherlei Gewissensbisse. „Ich bin von Frauen besessen u. habe eigentlich Glück u. doch jagt ein Verlangen das andere u. ich bin darüber entsetzt, weil es sich mit meiner Erkenntnis gar nicht verträgt, darin ich ein Philosoph u. Menschenfreund bin u. Gottes Kind sein möchte", gesteht er seinem Bruder Johannes[87]. „Ich bin ja doch nur möglich, wenn ich ein Mädchen habe oder wenn ich arbeite. Wenn ich beide habe, wird es wohl am besten sein", schreibt er am 3. Dezember 1926 an seine neue Liebe Gundl Krippel[88], die er im Kreis um Hofmannsthal kennengelernt hatte und seit der gemeinsamen Arbeit im Festspielhaus als erobernswerte Lebenspartnerin betrachtete.

Wanderjahre und Landschaftserleben

Vor dem Krieg war es üblich, dass die Künstler schon aus Ersparnisgründen ihre Ateliers während des Sommers aufgaben und dem Wiener „Sumpf" entflohen, um sich dem Natur- und Landschaftserlebnis zu widmen. Schon das ganze Jahr über war man besorgt, ob die Erträge aus den Verkäufen ausreichen würden, um sich sommerliche Extratouren zu gestatten. Faistauer verbrachte seine Ferien normalerweise bei seiner Familie in Maishofen und bei seiner Schwester Anna in Kornberg in der Oststeiermark. Im ereignisreichen Jahr 1909 konnte er sich erstmals eine größere Reise leisten, die zeitlich zwischen seiner Arbeit in der Stablberg-Kapelle und der „Neukunst"-Ausstellung anzusetzen ist. Er war mit Andersen, Gustav Schütt und noch anderen Nicht-Maler-Kollegen unterwegs, das Ziel war die Gegend um Ascona am Lago Maggiore, wohin Faistauer auch in den Sommern der drei nächsten Jahre kam. Die zivilisationsflüchtigen Freunde wollten sich in einer naturbelassenen Gegend als Kinder Gottes fühlen. „Sie lebten dort frei nach Rousseau, rannten halbnackt herum und trugen lange Haare", berichtet Müller[89]. „Anton Faistauer zeichnete sich durch einen gewaltigen Bart aus" – letzterer findet übrigens auch in der „tanzenden Törin" Erwähnung.

„Wir leben auf Arcegno in den Bergen über Ascona in primitiven Steinhäusern in Wäldern voll kühlen Schatten, runde machtvolle Bäume tragen schwere Geheimnisse unter den Armen ... Im Tal der Lago ein Beet blauester Blumen, ein Bett in das die Schatten all dieser Wälder zusammen rinnen ... In den langen Nächten gehen wir in den Lago u. betrachten den Mond mit dem Perlenschweif auf dem See u. das dunkle anziehende Wasser ... Die Mauer steht schwarz am weißen Ufer u. die steindunklen Flecke daran sind Menschen, die den Mond anschauen, der an ihren Seelen sauget u. die Sehnsucht weckt, davon wir schwach werden. Die Mädchen sind weiß angetan am Abend, sitzen auf der Erde in den Toren ihrer Häuser im Zwielicht u. zeigen sich den Fremden ... Wir gehen vorbei in die Trattoria essen u. trinken glühenden Wein u. sind ausgelassen, was einer vom andern nicht vermuten konnte. Steinerne Tische, schwere Laube, schwere Weine, schwere Nachtfarben, schwere Zungen u. schwere Sehnsucht"[90].

Die Wiener Bohemiens waren wohl nicht allein der landschaftlichen Schönheit wegen nach Ascona gekommen, auch noch ein anderer Gesichtspunkt dürfte ihre Entscheidung für dieses Ziel bestimmt haben: Die Stadt im Tessin und ihre Umgebung standen zu dieser Zeit im Ruf, das Mekka der Freigeister Europas, der Sammelpunkt antibürgerlicher und „alternativer" Elemente verschiedenster

Stillleben mit Uhr. Ölgemälde, 1914, WV 80. Wien, Privatbesitz

Geflügelstillleben mit Deckelkrug. Ölgemälde, 1916, WV 129. Lentos Kunstmuseum Linz

Robin Christian Andersen mit Vater Christian Georg Andersen, um 1910

Eines der beiden Porträts, die Faistauer von seinem Schwiegervater, dem dänischen Maler Christian Georg Andersen, malte. Ölgemälde, 1918, nicht im WV. Wien, Privatbesitz

Couleur zu sein, der Naturapostel, Sonnenanbeter, Theosophen, Vegetarier, ja sogar die anarchistische Bewegung hatte hier ihr heimliches Zentrum. Müller bekam – höchstwahrscheinlich von Andersen – erzählt, dass in Arcegno „eine lustige Kolonie junger Leute war, die in Höhlen lebte, darunter Trotzkji, Lenin und Schaljapin, zum Großteil Künstler"[91]. Durch Faistauers Briefe dokumentiert ist zumindest die nähere Bekanntschaft mit dem berühmtesten Original Asconas, dem „tollen Baron" Rechenberg, dessen wegen einer Erbschaft eingegangene Scheinehe mit Münchens Skandal-Gräfin Franziska von Reventlow europaweit Tagesgespräch war[92].

Faistauer wird von Ida darüber am laufenden gehalten, was die in Wien zurückgebliebenen Freunde alles treiben. Sie bietet sich an, den Kassier der „Neukunstgruppe" zu machen und erwähnt, dass Schiele gerade an einem Porträt von ihr arbeite; es gehe langsam damit voran, „er verwendet viel Zeit auf die Zeichnungen, auch war ich des Wetters wegen schon lange nicht mehr dort, denn das Violette verträgt kein Wasser". „Paris wird nach Znaim gehen. Auf die Saharet hat er ein Gedicht gemacht, weil er sie tanzen gesehen! [...] Die Freunde sind in alle Richtungen: Csmarich weiss man nicht genau, Schiele in Vorarlberg, und jeder woanders – Osen ist in Lügen eingehüllt, ich fühle mich bei jedem Wort verletzt, das er sagt, weil ich weiss, dass es nicht wahr ist, er hat ein paar Tage für Papa gearbeitet, was uns das Glück verschaffte, ihn näher kennen zu lernen ..."[93]. Faistauer sieht in Schiele offensichtlich nicht nur den künstlerischen Widersacher: „Schiele schreibt: Liebe Idschy! Na mach dir nichts draus, die Maler sind gemeine Kerle. Ich glaube er möchte dich gern haben. Sag ihm, ich werde ihm die Hände abschneiden, wenn er nicht vorsichtig ist. Ich habe jetzt Kräfte, dass mich Robin gelten lässt u. könnte Schiele u. Konsorten für unsern Erdäpfelschmarrn missbrauchen"[94]. Nichtsdestotrotz ist im nächsten Brief Idas wieder viel von Schiele die Rede: „Schiele wird sich auch um eure Malereien annehmen, dass sie gute Plätze bekommen, er nimmt sich alles an, was ich ihn bitte, er ist der beste Kerl den ich kenne. Gestern waren wir bei ihm, ich sollte kommen u. da nahm ich alle mit, den Csmarich mit seiner St., Paris, Linke und eine blonde Tänzerin, die bei uns wohnt, sie hat Molly's Gestalt, beweglich und biegsam ... Schiele freute sich über die ganze Bande und zeigte uns seine Arbeiten aus Klösterle ... Schiele Alpenblumen im Sonnenlicht, Schiele Baumstudien, kleine Tannen nahe am Felsen klebend, Hochalmwiesen wie bunte Teppiche, Felsblöcke mit Enzian in den Fugen und Spalten und Moos und blaue Glocken, Köpfe, Acte, Kleider, Beine und endlich fängt Schiele an plastisch zu werden, ohne dem harten Schatten, er zeichnet eine Plastik und hat keinen Schatten darin? Ich bin zu wenig Malerin, um dir diese Technik zu erklären, neu ist sie aber!"[95]

Zusammen mit Andersen und Schütt ist Faistauer zur selben Zeit – zum Abschied von Ascona hatte man ein Lampionfest gegeben – weiter nach Süden auf Tour, zuerst nach Genua, dann mit dem Schiff nach Livorno und von dort zu Fuß nach Florenz. „Hier war er in seinem Element. Ging er doch in Italien nicht so sehr der Antike nach als der kirchlichen Kunst ... und verbrachte daher viel Zeit in den Museen und Kirchen. Aus diesem Grunde wurde auch der ursprüngliche Plan, Rom aufzusuchen, fallen gelassen"[96]. „Es ist entsetzlich, wenn ich daran denke, an wie vielen großen und größten Dingen ich in Italien vorbeistolperte, nach denen ich heute die brennendste Sehnsucht hab", schreibt Faistauer rückblickend im Jahr 1922. „Damals war ich in die Frührenaissance verliebt u. sah nur ihre Linien, die natürlich auch nur ganz schlecht u. an der Farbe, die später in mir wesentlich u. ganz wichtig wurde, ging ich verstandeslos vorbei"[97].

Den Lebensunterhalt müssen sich die drei teilweise erbetteln. „Diese jungen Burschen hatten nie Geld, doch hier malten sie ein Bild für eine Kirche, dort eine kleine Madonna an die Wand eines Bauernhauses, und die Bauern gaben ihnen Wein und Brot und Fische"[98]. Dabei lief Faistauer eines Tages auf der Piazza Umberto in Florenz dem Prager Bankdirektor Otto Freund in die Arme, der sein Mäzen wurde und die – zweite – Ausstellung der „Neukunstgruppe" in Prag Anfang 1910 ermöglichte[99]. Als Veranstalter trat der Klub deutscher Künstlerinnen Prag auf, Kolig lieferte einen schönen Plakatentwurf, auch Schiele war persönlich zugegen[100]. Faistauer wurde sehr verwöhnt; eben noch wie ein Landstreicher unterwegs, musste er es sich nun gefallen lassen, in einem blasierten Milieu herumgereicht zu werden. „Ich habe einen schrecklichen Ekel für diese Gesellschaft, die mich mit Liebenswürdigkeit überhäuft ... Allerdings freue ich mich über meine Erfolge hier in Prag, die nicht ausbleiben werden. Ich male morgen das Töchterchen der Frau Mersy u. das Liebchen eines Millionärs, das mir wohl 1000 K tragen wird ... Ich werde mich freuen von diesen reichen Bonzen das Geld zu haben u. werde dann wegeilen mit Siebenmeilenstiefeln". „Wenn die Bilder gut werden u. wenn ich noch weiter fähig sein werde liebenswürdig zu sein, werde ich immer wieder Aufträge bekommen ... Sie haben eine Freude an mir. Wie lange weiß ich nicht. Sie werden es bald überdrüssig sein, den sie suchen nicht meinen inneren Menschen, sondern stellen meine äußeren Vorzüge ruhmsüchtig in ihre Gesellschaft ... Ich kann es nicht von der Hand weisen, dass einer meiner Lieblingswünsche daran hängt, mit dir nach Ascona zu gehen, dort ein kleines Gut zu haben"[101].

Im nächsten Sommer war Ida auch wirklich dabei, musste aber gesundheitsbedingt verfrüht heimreisen. Man hatte sich vor allem

Hirte. Zeichnung, Ascona 1909. Verbleib unbekannt

Genua. Bleistift, Tusche, 6.9.1909, Verbleib unbekannt

Selbstbildnis, August 1924. Kat.-Nr. 146

Plakatentwurf für Sonderbund-Ausstellung 1925. Kat.-Nr. 153. Der Entwurf hat sich erhalten, weil der Karton, auf Rahmenmaß zugeschnitten, als Rückendeckel verwendet wurde.

mit Russen und Schweden angefreundet, einen Russen, Wassia, nahm man dann sogar mit nach Wien. „Als du wegfuhrst", schreibt Faistauer am 10. September 1910, „gingen wir nach Asc. u. ließen unsere Beine über den Molo hängen u. warfen den Fischen Brot. Da aßen wir unseren Käse, den wir noch hatten u. trauerten alle leise um dich ... Abend waren wir bei den Russen geladen u. tranken Tee in matten Gesprächen von den Revolucionen ... Wir gehen allesamt in die Berge u. wohnen dann in der Mühle"[102]. Einige Tage später: „Ich bin sehr froh über den Auszug aus Arcegno u. habe mich noch nie so unbehelligt gefühlt wie in Mulino ... Diese drei Betten in denen wir so hier liegen, ein jeder mit einem Buche beschäftigt, haben so Schönes. Wir haben jeder eine Kerze am Bette. Hafner liest Anarchisches, Robin sieht sich Böcklin an u. ich schreibe dir, dass ich mir morgen jeden Baum des Landes ansehen werde u. jede Bewegung des Baches u. seine Felsen"[103].

Zurück in Maishofen, sinkt der Stimmungspegel beträchtlich. Das freizügige Leben unter offenherzigen Menschen verschiedenster Zunge ließ Faistauer auf die heimischen Verhältnisse umso empfindlicher reagieren. „Ich habe seit einiger Zeit einen grenzenlosen Abscheu vor dem Katholizismus. Ich hasse ihn ... Wenn nur Vater u. Mutter nicht wäre, auf alles andere Pack möchte ich pfeifen. Sie sind roh u. ungesittet. Sie sind ganz schlecht, geizig u. frivol. Ich liebe sie gar nicht. Ich liebe dich u. meine Freunde. Wir werden eine neue Familie gründen, die mit der Hässlichkeit der alten nichts zu tun hat ... Nun bin ich ein schöner Anarchist in der Malerei geworden ... Mein Gott wird dich schützen u. die Gottesmutter, diese einzige will ich erhalten von dem ganzen Katholizismus"[104]. Die hier angeschlagenen Töne sind sicher nicht nur auf das Konto jugendlicher Übertriebenheit zu verbuchen. Sein romantisches Ideal einer Nationen und Klassen übergreifenden Menschenbrüderlichkeit hat Faistauer zeit seines Lebens nötigenfalls mit gesellschaftskritischer Schärfe verteidigt. Diese Grundhaltung äußerte sich etwa in dem leidenschaftlichen Pazifismus, den er während des Ersten Weltkriegs eingenommen hat und auch öffentlich bekundete, aber auch noch in dem Anti-Heroismus seiner Fresken. „Was aber meine größte Sehnsucht ist und mein Inhalt werden möchte, ist die Verkehrung aller sogenannten religiösen Tendenzen in die Liebe der rein natürlichen und logischen. Aller Kodex des weiland Mystischen möge verdorren und das rein Liebenswürdige, das seelisch Höfliche möge allein Religion werden, dass keine Heuchelei und kein Deuteln mehr sei. Das aller Banalste, die Ausbreitung der herzlichen Verhältnisse, der geistigen Freude und Gemeinschaft der sinnlichen Schönheit sei unser religiöses Streben. Möchten wir verstreut werden in alle Winde und so verwirrt, dass keines sich mehr in seiner Eitelkeit fände und alles ein Eigentum sei"[105].

Vermutlich schon in Ascona lernten die Wiener den literarischen Weltenbummler Emil Szittya kennen – beim „Hagenbund" war 1911 ein von Gustav Schütt gemaltes Bild „Poet Szittya am Bach" ausgestellt. Alle drei, Andersen, Schütt und Faistauer, fanden in Szittyas 1923 veröffentlichten Buch „Kuriositätenkabinett", einem Streifzug durch die Boheme und „Unterwelt" Europas, Erwähnung, in einer Art und Weise, die der Vorliebe des Autors für bizarre Charaktere entspricht[106].

Wegen seiner Reizbarkeit wurde Faistauer des Gemeinschaftslebens bald überdrüssig, und so verwundert es nicht, dass er den dritten Ascona-Aufenthalt abgesondert und ganz auf seine Arbeit konzentriert zubrachte. „Ich habe eine liebenswürdige Villa gemietet 200 m über dem See, ein Haus aus Glas – voll Licht u. Wärme u. Luft, von einer wunderwirksamen Luft, in der ich nackt sitze u. die braunen Berge male, die an den blauen See gelehnt sind", schrieb er an den Maler Johannes Fischer[107]. Er arbeitet so besessen an einer Vertiefung seines Blicks für die Landschaft, dass er alles andere um sich ignoriert und sich für sein Verhalten sogar bei die der ihn begleitenden Ida entschuldigen muss: „Es kam so über mich, dass ich spüren musste mit Nase u. Augen u. Ohren u. nicht mein Leben hörte ... Wie das dir schwer sein musste an der Seite eines Malereiapparats, verschlossen mit Überaugen"[108].

Bevor er wieder in sein „triviales Vaterland" zurückkehrt, absolviert Faistauer eine Fußwanderung durch Oberitalien. „Tatsächlich ist es ein Schreck aus Italien in die deutschen Berge zu kommen ... Alle Gebärden verarmen zum wirkungslosen bloß Vegetativen. Die Zungen wälzen gewinkelte Worte in den Raum uninteressant und dumm ... Träume von den Gärten des Lago u. fühle, dass ich das dort besessen habe u. mich arg bereichert habe. Dieses entzückt mich u. habe Mut gefasst ein Jahr weiter zu leben. Ich bin Landschaft geworden"[109]. Noch näher scheint Faistauer seinem Ziel im Sommer 1912 gekommen zu sein: „Ich habe schon vier große Landschaften gemalt, die etwas von Unüberwindlichkeit haben, etwas stark Kriegerisches ... Ich habe alle Zahmheit verloren u. es bereitet mir ein Vergnügen, mich in dieser Wildheit zu raufen ... Meine Landschaftsanschauung war bisher so unerfahren und unerfragt bloß auf Tonalität gesehen u. erfuhr erst jetzt Wohlgefügtheit u. den Karakter [sic!] von breiter Zähigkeit des Urgesteins. Den Himmel will ich packen u. kann ihn nicht erlangen. Diese verdichtete Luft, die schon metallisch sich anschaut, wird in meinen Händen immer noch weich. Wie will ich mich mühen u. trotzen u. wills schon erringen"[110].

Junge Frau auf rotem Sofa (Ida). Ölgemälde, 1913. Wien, Österreichische Galerie Belvedere

Weiblicher Akt. Ölgemälde, 1917, WV 214. Salzburg, Privatbesitz

Suchen wir nach Belegstücken für diese erregte, von südlich prangender Üppigkeit angestachelte Schaffensphase, sind wir auf das wenige Erhaltene angewiesen. Am besten illustriert das Bild „Uferfelsen" (Abb. S. 260) das in Aufruhr geratene Landschaftserleben. Während Faistauer seine Wahrnehmung in den vergleichsweise heiter wirkenden früheren Freilichtstudien noch von einer sicheren Position aus ordnete, lässt er sich nun viel mutiger auf ein Überwältigtwerden durch die Landschaft ein. Er nimmt dabei in Kauf, dass sie ihm ihre düster-bedrohliche Seite zuwendet. Die dem Wasser entsteigende, am Felsen Halt suchende Figur könnte man geradezu als Sinnbild für die Situation des Malers in dieser Auseinandersetzung verstehen. Sein Pinsel sucht jetzt in die Materie förmlich einzudringen, verwandelt die Zerklüftungen des Felsens in rötlich schimmerndes, brodelndes Magma. Dass diese aufgewühlten Farbsubstanzen nicht alles aus dem Lot geraten lassen, dafür sorgt ein der Landschaft unmerklich auferlegter kompositorischer Plan, dessen tragende Elemente der kalottenartig gewölbte Felshang vorne und der horizontale rückwärtige Uferstreifen sind. Nicht von ungefähr schreibt er in einem Brief an Fischer: „Ich bemühe mich hauptsächlich um die Komposition meiner Bilder u. praktiziere dieses Studium speziell in der Landschaft. So komme ich fast plötzlich auf die zeichnerischen Zusammenhänge in der Natur"[111]. Das Zurückführen aller Formbezüge auf geometrische Grundformen machte sich bereits hier geltend.

Auch das Signatur-Monogramm hat etwas von den seine Malerei durchfahrenden Energien abbekommen. Die vordem secessionistisch geradwinkeligen Kapitalen TF begegnen uns jetzt als hektisch auseinander stiebende Kürzel. Dieses hakenförmige, von inneren Spannungen zeugende Monogramm wird gegen 1913/14 durch eine nunmehr endgültige Signatur-Variante abgelöst, die in dieser Form einem Status des inneren Ausgleichs entspricht. Faistauer setzte von da ab in der Regel den vollen Namenszug in kurvenreicher Schreibschrift auf seine Bilder.

Faistauer hat in Ascona auch eine Reihe von – nur mehr schriftlich bezeugten – Bildern geschaffen, die Mensch und Natur in paradiesischem Einvernehmen darstellten, Akte im Freien, Badende. Diese Vermischung der Genres kommt später bei ihm nicht mehr vor. Wäre er auf diesem Weg weitergegangen, wäre Faistauer ein Expressionist par excellence geworden, er aber hat sein Temperament eingebremst, um ein klassischer, harmonischer Maler zu werden.

Ein bisher nicht als solches erkanntes Ascona-Bild ist das „Haus des Advokaten"[112] (Abb. S. 261). Der vehemente Pinselduktus lässt den Vordergrund wie vom Sturm gepeitscht erscheinen. Der breite und flache Bildeinstieg, ein vor allem der Raumsuggestion dienender „Vorspann", nimmt ein typisches Merkmal seiner Landschaften vorweg. Das rote Haus wirkt wie ein Fels in dieser grünen Brandung, die sich erst nach der Ferne hin beruhigt. Auch diese Dialektik zwischen wuchernder, unfester Vegetation und Halt gebenden architektonischen Dominanten wurde für Faistauers Landschaftsmalerei sehr bezeichnend. „Faistauers Bilder nehmen sich als eine Sonderart von gleichsam erstarrtem Impressionismus aus, in dem Wald, Gebirge, Meer und Himmel ineinanderfließen, während Häuser, Straßen oder Felsen nackt und unbelebt hervorstechen", beobachtete ein zeitgenössischer Kritiker[113]. In den Salzburg-Ansichten aus den frühen zwanziger Jahren mit dem Blick auf die Neustadt, wie er sich von der Veranda seiner Wohnung auf dem Mönchsberg bot, finden wir ein besonders reibungsloses Ineinander von „gehärteter" Form und weicher Farbpolsterung (Abb. S. 317, 325). Beim späten Faistauer werden selbst die vegetabilen Landschaftselemente und der Himmel in den durchgreifenden konstruktiven Plan einbezogen.

Abgesehen von den Wald-Bildern aus der Zeit um den Ersten Weltkrieg, in denen er noch einmal seiner Leidenschaft für das mystische Dunkel huldigte, hat Faistauer nie die wilde, unkultivierte Natur thematisiert. Es gibt immer eine Hütte oder ein Haus als Bezugspunkt, als Grenzposten, der davor schützt, sich im Unermesslichen der Natur zu verlieren. Die stabilisierende Funktion eines solchen Motivs wird in dem Bild „Sommerschnee" (Abb. S. 300) deutlich, in dem das „Schwimmen" in dicken Farbflüssen derart überhand nimmt, dass man fast ein informelles Bild vor sich zu haben glaubt. Dass man das schwärende Chaos von Pinseltupfen und Spachtelspuren in einen räumlich-motivischen Kontext einzuordnen vermag, ist vor allem der zentral positionierten Holzhütte zu verdanken. Nach dem Krieg tendierte er deutlich zu den Stadtlandschaften und übersichtlich geordneten Prospekten, in denen das impressionistische Fluidum einer fast stereotypen Kargheit gewichen ist (Abb. S, 316, 327).

Den Sommer 1913 verbrachte das nunmehr verheiratete Paar in der Wachau, wo Faistauer in einer bedeutsamen Bilderserie die noch etwas ungehobelten Asconenser Ansätze weiterführte. Man hatte sich zunächst auf Idas Wunsch im Böhmerwald niederlassen wollen, doch stellte sich die Landschaft dort als „zu liebenswürdig, hügelig u. sanft" heraus[114]. In Dürnstein gefiel es Faistauer besser. „Es ist kein Bach hier und kein dunkler Wald, was ich gern möchte, aber dafür sehr schöne Felsen u. Weinbergmauern mit sehr vielfältigen Grüns". Im Bild mit der Ruine Hinterhaus (Abb. S. 262) genügt Faistauer der Wechsel zwischen Fels und Bewuchs, um seinen Farbensensualismus zu voller Entfaltung zu bringen. Die unsystematisch aufgetragenen, nervös flackernden Pinselstriche türmen

Waldweg. Ölgemälde, 1914, WV 92. Verbleib unbekannt

*Menton (?). Ölgemälde, 1926, WV 316.
Verbleib unbekannt*

sich zu einer zerklüfteten Farb-Architektur, die zugleich duftig und fest gefügt wirkt. Leicht diagonal angelegte Terrainsprünge verhindern das Ineinanderfließen gleichartiger Farbpartien. Bei entsprechendem räumlichem Abstand stellt sich eine – angesichts einer so freien, abstrakten Behandlung des Motivs nicht erwartete – Tiefenstaffelung und plastische Gebauschtheit aller Formen ein. Diesen rein durch den farblichen Auftrag vermittelten stereometrischen Effekt zeigt auch die Landschaft bei Maishofen (Abb. S. 263), wo die stürmische Düsterkeit der Ascona-Stimmung ins impressionistisch Beschwingte, fast Monethafte verebbt ist. Eine im flockigen Vortrag leise aufschäumende Bewegtheit durchzieht das sich in übersichtlichen horizontalen Stufen darbietende Bild. Hier sind es vor allem die Schlagschatten, die die Bildfläche zugleich strukturieren und räumlich weiten.

In anderen Landschaften schlug Faistauer eine Richtung ein, die den farbarchitektonischen Bildaufbau auf eine eingängigere, schematischere Weise unterstreicht. Das Motiv tritt hier hinter ein Gefüge mehr oder weniger regelmäßiger Farbquader zurück. Diese „gemauerte" Malweise, die im österreichischen Expressionismus gehäuft auftritt, Faistauers delikater Art aber weniger zuträglich ist, blieb jedoch ein Intermezzo und ist für 1914/15 charakteristisch. In der Landschaftskunst setzte sich das Zusammenspiel von großzügiger, straffer Grunddisposition und übereinander gelegten zarten Farbschichten durch. 1916 malte er beispielsweise „Schloss Saalhof" (Abb. S. 264) in einer wieder mehr an die Linie Hodler – Kolo Moser anknüpfenden Auffassung, die vom Erlebnis der räumlichen Weite ausgeht. Das farbliche Element ist hier einer symmetrisch-fokussierenden, eindeutige Begrenzungen schaffenden Bildkonstruktion unterworfen und zu luftig-atmosphärischer Wirkung eingesetzt. Man muss erst eine weite, gegenständlich schwer definierbare Distanzstrecke überwinden, ehe man zu dem eigentlichen Bildmotiv gelangt, das sich wie eine Fata morgana von der Gebirgskulisse abhebt.

In den ganz auf die Fernwirkung angelegten Gebirgslandschaften suchte Faistauer immer zwischen verfließender Farbstimmung und prägnanter Bildarchitektur, zwischen weich-schmelzender, wolkiger Fleckigkeit und malerisch vereinheitlichten Zonen zu vermitteln (Abb. S. 266, 267, 324). Gleich überspülten Grundmauern tauchen aus den hyperatmosphärischen Farbschwaden sporadisch Grenz- und Umrisslinien in Form schwarzer Pinselzüge auf. Wie beim Porträt, strebte Faistauer auch in der Landschaft zum Exemplarischen, zum rigoros vereinfachten Archetyp, der dennoch etwas vom flüchtigen impressionistischen Zauber bewahrt. Der konkrete Ausgangspunkt wird zu einer räumlich-atmosphärischen Vision geweitet, wobei alle Details in breit hingestrichenen Spachtelbahnen aufgehen. Gerade mit dem Spachtelmesser verstand Faistauer durch gefühlvolles Bestreichen der Leinwand ein fast aquarellistisch duftiges Farbfluidum zu erzeugen.

Die zerfließende Farbpoesie solcher Landschaften verwandelt sich über verschiedene Zwischenstufen Mitte der zwanziger Jahre in eine herbe, asketische Darstellungsweise, die kaum mehr aus einer vorgefundenen Impression erklärt werden kann. Faistauer arbeitet jetzt beinahe wie ein Konstruktivist mit wenigen standardisierten Grundformen. Das, was die Bildfläche gliedert und in die Tiefe staffelt, das tragende Gerüst, tritt hier in kaum verhüllter Sperrigkeit und perspektivisch überdeutlich in Erscheinung. Ihm, der in seinem künstlerische Tun ganz vom Empfindungsmäßigen ausgegangen war, der immer mit der Kontrolle über seine Mittel zu kämpfen hatte, musste die Gewissheit einer rationalen Übersicht als lang ersehntes Ziel erschienen sein. Wie man sieht, hat er seine Position der Welthaltigkeit zum Feindesland der „seelenlosen" Abstraktion hin sehr gewissenhaft abgeschritten, hat er die Schematisierung der Formen bis hart an die Grenze der abgelehnten Zeichenhaftigkeit getrieben. Es waren für ihn allerdings immer noch aus der Natur abgeleitete urwüchsig-elementare Urformen, eingebettet in natürliche Lichtverhältnisse, und keine abstrakten Verstandesgebilde.

Südliche Landschaft (Gardone). Ölgemälde, 1925, WV 305. Verbleib unbekannt

Der Gegensatz von gekuppelten und gewinkelten Formen, von schrägen und geraden Linien wird nun von grundlegender Bedeutung für das Landschaftsgepräge, Gebautes und Gewachsenes gleichen sich im Verband einer durchgängigen Tektonik immer stärker an. Der Bildeinstieg erfolgt nicht mehr über eine verschwommene Vordergrundrampe, über die der Betrachter sozusagen hinwegtauchen muss, sondern ganz unvermittelt. Man wird allerdings sogleich einer neuen Form des Distanzhaltens gewahr: der abweisenden Anonymität der uniformen Baulichkeiten und kargen Geländeformen, die oft durch schroffe Repoussoirmotive verstärkt wird. Im rigorosen Streben nach Vereinfachung unterdrückt Faistauer die topografischen oder pittoresken Qualitäten seiner Motive. Sie sehen mehr wie Modelle oder nachgebaute Kulissen aus, sein „abstrakter" Blick auf die Dinge scheint alles zu versiegeln (Abb. S. 316, 327, 340).

Wandel im Gleichgewicht – Vom roten Kanapee zur „Blauen Madonna"

Da sich Faistauer im Grunde nur für den Malprozess interessierte, um Farben und Formen in ideal abgestimmte Verhältnisse zu bringen, konnte ihm wenig daran liegen, die traditionellen Aufgabenbereiche der Malerei zu erweitern oder zu aktualisieren. Das ist nicht so sehr ein Zug konservativen Beharrens, als die Konsequenz eines Kunstverständnisses, das in allem, was über das rein Malerische hinausgeht, eine Verunklärung und Zweckentfremdung sieht. Das Motiv soll dem Maler möglichst wenig Widerstand in Form von äußeren Handlungsmomenten entgegensetzen und ebenso wenig durch gedankliche Assoziationen vom Darstellungsproblem ablenken. Schon ein Bewegungsmotiv wird als äußere Zutat empfunden, als störendes Element, das sich zwischen Maler und Modell schiebt. „Hinter der Geschlossenheit der Figuren steht ein rein malerisches Streben, das ... die bloße Erscheinung des Gegenstandes zum Anlaß eines künstlerischen Problems nimmt und sich darin der strengsten Probe auf überlegene Künstlerschaft unterzieht"[115].

Enthalten die früheren Figurenbilder noch interieurhafte Andeutungen, so beherrscht später die Figur, vor neutralen Hintergrund gestellt, das Bild mit fast nüchtern anmutender Ausschließlichkeit. Faistauer betrachtete das klassische Repertoire als ultimativen, durch die Tradition geheiligten Handlungsrahmen. Er suchte die Genres nicht durch originelle Bilderfindungen zu bereichern, sondern zu entflechten, zu elementarer Simplizität zurückführen. Vermischungen etwa zwischen Landschafts- und Figurenbild hat er vermieden, bereits in der gelegentlich versuchten Kombination von Porträt bzw. Akt und Stillleben machen sich Härten bemerkbar (Abb. S. 256, 273, 277, 307). Vielmehr war es in seiner Schaffensweise angelegt, ähnliche Bildmotive immer wieder abzuwandeln. Innerhalb der abgesteckten Grenzen, im Ausloten malerischer Umsetzungsmöglichkeiten, war er dann sehr abwechslungsreich.

Bereits Johanna Müller hat das Stillleben als die zentrale Kategorie in Faistauers Schaffen benannt. Tendenziell hat er alles, was er malte, in ein passives Dasein versetzt, sodass auch seine Landschaften, Akte und Porträts als Stillleben angesprochen werden können. Dieses Prinzip hat er nicht einmal in den figürlichen Kompositionen und Gruppenbildern durchbrochen, da er auch sie durch ein Aneinanderreihen der Gestalten als ruhende Komplexe behandelte. „Es wird also klar sein, warum der reine Maler vom Stilleben ausgeht, oder immer wieder, um sozusagen seine Seele von den Spuren eines Dienstes am Zwecke wieder zu reinigen, zum Stilleben zurückkehrt. Denn im Stilleben ist er am freiesten und am meisten fähig, die Farbe bis zu einer gewissen Grenze fast der Abstraktion vorzutreiben"[116].

Diese unbewegte, sich selbst genügende Welt bot ihm die idealen Voraussetzungen für seine Farben- und Formenexperimente, hier konnte er die Verschiebungen und Abstufungen im Malprozess wie in einer Versuchsanordnung studieren, die Gewichtungen im Bildorganismus nach unterschiedlichen Richtungen hin und in allen erdenklichen Übergängen erproben. Beispielsweise beschäftigte ihn die Frage nach dem optimalen Verhältnis von kalten und warmen Farben, von festen Körpern und Zwischenräumen im Bild[117]. Diese Aufgabe stellte entgegen der landläufigen Geringschätzung des Stilllebens eine besonders hohe Anforderung an seine Selbstdisziplin, denn er musste seine Unduldsamkeit, sein überschäumendes Temperament dabei sehr zusammennehmen. „Meine Oberflächlichkeit, für die ich auch allerlei Entschuldigung wie Unruhe etc. habe, erschreckt mich sehr. Dies schnelle Ermüden, dieses Strebertum für den äußeren Glanz des Bildes, dieses zu wenig an Liebe, an Güte, an Vertrauen, das Stürmische entsetzt mich sehr ... Ich habe jetzt ein Bild gemalt und da war ich stundenlang dabei, die Dinge wirklich darzustellen so wie ich sie allen Ernstes anzuschauen vermochte, treu und sinnlich und versuchte das Temperament (Prahlerei) auszuschalten, so gut es ging und wirklich das Bild ist bestimmt viel mehr geworden als die früheren. Also ich müsste nur dabei bleiben und den Dingen die Ehre geben und vor ihnen nicht hochmütig sein, als höflich und gütig und sie ganz empfänglich anhören. Dann müsste das kommen: das gute Bild, das gewirkte Werk, das so eine Welt für sich frei und ganz wäre ohne mich. Es gelingt mir aber nicht. Ich kann vor Eigendünkel nichts anfangen. Du kannst Dir gar nicht vorstellen, wie patzig sich so ein Maler bei seiner Produktion vorkommt: das sogenannte freudige Schaffen, der Glücksdusel ... dieses Lustgefühl ist, glaube ich, falsch und trübt den Blick ... Ich wende wohl Mühe daran, mich zu disziplinieren, mich streng zu halten, mich ehrlich vor die Dinge hinzustellen, ohne Schwindel, doch mit schwachem Erfolg. Schon geht das Künstlertum, das Talent, das Temperament, und wie man's noch nennen mag mit mir durch"[118].

Faistauers Idealvorstellung vom Künstler ist die eines neutralen Katalysators zwischen Welt und Werk, eines Mediums, das im Zustand traumwandlerischer Hellsichtigkeit ohne Spuren eigenmächtigen Hinzutuns den Pinsel betätigt. Seine Überlegungen wurden natürlich provoziert durch eine zeitgenössische Theorie und Praxis, die dem subjektiven Künstler-Ich einen immer höheren Stellenwert einräumte. Faistauer wollte nur die im Sichtbaren sich offenbarende, auf unveränderlichen Fundamenten ruhende Schöpfung anerkennen und sah in den Werken, die sich auf den subjektiven Ausdruckswillen beriefen, nur Selbstbespiegelungen eines aufgeblähten Ego. „Jetzt weiß ich ganz genau, dass das mit der Persönlichkeit ein schrecklicher Trug ist", schreibt er am 12. Oktober 1913 an den bevorzugten Briefpartner dieser Jahre, den philosophisch versierten Komponisten Paul Königer. „Höre einmal über Bilder, sind die persönlichsten nicht die unechtesten ... Und die meisterhaften die namentlich leicht kenntlichsten vermöge ihrer Fehlerlosigkeit, ihrer

Reinheit, rein und leer von allen Merkzeichen persönlicher Eitelkeit ... Alles Markante ist eitel, alles Merkbare. Warum ist der durchsichtige klare Stein edel. Warum die Perle und nicht die Muschel, die gleichzeitig gleichzählig vorkommt. Das Vollendete ist gar. Gar heißt nichts? Also nicht sein vollendet sein. Vollkommen sein vollendet – auch zuende – sein"[119].

Das Handschriftliche im Pinselduktus sollte sich niemals in den Vordergrund drängen, der Herstellungsprozess undurchschaubar bleiben und damit das Überpersönliche am Schaffensakt dartun. So beklagt er in einem Brief Johannes Fischer gegenüber, dass seine malerischen Früchte „noch sehr am Pinsel u. an der Palette [hängen]. Es kleben noch sehr meine Finger daran. Dieses macht sie interessanter, aber kulturloser. Ein Kunstwerk ist erst als reif anzusprechen, wenn es manuell abstrakt ist"[120].

Faistauer hat an seiner Malweise ständig herumexperimentiert, stets darauf bedacht, nicht in eine bestimmten Manier zu verfallen. Aber immer malte er mit leichter, lockerer Hand, mit weichen Pinseln, ohne spürbare Druckanwendung, auch nicht, wenn er den Spachtel verwendete. Die Stofflichkeit der Farbe variiert zwischen dünnflüssiger Konsistenz, rauem, krustigem Oberflächenrelief und glatten, wie Email schimmernden Überzügen. In ein und demselben Bild stehen Partien von wässeriger Transparenz neben solchen von verdichteter Pastosität. Dem ruhigen Gesamteindruck der Bilder kontrastiert oft der Blick aus der Nähe, denn da erscheint die Oberfläche übersprenkelt mit Farben verschiedenster Schattierung, Spuren nicht nachvollziehbarer Aktion. Unregelmäßig aufgetragene, lose zusammenhängende, locker übereinander geschichtete Farbpartien ergeben eine sehr lebhafte, manchmal geradezu „informell" anmutende Flächengestaltung. „In der Nähe betrachtet, sieht man nur Farbe, in entsprechender Augendistanz kommt auch merkwürdig viel Form heraus"[121]. Das gilt vor allem für die von der Farbe und ihrer gehäuften Anwendung dominierten Schaffenszeit von etwa 1915 bis 1923. Danach hat Faistauer die Farbsubstanz konsequent abgebaut, das Farbliche gelockert und im ausgleichenden Gegenzug das Bildgerüst gestrafft. So wird dann auch der Farbauftrag dünner und zügiger, schließlich kommt dann noch eine zeichnerische Dynamisierung hinzu, die auch jeden einzelnen Pinselstrich erfasst.

Gegen die Vorherrschaft der Fläche, die nur zur „dirnenhaften Dekoration" taugt, hat der junge Faistauer der Kunst als Gegenmittel das altmeisterliche Dunkel „verordnet". In einem bekannten Zitat beschwört er den Reichtum der Dreidimensionalität, die Keuschheit der alten dunklen Ölbilder, die geheimnisvolle Hintergründigkeit der Farben[122]. Dieser archaisierende Zug trifft sich mit den dämmerigen Lichtverhältnissen des Innenraums, wo er im Bereich des Stilllebens eine stimmungshafte Qualität von der Art entfaltete, wie sie die avancierte Malerei längst aufgegeben hatte. Faistauer setzte hier, wie schon Gütersloh ausführte, gezielt auf einen Anachronismus. Umspült und umwoben vom Raumdunkel, von weichem tonigem Schmelz, entfalten die Dinge, die wie von innen beleuchtet sind, eine sakral anmutende Strahlkraft. Vorzugsweise ist das mystische Rotbraun Rembrandts der Farbgrund, dem die überaus sorgfältig angeordneten Objekte, die der alltäglichen Sphäre zugehören, entsteigen (Abb. S. 102, 271, 291).

Der Vergleich mit Cézanne, der gerade beim Stillleben unumgänglichen Instanz, lässt die Unterschiede weitaus überwiegen. Faistauer ging es vor allem um die poetische Verzauberung, die Steigerung der stofflichen Kostbarkeit, oder, wie er einmal in Anlehnung an Rilke formulierte, um den „Glanz der Dinge". Cézanne wirkt dagegen wie ein rationalistischer Konstrukteur und nüchterner Gleichmacher, der Materie und Raum in einer neutralen Dimension aufhebt und die Farbe entkörperlicht. Cézanne bevorzugt komplizierte Anordnungen, die er malerisch pauschal behandelt, während Faistauer den abgerundeten Bildausschnitt betont, die Komposition stärker fokussiert und jedes einzelne Objekt für sich als kostbaren Akzent sieht. Die Gegenstände wirken wie auf einem Altartisch präsentiert, dem Alltag in eine Wirklichkeit höherer Ordnung entrückt. Bei aller farblichen Vereinheitlichung kostet Faistauer das Raumpotential ungemein spürsinnig aus, wobei er sich raffinierter Kunstgriffe bedient. Die Objekte werden oft durch Spiegelung und Reflexe verdoppelt, sodass man sie von mehreren Seiten einsehen kann. Durch „selbstreferentielle" Attribute wie ins Bild ragende Gemälde und Rahmenstücke – nicht selten finden wir ein „Stillleben im Stillleben" vor – stellt Faistauer einen Bezug her, der das Einzelbild symbolisch an der Würde der ewigen Kunst teilhaben lässt (Abb. S. 102, 120 unten, 278).

Nichtsdestotrotz sind manche Stillleben ganz aus der weichen Farbmaterie herausmodelliert; so etwas „fauvistisch"-unumwunden in einem Zug Gemaltes kommt bei Faistauer immer wieder vor (Abb. S. 103) und gilt nach verbreiteter Übereinkunft als besonders zukunftsweisend, während die sperrige Gegenständlichkeit der späteren Bilder dem heutigen Geschmacksurteil im allgemeinen weniger zusagt.

Ein seltenes und anspruchsvolles Beispiel aus früher Zeit ist das Stillleben mit Geige und Buch (Abb. S. 257), das noch von einer impressionistisch-flimmernden Unruhe erfüllt ist: in der labilen, unübersichtlichen Bildanlage, im fahrigen Pinselduktus, in den eigenwilligen Farbakzenten. Zwischen Farbe und Raumdunkel entspinnt sich aber schon ein geheimnisvoller Dialog. Wie sehr Faistauer sein Augenmerk in den folgenden Jahren auf eine kompromisslose ma-

Stillleben mit Äpfeln und Weinglas. Ölgemälde, 1915, WV 103. Ehem. Stockholm, Privatbesitz. Verbleib unbekannt

Rote Äpfel auf grünen Tellern. Ölgemälde, 1914, WV 82. Wien, Hotel Sacher

lerische Vereinheitlichung, eine „Einheit des Materials", setzte, wird bei der Gegenüberstellung mit dem Fischstillleben von 1919 (Abb. S. 332) deutlich. Die Gegenständlichkeit ist hier der ökonomischen Bildgliederung untergeordnet, einem bild- und rahmenparallelen Gefüge hoch- und quergestellter Farbflächen und -bahnen. Auf ähnliche Weise wird höchste koloristische Spannung durch geringfügige Abweichungen vom Grundton erreicht. Eine große Rolle spielen die schwarzen Umrandungen, die zugleich Schattenfugen sind und eine gewisse Tiefenerstreckung suggerieren, ebenso wie die stoffliche Differenzierung nicht ganz eliminiert ist. Die glänzenden herabbaumelnden Fischleiber bleiben, obwohl lückenlos eingespannt in die strenge Komposition, in ihrer gegenständlichen Besonderheit unangetastet.

Die meisten Stillleben dieser Zeit, wie beispielsweise das Stillleben mit Äpfeln und Schatulle von 1918 (Abb. S. 292), sind weniger vertikal gestaffelt als gleich einem Landschaftsprospekt in die Tiefe entwickelt. Die sparsam eingesetzten malerische Werte im Verein mit der feierlichen Präsentation – das kunstvoll gefaltete Tuch, das seine koloristischen Qualitäten im wahrsten Sinn des Wortes enthüllt; die wie Leuchtkörper glimmenden Äpfel – verleihen dem Gewöhnlichen eine würdevolle Intensität der Erscheinung. In den Stillleben der folgenden Jahre hat Faistauer die altmeisterliche Bild-Magie mehr in eine häusliche Sphäre überführt, gleichzeitig entflechtet sich das malerisch dicht Verwobene zu stärkerer körperhafter Bestimmtheit und greifbarer Dinglichkeit. Die Gegenstände wirken nun weniger als geschlossene Gruppe, sondern vereinzelt, eher zufällig hingestellt, manchmal auch opulent angehäuft. Eingehüllt in ein heimeliges Dämmerlicht, artikulieren sie sich auch im Farblichen sehr entschieden (Abb. S. 307, 315, 323). Die gegenständliche Schärfung erreicht in den Bildern von 1922 eine geradezu gläserne Präzision. Innerhalb klar erfassbarer Raumgrenzen, im kühl akzentuierenden Licht, nimmt der Maler sozusagen koloristische Analysen vor. Es ist nun nicht mehr das schimmernde, weiche, diffuse Flair, sondern ein undurchschaubares Spiel der Reflexe, das die Dinge auf eine mehr sachlich beobachtende Weise erfasst und zugleich malerisch überhöht (Abb. S. 319–321).

Während in den zwanziger Jahren die dunkelbraunen, im Galerieton gehaltenen Bilder eine Modeerscheinung wurden, erobert sich Faistauer in seinem Bilddenken eine neue Ebene der Bewusstseinshelle, die nur vordergründig mit gewissen Merkmalen der Neuen Sachlichkeit korrespondiert. Die Spannweite seiner Entwicklungsmöglichkeiten zeitigte immer wieder überraschende Ergebnisse wie das Fischstillleben von 1929 (Abb. S. 333), das bewährte Bildmuster in ungewohnte Verhältnisse stellt. Faistauer verbindet hier Aufsicht und Schrägsicht, Flächigkeit und Dreidimensionalität in einer paradox anmutenden Perspektive. Dazu kommt, dass die formale Geschlossenheit der Gegenstände derart forciert ist, dass sie aus ihrem natürlichen Zusammenhang in eine fast surreal anmutende Bildwelt überwechseln, an Schwerkraft verlieren. Irgendwie scheinen die banalen Küchenrequisiten wie Geschoße in der Luft zu schweben. Sie werden durch die malerische Interpretation zu Zeugnissen einer höheren Ordnung, obwohl sie sich andererseits schlicht und diesseitig im natürlichen Lichteinfall präsentieren. Diese magische Doppelbödigkeit verstand Faistauer immer wieder auf andere Weise meisterhaft zu realisieren. Das bei aller Kompaktheit dynamisch Aufgeladene, fast Aggressive der Objekte resultiert hier aus dem Pinselstrich und den flirrenden Lichtpunkten, die seinen spätesten Bildern generell das Signum spannungsvoller Erregtheit verleihen.

Stillleben. Ölgemälde, 1923, WV 256. Verbleib unbekannt

Dass Faistauer die Grenzen seiner Wandlungsfähigkeit von Bild zu Bild zu erweitern trachtete, lässt sich genauso gut anhand seiner Blumenstillleben aufzeigen. Hier lag eine seiner besonderen Stärken, das Sujet beflügelte seinen Pinsel, auch wenn er es vielfach als Fingerübung betrachtete. Vermutlich liegt diese Affinität darin, dass das Gegenständliche des Blumenstilllebens von sich aus schon zur abstrakten Farbkomposition tendiert und trotzdem gut überschau- und eingrenzbar ist. Verlassen sich viele Maler gerade beim Blumenbild ganz auf den farblichen Effekt, bringt Faistauer auch hier die räumlich-plastischen Werte zum Tragen. Nicht nur jede Blüte rundet sich, das Bukett als Ganzes wird wie ein wuchtiges, allseits gewölbtes Monument in den Bildraum gestellt. Im Blumenstillleben konnte Faistauer den Charme einer ausgefallenen Palette am ungehindertsten ausspielen, die er, um dem Geschmäcklerischen zu entgehen, manchmal mit einer gewissen bäuerlich-kräftigen Note würzte. Auch zwischen sprühend offener Malweise und in sich zusammengenommenen, geballten Formen gibt es immer eine spannungsvolle Balance.

Obststillleben mit Putto. Ölgemälde, 1928, WV 341. Verbleib unbekannt

Als bedeutenden Auftakt von Faistauer als Blumenmaler kann man beispielsweise die Malven von 1913 (Abb. S. 271) mit ihrer dunkel prangenden Majestät nehmen. Blüten und Blätter sind hier einerseits sehr geschmeidig herausmodelliert, andererseits als Farbwerte dem Grund verhaftet. Besonders im unteren Teil, wo der Vasenfuß unmittelbar am Bildrand aufsitzt, ist die Malweise sehr abstrahierend. So sehr Faistauer bestrebt war, alle Bildelemente zu einer farblichen Einheit zu verschmelzen, die Wirklichkeit als reine Farbarchitektur neu zu erschaffen, so hat er doch immer auf eindeutig artikulierte Formgrenzen Wert gelegt. In dem kleinen Blumenstück von 1912 (Abb. S. 268) sind Figur und Grund noch nicht in dieser Weise voneinander abgehoben, Raum und Körper gehen,

Blumen in Kelchvase. Ölgemälde, um 1913, WV 1971. Verbleib unbekannt

zumindest an vielen Stellen des Bildes, in diffus-fleckiger Malerei ineinander über.

Auf das Überhandnehmen formauflösender Kräfte im Bild hat Faistauer stets mit Gegenmaßnahmen reagiert, am deutlichsten dadurch, dass er schwarze Pinselzüge – später auch helle Lichtränder – als Stabilisatoren einbrachte. Er hat aber nie ein Schema daraus gemacht, er arbeitete mit Fingerspitzengefühl, blieb auf der malerischen Ebene immer flexibel und nuancenreich. Sein letztes Blumenbild, die Vase vor grünem Grund (Abb. S. 341), zeigt die vibrierende Handschrift der späten Bilder, die allen Formen Sprühkraft verleiht. Auch hier schwebt die Vase mehr als sie steht, die Blütenzweige streben strahlenförmig nach allen Richtungen. Freilich hat sogar die Heftigkeit bei Faistauer etwas Leichtes und Beschwingtes, das sie von der gestischen Zwanghaftigkeit trennt. Der „Dunkelmaler" vieler Jahre, der Virtuose der Tonabstufungen und Valeurs, der es an Delikatesse mit den Franzosen aufnehmen konnte, gelangte schließlich mit der ihm eigenen Konsequenz – und nicht als expressionistischer Spätzünder – doch zu einer strahlenden, lichtvollen Farbmalerei.

Egon Schiele hatte den Malern, die auf die flächensprengende Kraft der Farbe setzen, eine Stilsicherheit voraus, die Faistauer und Kolig auf ihrem Weg zu neuen Ufern fast unbeholfen erscheinen lässt. „Faistauer war keineswegs ein Wunderkind, er musste sich vielmehr mit zäher Ausdauer von Stufe zu Stufe emporarbeiten, und es dauerte eine Reihe von Jahren, bis er seine Eigenart gefunden hatte"[123]. Am Stilisieren fand er sichtlich wenig Gefallen, weil ihm nur das sinnlich Vermittelte etwas bedeutete. Andererseits ging es darum, das impressionistische Zufallsbild in eine dauerhafte, strenge Form zu gießen, da der Impressionismus den Augenreiz nur mehr oder weniger verdoppelt. Er will, davon ausgehend, ein autonomes Kunstwerk schaffen, das zugleich von der Wirklichkeit abgeleitet und überwirkliche, reine Form ist, ebenso spirituell wie sensualistisch.

Dieses Ziel wird von der Farbe her in Angriff genommen, die gewissermaßen als Modelliermasse behandelt wird. Was über Koligs Schaffensweise gesagt wurde, gilt in ähnlicher Weise auch für Faistauer. „Allein von den Umrisslinien getragen, ohne Binnenzeichnung und ohne anatomisch strukturierten Körperbau, entwickelt sich die menschliche Gestalt als Erscheinungsform der Farbe. Auf den operativen Einsatz der akademischen Zeichnung verzichtend, beabsichtigt Koligs Malerei nicht, die materielle Realität in einer optischen Illusion wiederzugeben, ... sondern der dreidimensionalen Natur ein Gegenstück aus Farbmaterie zu erschaffen"[124]. Vorbereitende Zeichnungen zu Gemälden von Faistauers Hand sind so gut wie nicht bekannt, auch er ging wohl gleich in medias res.

Das halbfertig hinterlassene Bild der sitzenden Ida im dunkelblauen Kostüm (Abb. S. 269) vermittelt aufgrund dieses Rohzustandes etwas vom Ringen mit der Materie. Die einzelnen, gewissermaßen roh zubehauenen Farbblöcke stoßen noch sehr unvermittelt aneinander und lassen es an struktureller und anatomischer Logik mangeln; die farbliche Anlage ist hingegen schon sehr befriedigend gelöst. Es geht eben nicht um naturrichtige Durchzeichnung, sondern um die Demonstration von Farbarchitektur. Jedes Körperglied wird als Einzelbaustein behandelt und nicht im anatomischen Kontext. Das bewirkt, dass die Figuren von der malerischen Präsenz her zu Gewichtigkeit und Größe gesteigert werden, während die Gegenstandsbedeutung gegenüber der farblich-tektonischen Komponente in den Hintergrund tritt. Sogar das Stellungsmotiv kann etwas verunklärt und unwichtig sein im Verhältnis zur weihevollen Schlichtheit der Erscheinung, wie etwa bei dem Mädchen mit Obstschale (Abb. S. 274). Nicht nur die Landschaften, sondern auch die Akte und Stillleben haben oft etwas von breit gewölbten Gebirgsformen oder weich gemuldeten Hügelketten (Abb. S. 288, 292, 301). „Meine Figuren werden den Bergen nicht unänlich sein u. immer werden sie das Ebenbild des großen Gottes sein", schrieb Faistauer am 20. August 1911 an Johannes Fischer[125].

Man hat Faistauer im Figürlichen immer wieder eine Anfälligkeit für „Verzeichnungen" und eine „ungeistige" Ausdruckslosigkeit vorgeworfen. Gerade seine Abweichungen vom akademisch Richtigen sollten ihm aber eher zur Ehre gereichen. Da sie aber nicht das Ausmaß expressionistischer Deformation erreichen, werden sie leicht missverstanden. In solchen angeblichen „Fehlleistungen" verrät sich, dass den Haltungsmotiven abstrakte Figurationen zugrunde liegen, um derentwillen die Gliedmaßen förmlich zurechtgebogen werden. Das lässt sich vor allem an den „unnatürlichen" Armstellungen beobachten (Abb. S. 276, 281, 342). Ein Kritiker hat Faistauer einmal als den Maler der gekreuzten Arme und Beine bezeichnet – auch dies eine Eigenart, die mit der Vorliebe für eine formelhaft in sich geschlossene Körpergestaltung zusammenhängt (Abb. 110, 111, 282, 311, 355). Sehr pointiert in ihrer gegensätzlichen Charakterisierung pflegt Faistauer auch männliche bzw. weibliche Hände oder Schultern wiederzugeben.

Der zweite Vorwurf, Faistauers Geschöpfe seien unlebendig und ausdruckslos, besteht nur dann zurecht, wenn man sie auf das Psychologische festlegen will. Er hingegen wollte das Porträt nicht zu einer psychologischen Fallstudie herabmindern, nichts in die Gesichter hineinlegen, nicht den Analytiker spielen. Ihm war daran gelegen, das Unschuldige, Kindhafte in einem durch keine zugespitzte Aktion getrübten Schauen an die Oberfläche zu befördern. Die

Damenbildnis mit Pagenkopf (Liesl Schöller). Ölgemälde, 1927, WV 329. Verbleib unbekannt

Dame in rosa Bluse vor Grün (Ida). Ölgemälde, um 1918, WV 168. Wien, Privatbesitz (?)

Gesichter haben etwas Unnahbares, sich nicht Preisgebendes, sie halten in einem meist von Melancholie umflorten Moment an der Schwelle zur bildmäßigen Daseinsform inne, die vom individuellen Mienenspiel nur überhaucht ist. Die Augen sind meist gesenkt, im späten Schaffen dagegen unnatürlich weit aufgerissen – zwei entgegengesetzte Möglichkeiten der im Grundsätzlichen gleich bleibenden Absicht, das Persönliche auf das Wesenhafte zu komprimieren.

Innerhalb des kontemplativen Habitus, der stilllebenhaften Passivität kann der Grad der Aufmerksamkeit oder Geistesabwesenheit durchaus wechseln, die Dargestellten können stark der Situation verhaftet sein, sie können aber im selben Maße auch im farblichen Medium erstarren, „Opfer" eines Malvorgangs, der an ihrem inneren Leben keinen Anteil nimmt. Diese melancholische Unbestimmtheit, das Versonnen- oder Versunkensein ist eine Ausdrucksqualität ganz eigener, poetischer Art. Die auf Eindringlichkeit des Malerischen bedachte Auffassung hat im körperlichen und seelischen Habitus des Modells nicht selten eine berührende Scheu zur Folge, die sich bis zur Befangenheit oder sogar Bedrücktheit verstärken kann.

Ein Element der Kleidung scheint dem Maler zumindest ebenso wichtig zu sein wie die Person, bietet ihm doch die festliche Ausstattung einen Anlass, den malerischen Gehalt des Bildes zu erhöhen. Bart oder Hut sind ihm willkommene Attribute, obwohl oder gerade weil sie vom Individuellen ablenken. Das Porträt des Schriftstellers Oskar Stoeßl „ist in seiner moosigen und pflanzlichen Art der Darstellung mehr eine Landschaft oder ein Stillleben als ein Porträt"[126]. Der massive Hut auf dem Kopf von Hofmannsthal in dem späten Porträt des Dichters (Abb. S. 338), der die Gesichtszüge noch unzugänglicher werden lässt, war Anlass zu herber Kritik[127]. In Faistauers Auffassung steht das Attribut gleichbedeutend für seinen Träger, der vor allem Repräsentant ist und einen Typus verkörpert, von seinem inneren Drama aber nichts preisgibt. Der im Expressionismus besonders virulenten Forderung nach psychischer Transparenz stellt Faistauer in bewusstem Antagonismus die Undurchdringlichkeit und statuarische Würde seiner figürlichen Bilder entgegen. Er setzte auf die unmittelbar wirkende malerische Kraft. Das Problem, die wie abstrakte Formkomplexe behandelten Figuren zum Sprechen zu bringen, ohne sich einer aufgesetzten Mimik oder Positur zu bedienen, wurde in zunehmendem Maße für ihn akut. Aber auch die schneidige Dynamik der Pinselschrift vermag sie nicht aus einer denkmalhaften Starre herauszuführen, in der man allerdings durchaus einen besonderen Vorzug seiner Auffassung sehen kann.

Noch der „Neukunst"-Zeit gehört der Liegende Akt mit Früchtestillleben von 1911 an (Abb. S. 256), der wegen seiner unverblümt behandelten sexuellen Komponente für Faistauer ungewöhnlich ist. Er versuchte sich hier in der Domäne von Klimt und Schiele, wohl nicht ohne die Absicht, sich von diesen abzusetzen. Zu Unrecht spielte Rohrmoser diesen Akt gegen Schieles „schamlose Natürlichkeit"[128] aus, denn er ist auf seine Art nicht weniger gewagt. Als Modell für dieses „ins Großstadtgetriebe geratene Landmädchen", dem unterschoben wird, seine Verklemmtheit nur mit Mühe zu überwinden, diente bereits Ida Andersen. Die Bildstimmung ist allerdings von einer „ungesunden" Zwiespältigkeit durchwirkt, im Psychischen, das hier noch stark mitspricht, wie in der räumlichen Disposition und Farbigkeit. Es mischen sich scharf-expressive Töne in den pastelligen Gesamtklang, der vom Körper auf die umgebenden Objekte überfließt. Das Raumgefüge, das durch die betonte Schrägstellung von Bett und Akt sehr deutlich akzentuiert ist, wird wieder aufgeweicht durch das vage Ineinandergleiten aller Formen, die etwas von der fleischlichen Wärme des Inkarnats annehmen[129].

Kraftvoller ist das Problem, das flache impressionistische Augenblicksbild umzuprägen, in dem „Liegenden Akt auf rotem Diwan" von 1912 (Abb. S. 270) bewältigt. Speziell in den Werken dieses Jahres hat sich Faistauer eines dramatischen Helldunkel-Reliefs bedient, um die fließende, indifferente Weichheit der Formen, die noch im vorherigen Bild überwog, vom Malerischen her zu stärken und zu versteifen. Ein Detail wie das weiße Tuch, das weniger fällt als vielmehr eine zerklüftete, sich selbst tragende, sozusagen absolute Form bildet, kann das verdeutlichen. Man versteht, was die Formel „Verquickung Cézannes mit den alten Meistern" besagen will, die Faistauer für diesen Abschnitt seines Schaffens prägte[130]. Das altmodische und klobige Möbelstück, das in den Briefen des jungen Paares als das „rote Kanapee" erwähnt wird und auf den verschiedensten Bildern auftaucht, ist recht unvermittelt in den Raum gestellt, der nicht weiter definiert ist und sich nach hinten in einem mysteriös aufgewirbelten Dunkel erweitert. Trotz der ungeschönten fleischlichen Präsenz umweht den auf rotem Plüsch hingestreckten Akt die Aura einer Danae oder Maja. Von der ungewissen, wie von geheimnisvollen Naturkräften durchbrausten Sphäre des Hintergrunds fallen grünliche Schatten auf den kupferfarben aufleuchtenden Körper, der fast übertrieben modelliert erscheint und in einer merkwürdigen Spannung zwischen Starre und Erregung verharrt.

Von Düsterkeit und expressiver Unruhe, ist nichts mehr zu spüren in dem zur Zeit der Eheschließung gemalten Bild von Faistauers Frau auf rotem Sofa (Abb. S. 110). Das entspannte Sitzmotiv, die gleichmäßige Beleuchtung, die nuancenreich entwickelte Farbgebung – alles hat sich beruhigt, das Veränderliche und das Überzeitliche befinden sich in freilich fragilem Gleichgewicht. Diese Gelöstheit

Dame mit Weinglas. Ölgemälde, 1919, WV 182. Wien, Leopold-Museum

teilt sich auch im Blick des Modells mit, der über eine reine Zuständlichkeit hinausführt. Alles Gegenständliche ist in „absolute" Farbwerte überführt und dennoch nicht egalisiert, die Malweise reagiert in deutlichen Abstufungen auf den Unterschied zwischen dem durchlässigen räumlichen Kontinuum und der Festigkeit des Körpers. Einzelne Partien wirken bildhauerisch geglättet und heben sich außerdem durch kräftige Konturierung von der skizzenhaft behandelten Umgebung ab. Faistauer will den Gegenstand einerseits entmaterialisieren, andererseits zu dichter Prägnanz steigern – dieser Balanceakt kann nur durch einen sehr flexiblen malerischen Vortrag gelingen, dessen Differenzierungsfähigkeit an jeder Stelle des Bildes gefordert ist.

Der im selben Jahr entstandene Doppelakt (Abb. S. 273) zeigt, dass er die Lösung dieses Problems auch von einer anderen Richtung her versuchte. Die Figuren sind von der Farbe weit weniger durchdrungen, Faistauer will vor allem ihre matriarchalische Fülligkeit eindringlich ins Bild setzen. Bei aller Ausführlichkeit ist er weit entfernt von abbildhafter Routine, und das kommt auch in der fast verlegen präsentierten üppigen Nacktheit zum Ausdruck. Das trotz aller Körperfülle labile, voneinander isolierte Dastehen der beiden Frauen ist durch zwei symmetrisch zugeordnete Stilllebenarrangements noch verstärkt. Auf längere Sicht gesehen, wenn man auf den zehn Jahre später gemalten Zyklus der vier Akte vorausblickt, die sich ungleich selbstsicherer und formal gestraffter präsentieren, gehörte die Zukunft diesem auf wuchtige Plastizität setzenden Entwicklungsstrang.

Zunächst wird Faistauers weitere Entwicklung fast ausschließlich von der Farbe bestimmt, die er pastoser und opulenter denn je einsetzt. Ein Hauptgrund dafür ist, dass er mit seiner Malerei heller und diesseitiger wird. Er möchte nun doch von dem altertümelnden, dramatisierenden Hell-Dunkel wegkommen. Vergleicht man den Akt auf rotem Sofa mit einem Akt von 1919 (Abb. S. 311), so ist zwar ein Höhepunkt an farblich-formaler Ausgewogenheit erreicht, doch der Akt selbst hat sich in einen erlesenen, fast voyeuristischen Kunstgegenstand verwandelt. Das Überhandnehmen des ästhetischen Kalküls, das schon in der ganzen Bildanlage deutlich wird, bewirkt, dass die wache Körperpräsenz der klassischen Pose eines kostbar gefassten Schauobjekts weicht. Bezeichnend ist, dass der Kopf mit seiner „natürlichen" Mimik des Schlafens, in eine verschattete Bildzone getaucht, vom Betrachter nur mehr am Rande wahrgenommen wird.

Die während des Ersten Weltkriegs entstandenen Bilder lassen auf eine erneut verstärkte Auseinandersetzung mit dem französischen Impressionismus, insbesondere mit Renoir, schließen (Abb.

S. 286, 287). Faistauers Versuche, das schillernde Farbenspiel in einer seiner formauflösenden Wirkung entgegengesetzten Weise zu kanalisieren, zeichnen sich durch eine ebenso bewegte wie dichte malerische Faktur aus. Gleichzeitig ist er bestrebt, die füllig angereicherte Farbsubstanz in wulstig sich gegeneinander abschnürende Parzellen aufzugliedern (Abb. S. 126).

Manche Bilder sind so sehr von einer kräuselig aufgetragenen, stechend pastelligen Farbigkeit dominiert, dass man von einer „blumigen Phase" in seiner Malerei sprechen könnte. Die Personen auf dem Familienbild von 1918 (Abb. S. 297) erscheinen gleich zierlichen Blütenwesen jeweils durch ihre Farbe definiert, und sie sitzen so still für sich nebeneinander, dass sie nichts aus diesem vegetativ-beschaulichen Zustand aufstört. Welch quirlige Beweglichkeit herrscht dagegen auf dem Gruppenbildnis einer Frau mit drei Kindern auf grünem Sofa, um 1919 (Abb. S. 299), obwohl hier nichts so viel anders scheint als im vorigen Bild. Es kommt – wie selten bei Faistauer – eine kommunikative Spannung auf, die sich spielend über die Formgrenzen hinweg fortsetzt. Die Pinselarbeit ist nur ein wenig andeutungshafter und lockerer gehalten, mit behenden Strichen eine muntere Situation akzentuiert. Für diese gelöste, von französischem Sinn für Intimität inspirierte Art brachte Faistauer eigentlich die besten Anlagen mit, und trotzdem bleibt sie Episode. Solche Momentaufnahmen hatten für ihn als Aufgabe zu wenig Anreiz, zumal er um die selbe Zeit vom Projekt eines Altarwerks in Anspruch genommen war. Seine Idee war es, die Leiden der Zeit am Krieg anhand von Themen der christlichen Passion zum Ausdruck zu bringen. Es wurde ein offizieller Auftrag daraus, der seinen ehrgeizigen Jugendtraum wieder aufleben ließ. Er war inzwischen von Aufgaben anderer Art verdrängt worden, und so fehlt es auch an konkreten Vorstufen für ein solches monumentales religiöses Werk (Abb. S. 303–306).

Man sucht in den seit der „Anbetung" vergangenen zehn Jahren vergeblich nach einer mehrfigurigen Komposition in seinem Schaffen, die auf seine Freskantentätigkeit vorausgewiesen hätte. Bereits die Einzelfiguren Faistauers verraten eine Kontaktschwäche und wollen nicht aus sich herausgehen. Was dort noch als kontemplative Wesensschau und schlichte Daseinsbekundung von hohem Reiz ist, eben das wird bei dem von der malerischen Leistung her imposanten Altar zum Verhängnis. Denn Faistauer vermag auch dort, wo es um Leidensbekundung und leidenschaftliche zwischenmenschliche Aktion geht, nicht über das Ausdrucksregister seiner Einzelfiguren hinauszuwachsen. Es ist eine Ansammlung vornehm gekleideter, in sich selbst versunkener, reichlich unbeteiligt wirkender Gestalten, die auf eine rein äußerliche Weise miteinander ver-

Dame mit Hut. Ölgemälde, 1917, WV 145. Wien, Leopold-Museum

flochten werden, so als handle es sich darum, Girlanden möglichst kunstvoll anzuordnen. Diese Kritik betrifft weniger die beiden Seitenflügel, deren sanfte karitative Thematik, vor allem beim Hl. Martin, im Einklang steht mit der passiven, halb schlummernden Gestimmtheit der Darstellung. Anders das Mittelbild, dessen dramatische Bewegtheit im Deklamatorischen stecken bleibt, weil die Figurengruppe gleichzeitig wie ein choreografisches Tableau ausbalanciert ist. So gut der Gedanke war, das ganze Bild im Schmerzensausbruch der Maria kulminieren zu lassen, so bildet sie letztlich doch nur den Mittelpunkt eines sorgfältig geschürzten Knotens.

Etwas von der expressiven Energie, an der die Gestalten scheitern, geht von der Malerei aus, die wie eine Treibarbeit anmutet, die die Figuren reliefhaft heraustreten lässt und in die glühende Farbflüsse eingeschmolzen sind. Aber gerade die ungemein intensiv bearbeitete, mehrfach durchpflügte Malsubstanz ist es auch, die an der Ausdrucks- und Bewegungsfähigkeit der Figuren zehrt. Wie gotische Figuren in ihre faltenreichen Gewänder, sind sie in einen dichten Farbkokon eingesponnen, eine Tendenz, die sich in dem derzeit verschollenen, kleinformatigen sechsteiligen „Marienleben" (1920) noch verstärkt. Wo die Darstellung des zwischenmenschlichen Dramas gefordert ist, versagt sein Bildkonzept, das Spannung, Konflikt, Leidenschaft a priori nicht zulässt. Zu sehr sind die Figuren auf rein formale Korrespondenzen hin angelegt, sie schwingen sich melodiös aufeinander ein. Sie können nicht aus eigener Kraft Halt finden, sondern benötigen ein stützendes Gegenüber.

Instinktiv hat Faistauer auch im religiösen Bereich zu den idyllischen Stoffen gegriffen. Das Mutter-Kind-Thema in seiner totalen Beziehungsharmonie kam ihm besonders entgegen. Das Menschliche und das Malerische konnten hier eine besonders enge, unproblematische Symbiose eingehen. Einen geradezu imperialen Anspruch hat er in das bekannteste von mehreren Doppelbildnissen, die seine Frau mit dem kleinen Sohn (Abb. S. 296) zeigen, hineingelegt. Es ist vor allem der farblichen Konzentration auf das Kleid zuzuschreiben, wenn die Bedeutungssteigerung vom Privaten ins Allgemeingültige gelingt. Faistauers virtuoser Umgang mit der Farbe Rot wurde sprichwörtlich, wodurch er in eine Reihe mit berühmten Rot-Malern wie Tizian und Makart zu stellen ist[131]. Der passive Heroismus des Ausdrucks ist wohl auch auf die Nachkriegs-Depression zurückzuführen.

Faistauer ging es immer um das Herstellen einer farblich-formalen Stimmigkeit, was ihn mitunter in den Grenzbereich einer dekorativen Ästhetik geraten ließ. Er dürfte sich dieses Schwachpunktes gerade in jenen Jahren, als er mit dem Votivaltar und mit Morzg einen Anlauf in Richtung großer, bewegter Kompositionen unternahm, bewusst geworden sein. Denn er hat Anstalten getroffen, seine Kunst in ganz grundsätzlichen Belangen umzustellen. Die Bilderfolge „Rhythmische Komposition" (Abb. S. 312, 313) führt exemplarisch sein Bedürfnis vor Augen, die Figur gewissermaßen neu zu erschaffen, ihr eine neue Sicherheit, Standfestigkeit und Bestimmtheit der Gebärde zu verleihen. Wir haben kein mit seiner Umgebung verwachsenes sanftes Modell vor uns, sondern eine vor Leben strotzende Heroine, die sich im vollen Bewusstsein ihrer selbst geriert, jederzeit bereit, aus dem Bild herauszutreten. Interessant ist der weitgehende Verzicht auf die Farbe, als hätte Faistauer nunmehr erkannt, dass er auch ohne deren Mitwirkung – gleichsam wie ein Bildhauer – imstande ist, Formen zu erschaffen. Vom Material her ist der Einsatz der Farbe allerdings erheblich, die ungemein dicke Farbschicht trägt ihren Teil dazu bei, dass die Körpermodellierung mit ihren schwellenden Übergängen geradezu ertastbar wirkt.

Das Inkarnat hat etwas von der lehmigen, porösen Oberfläche einer Tonstatue angenommen, und kontrastiert mit dem ursprünglich als flacher Strand konzipierten Hintergrund, der nur mehr als Anhängsel der in ihrem Volumen voll entfalteten Figur wirkt. Möglicherweise ging der Anstoß dazu, dass Faistauer seine Idee der absoluten Form in dieser ungewohnt direkten Weise als überdeutliche Zurschaustellung klassischer Körperschönheit realisierte, von seiner zweiten Ehefrau aus, deren Modell-Qualitäten ihn begeisterten. „Ich zweifle nicht, dass dieses Weib alles tun wird mich mir zu lassen und mir zu helfen mich voller auszulassen als es mir bisher möglich gewesen ist", schreibt er kurz vor seiner Eheschließung am 6. Mai 1921 an einen Freund[132]. Generell ist die Vereinfachung der Formensprache, der Versuch einer eher nüchternen Selbstbestimmung und Revision der künstlerischen Ausdrucksmittel auch bei Faistauer als Antwort auf die Unsicherheit der Zeitverhältnisse zu bewerten. Seine Malerei steht hier jedenfalls an einem Wendepunkt, einem Paradigmenwechsel, bei dem, vereinfacht ausgedrückt, Farbe und Form ihre Plätze vertauschen.

Das zeichnerischen Schaffen spiegelt die Entwicklungstendenzen mit der von Faistauer zu erwartenden Konsequenz wieder. Die spärlichen Zeugnisse der Zeit bis 1912 lassen die Schwierigkeit erkennen, sich zwischen dem linearen Purismus der Secession und der „grausamen" Linienschärfung des Expressionismus eines Schiele und Kokoschka einen eigenen Weg zu bahnen. Eine gewisse Animalisierung des menschlichen Körpers, die etwas aus seiner Art schlägt, macht sich in dem männlichen Akt von 1912 bemerkbar (Abb. S. 355), typischer sind die Arbeiten, die sein Ringen um wuchtige Körperlichkeit zeigen (Abb. S. 132 unten). Nach 1912 gelang es ihm zusehends, eine zeichnerische Entsprechung zur Weichheit der koloristischen

Die Frau des Hausmeisters im Wiener Künstlerhaus. Ölgemälde 1925, WV 302. München, Bayerische Staatsgemäldesammlungen

„Die vier Lithographien / Mädchenkopf, / Bildnis des Dr. [Josef] Mühlmann, / Zwei Frauen, / Darstellung im Tempel". 1920. SMCA, Inv.-Nr. 556/31

131

Sitzender Akt. Kohle und Aquarell auf Papier, 1912. Verbleib unbekannt

Sitzender Akt. Kohle, laviert, auf Papier, 1912. Kat.-Nr. 117

Auffassung zu finden. Um das Hervortreten einzelner Linien zu vermeiden, nähert er sich seinen figürlichen Motiven mit behutsam kreisenden Bewegungen. Er verwandelt sie durch diese sensible Einkreisung in scheue und zierliche Wesen (Abb. S. 356–358). Während seiner Militärzeit schwillt die zeichnerische Produktion an. Gegen 1918 dringt ein energischer Zug in diese stille, umfriedete Welt, die feinen Gespinste lösen sich in einzelne kraftvoll gebündelte, in heftigem Gegeneinander geführte Linien auf (Abb. S. 362, 363, 365, 393). Die Fähigkeit, räumlich-plastische Volumina in großzügig akzentuierende zeichnerische Gesten zu fassen, beherrscht er mit zunehmender Lockerheit (Abb. S. 376, 378, 380). Faistauer strebt nun nach einer klaren Dominanz der mit schneidiger Eleganz gezogenen Einzellinie, begleitet von schattierenden Farbschleiern und behenden Schraffuren (Abb. S. 382, 392). Die kompositorischen Entwürfe der zwanziger Jahre weisen eine fast primitivistisch-reduzierte, kantige Formensprache auf (Abb. S. 391), während er in den Akten und Bildnissen eine geschmeidige Schönlinigkeit entwickelt, die sich mit expressivem Nachdruck verbindet und daher nicht ins Gefällige abflacht (Abb. S. 133 unten, 393).

Faistauers Figurenbilder bieten jetzt keine räumlichen Einblicke mehr, sie konzentrieren sich auf das Herausarbeiten der skulpturalen Qualitäten. Der Hintergrund wird zu einer unbestimmten Folie, vor der sich das Modell plastisch umso entschiedener in Szene setzen kann. Dabei weicht die mustergültige Anatomie der vier großen Akte bald wieder einem freieren Umgang mit dem Körper. Schließlich wollte Faistauer den Eindruck vermeiden, dass ihn die akademische Schönmalerei nun doch noch eingeholt habe. Und so behält in seinen Akten trotz ihrer übersteigerten Rundungen das bildarchitektonisch-konstruktive Prinzip die Oberhand. Faistauers Hang zum Ausponderieren richtet sich weiterhin auf das eigenwillige Verschieben und Verschränken der Gliedmaßen. Die potentielle Energie, über die die Figuren nunmehr verfügen, wird dadurch merklich eingebremst, sodass beispielsweise die Haltung der hinsichtlich ihrer Reaktion so geforderten „Susanna" (Abb. S. 335) trotz ihrer Anspannung äußerst unbestimmt bleibt. Das unentschiedene Verharren zwischen künstlicher und natürlicher Pose erinnert an die in einem knochenlosen Gliederspiel erstarrte Bewegtheit von Modellpuppen. Dem Inkarnat verleiht Faistauer den Glanz von poliertem Metall, es wirkt auch oft wie ein lederner Überzug, was die Körper nach außen hin widerstandskräftiger in Erscheinung treten lässt (Abb. S. 344).

Das statuarisch Massive, Gehärtete und das organisch Weiche, Bewegliche stehen in einem für Faistauer bezeichnenden Konflikt. Er will gleichzeitig naturrichtig abbilden und einem abstrakten Formenkanon gerecht werden, er vermeidet die radikale Stilisierung des

Konstruktivismus, benützt sie aber doch, um die Eigenständigkeit der bildkünstlerischen Schöpfung zu demonstrieren. Auch an den Bildnissen wird deutlich, dass Faistauer die träumerische Befangenheit in eine selbstbewusste, sich exponierende Haltung umzuwandeln trachtet. Man könnte sagen, das Geborgenheitsszenario der Frühzeit macht einem Zustand des Erwacht- und Erwachsenseins Platz. Auf räumliche Einbindung, das Nachstellen einer intimen, entspannten Situation, wird nunmehr verzichtet und der Dargestellte möglichst direkt mit dem Betrachter konfrontiert. Das Bewusstsein, gemalt zu werden, schlägt sich in der angespannten Wachheit der Gesichter nieder. Sie blicken nicht mehr melancholisch in sich hinein, sondern ihr ernster, starrender Blick geht nach außen, in eine problematisch besetzte Leere. Der extrem schematisierte, oft nur auf Kopf und Rumpf mit kaum angedeuteten Armen vereinfachte Bildaufbau verstärkt einerseits den Eindruck des räumlich Isolierten, Ausgesetzten, er bildet aber gleichzeitig eine Art Schutzschild (Abb. S. 322, 326, 337). So drängt die Person sich dem Betrachter zwar förmlich auf, gibt aber nichts von sich preis, so zieht sie sich zwar nicht in sich zurück, sondern bekundet Verantwortung und Handlungsfähigkeit, aber sie tut dies sichtlich aus der Befindlichkeit des Scheuen und Einsamen heraus.

Sich abwendende Frau. Farbkreiden auf Papier, 1915. Maishofen, Privatbesitz

Die Entschiedenheit, mit der Faistauers Bildwelt nunmehr die Kommunikation mit der Außenwelt sucht, findet in eckigen, kantigen Formen ihre Entsprechung, die mit einer gewissen Schroffheit und Schnittigkeit eingesetzt werden. Die starke Betonung der blockhaften Form ist sicherlich auch als Maßnahme zu sehen, mittels welcher Faistauer den Angriffen auf die Gegenständlichkeit entgegentrat. Er verlieh ihr dadurch eine gewisse Wehrhaftigkeit, die oft bis zu schematischer Starre gesteigert ist. Mit der erreichten Sicherheit im Umgang mit präzis umrissenen Körperformen versuchte er auch im Farblichen, das er in der gewohnten Handhabung als Hemmnis empfindet, in neue Bahnen zu gelangen. Er schreibt: „Ich will einige meiner folgenden Bilder nunmehr mit Tempera untermalen, von der ich hoffe, dass sie nur durch ihr wenig konsistentes Material die Gegenstände entrückt ... Ihre umgebende Leichtigkeit aber, die mir die Ölfarbe nicht geben will, möglichst auszunützen. Ich hoffe dadurch der schweren Ölfarbe auf einige Zeit zu entrinnen u. mir im fremden Material eine Leichtigkeit zu erobern, die ich dann auch der Ölfarbe aufzuzwingen imstande sein werde. Die Flucht aus diesem pickigen, zähen, dicken Material, das ich zeitlebens verwendet habe, das mir durch seine Trübe u. Schwere zum Ekel geworden ist, kommt mir fast zu spät in den Sinn, denn heute scheint mir der Wechsel des Malmaterials eine der lebendigsten, erfrischendsten u. zur Erneuerung wichtigsten Methoden zu sein"[133].

Bildnis der Fotografin Trude Geiringer. Farbkreiden auf Papier, 1924. Salzburg, Privatbesitz

Titelblatt der „Jugend" Nr. 24, 1931 mit einer Zeichnung von Anton Faistauer. SMCA, Faistauer-Archiv

Titelblatt der „Jugend" Nr. 21, 1926 mit einer Zeichnung von Anton Faistauer. SMCA, Faistauer-Archiv

Das zeichnerische Gerüst ist nun nicht mehr von dichter Farbmaterie zugedeckt, die ruhige Gesetztheit der älteren Bilder weicht einer mehr improvisatorischen Spannung zwischen straffem Lineament und aquarellistisch gelockertem Farbauftrag. Sein Selbstbildnis (Abb. S. 318) hat Faistauer zur Gänze in Brauntöne gehüllt, die hier weniger die Aufgabe haben, ein schummeriges Raumdunkel zu erzeugen, sondern vielmehr den geballten Ernst des Blickes aufzunehmen. In wirkungsvoller Verknappung wird die leicht schräg gestellte Büste mit der über den unteren Bildrand hinausgeschobenen Palette kombiniert.

Stärker als früher macht Faistauer jetzt von farblichen Kontrastwirkungen im Sinne einer expressiven Ausdruckssteigerung Gebrauch, wogegen das Körpervolumen und der Habitus der Figur in einer stark verkürzenden Weise umrissen werden, wie etwa in dem grobkantigen Bildnis des Malers Zülow (Abb. S. 330). Das an Van Dongen erinnernde Damenbildnis (Gundl, 1929, WV 366) ist, abgesehen von der vornehm-gebundenen Palette, expressionistische Farbmalerei in Reinkultur, während ein anderes Gundl-Porträt mit verschränkten Armen (Abb. S. 342) verdeutlicht, wie sehr auch eine konventionelle Körperpose bei Faistauer einem geometrischen Formenschema folgt. Das Lieblingsmodell seiner letzten Lebensjahre hat Faistauer gern in die Attitüde renaissancehafter Mondänität gekleidet (Abb. S. 334). Trotz der herben Unzugänglichkeit kehrt er aber auch eine verletzliche Psyche hervor, bis zum Anflug von Verstörtheit auf dem Bild im grauen Kostüm, bei dem die Vernachlässigung des Armansatzes und der Brust der hinreißenden Wirkung keinen Abbruch tun (Abb. S. 336).

Der Vorliebe für spröde und mondäne Weiblichkeit verleiht auch das eigentümlich manieristisch wirkende, querformatige „Fräulein Wrede in blauem Kleid" (Abb. S. 331) Gestalt. Ganz in die Fläche und aus der Eleganz der geschwungenen Linienführung entwickelt, zeigt es eine späte Variante von Faistauers Stil, die zu vielem, was er früher postulierte, in Gegensatz steht. Es lässt an eine ins Klima des Magischen Realismus versetzte Klimt-Dame denken. Seine Idealität tendiert jetzt überhaupt zum Modischen und Mondänen. Die Technik wetteifert mit der Leichtigkeit einer Pastellzeichnung. Viel von dem, was er sich in dem obigen Zitat an Geschmeidigkeit und Transparenz vorgestellt hat, ist hier umgesetzt. Die schwere Konsistenz älterer Bilder, auf denen die Farbe förmlich angehäuft war, ist in weite Ferne gerückt. Mit ähnlichen Mitteln erzielt Faistauer in dem Porträt Hugo von Hofmannsthals (Abb. S. 338) einen fast gespenstischen Eindruck, lässt er den Porträtierten in steif abgewinkelter, unnahbarer Pose zur körperlosen Hülle seiner selbst erstarren.

Auch in dem Rollenporträt Richard Mayrs als Ochs von Lerchenau (Abb. S. 339) wirkt die lebensvolle Gebärde wie eingefroren, der Figur von außen auferlegt, was diesem Koloss auf tönernen Füßen etwas vom Aussehen eines mechanischen Riesenspielzeugs verleiht. Faistauer ist zu sehr um die formale Balance und den strengen Verlauf der Umrisslinien bemüht, er kontrolliert jede Bewegung mit dem Winkelmaß und hemmt dadurch die Natürlichkeit der schauspielerischen Aktion. Allerdings kommt dieses unbeholfen-großspurige Dastehen der komödiantischen Charakterisierung der Opernfigur und ihres legendären Interpreten zugute, der damals geradezu als klassische Verkörperung des Österreichertums galt. Zusätzlich gewinnt die Untersicht der Klobigkeit eine komödiantische Note ab, sie lässt das Kindergesicht eine verschmitzte Nuance weniger harmlos aussehen.

Über die fast hölzerne Art der Figurenbildung kann man leicht hinwegsehen, da Faistauer keinen Zweifel daran lässt, dass ihn an dem Vorwurf in erster Linie das barocke Bühnenkleid in seiner ganzen Farbenpracht fesselte. Er macht auch daraus „ein Stilleben, in welchem schöne Stoffe zur höheren Ehre der Malerei singen und tönen"[134]. Das Rot des Fracks wird zur eigentlichen „Hauptperson", was bereits Otto Kunz in seiner Besprechung auf den Punkt brachte: „‚Richard Mayr als Ochs' ist kein Porträt, sondern die barocke Lustigkeit eines roten Staatskleides. Das Thema ‚Rot' ist als derber Walzer, dem Wesen der Rolle gemäß, paraphrasiert. Vertiefung? Sie liegt in diesem Ausleben, in dieser dichterischen Konzentration der Farbe, die alle üblichen Funktionen eines Bildes zugleich übernimmt: als Erzähler zu wirken, die Psychologie der Figur zu interpretieren und Symbol der Auffassung des Künstlers von der Natur zu sein. Es ist noch Naturalismus und schon Abstraktion"[135].

Der Aktivismus, der durch Faistauers Bilder der späten zwanziger Jahre geht, manifestiert sich besonders deutlich in dem Haltungsmotiv seines letzten Selbstporträts (Abb. S. 343). Man kann bei dem im Entwurfsstadium hinterlassenen Werk sehen, wie sehr der Aufbau vom Zusammenspiel der konstruktiven, zumeist schrägen Linien her bestimmt ist. Der heftige Bewegungsimpuls in Verbindung mit der breiten Beinstellung, vor allem der wie ein Klappmesser hoch schnellende Arm, setzt die Figur einer Zerreißprobe aus.

Die dynamisierende Tendenz der letzten Schaffenszeit wirkt sich auch auf den malerischen Duktus aus. Faistauer geht jetzt doch dazu über, dem einzelnen Pinselstrich energischen Nachdruck zu verleihen, achtete jedoch darauf, dass die streng gerichtete, gleichsam eine Schraffur bildende Pinselschrift nicht die Gegenstandsgrenzen aufreißt. Das reduzierte Grundschema wird durch den energischen

Sitzecke in der Wiener Wohnung von Wolko Gartenberg mit Möbeln von Dagobert Peche. An der Wand Familienbildnis Gartenberg von Anton Faistauer. Nachdem der Künstler das noch unbezahlte Bild für eine Ausstellung entliehen hatte und es bei dieser Gelegenheit veränderte, kam es zum Zerwürfnis mit dem Auftraggeber. Vermutlich hat Faistauer das Gemälde dann behalten und vom Familien- zum Doppelporträt umgewandelt (Kat.-Nr. 82)

Venedig, Canal Grande. Ölgemälde, 1929, WV 377. 1931 im Münchener Glaspalast verbrannt

malerischen Vortrag in Parallelspachteltechnik entscheidend aufgewertet. Das ist etwa der Fall bei den letzten Italienbildern (Abb. S. 340), die kaum mehr als einen dürftigen Prospekt, eine Postkartenansicht bieten und dennoch eine kaum zu übertreffende Eindringlichkeit und Kraft der Imagination erreichen. „Seine späteren Werke werden immer klarer, immer einfacher. Faistauer betonte oft, der Künstler müsse seine Bilder streng aufbauen, nicht wild hinhauen, wie er es selbst in seiner Jugendzeit tat. Die Bilder der letzten Jahre sind leuchtend hell, alle Dinge, Figuren und Landschaften von einem höheren, objektiven Gesichtspunkt erfasst und deshalb auch für die Allgemeinheit leichter verständlich"[136].

Das Erlebnis des Südens vermochte Faistauer neuerlich zu beflügeln. Dass er seine schöpferische Flamme nochmals zu so hoher Intensität anfachen, dass wiederum etwas Neues aufbrechen konnte, ist vielleicht auch auf seinen gekränkten Künstlerstolz zurückzuführen. Mit wachsender Berühmtheit mehrten sich die Stimmen, die ihm vorhielten, er habe sich vom Ruhm und Erfolg zu Leichtfertigkeit verleiten lassen und sei auf dem besten Wege, sich zu einem oberflächlichen Vielmaler zu entwickeln. Die Fülle der zu bewältigenden Aufträge und die flüchtiger werdende Malweise bestärkten die Kritiker in ihrem Verdacht. Faistauer sah sich selbst in die Rolle jener Gesellschaftskünstler vom Schlage eines J.Q. Adams versetzt, gegen die er einst wetterte.

Selbst aus engstem Kollegenkreis kamen die Vorwürfe, wie ein bitterböser Brief an Wiegele bezeugt. „Bis ich mit meiner Leichtfertigkeit werde aufgeräumt haben, werde ich schon so weit sein, Leichtigkeit für meinen Vorzug zu halten", konterte der gekränkte Faistauer[137].

Er sah sich zu einem ins Prinzipielle ausholenden Schreiben an den einflussreichen Kunsthistoriker und Hofrat Hans Tietze veranlasst, der ihn in einer Ausstellungskritik gegenüber Herbert Boeckl als gefälligen Maler herabsetzte. „Da den stumpfen Augen unserer Welt nichts mehr auffällt, so kann nur der mehr in der Scheinwerferwelt zu Popularität kommen, der der Öffentlichkeit ins Gesicht schlägt od. es mit Streusand behandelt. Ich spüre gar wohl, dass ich auf dem Markte ein recht bescheidenes Licht habe im Gegensatz zu den revolutionären Größen von heute, trotzdem ich gefallen will ... Hier liegt wohl mein schwerer Gegensatz zu HB, der rücksichtslos sich gegen die Dinge stellt, die Dinge mit sich, seiner polternden Dumpfheit entstellt; mit seiner revolutionären Prahlerei die Dinge ihres Wesens beraubt ... Letzten Endes ist es die Reinheit, Klarheit, die Vernunft, die Raumkraft und geistige Frische, die das Werk des Künstlers erhellen und nicht das dumpfe, qualvolle Irren oder das aufgeregte unlogische Toben und das Spektakel des Alltags ..."[138].

Faistauer hat Malerei als Freilegung des Wesentlichen verstanden, er suchte im Lapidaren, Formelhaften die ultimative Prägung eines Sujets. Wie alle großen Maler gelangte er aus einer äußersten Ökonomie der Gestaltungsmittel zu einem hohen Konzentrationsgrad seiner Kunst. Bei der „Blauen Madonna" (Abb. S. 345) kann man nicht eindeutig bestimmen, ob die Abstufung in der malerischen Durchbildung, die hier besonders stark divergiert, zum Bildkalkül gehört oder auf den halbfertigen Zustand zurückzuführen ist. Die skizzenhaft behandelte Umgebung hebt die Hauptfigur, deren breites, viel Raum beanspruchendes Hingelagertsein in einer Pyramide nachklingt, umso mächtiger hervor. Auch sonst macht sich eine versteckte Geometrie allenthalben bemerkbar. Durch die leichte Untersicht erscheint die Madonna, obwohl ganz nahe an den Rand gerückt, wie auf einen Sockel gehoben. In ähnlich dezenter Weise ist die Schlichtheit der Modellsituation durch das kostbare Bühnengewand ins Erhabene gewendet. Die biblische Inszenierung beschränkt sich auf eine mit wenigen Strichen angedeutete Wüstenszenerie, wobei es nicht ganz klar ist, ob sie Draperie oder realer Landschaftshintergrund ist. Das Wüstengelb des Schauplatzes hat Faistauer mit dem Blau und Rot der Stoffe zu einem ungewohnt grellen und reinen Dreiklang gebündelt, innerhalb dessen sich das Kleid der Madonna mit einer wahrhaft königlichen Überlegenheit behauptet. Gegenüber den vermittelnden Tonwerten entscheidet er sich hier eindeutig für eine signifikante Kontrastwirkung, die das Bild stärker denn je in der Welt der Farben verankert. Mit seiner renaissancehaften Harmonie, die aber auch an den ungezwungenen Klassizismus Picassos denken lässt, verleiht es Faistauers Vorstellung von einer unter der Schutzherrschaft der alten Meister stehenden Modernität besonderen Nachdruck. Beständigkeit und unentwegter Drang nach Selbsterneuerung führten ihn noch einmal zu außergewöhnlicher Schaffenshöhe. Der Umstand, dass Faistauers Schaffenszeit so jäh und unvermutet abbrach, konnte nicht vereiteln, dass das letzte Werk, an dem er arbeitete, zu einem krönenden Abschluss wurde.

Eberjagd. Ölgemälde, 1928, WV 352. Wien, Privatbesitz

Anmerkungen

1 *Undatierter Brief an Dr. Otto Stoeßl, ca. 1919. SMCA, Faistauer-Archiv.*

2 *Münchener Neueste Nachrichten vom 12.12.1919. „... zugleich modern und Wahrer des Erbes. Beide Eigentümlichkeiten sind zu einem merkwürdig einheitlichen Gesicht verschmolzen....Solches Gleichgewicht des Alten und Neuen ist in Deutschland nicht eben häufig".*

3 *Eine vergleichbare Auffassung vertrat der gleichfalls als Theoretiker hervorgetretene Komponist Ferruccio Busoni: „Es bleibt aber bei meinem Grundsatz, dass der Fortschritt eine Bereicherung und nicht eine Verschiebung der Mittel bedeuten soll. Die kopflosen Neuerer beginnen mit der Verleugnung und Ausstreichung des Bestehenden. Ich gehe davon aus, auf das Bestehende die jüngere Errungenschaft zu setzen". Zit. in: Melos, Berlin 1922.*

4 *Wie Anm. 1.*

5 *Undatierter Brief Franz Wiegele an Anton Faistauer, ca. 1922. SMCA, Faistauer-Archiv.*

6 *Der Zeitpunkt der Cézanne-Rezeption in der österreichischen Maler wird im Allgemeinen viel zu spät angesetzt. Berta Zuckerkandl spricht „von dem neuestens sehr in Mode gekommenen bequemen Cézanne-Schema", von dem sich Faistauer glücklicherweise fernhalte. Wiener Abendpost vom 21.3.1918.*

7 *Siehe Beitrag von N. Mayr in diesem Band, S. 176 ff.*

8 *Brief vom 29.8.1911 aus Maishofen an Johannes Fischer. SMCA, Faistauer-Archiv.*

9 *Wie Anm. 1.*

10 *F.A. Harta: Erinnerung an Anton Faistauer. Zu seinem 50. Geburtstag. In: Sonntagsbeilage der Wiener Zeitung vom 14.2.1937.*

11 *Dieser Ausdruck fällt in einem Brief von Ida Andersen an Anton Faistauer vom 13.9.1910. Anton Kolig wollte gerne wissen, „ob Du noch Impressionist wärest – denn da wärst Du stark gewesen ob Deine Arbeiten alle vier Dimensionen der Malerei enthalten die ihr damals besprochen". Privatbesitz.*

12 *Brief vom 17.5.1922 an Dr. Walter Minnich, Montreux. Siehe S. 12 in diesem Band.*

13 *Franz Fuhrmann: Anton Faistauer. Salzburg 1972, S. 12.*

14 *Ernst Köller. In: Günther Feuerstein, Heribert Hutter, Ernst Köller, Wilhelm Mrazek: Moderne Kunst in Österreich. Wien 1965, S. 51.*

15 *Brief vom 8.9.1911 an Johannes Fischer. SMCA, Brief-Exzerpt Fuhrmann.*

16 *Brief Franz Wiegele vom 25.1.1933 an Otto Demus. Zit. In: Edwin Lachnit: Ringen mit dem Engel. Wien – Köln – Weimar 1998, S. 132. Brief Anton Kolig an Anton Steinhart. Zit. in: Hans Kutschera (Hrsg.): Ringen mit dem Engel. Künstlerbriefe 1933 bis 1955. Alfred Kubin, Anton Kolig und Carl Moll an Anton Steinhart. Salzburg – Stuttgart 1964, S. 193. „Ich denke immer an unseren edlen Wettstreit (Faistauer, Wiegele usw.) zurück".*

17 *Undatierter Brief an Franz Wiegele. SMCA, Faistauer-Archiv.*

18 *Brief von 1925 an R.C. Andersen. Privatbesitz Salzburg. Dies wurde besonders akut im Konflikt mit dem Österreichischen Künstlerbund anlässlich der Ausstellung in Rom 1925.*

19 *Eine Ausnahme stellt Robert Waissenberger dar, der schreibt: „Faistauers Malerei bot in vieler Beziehung eine Art Bindeglied zwischen dem Expressionismus wienerischer Prägung eines Schiele und dem Kärntner Expressionismus, der sich zu dieser Zeit allerdings erst zu entwickeln begann". Robert Waissenberger: Die Wiener Secession. Wien – München 1971, S. 141.*

20 *Brief vom 21.4.1919 an Arthur Roessler. Zit. in: Gerhard Plasser: residenzfähig. Sammlungsgeschichte der Residenzgalerie Salzburg 1923–1938. Salzburg 1998, S. 276 f. Weiter heißt es darin: „Auch für meine Arbeit sehe ich dort gar keine Möglichkeit der Weiterung, weil ich nicht auf eine zugespitzt geistreiche, sondern auf eine tiefere Entwicklung losgehe".*

21 *Brief vom 21.9.1921 an Hugo von Hofmannsthal. SMCA, Faistauer-Archiv.*

22 *Undatierter Brief Anton Kolig an Faistauer, um 1925. SMCA, Faistauer-Archiv.*

23 *Brief vom 18.7.1928 an unbekannten Adressaten. SMCA, Brief-Exzerpt Fuhrmann.*

24 *Brief an Johannes Fischer. SMCA, Faistauer-Archiv.*

25 *Brief vom 2.5.1914 an Paul Königer. SMCA, Faistauer-Archiv.*

26 *F.A. Harta in seinen persönlichen Erinnerungen an Faistauer, in: Salzburger Volksblatt vom 20.5.1954. Zit. in: Edith Baumgartner: F.A. Harta. Phil. Diss. Salzburg 1991, S. 271.*

27 *Brief vom 5.2.1912 an Ida Andersen. Privatbesitz. Die Idee einer „Franziskuslegende mit viel Landschaft" beschäftigte Faistauer noch 1922. Vgl. Brief vom 28.1.1922 an Dr. Walter Minnich. SMCA Faistauer-Archiv.*

28 *Erstmals konkret angesprochen hat dieses Problem Antonia Hoerschelmann: Tendenzen der österreichischen Malerei zwischen 1918–1938 und ihre Relationen zur europäischen Kunst des 20. Jahrhunderts. Verband der wissenschaftlichen Gesellschaften Österreichs Wien 1989 (Dissertationen der Universität Wien 195).*

29 *Laut Johanna Müller: Anton Faistauer, ein österreichischer Maler. Maturaarbeit (1934) am Bundesgymnasium Wien III, Kundmanngasse 22, S. 48, wollte Faistauer ein Pendant zu Hofmannsthals „Großem Welttheater". „Es wäre niemals zu einer Stei-*

gerung des Faistauer'schen Werkes bis zu den Fresken gekommen, zu einer Befreiung aus der Studierstubenenge des Ateliers, ohne die Berührung mit der spanisch-habsburgischen Welt des Hofmannsthal'schen Theaters".

30 Die Instrumentalisierung des Barock zu einem österreichischen Reichsstil kündigte sich bereits in den letzten Tagen der Monarchie an, sie wurde vom Thronfolger Franz Ferdinand und seinem kunsthistorischen Berater, Albert Ilg, betrieben. Vgl. Norbert Mayr, S. 210 ff. in diesem Band.

31 Notizbuch, 16.9.1927. SMCA, Faistauer-Archiv.

32 Rainer Fuchs: Apologie und Diffamierung des „österreichischen Expressionismus". Wien – Köln 1991, S. 242 ff., unterschätzt den aufklärerisch-idealistischen Grundzug in Faistauers Anschauungen, wenn er dessen Buch und die darin geäußerte Expressionismus-Kritik als „irrationalistisch" bezeichnet.

33 „Europäische Revue", März-Ausgabe 1928.

34 Josef Mühlmann: „Nicht wild hinhauen ...". In: Salzburger Volksblatt vom 12.12.1953, S. 8.

35 Emil Szittya: Das Kuriositäten-Kabinett. Konstanz 1923 (Nachdruck Berlin 1979), S. 292.

36 Neues Wiener Tagblatt vom 14.2.1930.

37 Brief vom 19.12.1920 an Maria de Arnoldi. SMCA, Faistauer-Archiv.

38 Brief vom 21.7.1929. SMCA, Brief-Exzerpt Fuhrmann.

39 Brief aus Montreux vom 17.5.1922 an Dr. Walter Minnich, siehe S. 12 in diesem Band.

40 H. Kutschera (Anm. 16), S. 65.

41 Wie bei den meisten Künstlern weist das noch nicht so markante frühe Schaffen offensichtliche Lücken in der Überlieferung auf. In späterer Zeit ließ Faistauer seine Bilder meist abfotografieren. Es wurden mittlerweile rund fünfzig Ölbilder nachregistriert, die nicht im Werkverzeichnis aufscheinen, sodass sich der Umfang des Œuvres auf rund 450 Ölbilder erhöht.

42 Fuhrmann hat die Arbeit zwar gekannt, aber nur sehr wenig davon Gebrauch gemacht.

43 J. Müller (Anm. 29), S. 15. Exemplar im SMCA, Faistauer-Archiv.

44 Irmgard Hutter: Die ersten zwanzig Jahre (1899–1918). In: A.P. Gütersloh zum 100. Geburtstag. Wiener Secession 1987, S. 41. – Ursula Storch: Zwischen den Worten liegen alle anderen Künste. Ästhetische Studien zum literarischen Frühwerk A.P. Güterslohs. Phil. Diss. Wien 1988. – Ernst Fischer und Wilhelm Haefs: Hirnwelten funkeln. Literatur des Expressionismus in Wien. Salzburg 1988. – Senta Radax-Ziegler: Labyrinth der Liebe. Albert Paris Gütersloh und Milena Hutter. Wien 1988, S. 61, 77 ff. – Ursula Storch: Das Brechen und Stürzen durch die Wand der Kategorien. Doppel- und Mehrfachbegabungen des Expressionismus in Österreich. In: Klaus Amann und Armin A. Wallas (Hrsg.): Expressionismus in Österreich. Die Literatur und die Kunst. Wien – Köln – Weimar 1994. – Wolfdietrich Rasch: Nachwort. In: Albert Paris Gütersloh: Die tanzende Törin. München 1979, S. 372–380.

45 J. Müller (Anm. 29), S. 17.

46 SMCA, Brief-Exzerpt Fuhrmann.

47 Wie Anm. 46.

48 Café Museum und Café Kugel in der Wiedner Hauptstraße waren seine beiden Stammlokale. Vgl. E. Szittya (Anm. 35).

49 Brief an Paul Königer. SMCA, Faistauer-Archiv. Der philosophisch versierte Komponist, Schüler Anton von Weberns, war einer der bevorzugten Briefpartner Faistauers.

50 Der Brief eines 25-jährigen an einen Freund (Paul Königer). Manuskript aus dem Nachlass. SMCA, Faistauer-Archiv.

51 Brief an Paul Königer, 1912. SMCA, Faistauer-Archiv.

52 A.P. Gütersloh zum 100. Geburtstag (Anm. 44), S. 12.

53 Arthur Roessler: Der Maler Anton Faistauer. Wien 1947, S. 48.

54 Er plante sogar die Herausgabe einer „Zeitung für Neukunst"; vgl. I. Hutter (Anm. 44), S. 43.

55 Der Artikel wurde auch im „Pester Lloyd" vom 4.1.1912 auf der Titelseite in deutscher Sprache abgedruckt.

56 H. Kutschera (Anm. 16), S. 192. – E. Lachnit (Anm. 16), S. 278.

57 Ludwig W. Abels: Toni Faistauer, der Salzburger Festspielmaler. In: Neues Wiener Journal vom 19.8.1926; trotz der journalistisch-reisserischen Machart des Artikels und des Irrtums bezüglich des Datums darf man dem Bericht im Wesentlichen Glauben schenken.

58 Eintrag im Studienbogen. Freundliche Mitteilung. von Ferdinand Gutschi, Archiv der Akademie der bildenden Künste Wien.

59 Zur Neukunstgruppe u.a. Werner J. Schweiger: Es gibt keine Neukunst, aber es gibt Neukünstler. In: Parnass, Jg. 2, Wien 1982, Heft 2, S. 69. – Christian M. Nebehay: Egon Schiele. Leben, Briefe, Gedichte. Salzburg 1979, S. 93 ff.

60 Zum Beispiel: „Faistauer ist der modernsten einer unter den jüngeren Wiener Malern, und es ist ihm durch den nachdrücklichen, fast feierlichen Ernst seines Strebens geglückt, selbst den grundsätzlichen Bekämpfern der neuesten Malweisen und Sehmethoden Achtung vor seinem Können abzugewinnen". Wiener Abendpost vom 3.12.1917.

61 Vgl. Tobias G. Natter: Die Welt von Klimt, Schiele und Kokoschka. Sammler und Mäzene. Köln 2003.

62 Vgl. Gina Kaus: Und was für ein Leben ... Hamburg 1979; die Malerin Kartharina Zirner gilt als Schülerin Faistauers.
63 Paul Michael Lützeler: Hermann Broch. Frankfurt am Main 1988. – Hermann Broch: Das Teesdorfer Tagebuch für Ea von Allesch. Frankfurt am Main 1995. – Zu Stefan Zweig: Gert Kerschbaumer: Stefan Zweig. Der fliegende Salzburger. Salzburg 2003, S. 112 f., 478 ff.
64 Zur Ausstellung in Budapest vgl. Franz Smola: Neukunst und Klimtgruppe. Wiens Avantgarde in Budapest 1912/13. In: Ausstellungskatalog: Zeit des Aufbruchs. Budapest und Wien. Zwischen Historismus und Avantgarde. Kunsthistorisches Museum Wien 2003, S. 525–532.
65 Brief vom 7.1.1912 an Ida Andersen. Privatbesitz. Insgesamt verkaufte er nicht weniger als sieben Bilder.
66 Wie Anm. 55.
67 Brief vom 17.7.1909 an Ida Andersen. Privatbesitz.
68 J. Müller (Anm. 29), S. 36.
69 Brief vom 13.9.1910 an Ida Faistauer. SMCA, Brief-Exzerpt Fuhrmann.
70 J. Müller (Anm. 29), S. 37.
71 Brief vom 12.7.1909 an Ida Andersen. Privatbesitz.
72 Brief vom 27.12.1909 an Ida Andersen. Privatbesitz.
73 Wie Anm. 72.
74 Wie Anm. 72.
75 Brief vom 21.1.1909 an Ida Andersen. Privatbesitz.
76 Wie Anm. 75.
77 Brief vom 30.3.1910 an Ida Andersen. Privatbesitz.
78 Undatierter Brief an Ida Andersen (Anfang 1909). Privatbesitz.
79 Brief vom 16.12.1912 an Ida Andersen. Zell am See, Privatbesitz.
80 Brief vom 29.2.1912 an Ida Andersen. Privatbesitz.
81 Undatierter Brief an Ida Faistauer (1916). Privatbesitz.
82 Brief vom 29.1.1910 aus Prag an Ida Andersen. Privatbesitz.
83 Brief vom 31.8.1919 an Paul Königer. SMCA, Faistauer-Archiv.
84 Aus einem Tagebuch: Van Gogh und Gauguin. In: Amicis. Jahrbuch der Österreichischen Galerie 1926. Wien 1927, S. 75 ff.
85 Brief vom 16.7.1920 aus Maishofen an Bruder Johannes Faistauer. SMCA, Faistauer-Archiv.
86 Brief vom 16.1.1928 an Anton Faistauer. SMCA, Brief-Exzerpt Fuhrmann.
87 Undatierter Brief an Bruder Johannes Faistauer. SMCA, Brief-Exzerpt Fuhrmann.
88 SMCA, Brief-Exzerpt Fuhrmann.
89 J. Müller (Anm. 27).
90 Brief vom 3.9.1909 an Ida Andersen. Privatbesitz.
91 J. Müller (Anm. 27).
92 Vgl. z.B. Robert Landmann: Ascona – Monte Veritá. Frankfurt – Berlin – Wien 1979. – Helmut Fritz: Die erotische Revolution. Das Leben der Franziska Gräfin zu Reventlow. Frankfurt 1980, S. 133 ff.
93 Brief vom 14.7.1909 Ida Andersen an Anton Faistauer bzw. Brief Ida Andersen vom 28.8.1909 an Anton Faistauer. Beide Privatbesitz. Der erwähnte Dominik Osen (1891–1970) ist vor allem aufgrund seiner Bekanntschaft mit Egon Schiele bekannt. Andersen sen. betrieb eine Werkstätte für Dekorationsmalerei.
94 Brief vom 3.9.1909 an Ida Andersen. Privatbesitz.
95 Brief vom 9.9.1909 Ida Andersen an Anton Faistauer. Privatbesitz. Von diesem Aufenthalt Schieles in Vorarlberg, von dem hier die Rede ist, hat die Schiele-Literatur meines Wissens noch keine Kenntnis.
96 J. Müller (Anm. 27), S. 19.
97 Brief vom 17.5.1922 an Dr. Walter Minnich. SMCA, Faistauer-Archiv, siehe S. 10 in diesem Band.
98 Rupert Feuchtmüller: Zu Leben und Werk des Künstlers Franz Elsner. In: Ausstellungskatalog: Franz Elsner (1898–1978). Österreichische Galerie Belvedere. Wien 1991, S. 9.
99 Diese Ausstellung, an deren Zustandekommen mehrfach gezweifelt wurde, wird durch Faistauers Briefe eindeutig belegt. I. Hutter (Anm. 44), S. 42, weiß zu berichten, dass die erotischen Zeichnungen Schieles für Aufregung sorgten.
100 E. Lachnit (Anm. 16), S. 29, Plakat von Kolig abgebildet auf Tafel 3.
101 Brief vom 4.2.1910 an Ida Andersen. Privatbesitz.
102 Brief vom 10.9.1910 an Ida Andersen. Privatbesitz.
103 Brief vom 13.9.1910 aus Mulino an Ida Andersen. Privatbesitz.

104 *Brief vom 19.9.1910 an Ida Andersen. Privatbesitz.*
105 *Undatierter Brief an Paul Königer, um 1916. SMCA, Faistauer-Archiv. In einem Brief an Dr. Otto Stoeßl bezeichnet sich Faistauer 1919 als „Kommunist mit Widerstand".*
106 *E. Szittya (Anm. 35), S. 286, 292.*
107 *Brief vom 1.8.1911 an Johannes Fischer. SMCA, Faistauer-Archiv.*
108 *Brief vom 1.9.1911 an Ida Andersen. Privatbesitz Zell am See.*
109 *Brief vom 20.8.1911 an Johannes Fischer. SMCA, Faistauer-Archiv.*
110 *Brief vom 5.8.1912 an Johannes Fischer. SMCA, Faistauer-Archiv.*
111 *Wie Anm. 110.*
112 *Das Bild wurde bisher für eine Ansicht von Bozen gehalten.*
113 *Dr. Leo Böhmer. In: Duisburger Generalanzeiger vom 9.1.1928.*
114 *Brief vom 5.7.1913 an Johannes Fischer. SMCA, Faistauer-Archiv.*
115 *Kurzcharakteristik im Verlagskatalog des „Verlag Neuer Graphik", Wien 1920, S. 44, wohl von Faistauer selbst formuliert.*
116 *J. Müller (Anm. 29), S. 40.*
117 *Undat. Text im Nachlass. SMCA, Faistauer-Archiv.*
118 *Brief vom 18.4.1914 an Paul Königer. SMCA, Faistauer-Archiv. Interessant ist auch, was Königer zu diesem Thema schrieb: „... dass der ruhigere, innigere Standpunkt der richtige ist, dass das Toben, der Überschwang ein Versuch ist, dieses uns umgebende, umtönende, fließende, in höchster Pracht und Schönheit stehende, durch Betonen (Aufstampfen) der Persönlichkeit zu zerstören. Hier ist nur der leidende (passive) Standpunkt möglich und gut". Brief vom 10.7.1913 an Faistauer. SMCA, Faistauer-Archiv.*
119 *Brief vom 18.4.1914 an Paul Königer. SMCA, Faistauer-Archiv.*
120 *Brief vom 20.8.1911 an Johannes Fischer. SMCA, Faistauer-Archiv.*
121 *Wiener Abendpost vom 21.3.1918.*
122 *Brief vom 1.10.1911 an Hermann Bahr. Zit. in: F. Fuhrmann (Anm. 13), S. 9.*
123 *J. Mühlmann (Anm. 34), S. 8.*
124 *E. Lachnit (Anm. 16), S. 34.*
125 *SMCA, Faistauer-Archiv.*
126 *J. Müller (Anm. 29), S. 45. Porträt im Besitz der Nationalgalerie Prag, WV 221.*
127 *Gegenüber kritischen Einwendungen setzte sich Faistauer in einem undatierten Brief an Hofmannsthal zur Wehr. SMCA, Faistauer-Archiv.*
128 *Albin Rohrmoser: Anton Faistauer. Monografische Reihe zur Salzburger Kunst, Band 6. Salzburg 1987, S. 22.*
129 *In der Polsterform im Hintergrund kann man unter Umständen die Gestalt eines feisten kauernden Mannes erkennen. Tatsächlich gibt es eine verwandte Version dieses Bildes, abgebildet im Budapester Katalog, auf der dem Akt eine männliche Gestalt beigesellt ist (Abb. S. 83 unten in diesem Band).*
130 *Vgl. auch F.A. Harta: Kurzcharakteristik aus einem österreichischen Künstlerlexikon in aphoristischer Form: „Findet in einer Synthese von Tizian und Cézanne zu wirklicher Malerei und Anschluß an die große europäische Maltradition". Abgedruckt in: E. Baumgartner (Anm. 26), S. 274.*
131 *„Die starke Farbigkeit seiner Bilder, vor allem die reiche Verwendung von Rot, gefiel den Leuten. Und weil diese Farbe für ihn typisch war, prägte man dafür bald den Begriff ‚Faistauerrot'". R. Waissenberger (Anm. 19), S. 142 f.*
132 *Brief an Dr. Otto Stoeßl. SMCA, Faistauer-Archiv.*
133 *Undatiertes Manuskript in einem Notizheft. SMCA, Faistauer-Archiv.*
134 *J. Müller (Anm. 29), S. 45.*
135 *Salzburger Volksblatt Nr. 69, 1929.*
136 *J. Mühlmann (Anm. 34), S. 8.*
137 *Undatiertes Briefmanuskript. SMCA, Faistauer-Archiv.*
138 *Undatierter Brief. SMCA, Faistauer-Archiv. Faistauer hatte Boeckl ursprünglich gefördert.*

Albert Paris Gütersloh
Aus: Die tanzende Törin*

[...]
[...]
    Damit etwas zum Erlebnis wird, genügt schon seine bloße Abwesenheit.
    Der Mensch ist ein derartig undekoratives Subjekt, daß er ganz einfach bloß nicht da sein muß, um zu wirken.
    Ruth hätte gar nichts Gescheiteres, Weiblicheres tun können, als am Höhepunkt ihrer Interessantheit abzureisen. Der Bahnhof wird im erotischen Betrieb zu einem Beförderungsmittel der Zurückbleibenden.
    Corinth war der erste, der aus der Komödie ging, das hohle Gefäß eines Schmerzes wegwarf und aus dem unbequemen, heroischen Kleid einer Pose in die Hausjacke seiner Ironie schlüpfte.
    Er kam nur einmal zurück und insinuierte Ruth die Schlauheit, aus stimulierenden Gründen abgereist zu sein.
    Er lachte in den papierenen Sturm ihrer schon etwas atemlosen Entrüstung hinein und sagte: „Was wehrt ihr euch dagegen? Größeres kann man doch gar keinem Weib nachsagen!"
    Corinth, der die größte geistige Bewegungsfreiheit von den dreien hatte und noch nie unter Zwängen gehandelt hat, erledigte Passionen mit einer verächtlich aufgespreizten Handfläche.
    Anders Tonio.
    Corinth dachte: War die Pose schlecht, so war Ruth nichts wert.
    Tonio aber stellte Ruth ganz außer Beziehung und wandte sich mit allem Zorn gegen die Pose allein. Als der Ruth-Gedanke seine Pose nicht mehr ernährte, als die Zeit zwischen Ruth und jetzt immer größer, die melancholisch-bedeutende Falte immer schwächer wurde, hielt der eigentlich tiefkühle Tonio einmal folgenden maßgebenden Monolog:
    „Ich muß konstatieren, daß ich menschlich, als Corpus genommen, nicht das geringste von Ruth gehabt habe. Der Anschauungsunterricht in eroticis hat mich nicht um eine Nuance weitergebracht.
    Ich bin also als Männchen vollständig unbelehrbar. Ich weiß nicht, woher das kommt, kann aber über eine gegebene Tatsache nicht hinweg. Als ich noch kein Weib kannte, als Ruth noch nicht für uns da war, nahm ich täglich den Trost zu mir: Du kannst noch gar keine Stellung zum Weib haben, weil du kein Weib kennst. Dieser Trost ist nun hohl und muß verworfen werden. Ich bin nicht wie Moses, der absichtlich blind ist, und seine Unfähigkeit zur Banalität nicht einsehen will. Ich habe Ruth geliebt, solange ich an mich glaubte. An mich, als Liebhaber und erobernde, entblößende Gebärde. Das Experi-

ment: Ruth hat mir bewiesen, daß ein Plus an Scham sich niemals mit einem Minus an Scham verbinden kann. Im chemischen Prozeß der Liebe ist dies unmöglich. Ich werde also dorthin gehen müssen, wo meine hypertrophierte Scham Äquivalente und mein leider doch nicht zu leugnender Geschlechtstrieb seine Sordinierung findet."

Niemals ist jemand mit kälteren Schritten zur Kirche gegangen. Wie jemand anfängt, Körperkultur zu betreiben, wenn er seinen Kräfteverfall konstatiert. Nie hat Tonio an den Heilswahrheiten der katholischen Kirche gezweifelt. Aber stets hat ihm die Kraft gefehlt, seinen Glauben gegen die Weltliebe zu setzen.

Er ging auf Gott zu wie ein brutaler Gast, der sich selbst einladet. Vom schönsten und süßesten Wein wird ihm nicht vorgesetzt.

Aber ihm genügte die Härte, die Tyrannei gegen Mensch und Welt, so er empfängt und üben darf, wenn er sich eins mit Gott glaubt.

Corinth verstand ihn nicht mehr, für Livland, den freiesten Menschen, blieb er ein belachtes Rätsel. Bloß Moses belagerte ihn, suchte seinem Glauben nahezukommen und mit dem seinen in Einklang zu bringen.

Aber Tonio verwies ihm streng, mit knochenharter Stimme, seinen hysterischen Katholizimus.

„Du hast den ungesunden Eifer, die übertreibende, wollüstige Askese der Neophiten. ‚Tradition', sage ich dir, nur Tradition, durch hundert Blute hindurch abgewogene Gefühlskraft, ist Glaube. Dein Großvater war Jude. Du hast dir einmal ein archaisierendes Judentum zurechtgelegt, hast dich mit Juden umgeben. So archaisierst du nun auch den Katholizismus: Du kannst nur an einen stilisierten Jesus glauben, du kannst nicht unerotisch an Maria denken, du würdest ohne Kirche, ohne den dekorativen Halt für Schwächlinge gar nicht beten können. Für dich ist das Opfer der Messe, jede Zeremonie, ein, ich gestehe ja zu, allerhöchster Eindruck. Für mich aber ein Ausdruck: ein furchtbarer, nicht mehr zurückzuhaltender Ausdruck. Eine Liebes- und Andachtskraft, die uns zertrümmern würde, machten wir sie nicht in kindlichen Zeremonien latent, gössen wir sie nicht im Blut der Opferung erlösend aus. Dein Glaube ist ein Organglaube. Ein phonetisch-optischer. Gott ist dir das akustische Phänomen im wandlosen und unendlichen Raum. Mein Glaube partiziert nicht mehr an den Organen. Ich könnte aller Sinne beraubt sein und doch von Gott wissen."

Er ließ auch den Freunden nicht mehr Zutritt zu seinen Bildern. Noch konnte er nicht los von Michelangelos Sixtinabildern. Noch variierte er endlos die herauslockende Schaffensgebärde Gottes. Er kannte jetzt Cezanne und van Gogh. Und konnte doch von Hodler nicht weg. Die Technik kümmerte ihn jetzt wenig. Raum zu geben, schwebte ihm vor. Durch Gebärde, durch Körpergebärde musikalisch-geistiger Art den Raum zu rhythmisieren, das Unendliche vor der Fülle des einzelnen erschrecken zu machen. Als der Frühling so schön und gnadenreich wurde, wie er noch nie einen gesehen, kam ihm die Idee eines beglückenden Bildes. Er stieg von seinem Atelier, das gegenüber der Karlskirche lag, herunter und klopfte an der Pfarrei an.

Er stellte sich dem Pfarrer vor: „Tonio Faustiner, Maler."

Es schien, als könne der Priester sich nichts Kompaktes unter einem Maler vorstellen. Aber es war jene übliche katholische Abwehrgleichgültigkeit gegen intelligente Berufe, die bereits die Einflußsphäre der Priesterschaft tangieren. Tonio, der die geistigen Vorhalte von sich her kannte, reagierte nicht, sondern nahm jene imponierend-ruhige Stellung ein, die dem zukommt, der sich mit dem andern eins weiß in der wichtigsten Frage: Gott. Das überlegene Zurückbeugen im Sessel wirkte wie ein Erkennungszeichen. Eine geheime Tür sprang in dem Priester auf, und seine holzharten Züge tauchten aus dem Krampf vor etwas Fremdem. Eine nach unten salutierende Handbewegung lud den Maler ein, sich in diesem

Raum, halb Sakristei, halb Kontor, auszusprechen. Unbewußt tat der Maler einen Blick auf das Kruzifix über der Eingangstür, was der Priester mit einem kaum bemerkbaren Neigen des Kopfes begleitete.

Der Maler sprach:

„Ich komme der Idee eines Bildes wegen zu Ihnen. Diesmal hängt das Gelingen eines Bildes nicht mehr von der Begeisterung des Malers ab, der ein ganz trockener Statistiker bleiben will, sondern von der Begeisterung des Modells. Und eigentlich nicht einmal von der des Modells, das ein Widerschein, ein bloßer Reflex, ein zufällig günstig gehängter Spiegel ist, sondern von einem unsichtbaren Urquell, der erregt, erhitzt, erhebt und entflammt und als solcher oder als Person oder als Funktion unmalbar wäre."

Der Priester fühlt sich zufrieden mit der kühlen Diktion des unbeweglichen Mannes und horcht mit beichthörend-zugeschlossenen Augen weiter.

„Ich möchte das heilige Meßopfer malen." Der Priester macht das Auge langsam auf und prägt sich mit grauer Härte die Gestalt des Mannes ein, dem diese Worte enttönt sind. Aber dem Maler ist, als erwartete der Priester mehr, viel mehr von ihm, als wüßte er es schon, voll tausendjähriger Überlegenheit, und wartet nur, bis sein Gedanke von einem andern ausgesprochen wird, der weniger vornehm ist, und Gottesaristokrat, um so etwas Fleischliches wie die Lippen zu bewegen, mit etwas so Gehirnlichem, wie es der Gedanke ist.

Und der Maler läßt sich seine Lippe bewegen:

„Ich möchte stehen über dem Altar, daß ich nicht sehe das Opfer selbst, das im Bild nur ein Vorgang bliebe, wie viele andere, nur bunter im Kleid und hieratischer in der Gebärde. Ich möchte stehen über dem Altar, daß ich die Flammen sehe, die ausgehen vom Opfer, daß ich die Erschütterungen höre, die vom Blut und vom Fleisch Gottes fortrollen ... in die erlöste Menge.

Die möchte ich malen. Den Reflex des Opfers in den Gesichtern der Andächtigen."

Der Priester stand auf, blieb erst eine Weile bei seinem Stuhl stehen, als wolle er etwas sagen, glaubte aber, daß sein Wort noch nicht reif ist, und ging zum Fenster. Der Priester wandte ihm den Rücken. Da dachte der Maler:

‚O wunderbare Scham, die sich versteht ohne Worte und Zeichen, die mir den Rücken dreht, grad in dem Augenblick, da ich Gesicht und Augen als zu schamlos-sehend empfand für das, was ich aussprechen will. Denn ich weiß ja nicht, ob du zu dem Bild reif bist.'

Er steigerte seine Stimme zu reformatorischer Härte:

„Nur muß diese Messe eine andere sein, als sie täglich in Millionen Kirchen der Welt schlecht und recht gelesen wird ..."

Da wandte sich der Priester um und rief:

„Sie sind ein Verführer, ein Versucher meiner Demut, Maler! Ich bin nicht rein und heilig genug, die Messe zu lesen, die Sie von mir verlangen!"

Dreimal rief es der Priester und sog seine Blicke am Kruzifix fest. Dreimal verlangte der Maler dieses Opfer von ihm.

„Wohl", sprach endlich der Priester, und sein Herz zitterte wie ein Schiff im Sturm, „ich will eine Messe lesen von einer so furchtbaren Gewalt der Andacht, daß dein Herz vor Entsetzen stillstehen soll, und deine Hände sich falten müssen und wenn sie auch malen wollten tausendmal!"

„Damit wäre mir nicht gedient", sagte der Maler und blieb ruhig vor des Priesters plötzlich exaltierter Flamme. „Sie müssen mir einen Platz anweisen, daß ich wohl das Volk, aber nicht Sie sehe."

„Kommen Sie in drei Tagen wieder. Ich werde drei Tage fasten und beten, und Gott wird mir die Gnade der kirchlichen Faszination geben."

Der Maler küßte ihm die Hand mit dem roten Ring und ging.

Durch die blaue, kalte Morgenfrühe hat Tonio Staffelei, Requisiten und Leinwand geschleppt. Das Kirchentor ist noch verschlossen. Obdachlose, die die Nacht über gewandert sind, harren und hocken zwischen den Säulen und auf den Stiegen, um zu betteln – oder drinnen in den hohen Bänken neben dem Dunkel der Beichtstühle zu schlafen. Im Kirchenraum gehen schlüsselklirrende Diener herum, wischen Staub von Altar und Boden, setzen Kerzen in die Leuchter und wechseln die Blumen in den Vasen.

An der angelehnten Sakristeitür hat ihn der Priester erwartet. Die Wände sind mit hohen braunen Kästen bedeckt, durch buntbemalte dicke Fenster quält sich ein mattes, ausgelaugtes Licht herein, vor einem kleinen Altärchen brennt eine Ewige Lampe. Auf den Tischen vor den Kästchen liegen weiße Chorhemden, Stolas, goldene Meßkleider und warten der Priester. Zwei Knaben schlüpfen eben herein, und als sie im Dunkel die beiden Figuren stehen sehen, wünschen sie einen verschlafenen „guten Morgen" und sperren ihre Hütchen in einen Schrank. Das sind die Ministranten der ersten Messe.

Allmählich kommen noch andere Priester: sie gehen brevierlesend im Sakristeiraum oder in der noch leeren Kirche auf und ab, einige erzählen sich etwas Lustiges, zwei andere setzen sich in eine abgeschiedene Ecke und beichten einander.

Die Kirchenuhr schlägt hallend und dröhnend durch den leeren Raum. Das große Tor wird rasselnd geöffnet. Langsame, schnelle, schleifende Schritte klappen kalt über die Fliesen. In den Holzbänken dröhnt schon das Niederstellen eines Stockes, das Husten eines alten Mannes krächzt im mehrfachen Echo wieder.

Tonio will sich vergeblich von der Vorstellung lösen: Das ist das Vollerwerden eines Theaters. Er steht als einziger Laie unter den Priestern, die beten, flüstern, sich zum Opfer ankleiden und noch nicht gefrühstückt haben. Ihm kommt es vor, als stünde er hinter den Kulissen eines Theaters, sähe die Vorbereitungen zum Spiel, das Ankleiden und Schminken, und höre durch den dünnen Vorhang das Murmeln der wartenden Menge. Er erblich vor diesem blasphemischen Gedanken und mußte konstatieren, daß ihn dieses lange hieratische Präludium müde macht und seine Spannung nach dem Opfer herabmindert.

Die Priester, die von seinem Vorhaben wissen, behandeln ihn wie eine köstliche Rarität und gehen sanft und bescheiden mit ihm um, wie mit einem nicht ganz Zurechnungsfähigen. Manche kommen zu ihm und fragen ihn, ob er nicht Ansichtskarten machen lassen wolle von seinem Bild. Sie möchten gerne solche haben. Tonio erschrickt vor der Niedrigkeit solcher Gehirne und vergegenwärtigt sich rasch Raum und Kleid, um nicht eines reinen Zornes voll zu werden.

Alle Priester haben zum erstenmal jenes Gefühl, jenes Schauspielergefühl: rezensiert zu werden.

Der Maler hier wird kühl und objektiv die Wirkung des Opfers, den Stand der Religiosität in einer zufällig zusammengeströmten Menge registrieren. Da tritt der Priester zu ihm:

„Wenn nun aber meine Andacht und Inbrunst nicht wirkt, wenn es mir nicht möglich sein wird, jenen toten Punkt im Publikum zu überwinden, hinter welchem es mir allerdings willenlos folgen würde?"

‚Er spricht wie ein Komödiant', denkt Tonio, und sieht über ihn wie über einen unangenehmen Geruch hinweg.

„Was dann?" wiederholt der Priester. „Werden Sie auch dann das Bild malen?"

„Ja. Ich werde es unter allen Umständen malen."

„Wissen Sie aber, Maler, daß dies Bild dann ein gefährliches Bild sein wird, das Ihnen die Kirche mit Gold abkaufen muß?"

„Ich weiß es", antwortete der Maler. „Obwohl ich nicht an das Geld denke und mir das Hernach ganz gleichgültig ist. Hören Sie, dies Bild wird mehr als ein Bild sein. Ich habe bis jetzt geglaubt und glaube noch inbrünstig und heiß. Ich besitze den Glauben des Märtyrers und des Skeptikers, der seine Vernunft als minderwertig dem Glauben gegenüber verworfen hat. Aber ... was ist meine Wahrheit? Meine Wahrheit ist eine subjektive Wahrheit, die aus dem Herzen springt, kaum mein Gehirn berührt und wieder im Herzen versinkt. Ein reflexiver Blitz ist mein Glaube, Pater. Heute nun will ich das furchtbare Wagnis anstellen, den Glauben, den Glauben an sich, nicht den meinen, von dem ich nichts weiß, als mich selbst – und das Ich ist Lüge und Täuschung – zu erforschen.

Ich will die ansehen, die Katholiken sind, und meine Pinsel fragen: Siehst du in ihren Gesichtern den Glauben? Den Glauben, der freiwillig kommt, oder den Zwang und die Heuchelei? Demütig sein, Pater, heißt es. Nicht immer sich befragen. Auch nicht in Glaubensdingen. Den Mitmenschen befragen. Denn der Glaube ist das, was mitten unter ihnen ist, wenn zwei oder drei sich in seinem Namen versammelt haben. Und zwei oder drei werden doch in der Kirche sein? Um zwei Gerechter willen will ich meinen Glauben verschonen. Es hängt gar nicht mehr von Euch ab, Pater, sondern von dem einen, dessen Gesicht im Engelsglanz erstrahlt."

Da traten alle Priester schaudernd vor ihm zurück und entsetzten sich ob eines Menschen, der alles um sich her auf die Probe stellt und fortziehen wird aus Heimat, Reichtum und Zufriedenheit, wenn auch dieser eine die Probe nicht besteht.

Sie alle gaben die Seele des Malers verloren, weil auch sie niemals ein Gesicht gesehen haben, das im Engelsglanz des Glaubens geleuchtet hat. Sie ertappen sich auf dem Zweifel, ob es wohl noch solchen Glauben gibt. Sie erinnern sich, in Legenden und heiligen Büchern von solchen Menschen gelesen zu haben. Aber die Zeit jener Menschen ist schon lange tot und der heutige Glaube ein schwaches Licht, weil ihn das Öl des Wunders nicht mehr nährt. Ein Gewohnheitslicht, das angesteckt wird, wenn es dunkel ist.

Da nahm der Pater Kanonikus den Maler mit abseits und sprach im stillen Dunkel mit ihm:

„Sie versuchen Gott, Maler! Aber vielleicht läßt sich Gott von Zeit zu Zeit versuchen. Nur die schwachen Verführer werden zuschanden an ihm, den Starken aber gibt er sich hin. Vielleicht sind Sie ein Starker, Gott sei Dank zeigt sich das nicht im äußeren Menschen. Wir haben daher Gelegenheit zur Demut überall; wir wissen nie, wer der Heilige und wer der Sünder ist.

Aber ... wenn Ihre Seele den eigenen Glauben abwirft, aus Wahrheit, und weil Sie die zwei Gerechten nicht gefunden haben, so haben vielleicht Sie, und nur Sie, das Recht zur Gebärde des Wegwerfens. Das müssen Sie aber allein mit Ihrem Gott ausmachen. Das Bild aber – hören Sie –, das Bild, und wenn es wirklich jene traurige Konstatierung des Unglaubens wird, das lassen Sie vor keines Menschen Auge. Im Namen Jesu flehe ich Sie an, zeigen Sie niemandem dieses furchtbare Dokument. Vielleicht leben wir in einer vorübergehenden Zeit des Unglaubens. Vielleicht ist Gott nicht so tot, als die Menschen glauben, und wir hoffen. Seien Sie also zärtlich mit dem letzten Funken des Gottesglaubens, der unter der Asche der katholischen Kirche glimmt. Blasen Sie ihn nicht vollends aus. Weisen Sie vor allen Dingen die Menschen nicht darauf hin. Die Menschen dürfen nie erfahren, wie weit sie von Gott weg sind. Sonst sehen sie den millionenjahrelangen Weg zu Gott zurück, entsetzen sich davor noch über ihren Tod hinaus, auf Gott zuzugehen, und wenden sich ganz von ihm ab. Wenn der Mensch nicht glaubt, daß Gott schon vor der Tür steht, macht er dem Armen nicht auf, der daran geklopft hat. Sie wissen, welch furchtbare Macht heute Ihrem Pinsel gegeben ist. Ich habe sie Ihnen ganz ins Bewußtsein gebracht, weil ich ehrlich bin. Wird das Bild so, wie ich fürchte ... so können Sie jeden Preis nennen, den Sie nur wollen. Die Kirche wird jeden dafür bezahlen.

Ich schaudere aber auch vor der großen, entsetzlichen Möglichkeit, die Ihre Hände heute haben."

Und er trat ganz nahe zu ihm und akzentuierte ihm ins Ohr:

„Und wenn Sie das Bild fälschen?"

Tonio erblich und wurde wie ein Stein.

„Und wenn Sie ein Abgesandter des Satans wären?"

Der Stein wurde Erz.

Der Priester trat wieder zurück und rief laut:

„Nie ist es so auf die Wahrhaftigkeit eines Menschen angekommen. Nie lag die Welt so in der Hand eines Geschöpfes ..."

Dann packte ihn der Priester am Rock und zog ihn in eine Kammer, wo es ganz finster war, und sagte: „Wissen Sie, daß Sie jetzt größer als – Gott sind?"

Da floh Tonio, zitternd am ganzen Leib; ihm war wie einem Ertrinkenden, wie einem ekelhaft Berauschten, der sich erbrechen muß.

Er fiel händeringend vor dem Altar der Sakristei nieder und betete in wahnwitziger Glut zu Gott:

„Herr, nimm den Fuß deines schlechtesten Knechtes und heiße ihn, mich in den Staub treten mit ihm. Herr, wer bin ich, daß auch nur dein Name genannt werden darf vor meinem unlauteren Ohr?

Mir wäre besser, ich wäre ein Heide und kennte dich nicht und fiele der Verdammnis anheim, als daß ich dich kenne und dir gleich und deine Liebe bezahle mit brüderlicher Liebe, statt mit Demut, mit unendlicher Demut.

Herr, verzeihe mir, daß ein anderer so zu mir sprechen durfte.

Mache mich so zu deiner Axt, zu deinem Pflug, zu deiner Sense, daß mich der Gemeinste und der Höchste nehmen darf in seine Hand und daß ich nicht mehr weiß vom Baum, den ich umhaue, noch vom Acker, den ich pflüge, noch von den Blumen, die ich mähe.

Ich will nicht mehr wissen, wo du bist, ob bei den Heiden oder bei den Christen.

Ich will nicht mehr eitel sein auf den Ort, so du verweilest.

Lasse mich nur glauben, daß du bist und deinem Knecht unerreichbar.

Ich will dich nicht besitzen, denn auch dich besitzen ist Eitelkeit und Sünde.

Herr, vertausche mich mit den Dingen deiner Welt, und laß das schlechteste Ding wissen, daß ich es bin, damit es sich meiner schäme.

Und wenn du dich meiner schämst, Herr, hab' ich der Demut Gipfel."

Als er so gebetet hatte, murmelten die Priester untereinander und klopften sich an die Brust und sprachen: „Mea culpa."

Der Pater Kanonikus trat milde auf den Dahingestreckten zu und sprach:

„Stehe auf, mein Sohn, und gehe hinauf in die Empore. Das Opfer beginnt ..."

Als sich Tonio, unterstürzt von den Ministrantenknaben, mühselig aufrichtete, sah er, daß der Kanonikus schon das goldenste Meßkleid anhatte, den verdeckten Kelch in der Hand trug und drei Priester, ihm zu assistieren, angekleidet waren.

Er hielt mit der Hand sein wehes Herz und tastete sich die dunkle und steile Treppe empor.

Als er oben ankam in dem hellen Glasraum, brauste ihm schon die Orgel entgegen, wunderbare Stimmen sangen das ‚Introitus', die Geigen warfen ihre hellen, schneidenden Wellen in die Luft, die Silberglöcklein am Altar rannen im Geläutetwerden wie tönende Perlen durcheinander.

Ruth hat ein unruhiges Schlafen gehabt.

Träume stießen bald mit dem Helm, bald mit der Lanzenspitze an die Decke ihres Gehirns, so daß sie jäh erwachte, in einem knisternden, strahlenden Schrecken im Zimmer herumsah und sich die Ohren mit dem Polster verstopfte.

In jedem Traum erschien immer wieder jenes braune Bild im Goldrahmen, das in Welsers Atelier hängt, und das sie sich innerlich geweigert hat anzusehen. An einem zufälligen Blick muß es aber doch hängengeblieben sein, denn im Schlaf fiel ihr blitzschnell ein, daß es eine Tänzerin darstelle, die in der rechten Hand ein Tamburin schwingt. Entsetzt wachte sie auf, und ihre Gedanken, die nun schon einmal in Welsers Atelier waren, krochen boshaft weiter und hielten ihr vor, daß sie schon seit drei Wochen keinen Brief von Welser erhalten hat.

Keinen ... Brief und ... kein ... Geld.

Mit weitaufgerissenen Augen starrte sie in das Ergrauen der Wände. Vor den Fenstern lag schon ein flachsheller, unpersönlicher, stiller Schein. Sie bog und wand sich im Bett vor einer Antwort, die sie nicht geben wollte.

Sollte ... es schon ... wirklich ... zu Ende sein? Was? Es? Welches Es. Sie fror in die Seele hinein und stampfte mit den Füßen in die weiche Decke, um sich nicht zu hören.

Es ist ja lächerlich, daran zu glauben, daß Parazelsus nichts mehr schickt, weil er schön geworden ist ...

Das ist ja dumm. Das ist ja blöd.

Er spielt den Narren, und jetzt hat er satt gespielt. Und läßt sich von mir ganz einfach nicht mehr ausbeuten.

Denn das habe ich getan.

Aber, was soll nun werden ...?

Ein Engagement ...

Sie erblich am ganzen Körper, schrie vor Schreck hell auf und zerriß vor Angst ihr Hemd ...

Nackt sprang sie aus dem Bett und lief im Zimmer umher, daß die Gläser aneinander tickten.

Im Morgenschein konnte sie ihren Körper sehen!

Eine grauenvolle Entdeckung hat sie so aus aller Bahn geschleudert, daß sie prüfend vor den Spiegel tritt und angstvoll abschätzt, ob ...

Nein ... nein ...

Ich kann es nicht. Ich kann mich ... nicht ... für Geld hergeben ...

Was aber?

Sie kleidete sich an, und in ihrer höchsten Not fiel ihr Tonio ein. Tonio wird helfen. Tonio liebt mich.

Sie umklammerte diesen Namen und floh durch den eben aufgehenden Morgen über die Straßen.

Als sie an der Karlskirche vorbeihastete, hörte sie Gesang, Orgel und Geigen.

Zum erstenmal in ihrem Leben sprach dieses glaubenslose Mädchen:

„Ich will beten. Ich muß beten. Gott wird helfen ... Gott? ... Wer ist das? ... Kann ... man den ... auch anlügen ...?

Nein, ich will ihn nicht anlügen. Ich will ihm alles sagen. Alles. Ich komme zu ihm in meiner höchsten Not. Er wird mich nicht verstoßen."

Die irre, schöne und häßliche Seele verschwand in einem unsagbar reinen Raum.

Zum erstenmal war sie in einer katholischen Kirche. Sie ging ganz zum Altar und versenkte sich in eine der ersten Reihen, neben einem Krüppel und einem alten Weib.

Das Taschentuch an die Augen gepreßt, begann sie aus bitterster Not zu weinen.

Der Krüppel neben ihr fing halblaut an zu beten das Gebet ‚für eine verlorene Seele, die wieder zu Gott will'.

Ruth sprach ihm die Worte nach. Der Krüppel lächelte dankbar, schob ihr seinen Rosenkranz hin, den sie sich um die Finger wickelte, und sprach andere Gebete vor.

So saßen die beiden Menschen zusammen, die sich nie gesehen haben, und die Liebe Gottes machte sie bekannt, und das reine Herz des Krüppels neigte sich zum Herzen der Ruth und goß in diese nie gebrauchte Schale zum erstenmal den Namen Gottes des Vaters, des Sohnes und des Heiligen Geistes.

Als Tonio sein Bild, soweit es ging, vollendet hatte, deckte er lose ein Seidentuch darüber, lief aus der Kirche und trug es in sein Atelier.

Dann warf er sich in einen Stuhl und zitterte ... Das Malen ist eine unbewußte Angelegenheit.

Farbe zu Farbe: seine Seele schlief dabei.

Nun stand seine Seele ganz jenseits des Malens, tat die schon lange harrenden Augen auf und sprach: „Sind ... die zwei ... Gerechten auf ... dem Bild ...?"

Furchtbar schien ihm das lose Tuch, das über dem Bild hing und vielleicht Entsetzliches verdeckte. Er dachte: Lieber sterbe ich auf diesem Stuhl, ehe ich das Tuch aufhebe.

Da klopfte es an die Tür. Mitten in ein noch nie dagewesenes Verhältnis zu einem seiner Bilder hinein. Er schwieg still, stellte auch sein Atmen wie eine zu laute Uhr ganz in eine finstere Nische seines Körpers ...

Da klopfte es noch einmal.

Wer wagt es, mich jetzt, gerade jetzt, gerade ... jetzt zu stören? zürnte er tief im Gaumen, stand vom Stuhl auf und schritt, zum Zeichen, daß er wohl gehört, aber nicht öffnen wolle, von der Tür noch weiter weg in eine Ecke hinein, wo er mit den Gelenken einer nie benutzten Gliedergruppe knackte.

Da wurde das Pochen derartig dringlich und schnell hintereinander getan, daß er eine Vorstellung von Telegramm unabänderlicher Eile bekam. Auch der Kanonikus fiel ihm ein.

Er schritt zur Tür und wollte eben den Schlüssel umdrehen, als eine Stimme sagte: „Ich sah Sie heraufgehen."

Tonio fuhr sich über die Stirn, als zöge er einen Vorhang weg von dem Marionettentheater seiner Erinnerung, aber er fand die Kehle nicht, wohinein die Stimme paßte. Sie kam ihm bekannt vor, aber so von fernher. Und diese Vorstellung von fernher wurde so raumweit, daß er die in der Sonne glänzenden Häuser von Bozen sah, den ausgetrockneten Talferfluß und das Gymnasium der Franziskaner.

Diese sonnige Erinnerung stimmte auch seine Hand milder, die nun aufklinkte und die Türe zur Seite bog.

Eine schauerliche Minute lang standen sich die zwei Menschen gegenüber.

Dann raffte sich die demütig gewordene Ruth auf und sagte:

„Kennen Sie mich nicht mehr, Tonio?"

„O doch", sagte Tonio und stierte in die Leere seines Herzens, die weiterschlich, als wäre nicht die einstige Sonne eines längstvergessenen Lebens aufgegangen.

‚Wahrhaftig', dachte Tonio, ‚du bist für mich nur mehr der Mond.'

Als ihm so das furchtbarste Experiment seines Lebens geglückt war, hieß er sie eintreten und Platz nehmen.

Ein Mitleid, das sich in ihm regte, suchte vergeblich nach milden, ausgleichenden, zudeckenden Worten. Er schämte sich sekundenlang seiner kühlen, grauen Augen und seiner sicher zirkelnden Gebärden.

Ruth gab die Hände nicht aus ihrem Frühjahrsmüffchen und sah ihn ängstlich an. Dann sagte sie: „Tonio, haben Sie sich wirklich verändert oder scheint es nur so."

„Es wird wohl das neue Atelier sein", erwiderte Tonio und machte eine das Atelier umfassende Gebärde, als schlüge er sich einen großen Mantel um, der seine wahre Gestalt verhüllen soll. „Auch trage ich jetzt einen Bart. Das wird Sie irritieren."

Pause.

Da wollte es die todtraurige Ruth mit der Fröhlichkeit versuchen. Und sie sagte zu ihm das, was ihm früher in seiner Schüchternheit das liebste war:

„Tonio, Sie haben mir ja noch gar nicht die Hände geküßt?"

Zwei dicke Falten liefen in der Stirn auf, wie Boote, die auffahren, und zwei zornige Blicke, die sich aber sofort verbargen, sprangen aus.

„Muß es sein ...?" sagte er und kam widerwillig und jäh herbei.

Ruths Augen zogen immer größere Kreise:

„Muß ... Muß ... Tonio ... Sind Sie Tonio ...? Ich verstehe Sie nicht mehr."

Da entschloß sich Tonio.

„Ja, es wird wohl so sein, daß Sie mich nicht mehr verstehen. Denken Sie doch, Ruth. Ein Jahr! Ein volles Jahr! Sie kommen herein, als wären Sie gestern fortgegangen, und verlangen von mir, daß ich auch der Gestrige sein soll. Ich verstehe ja vollkommen. Ich verstehe überhaupt jetzt zuviel. Sie sind ein Weib, und das Weib ist zum Empfangen geboren. Und die Empfängnis unterliegt nicht der Zeit. Aber der Mann muß geben. Und weil er gibt, will er, daß jede Gabe die andere übertreffe. Das liegt im Sinne des Gebens. Mit anderen Worten: ich habe mich geändert. Ja. Sie werden überhaupt gut daran tun, den Tonio von früher vollständig zu vergessen."

Ruth erhob sich, und obwohl ihr dadurch die Tränen noch näher kamen, sagte sie so kühl wie möglich:

„Ach so, Faustiner, verzeihen Sie mir." Und sie konnte sogar noch ein ironisches Lächeln produzieren. „Sagen Sie mir nur das eine: Ist sie schön?"

„Fabelhaft", sagte Tonio und lehnte am Fenster.

„So" fast ohne Atem gesprochen. Sie stand jetzt mit dem Rücken gegen Tonio. Diese weichliche Linie, die vom Schlüsselbein bis in ihre Kniekehlen zog, entzürnte ihn so sehr, daß er, ohne sich zu besinnen, sagte:

„Sie ist viel schöner wie Sie. Tausendmal schöner."

„Oh!" Ruth war ganz bleich, und ihre Unterlippe verschwand vor Verlegenheit im Mund. Dann wurde sie quälend rot und sagte:

„Tonio, das sagt man nicht. Und wenn es auch wahr ist, das sagt man nicht. Das ist ... gemein. Beleidigen dürfen Sie mich nicht."

Tonio empfand wirklich etwas Reue, suchte nach einer möglichst unverfänglichen Entschuldigung, brauchte aber hierzu viel zuviel Zeit, die Ruth, durch sein Schweigen erregt, benützt hat, sehr zornig zu werden.

Mit schluckender Stimme sagte sie:

„So sagen Sie mir doch, wer ist diese fabelhafte Schönheit?"

Ihre Hände ballten sich im Muff zu Fäustchen und schlugen den Muff dreimal, viermal gegen den Schoß.

„Sind Sie eifersüchtig?" fragte Tonio und hatte schon den großen Trumpf in der Hand.

In ihrer höchsten Not stieß sie ein zornig-weinendes „Ja" heraus.

Da lachte Tonio ein brutales Lachen aus der Brust, das Ruth wie mit flachen Händen schlug, und rief: „Dann sind Sie auf Gott eifersüchtig!"

Ruth atmete hoch auf, da sie schon geglaubt hat, es handelte sich um ein Weib.

Dieses schamlose Eingeständnis aber, Gott nicht zu fürchten, erregte den herzlosen Bauern so, daß er auf Ruth hinstürzte und sie mit der Hand auf den noch lächelnden Mund schlug.

Eine Weile war es totenstill im Atelier.

Dann erzitterte Ruth, schrie auf und sank weinend über einen Stuhl.

„Was habe ich Ihnen denn ... getan ... was habe ich Ihnen denn getan? ... Oh, Sie haben mich geschlagen ..."

Tonio rührte sie am Rücken an und sagte:

„Verzeihen Sie mir." Aber ihm war bloß ihr Weinen peinlich.

Ruth schüttelte, ohne aufzustehen, heftig den Kopf. „Nie ... nie ..."

Tonio zuckte mit den Achseln und ging ungeduldig im Atelier hin und her. Das Licht war herrlich, fiel grell durch die Scheiben. Ach, jetzt arbeiten, arbeiten! Er zog die Uhr ... schon so spät. Sein Blick fiel auf das rotviolette Seidentuch, das über dem Bild der Kirche hing, und im Luftzug eigenwillige Linien warf.

Da kam ihm ein großzügig-genialer Gedanke.

Er faßte den einen Zipfel des Tuches und rief:

„Hören Sie mich an, Ruth", und seine Stimme schallte wie die eines Heroldes über weite Plätze. Und war so klar und akzentreich, als müßte sie auch noch der im entferntesten Winkel verstehen.

„Wenn auf diesem Bild kein Gerechter ist, so speie ich den Namen Gottes dreimal aus, und diene Ihnen, wie noch kein Sklave einem Herrn gedient hat. Wenn aber ..."

„Sie sind irrsinnig ... Tonio ... um Gott ... Sie sind irrsinnig!! ..." rief Ruth aus und floh in den Winkel zur Tür.

Tonio blieb ohne Regung und ließ ihr Entsetzen verzittern:

„Wenn aber nur zwei Gerechte darauf sind, so verzeihe ich Ihnen, daß Sie ein Weib sind und mich gequält haben, in dieser Gestalt und in anderen Gestalten, und sperre die Tür ab, die zur Welt führt und werfe den Schlüssel ins Meer."

Ruth fürchtete sich vor ihm.

„Soll ich den Schleier fortziehen?" schrie Tonio, und auf seiner Stirn schwoll eine wurmdicke Ader.

Voll Entsetzen schrie Ruth:

„So ziehen Sie doch das Tuch weg ... so ziehen Sie doch das Tuch weg!!!"

Vorsichtig, wie von einem Schläfer, zog er das Tuch weg, sprang wie ein Tier zurück und stierte das Bild an. Plötzlich schrie er jubelnd auf, fuhr mit den Händen in der Luft herum:

„Sie sind drauf. Zwei Gerechte. Sie sind drauf. Gelobt sei der Name Gottes. Du bist gerettet, Gott! Ich habe dich der Menschheit erhalten."

Seine Stimme schlug um und wurde zum kindischen Weinen eines Blödsinnigen.

Da erschrak Ruth so plötzlich, daß sie glaubte, ihr Herz sei stehengeblieben und sie sei vor ihrem eigenen Tod erschrocken.

„Tonio", rief sie, „dort ... auf ... dem Bild ... bin ... ja ... ich ..."

„Wo?" sagte tonlos Tonio, sah ruckartig böse erst Ruth, dann das Bild an.

„Da", sagte Ruth und ging mit ausgestrecktem Finger auf jene Stelle im Bild zu, die ihren Kopf und einen Teil ihrer Gestalt enthielt.

Tonio kam mit gesenktem Kopf näher.

„Wahrhaftig ... Ruth ... Waren Sie denn in der Kirche ...?"

Ruth nickte.

„Und wissen Sie, wer Sie sind? Sie sind der zweite Gerechte!"

Ruths Augen ließen plötzlich nicht los von ihm; sie sah ihn krampfhaft an, als müsse jetzt und jetzt ihr Gesicht vor einer Gehirnexplosion zerbrechen.

„Was ... sehen Sie mich ... so an?" frug Ruth.

„Weil ich Sie verkannt habe ... weil Sie der zweite Gerechte sind. Verzeihen Sie mir", sagte Tonio.

Ruth hörte nicht mehr, was er sprach. Sie hörte nur innerlich diese eine furchtbare Frage:

„Hat mich Tonio denn nicht erkannt ... als er mich malte?"

Ganz tonlos und schwach sprach sie diese Frage endlich aus.

„Nein", sagte Tonio.

Pause.

„Jetzt sehe ich, wie sehr Sie mich vergessen haben. Sie haben mich sehr ... sehr vergessen." Sie steckte die Händchen wieder in den Muff. „Leben Sie wohl. Wir sehen uns wohl nie wieder."

„Nein", sagte Tonio.

„Es soll Ihnen recht gut gehen, Tonio", sagte Ruth. „Recht gut."

Sie schritt auf ihn zu und küßte ihn auf den starren, kalten Mund. „Leben Sie wohl ... recht ... wohl."

Dann ging sie.

[...]

[...]

* Albert Pars Gütersloh
Die tanzende Törin
München (Wilhelm Heyne Verlag) 1979, S, 267–284
© 1973 by Albert Langen-Georg Müller Verlag GmbH, München
Abdruck mit freundlicher Genehmigung

Norbert Mayr

Anton Faistauer und die Monumentalkunst

Gerhard Schmidt bezeichnete 1956 in seinem Standardwerk über österreichische Malerei Faistauers Fresken für Morzg und das Festspielhaus als „die bedeutendsten Freskenzyklen des 20. Jahrhunderts in Österreich". Gleichzeitig verraten sie – wie er ebenfalls konstatierte – „die Verlegenheit eines Nur-Malers dem inhaltsbetonten Auftrag" gegenüber[1]. Damals verlor das Fresko immer mehr an Boden. So waren die ersten Wandbilder nach 1945 im Wiener Gemeindebau fast ausnahmslos Sgraffitos und ab 1953 in wachsender Zahl Mosaike[2]. Das Mosaik war um 1900 zu einem elementaren Bestandteil der Bauausstattung geworden. Faistauer hingegen setzte in den 1920er Jahren auf die Wandmalerei, die seinen plastisch-räumlichen Ambitionen entsprach. Er gab in seinem Œuvre den Monumentalarbeiten mit Schwerpunkt Fresko eine zentrale Rolle, verknüpfte mit ihnen Konstanz und Überzeitlichkeit. Seine Monumentalarbeiten traten in der späteren kunsthistorischen Betrachtung in den Hintergrund, wie insgesamt die Gattung der Freskomalerei in der künstlerischen Produktion ihre Strahlkraft verlor.

DIE MONUMENTALKUNST AM BEGINN DES 20. JAHRHUNDERTS UND IHRE BEDEUTUNG FÜR FAISTAUERS UNIVERSELLES KUNSTVERSTÄNDNIS

Im Wien der Jahrhundertwende – zwei Jahrzehnte nach dem Tod des Malerfürsten Hans Makart – galt die Monumentalmalerei keineswegs als unzeitgemäßes Relikt der Wiener Ringstraßenära. Vielmehr gärte es. Der Kunstpublizist Hartwig Fischel betonte 1926 in der Architekturzeitschrift „Bau- und Werkkunst" – bemerkenswerterweise eine Nummer nach Anton Faistauers wichtigem Text „Das Fresko" – die Bedeutung Gustav Klimts für „Die neue Wandmalerei in Österreich": „Es gehört zur Tragik seines Lebens, dass beide hervorragenden Werke in Österreich ohne Nachfolge blieben. Ihre Wirkung war tief und befreiend"[3]. 1902 hatte Klimt für die Ausstellung von Max Klingers Beethoven-Statue in der Wiener Secession den Beethoven-Fries in magerer Kaseinanlage mit stark grafischem Duktus auf Gipsplatten geschaffen, zudem drei Ölgemälde für die holzgerahmte Decke in der Aula der Wiener Universität, die auch in der „Kollektiv-Ausstellung Gustav Klimt" in der Wiener Secession 1903/1904 gezeigt wurden.

Gustav Klimt und Ferdinand Hodler praktizierten im Sinne des neu erwachten Interesses am Wandfresko das monumentale Pastell als eine neue Seccotechnik für direktes Arbeiten an der Wand. Nach der Klimt-Schau zeigte die XIX. Ausstellung die Vielfalt internationaler Stilbestrebungen. Die Schau schloss am 6. März 1904, fünf Tage vor Faistauers Abbruch der 5. Klasse am Bozener Gymnasium, dem der Umzug nach Wien folgte. Der Katalog dokumentiert, dass mit Hans von Marées, Ferdinand Hodler und Edvard Munch mit beachtlichen zwanzig Gemälden[4] Monumentalmaler im Zentrum standen. Der Begründer der modernen Monumentalkunst, Ferdinand Hodler, wurde in einer Retrospektive mit 31 Werken – umfassend wie nie zuvor – gewürdigt[5]. Hodler war sprachlos vor Freude angesichts der großartigen Präsentation seines Werks[6], die umgekehrt seinen Einfluss auf die österreichische Kunstszene verstärkte[7].

Den „großen Hodlersaal" dominierte – über dem Durchgang angebracht – ein Entwurf des Hauptfelds der drei Fresken „Rückzug von Marignano" für den Waffensaal des Landesmuseums in Zürich. Die anfänglich umstrittenen Fresken bescherten Hodler den entscheidenden Durchbruch, auch Anerkennung in seiner Heimat. Faistauer bezeichnete die Kunstschauen über die Impressionisten und die „vielgelästerte, vielverpönte" Hodler-Ausstellung als „das größte kunstentwicklungsgeschichtliche Ereignis des 20. Jahrhunderts in der Monarchie"[8].

Bahnbrechende Künstler wie Ferdinand Hodler, Gustav Klimt und Edvard Munch sahen am Beginn des 20. Jahrhunderts in monumentalen Aufgaben das eigentliche Ziel ihres Schaffens. Sie konnten es aber nur mit Mühe und fragmentarisch realisieren, wie Otto Benesch analysierte: Ihr gemeinsamer Nenner war ihr Streben nach dem, „was man mit dem Worte ‚Stil' bezeichnete. Naturalismus und Impressionismus hatten ihre dominierende Rolle verloren. Es galt nicht mehr, den Bildgegenstand in einer der äußeren Wirklichkeitserfahrung entsprechenden Weise zu beschreiben, sondern die Form in einer über das Zufällige hinausgehenden Weise zu steigern, das Typische, immer Wiederkehrende und Gesetzmäßige aus ihr herauszuholen. Nicht mehr der Eindruck des Augenblicks, das rasch sich Wandelnde, das Momentane wurde als das vornehmste Problem der künstlerischen Darstellung angesehen, sondern das Stabile und Tektonische, die Verankerung in einem ausgewogenen Formensystem. [...] Die grossen gesetzlichen Rhythmen des Lebens, die Mächte, die es lenken, das über der physischen Wirklichkeit herrschende Reich des Gedanklichen trachtete man bildlich darzustellen. So entstand eine Kunst, die die innere Aussage wieder an erste Stelle rückte, eine Kunst, die die Natur nicht abschrib, sondern steigerte und sich von ihr entfernte, wenn es die Sprache des Ausdrucks in Linie, Farbe und Form erforderte. Die Erfüllung dieses künstlerischen Strebens sah man in einer neuen Monumentalmalerei"[9].

Das Interesse Anton Faistauers an der Monumentalkunst zeigte sich früh. Der Journalist und Kunstschriftsteller Arthur Roessler, der seit 1909 mit Faistauer bekannt war, berichtete vom Wunsch des Künstler schon während seines Studiums an der Akademie 1906/1909, „Fresken, Mosaiken und Fensterglasbilder, also Werke der Monumentalkunst, schaffen zu können, war jedoch all die Jahre ... hauptsächlich durch die Ungunst seiner Lebensverhältnisse davon abgehalten worden"[10].

Faistauer fällte – wie er selbst schrieb – nach dem Besuch der XVI. Ausstellung der Wiener Secession im Jänner/Februar 1903 seine „endgültige Entscheidung für die Malerei"[11]. Die didaktische Schau „Entwicklung des Impressionismus in Malerei und Plastik" zeigte nicht nur die bekannten, vorwiegend französischen Vertreter, sondern auch Arbeiten von Tintoretto, Rubens, Vermeer, El Greco, Velázques, Goya, Delacroix, Corot, Daumier und Monticelli. Sie wurden als Vorväter des Impressionismus verstanden[12] und auf diese Weise alte Meister als Wurzeln aktuellen Kunstschaffens verankert. Auch Faistauer, der sich besonders bei seinen Monumentalwerken von den alten Meistern inspirieren ließ, betrachtete Künstler unterschiedlicher Generationen – ähnlich wie Franz Wiegele – als „verwandt", wie er in seinem programmatischen Buch „Neue Malerei in Österreich" im Kapitel über seinen geschätzten Freund ausführte[13]. Für ihn war „van Gogh ganz ohne weiteres ein spätgeborener Sohn Rembrandts" und die „ungleichen Werke aus dem gleichen Geist geboren, aus der gleichen Not, derselben Kraft, dem gleichen Urschöpferwesen"[14]. Für Wiegele enthielt ein „erstklassiges Kunstwerk ... durch die Qualität des Menschen, der darin lebendig ist ... stets Neues"[15]. Wie Wiegele liebte Faistauer „die Fülle, die Synthese: Modern oder alt gilt ihm gleichviel, er kennt nur die eine Kunst, davon er in einem Brief sagt: ‚... sie kommt in ihrer höchsten Vollendung über Jahrtausende und die verschiedensten Hautfarben hinweg, immer nur zum ewig gleichbleibenden tiefst Menschlichen"[16].

Faistauer hatte 1917 in Anspielung auf sein Studium in der Spezialschule für Historienmalerei an der Akademie bei Professor Christian Griepenkerl erklärt, er habe sich „an der als vorbildlich vielgepriesenen Tradition selbst bis zur drohenden Erschöpfung wund und müde geschleppt, bevor mir die Erkenntnis aufdämmerte, dass es sinnlos ist, bereits von anderen gelebtes Leben wieder leben, von anderen geschaffene Kunst nochmals schaffen zu wollen, sinnreich hingegen, sein eigens Leben zu leben und Kunstwerke zu schaffen, welche die eigenwüchsige Ausdrucksgestaltung eben dieses originalen Lebens sind"[17]. Faistauer lehnte sowohl eklektizistisches Nachahmen im Sinne des Historismus als auch aktuelle Strömungen als zeitgeistig-modisch ab. Für Faistauer boten „Unterlagen"[18] oder das „Spuken" alter Meister Anknüpfungspunkte für seine künstlerische Auseinandersetzung. Sein Streben nach einer überzeitlich-absoluten, umfassend verstandenen Synthese hatte auch Platz für die als Klassiker der Moderne[19] geschätzten Künstler – van Gogh, Cézanne, Hodler oder Munch – sowie eine „objektivierte" Transformation seines „eigenwüchsigen" Lebens. Der Augenmensch Faistauer verstand sich als Katalysator, sodass aus seiner sinnlichen Wahrnehmung eine entsubjektivierte Überwirklichkeit entstehen sollte.

Faistauer faszinierte an alten Meistern der Monumentalkunst wie Giotto die „ewigkeitstragenden" Qualitäten. 1915 sprach Faistauer mit Arthur Roessler über große Freskanten der vergangenen Epochen und erklärte in – wie er selbst schrieb – pathetischen Worten, und „vor solchen Worten ängstigt sich der moderne Mensch": „Welch klägliche Armitschkerln sind wir dagegen! In jeder Hinsicht. [...] Oder glauben Sie ernstlich, ich ließe es mir einfallen, ein Stilleben nach dem anderen zu pinseln, wenn mir große Wandflächen zur Verfügung stünden? – Brennend ist die Sehnsucht nach breiten und hohen, glatten Mauerwänden in mir! Ich fühle mich innerlich ‚voller Figuren' voll eines Gewimmels an unaussprechlichen, doch darstellbaren ‚Gesichtern'"[20].

Die Monumentalkunst war in Faistauers universell verstandenem Schaffen die höchste Form künstlerischer Äußerung. Er strebte nach dem abstrahiert Allgemeingültigen, elementar Wesenhaften, transzendiert Objektivierten, kosmisch Absoluten und vom Zeitgeist und Zufälligen unabhängigen Unvergänglichen: „Die Kunst will Mittler sein, zwischen Welt und Mensch, Menschheit und Individuum, Mensch und Menschlichkeit"[21], schrieb er 1923 und zitierte Wiegele: „Kunst ist Weltaneignung, ist da, die Schöpfung zu erfassen, sie der Menschheit zu schenken. Ein Ding derart zu ergreifen oder einen Apfel in seiner Wesenheit klar ins Bewußtsein des Beschauers zu bringen, ist Aufgabe genug"[22]. Was Faistauer 1923 über Wiegele schrieb, gilt auch für ihn: „Die Naturform, die Urform lockt ihn unablässig. Sein Blick ist auf das Kosmische gerichtet, auf den großen Weltorganismus, auf das Elementare. Sein Mensch ist der Welt eingeordnet. Das Individuum interessiert ihn nur in seiner Beziehung zum Weltganzen, in der großen Harmonie, in seinen Gewichten, Massen, Maßen und seiner Statik auf Erden"[23].

DIE MONUMENTALMALEREIEN 1909–1929

Die Ausmalung der Stablberg-Kapelle bei Maishofen 1909

Während Albin Egger-Lienz in seiner Kunst bäuerliche Thematiken und religiöse Bezüge integrierte, verknüpften Künstler wie Anton Kolig Privates und Religiöses[24]. Kolig sah die Wandmalerei als seinen eigentlichen Schaffensbereich und wollte einen Altar oder einen Sakralraum gestalten[25], ein auch nach dem Ersten Weltkrieg unerfüllter Wunsch.

Faistauer bevorzugte bei seiner Italienreise im Sommer 1909 die Kunst in den Kirchen und Museen von Florenz und ließ den ursprünglichen Plan eines Rom-Aufenthalts fallen. Religiöse Bilder prägten bereits Faistauers ersten Auftritt in der Öffentlichkeit 1909/1910 in der Ausstellung der „Neukunstgruppe" im Kunstsalon Gustav Pisko in Wien und 1911 bei der Ausstellung im Hagenbund. Faistauer nannte in seiner Selbstbiografie 1922 unter dem Titel „Die religiösen Themen" 1910–1912 auch die „Taufe Christi"[26], die als Entwurf zu einer Wandmalerei gedacht war[27]. Ihre Anlehnung an Ferdinand Hodlers „Auserwählten" (1893/94) verweist auf diese konstante Inspirationsquelle bei Monumentalarbeiten.

Bereits im Sommer 1909 hatte Faistauer mit der Ausmalung der kleinen Stablberg-Kapelle den ersten Schritt zur „Erfüllung seines lang gehegten brennenden Wunsches nach Betätigung auf dem Gebiete monumentaler Kunst"[28] getan. Die kleine Kapelle bei Maishofen gehörte als Zwischenalm zum bäuerlichen Anwesen von Faistauers Vater. Der Gestaltungsanspruch des 22-jährigen, gerade aus der Akademie ausgetretenen Künstlers war umfassend und ging bis ins kleinste Detail[29]. Faistauer integrierte den Altar, wählte für den flachen Plafond ein sehr helles Ocker[30], für den Hintergrund der figürlichen Darstellungen über einer hellroten umlaufenden Sockelzone ein Blau. Der Bildschnitzerei der Hl. Anna mit Maria gab er im Apsisrund eine in Goldfarbe aufgesetzte Gloriole. Faistauer flankierte den Holzaltar mit zwei etwas bäuerlich wirkenden Puttenköpfen und zwei weißgewandeten knienden Engelspaaren. Über den Kirchenbänken auf Eingangs- wie Seitenwänden strahlen die fast lebensgroßen Sitzfiguren der vier Evangelisten eine archaisch-monumentale Wirkung aus. Im Gegensatz dazu schwebten Faistauers Engelspaare vor luftigem Hintergrund. Dieser ist seit der Restaurierung 1973 in seiner Wirkung beeinträchtigt[31]. Durch damals „großflächige Übermalungen in allen Bereichen"[32] sind nur mehr die Umrisse von Faistauers figürlichen Darstellungen gänzlich authentisch[33]. Albin Rohrmoser wies darauf hin, dass die Ausmalung „in der ländlichen Umgebung überraschend modern" und „völlig großstädtisch" wirke[34].

Salzburger Votivaltar 1918–1920

1918 kam – wie Faistauer schrieb – „das religiöse Thema wieder zum Durchbruch"[35]. Ignaz Seipel trug dem Salzburger Fürsterzbischof Faistauers Wunsch vor, gegen bloßen Kostenersatz für Salzburg statt der ständigen Schlachtenbilder „einen groß angelegten Flügelaltar" malen zu wollen[36]. Er bemühte sich, vom verhassten Militär freizukommen und wurde schließlich mit 1. August 1918 vom Dienst freigestellt, um im Auftrag des Landesausschusses für sein Infanterie Regiment Nr. 59 ein „Kriegsgedächtnisgemälde" anzufertigen. Das Triptychon „Beweinung Christi" wurde schließlich zum fünfteiligen, 1918/19 in Maishofen geschaffenen „Votivaltar" (Abb. S. 303–306). Altarblattstudien zeigen kniende Soldaten. Der Pazifist Faistauer realisierte Szenen mit den Hll. Martin und Sebastian an den Altarinnenflügeln, außen 1919 einen wütenden und einen weinenden Engel.

Faistauer schuf die Arbeit im Spannungsfeld zum Expressionismus, den er 1923 im Buch „Neue Malerei in Österreich" neben anderen Strömungen als besonders große Bedrohung kritisierte: Er halte sich „krampfhaft am Leben, indem er in frühere Jahrhunderte zurückklettert und Nahrung sucht bei den Primitiven, in die Quellen der Kunst hinabsteigt, in die Höhlen der Vorzeit oder bei den Negern Anleihen macht. Interessant ist nun, dass diese Raubzüge … nicht als Eklektizismus gegeißelt werden, vielmehr als höchst originell verherrlicht werden. […] Der Expressionismus ist Weltuntreue und deshalb verdammenswert. Er verzweifelt am Weltwillen. Er ist kein Fortschritt, er macht verzweifelt kehrt, wo er gerade zum Vorwärts berufen wäre"[37]. Mit dem Votivaltar wollte Faistauer – in Ab-

Skizze für Salzburger Votivaltar, 1917.
SMCA, Inv.-Nr. 310/50

grenzung vom Expressionismus – eine differenzierte Darstellung einzelner innerer Leidenszustände demonstrieren, wobei jedoch „das Leben der Farbe eigenkräftig herausschlägt"[38]. Der „Passionsaltar" wurde auch – so der Künstler in einem Brief – ein Bild seiner Seele, die er während der schweren, schließlich zum Tod führenden Krankheit seiner Frau „hineingestrichen" habe[39]. Die Gattin in völligem Erschöpfungszustand diente ihm als Modell der leidenden Muttergottes.

Auf den drei Bildern der Sonntagsseite tragen Leidende wie Maria, der verletzte Hl. Sebastian und die frierenden Bettler ihren Schmerz stumm in sich. Die Pietà und die etwas später entstandenen Allegorien Hoffnung und Verzweiflung auf der Werktagsseite malte Faistauer tänzerisch-rund bewegt, vermied damit auch große expressive Gesten. Faistauer selbst verwies, „die alte Tradition aufnehmend", auf Delacroix[40], meinte damit wohl dessen still leidende Pietà von 1843 für die Kirche Saint-Denis-du-Saint-Sacrament in Paris. Die Figuren sind in ihren Schmerz und ihr Leid versunken. Faistauer wollte dem ihm suspekten Streben der Expressionisten nach Originalität ein „namenloses" Kunstwerk entgegensetzen und zeigte anstelle von unkontrolliert-expressiver Gestik das Spektrum inneren Leidens zwischen Fatalismus (Hl. Sebastian, Bettler), kraftlosem Aufbäumen (Maria) und in der Figur gefangener, gebändigter Aufgewühltheit (Hoffnung, Verzweiflung).

Die Konstruiertheit der Gesamtkomposition der Mittelgruppe mit den emotional wenig beteiligten Nebenfiguren provozierte Kritik: Der „Theatralik der Kreuzabnahme, die sich besonders aufdringlich in der Gestalt Marien äußert" – so die Salzburger Chronik 1925 – folgte der gelobte, unausgeführte Entwurf „Maria unter dem Kreuz" für Morzg: Es zeugt „von ungemein weiser Beschränkung, wie Faistauer in diesem Bild den Schmerz der Mutter in einer *einzigen*, großen, schlichten Gebärde in sich zusammengefaßt, wie er diesem Ertragen, diesem sich ruhenden Leid, des Mannes ungestümen wilden ringenden Schmerz, in der Gestalt des Johannes gegenübergestellt"[41].

Das Altarbild war für Faistauer – sieht man von der Anbetung der thronenden Muttergottes 1909 ab – die erste Auseinandersetzung mit mehrfigurigen Kompositionen. Zudem begann mit der Darstellung unterschiedlicher Leidensformen in seinem Monumentalwerk der Wandel von introvertierter Entrücktheit seiner Gestalten zu raumgreifender Präsenz und Aktivität.

Das Marienleben blieb für den Maler, der in seiner Kunst in besonderem Maße dem Weiblichen huldigte, ein ausgleichender Ruhepol. Nach der Übersiedlung nach Salzburg entstand 1920 in Morzg der kleine mehrteilige Altar Marienleben[42], der – wie er selbst

Skizze für Salzburger Votivaltar, 1917. SMCA, Inv.-Nr. 308/50

Wandmalereien in der Stablberg-Kapelle, Maishofen, 1909

Wandmalereien in der Stablberg-Kapelle, Maishofen, 1909

Verkündigung. Entwurf für Morzger Fresken. Öl auf Papier (?), 1923, WV 291. Privatbesitz

Flucht nach Ägypten. Entwurf für Morzger Fresken. Aquarell, 1923. Zell am See, Privatbesitz

schrieb – „vom Geist der Gothik berührt" war[43]. Der Schriftsteller Otto Stoeßl schilderte ihn 1920 als „ein Bild, eigentlich aus sechs kleinen Tafeln zusammengesetzt, stofflich ganz durch das uralte, von Gewohnheit und Liebe geheiligte Vorkommen der europäischen Malerei bestimmt"[44]. „Diese Motive – das Erdenschicksal der Mutter, eines Gottmenschen, eines Menschgottes – haben ... etwas Allweltliches und Allgeistiges erhalten, das sie zu einer zeitlosen Geschichte des Mütterlichen erhebt. Sie bieten mit ihrer sanften Trauer und ihrer hohen Tröstung einen ewigen Ausgleich der irdischen Zerrissenheit"[45].

Faistauer schuf in der Rhythmischen Komposition" mit vier lebensgroßen weiblichen Akten (Abb. 312, 313) seiner zweiten Frau das profane Pendant zu seinen Flügelaltären. Bei dessen Präsentation in der Wiener Secession 1922 gab es dem großen Ausstellungsraum die „gleichsam architektonische Gliederung". Roessler verwies damals auf die Wahlverwandtschaft mit dem „genialischen Kontrapunktisten der deutschen Monumentalmalerei Hans von Marées"[46]. In diesem Jahr war Faistauer – so Roessler – bei „einer großen Zäsur angelangt," von der an er „seine ungewöhnliche Begabung für monumentale, insbesondere religiöse Malerei in hervorragenden Werken kundgab"[47].

Faistauers Drang zur großen Form führte ihn bei der Kirche in Morzg 1922 von der ursprünglichen Idee eines neuen Altarbildes schrittweise hin zur Freskierung der ganzen Decke[48]. Im Juni 1922 richtete der Kunsthistoriker Karl Ginhart an Faistauer die Frage: „Hatten Sie noch nie einen Freskoauftrag, wenn nicht ist es schade, denn Sie sind wirklich ein Enkel Rottmayrs"[49].

Die Deckenfresken für die Kirche in Salzburg-Morzg 1922/23

Der „kunstsinnige Architekt Martin Knoll aus alter Familie" schlug eine Ausmalung der von ihm frisch renovierten, frühbarocken, dreischiffigen Staffelkirche mit 5/8-Schluss durch den „modernen Künstler" Anton Faistauer vor[50]. Pfarrer Franz Vatteroth setzte den Entschluss der Pfarre gegen den Widerstand des fürsterzbischöflichen Ordinariats durch und ließ Faistauer, der in Naturalien bezahlt wurde, hinsichtlich der Gestaltung volle Freiheit[51].

Die im Oktober 1922 eingegangene vertragliche Verpflichtung, die Felder in den Gewölbescheiteln der drei Schiffe unter Ausschluss des Chors zu bemalen[52], hätte weder inhaltlich noch formal eine gesamtheitliche Wirkung ergeben. Diese wurde erst mit der Entscheidung erreicht, die Freskierung auf alle Deckenfelder in Chor und Hauptschiff zu erweitern. Die Stichkappen bzw. deren begleitende

Stuckaturbänder lassen an den Gewölbescheiteln Platz für unterschiedlich konfigurierte, stuckgerahmte, relativ kleine Felder. Ihre Lage, Größe und Form gab eine Hierarchie vor. Zudem sollten die Deckenbilder leicht von unten zu betrachten sein: „In der Beschränkung zeigt sich erst der Meister"[53], lobte Ludwig Praehauser zu Recht das Ergebnis. Faistauer konzentrierte zentrale Figuren bzw. Szenen in den Feldern der Kirchenachse bzw. des Gewölbescheitels. Maria im mittleren Spitzkappenfeld über dem gotischen Altar flankiert ein „edelster Hofstaat, heilige Frauen": Die zentrale Verkündigungsszene und die musizierende und singende Engelschar betonen mit der Muttergottes und der barocken Statue der Himmelskönigin im Rosenkranz (um 1700), die mit ebenfalls vier Engeln im Chorbogen von der Decke herabhängt, die Kirchenachse. Im Gewölbescheitel des vordersten Hauptschiffjochs wird die Taube des Hl. Geistes vom Weihnachtslobgesang der adorierenden Engeln begleitet, gefolgt von den Ovalbildern mit der Geburt Christi und der Heimsuchung. Die Stichkappen im Hauptschiff nehmen paarweise die Themen Flucht nach Ägypten mit Rast auf der Flucht, die Huldigung der Hl. Drei Könige mit Darstellung im Tempel sowie die Herbergsuche mit Tempelgang Mariens auf. Zu den kühlen Farben der Hintergründe vermitteln das Blau und Grün angedeuteter Landschaften oder Gewässer in den dazwischen liegenden insgesamt zwölf Zwickelfeldern. Im Gewölbescheitel dominiert der bewölkte Himmel. Dem flächigen Grau ordnen sich kleine Symbole aus dem Alten und Neuen Testament sowie Spruchbänder ein. Ähnliches gilt auch für die neun Restzwickel im Chor. Faistauer bezog meist den ersten Rundstab der Stuckbänder, der einen zarten Rahmen bildet, ein. Insgesamt verbinden sich die in kräftigen Farben erscheinenden Felder mit den in grauem Grundton gehaltenen Zwischenfeldern zu einer geschlossenen, eine neue Einheit bildenden Gesamtwirkung.

Im lichtdurchfluteten Chor mit dem selbstleuchtenden Verkündigungs-Engel, der zarten Mariengestalt und den heiligen Frauen sind die Farben heller, weniger kräftig als bei den Szenen aus dem irdischen Leben Mariä im dunkleren Langhaus-Gewölbe. Um die Erkennbarkeit der Szenen im dunkleren Langhaus zu steigern, betonte Faistauer die Konturen der Gestalten hier stärker – häufig durch Auskratzen bis zum weißen Putz.

Bei der Rast auf der Flucht lagert die Heilige Familie im Schatten von Pyramiden. Zahlreiche Szenen aus dem Erdenleben Mariens sind in die Landschaft rund um die Stadt Salzburg eingebettet, was zur Tiefenwirkung der Kompositionen beiträgt. Die Plätze und Gassen der Stadt bilden die Rahmen für Darstellungen (Herbergsuche in der Sigmund-Haffner-Gasse mit Rathaus, Mariens Tempelgang am Residenzplatz mit Brunnen und Dom, Festung und Untersberg)

Heimsuchung. Entwurf für Morzger Fresken. Aquarell, 1923. Wien, Galerie Michael Kovacek

Heimsuchung. Entwurf für Morzger Fresken. Aquarell, 1923. Verbleib unbekannt

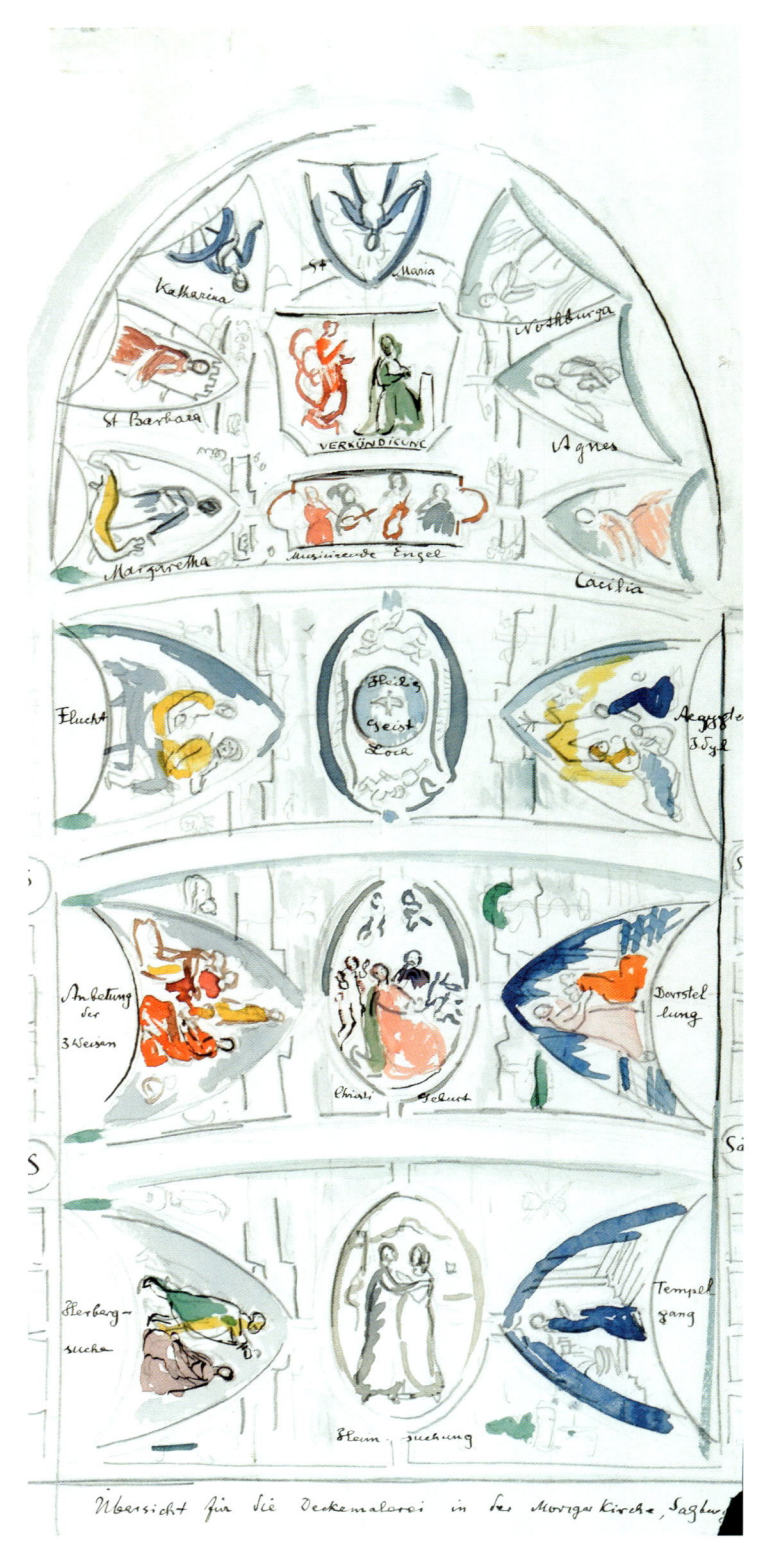

„Übersicht für die Deckenmalerei in der Morzger Kirche, Salzburg".
Aquarell 1922. Salzburg, Privatbesitz

Deckenfresken in der Morzger Kirche, Salzburg, 1922/23

Madonna mit Kind, 1923. Kat.-Nr. 142

oder diese finden in einem Gebäude statt (Darstellung im Tempel im Chor der Franziskanerkirche).

Die in ihren Bewegungen verhaltenen Figuren erfüllen die Szenen mit Ruhe und lyrischer Intimität. Zahlreiche vorbereitende Skizzen und Pastelle veranschaulichen – so Hans Oellachers Beobachtung –, wie „der Künstler den Kopftypus z.B. der Muttergottes vom Naturmodell ausgehend gestaltet, ihn von der Erdenhaftigkeit enträckt"[54]. Die ländliche Bevölkerung stand Modell für die Heiligengestalten, zum Beispiel ein Bursche für Josef bei der Rast auf der Flucht nach Ägypten. Faistauer übernahm dessen entspannt lagernde, auf einen Arm gestützte Körperhaltung mit auf der Schulter ruhendem Haupt. Er kleidete ihn aber mit einem langen Rock „bibelgerecht" ein, gab dem jugendlichen Gesicht einen Vollbart und glättete die individuellen Züge (Abb. S. 174 oben, 366, 367). Als Gesichtstypus eines alten Mannes kehrte er neben Josef auch bei den Königen und Simeon wieder. Faistauers Deckenbilder, die von idealisierten, nicht psychologisierenden, sondern überpersönlichen Gestalten, ausgewogenen Kompositionen und sinnlicher, leuchtender Farbigkeit geprägt sind, schließen an die harmonische Balance seiner Stillleben an. Faistauer führte – unterstützt von seinen Helfern Theodor Kern, Wilhelm Kaufmann und Franz Elsner[55] – die al fresco begonnene Arbeit al secco zu Ende. Letztere prägte das Erscheinungsbild.

Faistauer hatte ähnliche Voraussetzungen wie 1576 jener Künstler, der in der Klosterkirche von Seeon die Decke des Mittelschiffs – mit einem um 150 Jahre älteren gotischen Rippengewölbe – mit Szenen aus der Heilsgeschichte und dem Marienleben ausmalte. Die Renaissance-Malereien waren wie ein Teppich über das ganze Gewölbe gelegt worden, während Faistauer die homogene Wirkung seiner Gestaltung mit unten dichter und oben etwas luftigerer Feldgestaltung erreichte. In Seeon wurden in den 1620er Jahren die Hochwände des Hauptschiffs bemalt. Faistauer verschleppte in Morzg bis zu seinem Tod das Vorhaben, das Marienleben auf den Seitenwänden des Hauptschiffs mit Szenen wie „Maria unter dem Kreuz" fortzusetzen. Diese hätten eine noch stärkere Geschlossenheit des Raumes erzielt[56].

1923 schrieb der Kunsthistoriker Max Eisler über die Morzger Fresken: Wie es bei Faistauer „keinen wesentlichen Unterschied zwischen Gotik, Barock und Expressionismus gibt, so verbindet er das Dreierlei in seinem Malerwerke zu einer neuen Einheit. Das Ergebnis ist infolge der Kultur des Künstlers imposant und gewinnend. [...] Aber ist diese Synthese der Sinn und das Ziel unserer gegenwärtigen Kunst? Trifft dies zu, dann hätte sie ein vorschnelles, unerwartetes Ende gefunden"[57]. Faistauers Ringen um die universelle Synthese hatten keineswegs ein Ende gefunden, wie die Fresken für das Festspielhaus zeigen.

Die Wandfresken für das Festspielhaus in Salzburg 1926/1927

Im Sommer 1925 richtete Anton Faistauer die Kunstschau des „Sonderbundes Österreichischer Künstler in Salzburg" „als Pendant zu den musikalisch-theatralischen Festspielen"[58] aus. Er propagierte die Idee des Gesamtkunstwerks, verstand die Großausstellung in der Großen Aula der Universität als „Protest gegen die Zurücksetzung der Künstler in Salzburg" und als Forderung des „Mitbestimmungsrechts in allen öffentlichen Kunstangelegenheiten"[59]. Neben Malerei und Grafik war besonders die Architektur mit Arbeiten der beiden Architekturprofessoren an der Wiener Akademie, Peter Behrens und Clemens Holzmeister, vertreten. In Faistauers Kollektion traten die Repliken der Morzger Fresken sowie ein von den Wiener Katholiken dem Papst gewidmeter Gobelin „Mariens Opfergang" hervor (Abb. S. 368)[60].

Der bildenden Kunst sollte beim unglaublich rasch durchgeführten Festspielhaus-Umbau zwischen April und Anfang August 1926 eine besondere Rolle zukommen. Landeshauptmann Franz Rehrl engagierte Clemens Holzmeister. Neben baulichen Verbesserungen von Mängeln des ersten Umbaus 1925 (Architekt Eduard Hütter) sollte die „reichliche Anwendung von Malerei und Plastik"[61] den Zuschauerraum festlicher machen. Holzmeister verwarf die ursprüngliche Idee, ihn „mit großen Figuren" bemalen zu lassen, „da die niedrige Lage der neuen Galerien nicht genügend große Flächen" bot[62]. Er ließ die Galerien mit Gobelins von Anton Kolig und Robin Christian Andersen sowie Holzplastiken schmücken. Holzmeister verbesserte zudem die Eingangssituation, öffnete die Vorhalle mit freigelegtem Tonnengewölbe in ganzer Breite zur Hofstallgasse. Über dem Portal situierte er die Mimenmaske mit Tragödie, Komödie, Musik und heiterer Muse des Bildhauers Jakob Adlhart. Für ein Fresko im Bogenfeld der neu gestalteten Vorhalle wollte Holzmeister Albin Egger-Lienz gewinnen[63], der aber ablehnte. Anton Kolig realisierte schließlich 1926/1927 das monumentale Mosaik „Lebensbaum".

Dieser Vorhalle folgte das von Hütter durch Umbau des Innenhofs geschaffene „Große Foyer". Holzmeister musste mit beschränkten Mitteln in kürzester Zeit den Neben- und Vorräumen eine Gestaltung geben, „die den Festspielbesucher dem Alltag entrückt und auf das Spiel würdig vorbereitet"[64], und entschied sich für die Ausmalung des Foyers als künstlerischen Hauptakzent. Ende Mai lud er Anton Faistauer ein, der ebenso kurzfristig zusagte[65]. Der Künstler musste nach der Entwurfsphase bis zum 29. Juni warten, um dann in nur 26 Arbeitstagen mit seinen Gehilfen[66] rund 350 Quadratmeter mit 215 Figuren auszumalen. Faistauer dachte zuerst an

Deckenfresken in der Morzger Kirche, Salzburg, 1922/23: Heimsuchung

Deckenfresken in der Morzger Kirche, Salzburg, 1922/23: Verkündigung (oben)

171

Anton Faistauer, Clemens Holzmeister und Egge Sturm-Skrla vor den Festspielhaus-Fresken, 1926

eine Seccomalerei mit Kasein[67] wie in Morzg, da diese keine Vorbehandlung des Putzes verlangte, „Zum ‚buono fresco' zwangen"[68] ihn aber – so der Künstler – die zum größten Teil noch nassen Wände. Nacharbeiten „al secco" erfolgten „stellenweise mit Kasein, Pastell, Kohle und Kreide"[69].

Holzmeister beschrieb die schwierige Ausgangslage im Foyer: „Es bestand aus vier voneinander völlig verschiedenen Wänden, die eine war eine alte Hauswand mit Fenstergittern, die zweite führte mit einem willkürlichen Bogen und unschönen Türen zu den Garderoben und Toiletten, die dritte hatte wieder ein willkürlich gewähltes Loch als Eingang von der Hofseite her und die vierte, die Eingangsseite, hatte niedrige Türen und das Kassenfenster. Zunächst versah ich diesen Raum mit einer ordentlichen Zierlichte an Stelle des unschönen Glasdaches. Dann belegte ich den ganzen Fußboden mit großen roten Adneter Marmorplatten; aber dann war es schon aus mit meiner Wissenschaft, denn alle Fenster und Bögen und Türen mußten belassen werden. Und hier kam mir nun Anton Faistauer, der damals noch viel angefeindete Maler, als Retter in der Not. Er versah in genialer Aufteilung alle vier Wände mit figuralen Darstellungen voll Reiz und Anmut, voll Dramatik und Lyrik und voll lokalem Kolorit in der Wahl seiner Themen. Und er verwob alles zu einem einheitlichen Werk in Farbe und Maßstab, so zwar, daß niemanden mehr die unschönen Öffnungen in den vier Wänden aufgefallen sind. Das einheitliche Oberlicht tat ein übriges und der rote Marmorfußboden verband noch einmal das geniale Werk meines Freundes"[70].

Hinten v.l.n.r. Theodor Kern, Anton Bachmayr, Egge Sturm-Skrla und Anton Faistauer vor den Festspielhaus-Fresken, 1926

Faistauer „schmückte" nicht nur die Wände, er brachte sich bei der architektonischen Neugliederung von Hütters Wandgestaltungen maßgeblich ein[71]. Er verstand es, Holzmeisters architektonische Klärungsmaßnahmen mit den Möglichkeiten der Malerei – im Wesentlichen erfolgreich – weiterzuspinnen. An der „Cäcilienwand" wurde das Rundbogen-Motiv mit der raumhohen, apsisartigen Flachnische zur Aufnahme des Mysteriums ins Monumentale abgewandelt. Links davon bildete eine Art „Lisene" mit marmorner Heizkörperumrahmung als eigenwilliger „Basis" – geschmückt mit fünf Brustbildern von Heiligen – eine Zäsur zum Eingangsbereich mit den drei Türen. Über dem durchgehenden Porträtfries verschiedener Persönlichkeiten als „Architrav" entwickelt sich die Szene mit der musizierenden Cäcilie im Mittelpunkt. In der Werkleute- und Jedermannszenenwand relativierte Faistauer die störende Wirkung eines lotrechten Mauerrücksprungs durch einen gemalten Rücksprung als weitere vertikale Zäsur. „Gerade in dieser Wand störten die vielen Fenster. Jetzt sind sie geschickt in die Baugeschichte eingesponnen"[72].

Faistauer war neben dem formalen Aufbau auch für das Programm verantwortlich. Er verflocht unterschiedlichste Motive, mythologische und religiöse Figuren mit Gestalten aus dem Salzburger Geistesleben, aus der Erbauung des Festspielhauses und den daran beteiligten Persönlichkeiten. Die Szenen umkreisen Idee, Entstehung und Bestimmung der Salzburger Festspiele, konkretisiert in der Anspielung auf Hugo von Hofmannsthals „Jedermann"-Tafelrunde. Die antike Mythologie und Figuren des Alten Testaments

Theodor Kern, Anton Faistauer, Anton Bachmayr und Egge Sturm-Skrla bei der Arbeit an den Festspielhaus-Fresken, 1926

Deckenfresken in der Morzger Kirche, Salzburg, 1922/23: Ruhe auf der Flucht (oben) und Flucht nach Ägypten

Deckenfresken in der Morzger Kirche, Salzburg, 1922/23: Anbetung der Hirten
Nicht ausgeführter Entwurf für ein Wandfresko (Hauptschiff): Hochzeit zu Kanaan. Aquarell, Tusche, 1923, SMCA, Inv.-Nr. 24/67

bestimmen die „Wand der weltlichen Musik". Jeweils zwei gegenüberliegende Wände beziehen sich aufeinander. Die „Werkleute/ Jedermannszenenwand" und die „Theaterszenenwand" sind im Wesentlichen dem Schauspiel gewidmet. Ebenfalls einander gegenüber liegen die „Wand der weltlichen Musik" (Apollowand) und die „Wand der geistlichen Musik" (Cäcilienwand). Die religiösen Sujets, die bühnenartige Präsenz der Figuren oder der mittelalterliche Jedermann-Stoff verweisen auf „Das Salzburger große Welttheater" von Hugo von Hofmannsthal. Das geistliche Spiel seines Freundes wurde 1922 in der Kollegienkirche uraufgeführt (Regie: Max Reinhardt). Von Calderón de la Barcas großem Welttheater entnahm Hofmannsthal – wie er selbst im Vorwort schrieb – die Metapher, „dass die Welt ein Schaugerüst aufbaut, worauf die Menschen in ihren von Gott ihnen zugeteilten Rollen das Spiel des Lebens aufführen"[73].

Die Festspielhaus-Fresken:
Ein europäisches Universum der Kunst von Byzanz bis Hodler

Anton Faistauer schrieb 1923: „In der Gotik herrscht die religiöse Idee und füllt Jahrhunderte. In ihr klopfen alle Herzen, sie baut und werkt in einem Heer von schlichten, mehr oder weniger gefügigen Werkmenschen, die namenlos ihr gehorchen, sie hochtragen über Berge, in wenige ganz hohe namentliche Spitzen. In der Weitung dieser Idee, der Menschheitsidee, trieb das 16. Jahrhundert Dürer aus der Erde"[74]. Stellten kunstgeschichtliche Standardwerke die Frührenaissance als „die Entdeckung des Menschen"[75] und damit als große Zäsur zum Mittelalter dar, bedeutete dies in Faistauers epochenübergreifenden universellem Kunstverständnis nur eine „Weitung".

Die im wesentlichen orthogonale Gliederung die Wände im Festspielhaus-Foyer ist der Etageneinteilung der italienischen Malerei des Tre- und Quattrocento verwandt[76]. Wie auch andere Künstler[77] knüpfte Faistauer bei vielen Szenen und Figuren an die „Primitivität der frühen Italiener"[78] an. Zudem sind die Anklänge an Giotto, Mascaccio, Fra Angelico, Piero della Francesca, Jan van Eyck und Albrecht Dürer sowie Künstler der Moderne wie Edvard Munch oder Ferdinand Hodler[79] teilweise „ziemlich wörtlich ‚zitiert'"[80]. Die Konkretheit der „Unterlagen", stilistisch unterschiedlicher Kunstwerke verschiedener Epochen und kunsthistorischer Kontexte, übertrifft das bei Faistauer sonst Bekannte. Er wollte programmatisch die universale Einheit der Kunst vom Mittelalter über die Renaissance zu den Klassikern der Moderne demonstrieren. Besonders präsent ist die Entwicklung vom Spätmittelalter zur frühen Neuzeit, in der die Künstler eine neue Autonomie erlangten. Das zweidimensionale Medium der Malerei eroberte sich die dritte Dimension in Form des perspektivisch verkürzten Raums. Die Majestas Domini im „Mysterium" über der Foyer-Kassa schließt an die byzantinisch beeinflusste mittelalterliche Kunst an und präsentiert sich trotz hohem Anbringungsort frontal. Monumentalität entsteht durch Größe und Distanz. Die Gruppe der Heiligen darunter bezieht sich direkt auf Albrecht Dürers „Anbetung der Heiligen Dreifaltigkeit" von 1511. Deren Monumentalität entsteht nicht mehr aus den Gestalten selbst heraus, sondern aus der Einbindung des Betrachterstandpunkts. Hinter dieser perspektivischen Darstellung der Renaissance stand eine neue Weltanschauung, während die Welt des Mittelalters unabhängig vom betrachtenden Subjekt als eine vom Menschen, von Raum und Zeit autonome, absolute göttliche Wahrheit bestand. Im „Mysterium" wollte Faistauer eine Synthese aus mittelalterlichem und neuzeitlichem Weltbild erreichen.

Die Emanzipierung der (Monumental-) Kunst von der Kirche wurde durch die frühbürgerliche Kunst der Renaissance eingeleitet. Die religiöse Thematik wurde zwar durchgehend beibehalten, aber durch eine neue realistische Darstellungsweise profanisiert. Die Monumentalität des Menschen, der Beginn einer rationalen Erfassung des Raums, die Gefühle und Beziehungen der Menschen untereinander begannen den Bildinhalt zu bestimmen. Im Festspielhaus-Foyer spannt sich der Bogen von der Sakral- zur Profanmalerei, von der entrückten Majestas Domini über innig verhaltene Szenen mit künstlerischen Höhepunkten wie „Philemon und Baucis", über Figurengruppen von expressiver Dramatik und Theatralik bis zu Apollo. Die selbstbewusste, eigenverantwortliche Lichtgestalt der Neuzeit präsentiert sich vor der zentralperspektivisch verkürzten Felsenreitschule, der Geburtsstätte der Festspiele mit der Festung darüber. In der Fassung von 1926 widmete sich der schöne junge, griechische Gott des Lichts als Verkörperung des hehren Reichs der Kunst innig dem Leierspiel. 1927 überarbeitete Faistauer ihn zu einem attributlosen, die Hände extrovertiert und heroisch ausbreitenden Wesen, das aus der Wand zu treten scheint (Abb. S. 181, 389). Apollo soll die Augen des ins Foyer Eintretenden auf sich ziehen. Prototypisch stellte der Künstler den humanistisch-neuzeitlichen Menschen mit harmonischer Einheit aus Körper und Geist in den Mittelpunkt. Göttliche Schönheit sollte durch reale irdische Schönheit des Menschen, Geistiges durch den Körper und seine Bewegung ausgedrückt werden.

Faistauer wollte den Dualismus in der Kunst, der mit der gesellschaftspolitischen Entwicklung im Quattrocento seine Vorzeichen

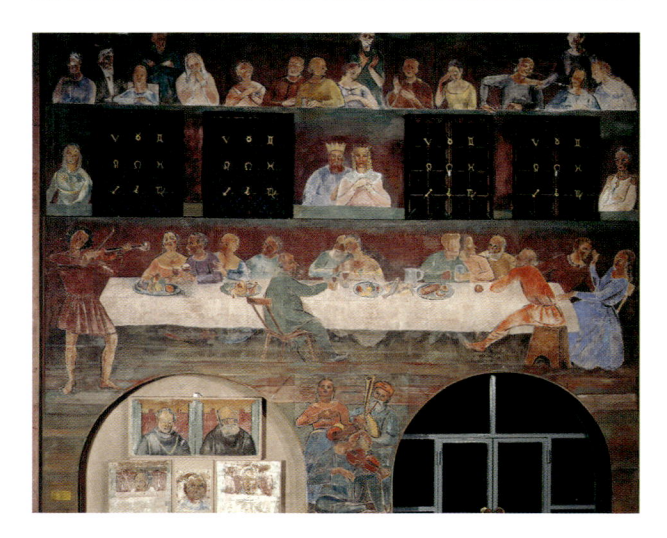

Wandfresken für das Festspielhaus in Salzburg, 1926/27, heutiger Zustand. In Leserichtung: Die dem Eingang gegenüberliegende „Apollowand", „Theaterszenenwand", „Cäcilienwand", „Werkleute/Jedermannszenenwand"

Anton Faistauer: Außenfresko am Kolleg St. Benedikt in Salzburg, 1926

Wandfresken für das Festspielhaus in Salzburg, Zustand 1926. Oben das „Mysterium" mit der Majestas Domini an der „Cäcilienwand" (links) und die „Werkleute/Jedermannszenenwand", unten die „Theaterszenenwand"

von Idealismus zu Realismus wechselte, aufheben. Seine Porträts zeigen einen Schwebezustand zwischen Idealisierung und Individualisierung. Die fiktiven Bildnisse von Heiligen wie Augustinus oder Franziskus und jene von elf Persönlichkeiten aus dem Salzburger Kulturleben über den Türen der „Cäcilienwand" im Festspielhaus-Foyer unterscheiden sich in ihren zurückgenommenen Physiognomien kaum. Faistauers strebte auf unterschiedlichen Ebenen eine Synthese zwischen Mittelalter, Neuzeit und Gegenwart an.

Wandfresken für das Festspielhaus in Salzburg. Die „Apollowand" 1926 (oben) und nach der Überarbeitung 1927 (unten). Augenscheinlich sind die Veränderungen bei der Figur des Apollo, der nun aus der Wand zu treten scheint

Faistauer unterschied 1921 „zwei Hauptströmungen in der Malerei – vielleicht auch im Leben, die objektive und die subjektive Welterfassung: Die klassisch absolute und die psychologische Malerei. Auf der einen Seite in neuester Zeit die Franzosen, mit wenigen Ausnahmen auf welsche Tradition aufgebaut, auf der anderen die Psychologen Munch, Kokoschka, von der Literatur kommend, mit Unterlagen aus Rembrand, van Gogh, Grünewald. [...] Dass ein mehr oder weniger tiefes Ineinandergreifen selbstverständlich da

Außenfresko am Kolleg St. Benedikt in Salzburg, 1926

Skizzen für das Außenfresko am Kolleg St. Benedikt in Salzburg, 1926. Links: Gnadenstuhl (Salzburg, Privatbesitz). Rechts oben: Peter Behrens (Museum für Hamburgische Geschichte, Inv.-Nr. 2001,4979). Rechts unten: Peter Behrens (Salzburg, Privatbesitz)

ist, da sein muß, ist klar. Goethe drückt es irgendwo mit der Prävalenz von Objekt und Subjekt aus"[81]. Dostojewski, den Faistauer als Gegenspieler zu Goethe einer „subjektiven Welterfassung" zuordnete[82], hat – so der Künstler – „die erhabene Disziplin, sich selbst noch letzten Endes entgegenzutreten, sich endlich zu objektivieren als letzte Stufe höchster Künstlerschaft"[83]. Faistauer akzeptierte nur jene Gebilde „als wahrhaft künstlerische Werte, die ungeheuchelte menschliche Bekenntnisse des Glaubens an die Metaphysik sind und als solche auf den Menschen wirken"[84]. Faistauer, einem Künstler der „klassisch absoluten" Malerei, bot sich eine Argumentation, sich der „psychologischen Malerei" zuwenden zu können und diese zu „objektivieren". 1923 führte er über die „Unterlage" Edvard Munch aus: „Bei Munch bekommt alles Physiognomie. Er ist kosmischer Psychologe. Straße, Häuser, Wald und Feld haben psychischen Ausdruck. Hier ist äußerster Subjektivismus in großer Malerei"[85]. Edvard Munch wollte das „moderne Seelenleben" und die wesentlichen Themen des Menschseins in neuen Bilderfindungen darstellen[86] und beanspruchte im Gegensatz zu den Symbolisten nur zu malen, was er „auf jeden Fall durchlebt hat"[87].

Für Faistauer war es inakzeptabel, dass ein Maler seine Bilder „aus sich selbst" schöpfe und „Schule und Beispiel" verachte: „Das Gesetz, das die Welt bewegt, bewegt doch auch uns, selbst als einen Teil dieser Welt. Warum die Erfahrungen der Meister verschmähen, die gehorsam und pflichtgetreu, ordnend und mit eifrig wachen Ohren lauschten ... und sich endlich Gesetze fanden, die das Bild fest in die Welt verrammten, der Welt verketten und sichern? [...] Der Mensch findet, es ist dies genug"[88]. In Abgrenzung zum Expressionismus, dem Faistauer „krampfhaftes Streben nach Ausdruck"[89] vorwarf, wollte er sein Durchlebtes objektivieren und mit den von ihm gefundenen Gesetzen als „Unterlage" zu einer Universalkunst verschmelzen.

Die Foyer-Fresken zeigen diese intensive Auseinandersetzung Faistauers mit Munch. Besondere Relevanz besaßen Munchs sein ganzes Leben begleitender „Lebensfries"[90], der für Max Reinhardts Berliner Kammerspiele gemalte „Reinhardt-Fries" 1906/1907[91] und programmatische Bilder wie der „Tanz des Lebens" von 1921. Im Lebensfries arrangierte Munch eine Auswahl seiner Bilder zu einer „Dichtung" über das Leben, die Liebe und den Tod, „einer Symphonie" mit unterschiedlicher Lautstärke, grellen Tönen, Raumklang u.a. Die Bilder, notierte Munch zur Präsentation in Berlin 1902, „wirken durch ihre Gleichheit und Unterschiedlichkeit"[92]. Dort hat er erstmals in einem Fries über den Türen der Eingangshalle den Wänden die vier Themen „Keimen der Liebe", „Blühen und Vergehen der Liebe", „Lebensangst" und „Tod" an der Rückwand zugeordnet.

Im Festspielhaus-Foyer „begrüßt" Apollo den Besucher. Er verlässt das Haus über die von göttlicher Musik geprägte Cäcilienwand. Faistauer wollte eigene Lebenserfahrungen auf der „Theaterszenenwand" „objektivieren", die der Entwicklung der Tragödie von der Dichtung bis zur Inszenierung im Theater durch Regisseur und Schauspieler gewidmet ist. Der Fries links oben zeigt Grundideen der Tragödie, der darunter liegende den Mönch bei seiner dichterischen Auseinandersetzung im Garten. Im Zentrum des oberen Frieses steht der Tod, gleichzeitig am Beginn des von rechts zu lesenden Figurenfrieses. Er wartet auf den Jüngling, der seiner Geliebten den Abschiedskuss gibt. Der einsamen, verzweifelten, wehklagend die Hände gen Himmel streckenden Geliebten folgt eine angsterfüllte Mutter, die ihr Kind im Arm zu beschützen sucht. In der nächsten Szene ist das hilflose Baby bereits getrennt, die Mutter versucht es durch eine abwehrende Geste zu schützen. Es folgen eine zusammengekauerte Gestalt und eine händeringende, mit dem Schicksal hadernde Frau. Während Faistauer hier in einer für sein Werk bis dato unbekannten Emotionalität, Dramatik und Bewegtheit die ewigen Themen Tod, Trennung, Einsamkeit und Schmerz behandelt, sind Philemon und Baucis ruhig und gefasst wie der wartende Tod. Eingebettet in eine hügelige Landschaft steht das von Ovid in den „Metamorphosen" verewigte Paar für eheliche Liebe und Treue bis in den Tod, Gastfreundschaft und Bescheidenheit.

Von dem in ein Leintuch gehüllten Gerippe führt ein Weg hinunter über einen blauen Torrahmen zum „Dichtergarten". Ein introvertierter Mönch trägt die Dichtung in sich und bildet mit seiner Umrisslinie ein annähernd gleichseitiges Dreieck. In seiner Gesellschaft befinden sich eine Jungfrau mit Lämmchen, eine madonnengleiche Mutter mit Kind und drei Kaninchen, ein Jüngling mit einem Setzling und ein Paar. Diese in sich ruhenden Gestalten sowie Philemon und Baucis entsprechen Faistauers gewohnter Ausdrucksweise. Otto Kunz beobachtete: „Es ist so still und heimlich und schön ..., dass, man es überhaupt nicht mit Worten sagen, sondern nur malen kann'"[93].

Strahlt die saftige Wiese mit offenem Horizont Ruhe aus, so kontrastiert dazu die Landschaft im Fries darüber. Die Hoffnungslosigkeit der Schicksalsgebeutelten korrespondiert mit ihrem Hintergrund, einem schier unbezwingbar hohen, kahlen Bergmassiv. Die verschiedenen, subjektiven Gefühlszustände sollten zu allgemeingültigen Archetypen „versteinern". Munch verband die Bilder seines „Lebensfrieses" durch den Rhythmus der wiederkehrenden Motive (Horizont, Strand, Meeresspiegel, Bäume) und verschmolz Figur und Umraum direkt, wie der „Schrei" exemplarisch zeigt. We-

Diana von der Jagd heimkehrend. Deckenfresko für das „Ledererschlössl" in Weidlingau bei Wien, 1929.
Heute Salzburg, Universität Mozarteum, Altes Borromäum

187

Wandfresken für das Festspielhaus in Salzburg, Zustand 1926. Das Paar

Wandfresken für das Festspielhaus in Salzburg, Zustand 1927

der bei dieser Verschmelzung noch bei der Transparenz Munchscher Gestalten gab es Anknüpfungspunkte zu Faistauers Körper- und Raumverständnis, jedoch umso deutlicher bei der fundamentalen Bedeutung des Bildhintergrunds. Dieser diente der Beschreibung der Figuren und deren Psyche. Faistauer umkreiste ähnlich wie Munch Motive wie Liebe, Schmerz, Einsamkeit und Tod, aber auch Gelassenheit und Kontemplation. Möglicherweise steht der Abschiedskuss des Paares mit Faistauers Einberufung zum Militär 1916 in Verbindung – der Pazifist musste einen Fronteinsatz befürchten –, vielleicht die um ihr Kind klagende Mutter mit Faistauers 1917 geborenem zweiten Sohn Georg Anton, der nach wenigen Wochen starb. Von dem sich an den Schultern berührenden bzw. betastenden Paar eliminierte Faistauer 1927 den Jüngling gemeinsam mit einem der beiden Hasen zu seinen Füßen. Nun betrachtete sich die Frau in einem Handspiegel. Im November 1926 hatte sich Faistauer von seiner zweiten Frau, Emilie Ehrenberger, scheiden lassen. Das Gesicht seiner neuen Lebensgefährtin Adelgunde Krippel verewigte Faistauer im Foyer – wie er selbst schrieb – drei Mal.

„Der Inhalt des Raumes geht rund ums Leben herum: Es gibt da Menschen von einem Jahr bis ins höchste Greisenalter, männliche und weibliche, schöne und häßliche, glückliche und unglückliche, weinende und lachende"[94]. Faistauer integrierte – wie er weiter schrieb – Menschen, die ihm in seinem „Leben begegneten". Sie sind „hier in den Dienst des Theaters und der Musik gestellt, singen und tanzen, blasen und spielen daher und schreien und streiten, hantieren und schreiten, wie es im Schauspiel üblich ist, im weltlichen wie im kirchlichen"[95]. Faistauer ließ nicht nur die Physiognomien dieser Menschen einfließen, sondern wollte – als „Instrument des Kunstwillens, ... von „äußerster Selbstlosigkeit"[96] – gemeinsam Durchlebtes in Szenen eines künstlerischen Universums objektivieren.

Für Faistauer bedeutete die Foyer-Ausmalung – ähnlich wie der Lebensfries für Munch – eine universale Dichtung oder Symphonie. Der schriftstellerisch begabte Künstler sprach von der „Einheitlichkeit der Kunstwege" Malerei, Dichtung, Musik: „Sie werden vom gleichen Blut gespeist, vom gleichen Hirn geleitet und kommen zum gleichen Ziele – zu Gott"[97].

Die Abnahme der Fresken 1939[98], die nicht optimal durchgeführte Wiederanbringung 1956[99] sowie bauliche Veränderungen führten zu einer starken Beeinträchtigung ihrer Wirkung. Ursprünglich waren die Farben viel intensiver und wärmer[100]. Sie werden seit 1956 von einem Ockerton erschlagen[101]. Durch starke Verluste bei den Secco-Malereien litt die raffinierte Oberflächenwirkung. Die Restaurierung 2005/2006 verspricht Besserung[102].

Für Faistauer bedeuteten die Fresken den internationalen Durchbruch. „Die Bau- und Werkkunst" kritisierte, dass die Ausmalung nicht von zusammenfassender Monumentalität, sondern „als Summe von Einzelbildern" wirkte[103]. Auch Franz Fuhrmann konstatierte eine „gewisse Unstimmigkeit zwischen dem hohen Anspruch der gestellten Aufgabe und ihrer künstlerischen Bewältigung"[104]. Den treffenden Beobachtungen steht Faistauers komplexes Programm gegenüber, bei dem die Kritik an stilistischer Heterogenität zu kurz greift. In Morzg ging es um das Ausbalancieren von Dualitäten wie Sinnlichkeit und entrückte Transzendenz, Individualität und Idealisierung. Beim Festspielhaus kam in ungleich stärkerem Maß die Kunstgeschichte hinzu, die Synthese der europäischen Sakral- wie Profankunst zwischen Mittelalter und Neuzeit, sowie besonders in den Friesen das Spannungsfeld zwischen persönlich Erlebtem und dessen Verallgemeinerung zu objektivierten Archetypen.

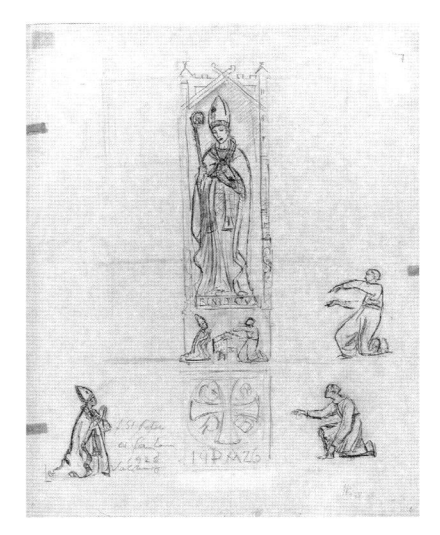

St. Benedikt. Entwurf für das Fresko am Kolleg St. Benedikt in Salzburg. Bleistift, Tusche, 1926. SMCA, Inv.-Nr. 26/67

Die beiden Außenfresken für das Kolleg St. Benedikt in Salzburg 1926

Nach Fertigstellung der Ausmalung des Festspielhaus-Foyers Anfang August 1926 ereilte Faistauer – so der Künstler – eine „nieerahnte Müdigkeit. […] Sie blieb nicht; sie wich neuer Schaffenslust und Kraft"[105]. Davon zeugen die beiden Fresken, die Faistauer für den Hof des Kollegs St. Benedikt in St. Peter schuf, eine Sonnenuhr mit Gnadenbild an der Süd- und einen Gnadenstuhl an der Westfassade über dem Durchfahrtsportal. Der deutsche Architekt Peter Behrens plante auf Basis eines Entwurfs von Baumeister Franz Wagner für Abt Petrus Klotz den zwischen 1924 und 1926 errichteten Bau[106].

Faistauer meisterte nach einem intensiven Entwurfsprozess durch kompakte Kreuzformen und streng symmetrische Bildordnungen die anspruchsvolle Aufgabe, die Motive in die schmalen Mauerstreifen der engen Lochfassadenraster einzuschreiben. Im Gnadenstuhl bildeten die ausgebreiteten bzw. ausgestreckten Arme von Gottvater und Gekreuzigtem eine Rautenform, die zu Horizontale und Vertikale vermittelt. An der unteren, zweiten Schnittfläche bilden die Körper des Stifters Petrus Klotz und des Architekten Peter Behrens ein gleichschenkeliges, leicht aufgesteiltes Dreieck. So führt das klassische Stiftermotiv als Basis der Komposition den Blick nach oben, wo diese seitlich mit schwebenden Engeln und der Taube oben in leicht-lockerer Form ihre Abschlüsse erfährt. Die Gesamtform des Kreuzes mit seinen Verbreiterungen erinnert an Kruzifixe des Duecento in Italien. Faistauer zeichnete bei einer Italienreise in Perugia ein solches 1272 datiertes Kreuz[107] des umbrischen „Maestro di San

Außenfresko am Kolleg St. Benedikt in Salzburg, 1926. Aufnahme aus der Entstehungszeit

*Nicht ausgeführter Entwurf für das Bregenzer Kirchenfenster. Tusche und Aquarell, 1929.
Salzburg, Privatbesitz*

Kreuzigungsfresko am Klerikal- und Knabenseminar in Bamberg, 1928

Francesco" für die gleichnamige Kirche und entwickelte die prägnante Umrissform in diesem Kontext subtil weiter[108].

Im Gegensatz zur strengen Feierlichkeit der Kreuzigungsgruppe wirkt – wie Kai Mühlmann beobachtete – „das Gnadenbild der Madonna von Maria Plain ungemein reizvoll. Maria, eine rührend herbe Madonna der Gebirgsheimat des Künstlers, beugt sich lieblich-besorgt über das in Windeln gebettete, von Engeln getragene Kind. Die Gruppe schwebt segenbringend über dem Neubau und dem vieltürmigen Bezirk von St. Peter. Das Kind weist mit dem Szepter (als Zeiger der Uhr) der Sonne den Weg. Von dem Marmorrot des Grundes, der wiederum das Bild geradlinig umrahmt, heben sich das Schwarz-Weiß der Madonna, die dunkelblauen Gewänder der schwebenden Engel und die herrlichen Farben der Flügel: sattes Rot und leuchtendes Gelb" ab[109]. Faistauer reduzierte seine Farbpalette in St. Peter – wie zwei Jahre später in Bamberg – auf Rot, Blau und Gelb. Er verwendete eingefärbten Putz. Dies förderte die Farbsättigung und gewährleistet noch heute einen homogenen Gesamteindruck, obwohl starke Verluste bei den „secco" Anteilen des Freskos, bei den „sinnlich-glühenden Farben"[110] und der Plastizität der Figuren, die Wirkung beeinträchtigen.

Das Fresko für die „Münchener Kunstausstellung" im Glaspalast 1927

Für die „Münchener Kunstausstellung" im Glaspalast 1927 lud der Bildhauer und Präsident der Münchener Künstlergenossenschaft, Fritz Behn, Künstler demonstrativ ein, Wandgemälde statt Staffeleibildern zu schaffen[111]. Faistauer stellte 25 Gemälde aus, malte in vier Tagen „Das Bild mit den sieben Tieren"[112] al fresco und berichtete vom „netten Gemeinschaftsgeist" der Gruppe von Wandmalern[113]. Das eine Wand bedeckende Fresko hat sich nicht erhalten.

Die Salzburger Chronik lobte das Wechselspiel aus Kunst und Raum, welchen Clemens Holzmeister entworfen hatte[114]: „Zu Holzmeisters gotisch-derber und gotisch-schnittiger Holzarchitektur, die in tiefbrauner Färbung erscheint, steht in leuchtendem Gegensatz die farbenfreudige Kunst Faistauers: keinen besseren Rahmen hätte es für sie geben können als Holzmeisters wuchtige Raumfassung"[115]. Georg Jakob Wolf erschien in der Münchener Zeitung das Fresko, „das den etwas gesuchten Titel ‚Das Bild mit den sieben Tieren' trägt, ... wie ein Ableger seiner Salzburger Malerei. Es ist von gleicher Gesinnung und gleicher Technik, vielleicht aber klarer und darum monumentaler in der Komposition. Mit unerhörter malerischer Bravour ist das Fresko in vier Tagen an die Wand gezaubert

Maria, Abt Petrus Klotz und Architekt Peter Behrens. Nicht ausgeführter Entwurf für ein Außenfresko im Kolleghof St. Benedikt in Salzburg, 1926. Salzburg, Stift St. Peter

„Das Bild mit den sieben Tieren". Fresko in der „Münchener Kunstausstellung" im Glaspalast, 1927. 1931 verbrannt

worden. Stimmung und philosophische Haltung weisen auf Hans v. Marées als den Ahnherrn dieser Kunst. Da will nichts erzählt, keine Anekdote berichtet, keine allegorische Umschreibung für einen Zustand gefunden werden. Die Hauptsache ist, Menschen in der Landschaft zu zeigen, die einfach ‚da' sind"[116].

In einer anderen Besprechung hieß es: „Das merkwürdigste Stück ist wohl zweifellos Faistauers Fresko. ... ward mir gemach bewusst, dass diese künstlerische Gestaltung der gemeinsamen Seele der Menschheit entstammt und jedem und allen gemüthaften Menschen gehört. [...] Die Gestalten, welche Faistauer da auf die Fläche bannte, sind keine legendären Wesen, auch keine Verwandten heldischer Geschlechter, sie sind zeitlose Geschöpfe und zugehörig der großen Sippe, die ganz angefüllt ist mit den Empfindungen und Gedanken, die ewig in reinen Menschenseelen wiedergeboren werden und des Menschen Glück und Leid bestimmen. Es heißt dieses Fresko ‚Das Bild mit den sieben Tieren', aber es ist gar nicht nötig, dem Geheimnis dieser Symbolik nachzugrübeln, erforderlich nur der stummen Musik seiner gedämpft leuchtenden Farben und dem lautlosen Rhythmus seiner edel schwingenden Formen mit vertrauensvollen Augen zu lauschen, um zu erreichen, dass sich dem Beschauer die Ur- und Hintergründe dieses lauteren Kunstwerkes sachte auftun"[117].

Anton Faistauer und Anton Kolig (Mitte) unter österreichischen Künstlerkollegen vor dem Fresko in der „Münchener Kunstausstellung" im Glaspalast, 1927

Faistauer konstatierte, dass das Fresko „über die Salzburger Arbeit wieder hinaus ist"[118]. Dies bestätigt ein Vergleich mit dem „Lebensfries" im Festspielhaus. Die ebenfalls von Tieren begleiteten, wiederkehrenden Gestalten des nackten Paars oder des Mönchs sind ungleich weniger introvertiert. Die Männer präsentierten sich unmittelbar und aktiv dem Betrachter. Der nackte Mann, der sich von der Frau verabschiedet, besitzt Faistauers Gesichtszüge, wie die Fotografie mit Faistauer und Künstlerkollegen vor dem Fresko veranschaulicht. Wenige Wochen danach hat der Künstler im Festspielhaus-Fresko den Mann des wesentlich inniger dargestellten Paars eliminiert. Die stehende Eva[119] und das nackte Paar flankieren den Durchgang. Eine Dreiergruppe Mann, Frau und Kind, die beiden Ringer und der Mönch oder Dichter sind schroff konturierte Gestalten vor einer einengend felsigen Architekturkulisse. Wie beim Festspielhaus fand Faistauers Biografie „objektiviert" Einzug in sein universelles Programm.

Das Kreuzigungsfresko für das Klerikal- und Knabenseminar Bamberg 1928

Faistauer erhielt 1928 aufgrund der Fresken von St. Peter einen Auftrag für den Hof des erzbischöflichen Klerikal- und Knabenseminars in Bamberg[120], das nach den Plänen von Architekt Ludwig Ruff 1927/1928 erbaut worden war[121]. Das Werk, welches sowohl beim Auftraggeber[122] als auch in der Presse lebhaften Widerhall fand, „ist eine Weiterentwicklung der St. Peter Dreifaltigkeit im Sinne einer Vertiefung und Monumentalisierung. Schon während der Arbeit beugten Gläubige ihr Knie zum Gebet, was sicher für die Wirkung dieser ... Schöpfung nicht minder spricht als [die] Anerkennung der publizistischen Kritik"[123]. Faistauer mußte das ungefähr 6 x 4 Meter große Kreuzigungsfresko mit Maria und Johannes – wie in St. Peter – in eine vorgegebene Lochfassade komponieren, blieb aber im wesentlichen zwischen zwei Fensterachsen. Die rechteckige, zwischen vier Fensteröffnungen situierte Freskofläche verbreitet sich nur oben beim Querbalken des Kreuzes, sodass sie wie ein Tuch zwischen den Fensterachsen zu hängen scheint[124]. Im Vergleich mit der Situation im Kolleghof St. Peter ist letztere wesentlich beengter, die Komposition dabei spannungsreicher.

Das Deckenfresko für das „Ledererschlössl" in Weidlingau bei Wien 1929

„Ich habe hier jetzt einen größeren Auftrag. Ein Deckenfresko in einem Schloß bei Wien. Diese Arbeit freut mich sehr und wird mich die nächsten Wochen stark beschäftigen. Aber es wird gut sein"[125], schrieb Faistauer im März 1929. Die Deckenmalereien entstanden für das sogenannte „Ledererschlössl" in Weidlingau[126], das nicht mehr existiert[127]. Das ehemalige Huldenburgische „Lustgebäude"[128], das Johann Bernhard Fischer von Erlach um 1710 für eine Anhöhe in Verbindung mit einem abgetreppten Barockgarten entworfen hatte, wurde 1929 nach Plänen von Karl Holey umgestaltet.

Die Decke im Stiegenhaus[129] sollte mit dem Thema „Diana von der Jagd heimkehrend" geschmückt werden. Faistauer wählte keine barockisierende, konkav und konvex einschwingende Stuckumrahmung, sondern eine strengere Form, die Umrisslinie der Verschneidung eines Ovals mit einem Rechteck. Wurde in einer frühen Skizze der Vordergrund mit Musikanten, Geflügelten und Maler mit Staffelei betont, so rückte in einem späteren Entwurf Diana stärker ins Zentrum. Faistauer straffte bei der Realisierung die Komposition

Drei weibliche Akte. Skizze für Deckenfresko Weidlingau bei Wien. Kat.-Nr. 174

Skizze für Deckenfresko Weidlingau bei Wien. Kat.-Nr. 170

weiter und verankerte die einzelnen Figuren und Formen durch ein auf die Bilddiagonalen bezogenes Koordinatensystem. Im Zentrum der Komposition führt Diana die Gruppe mit Jägerinnen an, gefolgt von Trägern der Beute. Frauen an einem Tisch unter dem Zelt reichen Diana einen Früchteteller. Darunter spielt eine Musikantengruppe auf der linken Brüstung einer Stiegenanlage, rechts flankiert Faistauer, sich als Malerfürst gebärdend, die zentrale Szene. Auf den Stiegen selbst lagern Genien, während über der Dianagruppe zwei weitere geflügelte Wesen schweben.

Von einer „barockisierenden Manier"[130] der Fresken kann nur bedingt gesprochen werden. Die Figuren strahlen wenig Bewegtheit aus, während die Untersichten besonders bei den schwebenden Genien dem raumsprengenden Konzept barocker Deckenmalereien entsprechen. Insgesamt ist in der Bildkomposition aber die Wertigkeit der zentralen Dianagruppe nicht stark genug ausgeprägt, um an die Steigerung barocker Apotheosen zu erinnern.

Die Ausschmückung des öffentlichen Raumes

Faistauer nannte in einem Gespräch mit Arthur Roessler wohl Anfang der 1920er Jahre – wie der Kunstkritiker angibt – sein letztes Ziel, „denn als das schwebt mir die Ausschmückung öffentlicher Räume vor, profaner und sakraler, mit großen unmittelbar auf die Wände selbst gemalten Darstellungen weltlicher und geistlicher, menschheitsgeschichtlicher Art. Den Weg, der diesem zuführt, will ich gehen, er sei noch so lang und beschwerlich: und ich werde ihn betreten, auch wenn mir Gefahr droht, dabei unterwegs zu erliegen"[131].

„Ich habe bereits für nächstes Jahr 3 kleine Freskoaufträge", schrieb Faistauer im Oktober 1926 zuversichtlich[132]. Faistauer gab mit den Fresken für Festspielhaus und St. Peter einen wichtigen Impuls für die Entstehung von Außenfresken in Salzburg, selbst blieb ihm aber ein weiterer Auftrag versagt[133]. Weder Überlegungen für den Quertrakt im Kolleghof fanden eine Umsetzung, noch ein zweites Projekt von 1926, ein monumentaler Christophorus an der „Herberge am Steintor" (Giselakai 17)[134]. Faistauer wollte zudem den ganzen Alten Markt mit Fresken zieren[135].

Realisieren konnte hingegen der Salzburger Maler Karl Reisenbichler (1885–1962) 1927/1928 drei seiner so genannten „Neosgraffitos", die die Geschäfte und Lokale in den Häusern thematisierten, das Café Lohr (Linzergasse 1), das Tuchhaus Thalhammer (Rathausplatz 2) und die Monumentalfiguren auf dem Ankerhaus (Waagplatz 1). Faistauer schrieb ohne Namensnennung in der „Neuen

Freien Presse" unter dem Titel „Das Salzburger Stadtbild in Gefahr":
„Weiß Gott, welcher Verführer es den Salzburger Tuchverkäufern,
Kaffeesiedern und Versicherern eingeblasen hat, ihre Firmenschilder so marktschreierisch auf die ganze Fassade auszubreiten!"[136]
Faistauer sprach sich dagegen aus, „Häuserfronten durch zerflatternde Kompositionen und mögliche Buntheit zu beunruhigen und
aufzulösen, der Freskomaler muß zusammenfassen, muß mehr bei
jenen Häusern mit ihren einfachen schlichten Fassaden, wo die
Fläche so eindringlich spricht, verbleiben"[137].

Die Entwicklung zum Wandbild war eine internationale Tendenz
nach dem Ersten Weltkrieg, die mit der Beruhigung und Glättung
der expressiven Farbmalerei, der Rückgewinnung des Gegenständlichen und der Konkretisierung der verschiedenen Strömungen der
Malerei der Sachlichkeit Mitte der 1920er Jahre zusammenhing, wie
die Kunsthistorikerin Irene Nierhaus analysierte: „Darüber hinaus
wurde das Wandbild gegenüber dem mit bürgerlichem Intimus
assoziierten Tafelbild wegen seiner sozialen Wirksamkeit aufgewertet. [...] Daher ist es auch kein Zufall, daß die Wandbild-Produktion
im Umkreis revolutionärer Sozialbewegungen debattiert, realisiert
und ästhetisch erneuert wurde"[138]. Beispielsweise gab es in der
revolutionären Sowjetunion eigene „Monumentalistensektionen".
Künstler wie George Grosz, Heinrich Vogeler, Oskar Nerlinger, Karl
Völker u.a. nutzten in der Weimarer Republik das Wandbild. Im
Österreich der Zwischenkriegszeit konnte Nierhaus solche „inhaltlich und/oder ästhetisch innovativen Wandbilder" nach kursorischer
Durchsicht nicht finden. Anton Faistauer wollte mit den Wandbildern
keinerlei politische Botschaften transportieren, sondern den Menschen außerhalb von Wohnzimmer und Museumsgalerie ästhetisch
erziehen.

Skizze Christophorus für Außenfresko Kolleg St. Benedikt oder Giselakai 17, Salzburg, um 1927. Nicht realisiert. Salzburg, Privatbesitz

Skizze Christophorus für Außenfresko Kolleg St. Benedikt oder Giselakai 17, Salzburg, um 1927. Nicht realisiert. Salzburg, Privatbesitz

DIE WANDMALEREI ALS TECHNISCHE UND KÜNSTLERISCHE HERAUSFORDERUNG

Nach der Ausmalung der Stablberg-Kapelle 1909 als erstes Intermezzo al secco wollte Faistauer mit dem Altarbild die engen Grenzen des Staffeleibildes sprengen. Faistauers Entschluss 1922, die
Decke der Morzger Kirche al fresco auszumalen, folgten zwischen
1926 und 1929 sechs weitere realisierte Fresken, wobei er schlussendlich auf jegliche Überarbeitung al secco verzichtete. Faistauer,
der u.a. mit eingefärbtem Putz experimentierte, wurde zu einem
der führenden Wiedererwecker der Fresko-Kunst in Österreich[139].

Um 1920 war in Europa die „Bemalung des nassen Mauergrundes, gleichgültig ob ... mit Fresko- oder Kaseinfarben ... eine Seltenheit", wie der Kunsthistoriker Hans Hildebrandt in seinem Buch „Wandmalerei – ihr Wesen und ihre Gesetze" bedauernd konstatierte[140]. Üblicherweise malte der Künstler im Atelier für die auszuschmückenden Wandfelder genau angepasste Leinwandbilder mit Ölfarben, „wenn auch im Stile der Freskotechnik. „Indem man das Bild nicht mehr fest mit der Wand verwachsen ließ, [war] sein Schicksal unabhängig vom Schicksal der Wand"[141]. Mitte des 19. Jahrhunderts waren Leinwandmalerei und auf die Wand geklebte Ölbilder (Marouflagen) in steigendem Maße zur bevorzugten Technik der Wanddekoration des Historismus geworden. Sie stellten die meisten Wandbilder des Späthistorismus und waren nicht so einfach zu transferieren.

Auch Faistauers Professor an der Akademie, der Historienmaler Christian Griepenkerl (1839–1912), schuf im Atelier Leinwandbilder für die Prachtbauten der Ringstraße. Der zu Lebzeiten anerkannte Künstler hatte aber in seiner Frühzeit 1860/70, nach dem Tod seines Lehrers, des Historienmalers Carl Rahl, einige architekturgebundene Malereien „al fresco" vollendet. Ab den 1820er Jahren führte das Engagement der romantischen Bewegung der Nazarener, gepaart mit dem Bedürfnis der wiedererstarkten Monarchie, zu einer neuen Monumentalkunst mit „öffentlicher" und „betont erzieherischer und bildender Funktion", gleichsam zu einer öffentlichen Wiedereinführung der Freskomalerei in die Kunst Europas[142].

Anton Faistauer brach 1926 mit dem Festspielhaus-Auftrag und seinen beiden Texten „Das Fresko"[143] und „Meine Salzburger Fresken" für diese klassische Technik „al fresco" eine Lanze: „Die Freskomalerei ... ist dauerhafter als Eisen, widersteht dem Wasser, dem Frost und dem Feuer. Alle anderen Maltechniken sind geradezu lächerlich, die Ölmalerei insbesondere ist schmutzig, schmierig und schwerfällig wie ein Transchiff"[144]. Bereits Ludwig Hevesi formulierte 1904 bei der Besprechung von Hodlers Entwurf des Marignano-Freskos in der Wiener Secession: Dieses „gibt eine große technische Lehre. Woher die Unwirksamkeit der ungezählten und ungemessenen Wandmalereien mit denen das neunzehnte Jahrhundert alle deutschen Mauern bedeckt hat? Der Grund ist einfach. Es waren eigentlich lauter Staffeleibilder, ins Ungeheure ausgedehnt, in Öl verschwimmend, auf augentäuschende Wahrscheinlichkeit angelegt, zu Saalgemälden aufgebauschte Kabinettstücke. Das ist ihr innerer Unsinn"[145]. Hodlers Bilder waren „unwiderlegliche Beweise, dass das Historienbild auch eine moderne Zukunft hat"[146].

Hodler hatte 1900 technische Probleme bei der Umsetzung der drei Wandmalereien „Rückzug von Marignano" im Waffensaal des Landesmuseums in Zürich[147]. Die Realisierung der beiden späteren Monumentalwerke, der „Aufbruch der Jenenser Studenten in den Freiheitskrieg 1813" (1908/09) und die „Einmütigkeit" für das Rathaus von Hannover (1913/14) als Leinwandbilder, tadelte Hans Hildebrandt: „Selbst ein geborener Monumentalmaler wie Hodler hat es ... nicht verschmäht, diese einen Kompromiß bedeutende Malweise zu verwerten"[148]. Auch Edvard Munchs Wandbilder für die Aula der Universität Oslo (1910/1916) wurden entgegen dem ursprünglichen Auftrag mit magerer Ölfarbe (ungefirnist) auf Leinwand mit freskoartiger Wirkung realisiert.

Die künstlerische Praxis stand gegen Faistauers Propaganda für das klassische Fresko. Der leichten Demontage von Leinwandbildern im Falle baulicher Veränderungen standen aufwändige Abnahmetechniken bei Fresken gegenüber. Die Arbeit außerhalb des Ateliers war deutlich anstrengender, anstelle der gewohnten Ölmalerei musste der Künstler beim Fresko auf eine damals kaum praktizierte und tradierte Technik mit der Gefahr von Schäden zurückgreifen, sich bereits um den Putzauftrag kümmern und seine Arbeitsweise auf das Trocknen des Kalks abstimmen, was – wie Faistauer bei den Fresken für Bamberg 1928 schrieb – Probleme bereitete[149]. Nichtsdestotrotz wich Faistauer in den 1920er Jahren nicht auf eine leicht handhabbare Alternative wie die Silikat-Technik[150] aus, sondern begann „al fresco" und vollendete die Malerei in rückläufigem Maß „al secco".

Das Fresko als Experimentierfeld

„Die Freskomalerei ist keine Hexerei, ist klar und einfach"[151]. So begegnete Faistauer den offensichtlich vorhandenen, großen Widerständen gegen das Fresko. Die Wirklichkeit war eine andere. Die Werke der Wandmalerei stellten Faistauer – so Arthur Roessler – vor Aufgaben, „die für ihn neu waren und voll spannenden Interesses. Mit leidenschaftlichem Eifer wandte er sich dem Studium und der handwerklichen Bewältigung ihrer gesetzmäßigen Voraussetzungen zu"[152]. Bei den Anteilen „al secco" in der Morzger Kirche 1922/23 zahlte er Lehrgeld: Durch ein ungenaues Mischungsverhältnis zwischen Kalk und Kasein entstanden Schäden[153].

Während Faistauers Akademie-Studium 1906 bis 1909 wurde kein Spezialkurs für Techniken der Wandmalerei angeboten, da Etablierungsversuche ab 1902 gescheitert waren. Anfang der 1920er Jahre bemühte sich Ferdinand Andri (1871–1956) um die Einführung von Kursen für Fresko, Mosaik und Glasmalerei an der Akademie. Andri war ab 1920 Professor der allgemeinen Malerschule und gilt als „Wiedererwecker des Freskos". Als er 1922 ein Fresko in Pörtschach in Kärnten realisieren sollte, ersuchte das Professorenkollegium das Ministerium um Beihilfe zur gleichzeitigen Abhaltung eines Kurses. Dank Andris Initiative fand 1925 in Innsbruck ein Sommerkurs mit 24 Malern statt. Geleitet wurde er vom Maler und Restaurator Heinrich Kluibenschedl (1849–1929), der als einziger die Freskotechnik noch voll und ganz beherrschte. Nordtirol war eine der wenigen Regionen, in denen die barocke Freskotechnik in einer ununterbrochenen Lehrer-Schüler Kette überliefert wurde[154]. Bald danach übernahm Andri die Werkstätten der Akademie[155].

Die Stablberg-Kapelle als erste Wandmalerei Faistauers 1909 war al secco, wahrscheinlich mit Kasein als Bindemittel[156]. Am ehesten der aquarellhaften Wirkung des klassischen Freskos, die im 19. Jahrhundert ihre Dominanz eingebüßt hatte[157], entsprachen Faistauers Szenen und Heiligendarstellungen im Chor der Morzger Kirche, die lichter als die Deckenmalereien im Langhaus waren. Faistauer wollte bei den Repliken der Morzger Fresken (Abb. S. 370) die Wirkung auf Putz gemalter Fresken beibehalten und griff zu einer eigenwilligen Technik: Statt mit Ölfarbe malte Faistauer in einer wässrigen Technik, möglicherweise mit Kaseintempera auf einer weiß grundierten Leinwand[158]. Der bei mancher Replik besonders deutliche Eindruck von Flüchtigkeit soll an das zügige Arbeiten im frisch aufgetragenen Feinputz erinnern. Der 1909 verstorbene Kunsthistoriker Richard Muther sprach im Zusammenhang mit Leinwandbildern bei Ferdinand Hodler von der „Tragik aller dieser Meister, die ins Monumentale zu gehen suchen": Sie seien „gezwungen, sich über ihre Ziele dadurch Rechenschaft zu geben, dass sie in fast brutaler Weise die Stilgesetze der Wandmalerei auf das Tafelbild projizieren. Es wird vom Betrachter verlangt, dass er im Geiste die Werke in wirkliche Räume versetzt, wo sie nicht aus der Nähe, sondern gleich den Bildern Giottos und Michelangelos nur aus weiter Entfernung zu sehen sind"[159]. Auch Faistauers großformatige Leinwand-Repliken von Morzg, die bei der prominenten Präsentation im Mittelsaal der Wiener Secession im Spätherbst 1923 fälschlich als Kartons und Skizzen betrachtet wurden, fanden geteilte Zustimmung. Die Flüchtigkeit war Anlass für Reflexionen über „Gefahrenmomente" in der Kunst Faistauers überhaupt. Der Kunsthistoriker Ernst Buschbeck kritisierte eine „Oberflächlichkeit der Formgestaltung" und besonders beim religiösen, menschlich ergreifenden Gegenstand den „Mangel einer tiefen Versenkung in den Inhalt"[160]. Von den Festspielhausfresken stellte Anton Faistauer in der „Neuen Galerie" im Herbst 1926 in Wien nur die kleinformatigen Entwürfe aus. Auch verließ er bei diesen ursprünglich „al secco" geplanten Wandmalereien die bei Hodler oder Munch zu findende aquarellhafte Wirkung.

Satte Farbigkeit mit zum Teil sehr dunklen Bereichen prägen Faistauers Werk seit den Festspielhaus-Fresken. Dazu setzte Faistauer teilweise auch eingefärbten Feinputz[161] ein, gelb an der Cäcilienwand und rosa bei der Werkleute- und Jedermannszenenwand[162]. Die beiden Außenfresken am Kolleg St. Benedikt im Herbst 1926 erhielten durch die Beimischung roter Farbe in den Putz Grundton wie sattere Farbigkeit[163]. Sein letztes Fresko für Weidlingau 1929 schuf Faistauer auf großkörnigem, glattgeschliffenem, bis zu elf Millimeter starkem Putz. Dies erinnert an die seit Beginn des 16. Jahrhunderts in der Malerei eingesetzten bolustonfarbenen Grundierungen der Staffeleimalerei in rötlicher oder gelblichbrauner Varietät. Faistauer transformierte diese altmeisterliche Technik für seine künstlerischen Ambitionen. Der eingefärbte Putz ermöglichte zudem, dass Außenfresken wie jene für das Kolleg in St. Peter „würdig" ohne weiße Fehlstellen und allzu große Beeinträchtigung der Gesamtwirkung abwittern.

Zur kräftigen Farbwirkung beim Festpielhaus trugen große Secco-Anteile stellenweise mit Kaseintempera, Pastell, Kohle und Kreide bei[164]. In Weidlingau mischte Faistauer zum zementhaltigen Feinputz (ähnlich Terranova) Kalk bei und trug die Farben, denen er Eier zur Erhöhung der Bindekraft beimischte, an manchen Stellen äußerst pastos auf[165]: „Das bringt dem Bild besondere künstlerische Reize, hat aber zur Folge, dass der Kalk die Farben nicht voll zu binden vermag. Das führt zu einer nur schwachen Sinterhautbildung. Damit erreichte der Künstler das damals so beliebte pastellige Aussehen. Dazu hat er noch möglichst wenig Kalk in die Farben beim Einrühren gegeben, um ihre Leuchtkraft möglichst zu erhalten"[166]. Faistauer experimentierte erfolgreich und schuf sehr zügig – es finden sich nur wenige Tagwerksgrenzen – eine Primamalerei besonderer Wirkung[167].

Faistauer wollte, wie er 1926 schrieb, der rauen Mauer eine „glitzernde Haut" anziehen, „niemals um sie zu leugnen oder aufzuheben, viel eher um ihr Maß recht in Erscheinung zu bringen"[168]. Insgesamt näherten sich in Faistauers Kunst eine farbig satter werdende Wand- und eine sich aufhellende Tafelmalerei an, erzielten in gänzlich unterschiedlichen Techniken ähnliche Wirkungen. Die Morzger Deckenmalerei wurde – trotz des Beginns al fresco – von der Kaseinmalerei al secco geprägt. In Weidlingau schuf Faistauer sechs Jahre später ein reines Fresko, möglicherweise ein Ziel seiner von universellem Anspruch geprägten Bemühungen. Durch seinen Tod konnte Faistauer sein Versprechen, eine „Abhandlung über Ziel und Wesen moderner Wandmalerei" zu veröffentlichen, nicht mehr einlösen, einem – so der Redakteur der „Kirchenkunst" – auch „für die kirchliche Kunst so hochaktuellen Thema"[169].

Ortsgebundenheit und Ewigkeitsanspruch

Wichtige Anreize für das Fresko waren die „ewigkeitstragenden" Qualitäten dieser Technik, die Erweiterung des realen Raums konkreter Orte in den Wandbildern und der edukative Anspruch durch öffentliche Präsenz. Faistauer übertrug seine Überzeugung, „dass einige Worte ewig bleiben werden, die der Herr in den Sand geschrieben hat", auf die Wandmalerei. Für Faistauer war die Unbeweglichkeit „ein Wahrzeichen der Kunst, des Geistes und der Wahrheit"[170]. Eine leichte Demontierbarkeit erhöhte die Gefahr, dass bei Umbauten[171] oder der Ablehnung des Kunstwerks[172] die Wandbilder ihre raumbezogene Wirkung verloren.

Faistauers Wertschätzung für die „Verbundenheit des Wandbildes" mit dem „Schicksal des Ortes"[173] stand diametral zu der seit dem 19. Jahrhundert herrschenden Anschauung des autonomen Kunstwerks[174], das von seinem historischen und architektonischen Kontext trennbar ist. In der Denkmalpflege begann sich erst in den 1960er Jahren die Bewertung von Wandmalereien als integraler Teil der Architektur[175] durchzusetzen.

Die Wandmalerei als dienende Kunst

„Die Freskenmaler des Quatrocento müssen sehr glücklich gewesen sein, denn an sich ist die Freskomalerei das Schönste auf der Welt"[176]. Faistauer war von einem Sendungsbewusstsein für die Wandmalerei erfüllt: „Der Faistauer hat gearbeitet und gearbeitet, und selbst wenn zu unserer Freude eine Jause angesagt war, wollte er nicht unterbrechen"[177]. So schildert Wilhelm Kaufmann[178] die Zeit als Helfer bei den Morzger Wandmalereien.

Arthur Roessler erklärte sich Faistauers „aktive Sehnsucht, über die sogenannte ‚selbständige' Staffeleibilder hinaus zur ‚dienenden' Wandmalerei, dem Fresco, zu kommen", aus der „Tradition, ihren unverlierbar in Gemüt und Geist eingeströmten Kräften und deren lebendiger Wirkung"[179]. Anfang des 20. Jahrhunderts wurde die Vorstellung, dass die Malerei und die Kunst überhaupt ganz stark mit dem Medium der Tafelmalerei, des Staffeleibildes verknüpft war, in Frage gestellt. Während das Tafelbild erst im Spätmittelalter entstand und in der Renaissance zu dem Medium der Malerei avancierte, war die Tradition des Wandbildes ungleich älter. Folgt man Arthur Roesslers 1947 publizierten Aufzeichnungen eines Gespräches mit Faistauer im Jahr 1915, so hatte der Künstler während der Ausbildung an der Akademie „weder Zeit noch Lust zu entwicklungsgeschichtlichem Studium" und erhielt von ihm Informationen zur Entstehung der

„eigentliche[n], nicht bloß ornamental-dekorative[n] Freskenmalerei Europas" seit den „pompejanischen Wandmalereien"[180].

Hermann Bahr schrieb 1924 in einem Text über die Morzger Deckenbilder von einer wichtigen Intention Faistauers: „Auch die Kunst, die nur Sinn hat im öffentlichen Dienst, wird jetzt immer mehr zur Privatsache: das Staffelbild, nur als Malübung gemalt, vom Maler zum Händler, vom Händler zum zufälligen Käufer, dem in der neuen Wohnung noch eine Wand leer ist, wandernd, ist in seiner völligen Beziehungslosigkeit, in seiner vereinsamten Anonymität das scheußlichste Beispiel dafür. Die Morzger Fresken Faistauers aber, für einen vorbestimmten Ort in gebotenem Ausmaß gemalt, haben über die Kraft des jungen Meisters hinaus noch die Weihe des Gemeinsinns"[181]. Arpad Weixlgärtner kritisierte gleichzeitig die Tendenz, dass Künstler mit Werken, die sie auszuführen vorhatten, spekulierten: „Keineswegs neu ist auch, dass das verhängnisvolle Wort ‚L'art pour l'art' die Köpfe verwirrt und mancher Künstler geradezu darauf pocht – sit venia verbo – ein Narr auf eigene Faust zu sein". Umso größer war sein Lob für Faistauers Morzger Ausmalung: „Man fühlt: da kehrt die Kunst aus einem Wolkenkuckucksheim wieder auf die feste Erde zurück, wird wieder ein Stück Leben"[182]. Allerdings stellte Faistauer zahlreiche Leinwand-Repliken her. Ihre Präsentation in der Wiener Secession 1923 oder in der Ausstellung Christlicher Kunst in Innsbruck Sommer 1925 machten die Deckenbilder der Morzger Kirche gleichermaßen bekannt wie vermarktbar und erhöhten Faistauers Reputation.

GLASFENSTER – DAS „DOMFENSTER" 1925 FÜR SALZBURG, DIE KIRCHENFENSTER FÜR BREGENZ UND MAISHOFEN 1929

Otto Kunz berichtete 1935 von frühen Kindheitserinnerungen Faistauers und seiner Liebe zu bunten Glasfenstern in Kirchen: „Wenn das Sonnenlicht durch die Scheiben schien und auf den Boden schöne Farbringel warf, gefiel ihm das besonders gut. Dieses geheimnisvolle Spiel der Farben erweckte seine Phantasie, erregte seine Fabulierlust. Da fühlte er etwas von dem Mystizismus der Dinge, die sein bäuerlich gesundes, unberührtes Gemüt umgaben. Diese Freude an dunkeltonigen, von innen heraus leuchtenden Farben, die förmlich zu Lebewesen wurden und aus dem Kopf des Knaben nicht mehr herausgingen, blieb lebenslänglich ein Merkmal der Kunst Faistauers. Das sind auch die späten Farbenakkorde seiner Bilder, der choralartigen Musik, die seine Malereien sind"[183].

„Domfenster" für Max Reinhardts Neuinszenierung von „Das Mirakel" im Salzburger Festspielhaus mit Szenen aus dem Marienleben, 1925 (Ausschnitt). Verbleib unbekannt

Bemerkenswerterweise erinnert Faistauers verstärkt grafisch geprägte Malweise in der zweiten Hälfte der 1920er Jahre an Glasfenster mit der gestalterischen Bedeutung der Bleiprofile. 1925 schuf er ein „Domfenster" mit achtzehn Szenen aus dem Marienleben für Max Reinhardts Neuinszenierung von „Das Mirakel" auf der Mysterienbühne im Festspielhaus, welche in diesem Jahr nach Plänen von Eduard Hütter entstanden war. Faistauer stellte entsprechend Hütters Bühnenbild die Figurengruppen in ein gotisierendes Rahmenwerk und schrieb rückblickend: „Die Legende [des Marienlebens in Morzg] ist auf Glas umkomponiert"[184]. Der Kolorist Faistauer malte das kolossale, 6,70 x 1,25 Meter große, farbige Glasfenster mit Tusche und Farbe möglicherweise auf Transparentpapier[185] und konnte die Möglichkeiten des Glases mit seiner materialimmanenten Farbpalette nur suggerieren.

Ende 1927 fragten die „Vereinigten Werkstätten für Mosaik und Glasmalerei Puhl & Wagner, Gottfried Heinersdorff" in Berlin-Treptow bei Faistauer an, ob sie auf Basis der Kartons des Festspielhaus-Fensters die Gruppe der Anbetung der Könige und der Hirten mit der Muttergottes und Kind fertigen könnten. Faistauer willigte ein, ergänzte auf Bitte von Gottfried Heinersdorff die am Karton fehlenden Konturen im Gesicht des Christuskindes[186]. Die Werkstätte fertigte das dreiteilige Fenster mit Bleistegen, die im wesentlichen den kraftvollen Umrisszeichnungen am Karton entsprachen, in kraftvoll leuchtenden Farben, die vorne und hinten aufgetragen wurden. Das Glasfenster war bei der Tagung für Christliche Kunst 1928 in Berlin erstmals weiten Kreisen zugänglich und fand – so die Berliner Werkstätten – „allgemein großes Interesse und Anerkennung"[187]. Faistauer erklärte 1928: „Ich würde weitere Arbeiten wohl ebenso streng, aber im Rahmenwerk nicht so gotisierend machen"[188].

Dies konnte Faistauer unter Beweis stellen, als ihm sein Freund, Architekt Clemens Holzmeister, der 1928 das Glasfenster sah, den Auftrag zu insgesamt sechs großen Fenstern für die Mariahilf-Kirche in Vorkloster bei Bregenz vermittelte[189]. Im Sommer 1929 legte Faistauer Glasfenster-Entwürfe zu einem Marienzyklus vor, die das Kirchenbaukomitee und den engagierten Auftraggeber, Vikar Dr. Johannes Schöch, sofort überzeugten. Die sechs Fenster sollten die Themen Geburt Marias, Tempelgang, Verkündigung an Maria, ihr Gang über das Gebirge, Geburt Jesu sowie die „Mutter der Schmerzen" unter dem Kreuz beinhalten und beschränkten sich auf die irdische Existenz der Mutter Jesu und einfachen Frau aus dem Volk[190]. Faistauer schrieb im August 1929 über diese Darstellung der ganzen Schöpfung am Beispiel Marias: „Das Thema ist so überwältigend schön und groß, dass alles darin Platz findet, alles Menschliche, alles Geistige, der Anfang und das Ende. In ihm sind sich alle Menschen einig"[191].

Bühnenbild für „Das Mirakel" mit „Domfenster" im Salzburger Festspielhaus, 1925. Salzburg, Archiv der Salzburger Festspiele

Geburt Christi. Entwurf für das Glasfenster der Mariahilf-Kirche in Vorkloster bei Bregenz. Aquarell, Tusche, 1929. Verbleib unbekannt

Faistauer ging davon aus, dass sechs kleinere Fenster weiß bleiben sollten und wollte die sechs großen Fenster „leuchtend farbig" halten, „ohne dass sie ... zu viel Licht wegnehmen"[192]. Der Künstler wollte in die „geheimnisvollen Themen" „Gang über das Gebirge" und „Verkündigung" „viel Geheimnis der Natur und des Lichts" bringen. Die Kreuzigungsgruppe sollte in Rot, Orange und Grün gehalten werden, Marias Gang zu Elisabeth und das Verkündigungsfenster in einem geheimnisvollen Blau. Marias Geburt und ihr Tempelgang sollten in den „Farben des Abends violett – grün, wenig gelb" leuchten und mit den gegenüber liegenden Fenstern in Figurenanordnung und Farben korrespondieren[193]. Einer großen Zahl variierender Skizzen folgten die im Sommer 1929 beauftragten Farbentwürfe für die Weihnachtsszene und die Kreuzigung („Schmerzhafte Mutter") mit ihrer besonders beeindruckenden Farbdramaturgie (Abb. S. 399): Der vom Lagerfeuer der Würfelspieler ausgehende Lichtstrahl fällt auf den Körper der Magdalena und schließlich auf das Gesicht des Gekreuzigten, er verbindet die Figurenkomposition im Hochrechteck sowie Irdisches mit Überirdischem.

Im Jänner 1930 wurden alle Kartons für sechs Großfenster erwartet, „um durch eine Ausstellung im Sommer den Leuten lange Zähne zu machen"[194]. Dazwischen lag Faistauers Besuch in Bregenz Ende 1929, nach dem sich Vikar Schöch besorgt erkundigte, ob die Reise Faistauers Leiden nicht verschlechtert habe[195]. Allerdings starb Faistauer am 13. Februar 1930 über dem Karton für das Weihnachtsfenster, das neben dem Kreuzigungsfenster am weitesten gediehen war. Sein beeindruckendes Opus ultimum war „in groben Zügen nur teilweise fertiggestellt" und die Aufzeichnungen „vielfach ungenügend", wie es in einem Nachruf auf Faistauer hieß[196]. Holzmeister wollte, dass die Kirche gleichzeitig „auch ein Denkmal für meinen verstorbenen Freund"[197] würde und bot im März die Fertigstellung der sechs Fenster „im faistauerschen Sinne" Franz Wiegele an. Faistauers Maler-Freund wollte „mit Freuden und in ‚memoriam'", „mit zitterndem Herzen" in dessen Fußstapfen treten und gleichzeitig den Grundstein für „weitere größere Arbeiten" legen[198]. Da aber die Arbeit Wiegeles nur sehr zögernd voranging, erhielt den Auftrag „nach langer Geduldsübung" im Einvernehmen mit Faistauers Erben und im Sinne Holzmeisters schließlich Robin Christian Andersen, der Schwager Faistauers[199].

Faistauer hatte den Karton „Kreuzigung Christi" für die Glasmalereiwerkstatt vollendet, den Karton „Geburt Christi" noch ohne Farbe und wollte selbst die Fenster in Innsbruck bei der renommierten Tiroler Glasmalerei- und Mosaikanstalt bemalen[200]. Andersen brachte beide Kartons im Frühsommer 1930 nach Innsbruck und überwachte die Herstellung[201]. Er zog für die beiden, 1931 angebrachten Fenster „Mariä Geburt" und „Verkündigung" – wie von allen Seiten gewünscht – Faistauers Skizzen heran[202]. Für Clemens Holzmeister ging Andersen allerdings – wie der Architekt im Interesse der Gesamtwirkung bedauerte – allzu selbstherrlich damit um[203]. Andersens Realisierungen blieben weit hinter der Qualität der beiden Arbeiten Faistauers. Dieser erreichte bei der Kreuzigungsszene und dem Weihnachtsbild eine kraftvolle Körperlichkeit der Figuren. Die räumliche Tiefe und Lebendigkeit geht bei Andersen zugunsten einer flächig-ornamentalen Auffassung verloren[204].

Im Frühjahr 1929 erwähnte Faistauer, dass er möglicherweise in seiner Heimatgemeinde Maishofen Fresken realisieren werde[205]. Dieses Vorhaben stand wohl im Rahmen der 1928/1929 durchgeführten Renovierung[206] der 1863 errichteten Kirche. Nachweislich für die Kirche fertigte Faistauer 1929 einen Glasfenster-Entwurf mit der Hl. Katharina und einem Engel[207]. Das gemeinsam mit den Berliner Werkstätten gemachte Angebot für zwei Fenster um einen Preis von 4.000 Schilling wurde als „ungeheuer teuer, ja unerschwinglich" abgelehnt und bei der Tiroler Glasmalerei- und Mosaikanstalt die beiden Fenster Hll. Katharina und Elisabeth (à 570 Schilling) bestellt. Das Fenster mit der Hl. Elisabeth widmete die Familie Josef und Elisabeth Dick, Verwandte Faistauers.

Die ausgeführten Fenster zeigten stark stilisierte Heiligenfiguren und wurden als „ganz modern gemalt" bezeichnet: „Die Fenster werden sehr gerühmt aber nicht von allen. Manche sagen, das Moderne verstehen wir nicht"[208]. Auch die damals entstandenen Heiligenstatuen von Jakob Adlhart waren umstritten, wie der Pfarrer berichtete: „Die Beurteilung ist aber hierorts sehr gemischt, für Realistisches hat die Bauernbevölkerung doch wenig Verständnis. [...] Wenn wir zahlen, wollen wir auch was zu sagen haben, ... wir wollen mehr Dekoration"[209]. Es ist sehr fraglich, ob Glasfenster von Anton Faistauer wohlwollender in der Bevölkerung aufgenommen worden wären.

Geburt Christi. Glasfenster in der Mariahilf-Kirche in Vorkloster bei Bregenz, 1929

ZUR ROLLE DER MONUMENTALKUNST IN FAISTAUERS WERK

„Ob nicht die Kunst wieder, wie in alten Zeiten, der Besitz aller wird – in den öffentlichen Gebäuden und auf der Straße? Fresken [...] Ob nicht wieder Wandgemälde wie zur Zeit der Renaissance aufkommen werden? [...] Das Werk eines Malers braucht nicht wie ein Lappen in einer Wohnung zu verschwinden, wo es nur ein paar

Menschen zu sehen bekommen"[210]. Edvard Munch beschrieb 1929 die auch für Faistauers Künstlergeneration wesentliche Motivation.

Arthur Roessler schrieb 1912 von Wundnarben in Arbeiten Faistauers: „Sie ehren ihn, und es ehrt ihn der verbissene Ernst und die zäh ausdauernde Kraft, mit der er, der Hemmungen und Schwierigkeiten mannigfachster Art nicht achtend, den selbsterwählten, ebenso steinigen wie dornigen, aber auch aufwärts führenden Weg unbeirrbar weiterschreitet"[211]. Auch die Monumentalarbeiten und die Weiterentwicklung der Freskotechnik waren von Faistauer selbst gewählte Herausforderungen. Faistauer investierte dafür einen wesentlichen Teil seiner Energie und Leidenschaft. Arbeiten vor Ort war ungleich Kraft aubender als im Atelier. In der kalten Morzger Kirche 1922/23 wurde seine Lunge angegriffen[212]. Für die Ausmalung des Festspielhaus Foyers 1926 verausgabte er sich vollkommen und zermürbte sich 1927 bei der Überarbeitung.

Die Kräfte zehrende Monumentalkunst war eine bedeutende und facettenreiche Triebkraft in Faistauers künstlerischer Entwicklung. Nach einem in den 1910er Jahren von der Farbe geprägten Werk führte die Monumentalmalerei Faistauer, beginnend mit dem „Salzburger Votivaltar" – so beobachtete auch Arthur Roessler –, „zur Ausweitung seiner Kunst durch Befassung mit Problemen des Zeichnerischen"[213]. Faistauer musste sich in der Entwurfsphase mit Komposition und Bildaufbau zeichnerisch auseinandersetzen. Franz Fuhrmann beobachtete bereits 1972 den solcherart einsetzenden Klärungsvorgang in Faistauers Werk ab den Morzger Fresken: „Das Colorit wurde heller, die Zeichnung fester, der Bildaufbau noch einfacher, der Pinselstrich ‚geometrisiert'"[214].

Auch die notwendige Auseinandersetzung mit Bildinhalten erweiterten seinen künstlerischen Horizont, wie Arthur Roessler bemerkte: „Hatte er vordem die prallen Früchte aus den Heimatgärten auf Schalen vor sich hingelegt und ihre saftige Schwere mit glosenden Farben aufgewogen, dann die Frauen und Kinder so wie die Früchte gesehen, von innen her in die Formen ihres Daseins getrieben, dann auch Landschaften der geliebten irdischen Heimat zum Anlaß bildkünstlerischen Schaffens genommen, so wurden ihm fortan gewichtigere, bedeutsamere Dinge, Familie, Freundschaft, Lust und Leid, Leben und Tod, Allnatur und Gott, diese urewigen und urgewaltigen Themen, zu den bevorzugten Stoffen seines Gestaltungswillens"[215]. Faistauer verwob – besonders bei den Fresken im Festspielhaus und im Münchener Glaspalast – persönlich „Durchlebtes" und elementare Gefühlswelten mit dem Archetypischen universeller Zeitlosigkeit. Diesen kosmischen Ewigkeitsanspruch spiegelt der Ausdruck seiner Figuren wider, der im Laufe der 1920er Jahre immer archaisch-steinerner wird.

Faistauers auf Betrachtung aus Distanz angelegte Staffeleibilder wirken als Raumerweiterung ähnlich einer Fensteröffnung. Dieser Eindruck verbreitet sich bei Wandbildern. Die Überarbeitung des Apollo im Festspielhaus-Foyer 1927 zeigt eine Verschiebung der Figur innerhalb des Bildraums. 1926 noch in die Felsenreitschule eingebettet, „wanderte" Apollo 1927 nach vorne und schwebt vor der Bildfläche, es erhöht sich Präsenz und Aktionsradius (Abb. S. 181). Obwohl die Gestalten wie im Diana-Fresko in Weidlingau 1929 dadurch näher erscheinen, sichert ihnen die steigende Sprödigkeit und Glätte Distanziertheit.

Die Monumentalarbeiten in ihrem großmaßstäblichen Kontext befruchteten Faistauers kunsttheoretische Überlegungen: „Mit dem Gewicht der Jahrhunderte auf dem Rücken arbeitet sich schwer. Ihre klare Bestimmung: sie selbst zu sein, die Arbeit des Tages zu tun, vertrauend auf die wachsende Kraft, auf erfahrene Weisheit des eigenen Alters, hilft ihr endlich. Die Arbeit, der Bau, die Bauform ist die alte: die Weltbauform. Weltbauform ist die Bildbauform"[216]. Bei diesem Bauen aus Grundformen verstand sich Faistauer als Architekt: „Jeder gute Maler ist auch Architekt, sein Bild ist gebaut wie ein Haus, hat Grundriß und Aufriß, seine Hauptstützpunkte, seine Spannungen in Zeichnung Licht und Farbe. Seine Räume sind wie mit Waage und Zirkel angelegt. Ohne stärkstes Einfühlen von Gewichten und Maßen muß ein Bild einstürzen wie ein Haus. Das gute Bild hat auch seine Keller"[217].

Hohe Kompetenz bewies Faistauer in der Bewältigung unterschiedlicher architektonischer Kontexte. Die Einbettung der Fresken in das barocke Deckengewölbe der Morzger Kirche ließ eine Einheit aus Alt und Neu entstehen. Die beiden kraftvollen Kompositionen für den Kolleghof in St. Peter verspannten die Fresken mit der engmaschigen Lochfassade, machten sie zum „festen" Bestandteil des Bauwerks, gaben dessen strenger architektonischer Gliederung eine weitere Facette. Faistauers Meisterschaft zeigte sich gerade unter schwierigen Voraussetzungen und im Vergleich zur Unzahl unbefriedigender Beispiele, in deren Komposition störende Fehlstellen nicht bewältigt[218] und Wandbilder zu „lose" applizierten Dekorationen werden[219]. Architektonische Kompetenzen übernahm Faistauer im Festspielhaus-Foyer bei der singulären Aufgabe, alle vier Wände auszumalen, und er erzielte aus einer heterogenen Ausgangsposition eine einheitliche, feierliche Raumwirkung.

Faistauers Selbstverständnis als Künstler wandelte sich stark mit den Monumentalarbeiten in der zweiten Hälfte der 1920er Jahre. 1921 kritisierte Faistauer noch „den Zug zur Monumentalmalerei" bei den Deutschen oder den „Wille[n] zum Stil, zum persönlichen Ausdruck" als Eitelkeiten[220]. Faistauers international beachteter Erfolg des Festspielhaus-Foyers 1926, einer mit metaphysischen Dimensionen aufgeladenen Monumentalarbeit, förderte den Wandel im Selbstverständnis des Künstlers. Dies zeigen Faistauers Selbstporträts im Festspielhaus (1926) und in Weidlingau (1929). Von ganz oben aus der Ecke überblickte Faistauer verhalten, aber selbstbewusst das Festspielhaus-Foyer. 1927 erhielt mit der Überarbeitung des Apollo im Festspielhaus das Heroische eine wachsende Rolle in seiner (Monumental-) Malerei und erfasste auch den Künstler. Im Weidlingauer Deckenbild präsentiert sich Faistauer mit Pinsel und Palette vor der Staffelei breitbeinig in dramatisierender Untersicht als Malerfürst. Diese entrückte „Apotheose" klingt auch im starken Agieren im Leinwandbild „Der Maler" aus dem selben Jahr 1929 an (Abb. S. 343). Mit dieser Demonstration männlicher Entschlossenheit und überbordenden Selbstbewusstseins legte Faistauer das Antiheroische der Morzger Fresken gänzlich ab. „Das Ringen des feinsinnigen Zustandmalers mit den Monumentalität heischenden Dimensionen"[221] – so ein Kommentar über die Festspielhaus-Fresken – kam zu einem sein ganzes Schaffensspektrum bestimmenden Endpunkt.

ANTON FAISTAUER – VON DER ABLEHNUNG ZUR VEREINNAHMUNG

Im Entwicklungsprozess vom umstrittenen Künstler zu einer Galionsfigur salzburgischer und österreichischer Kunst spielten Faistauers in der Öffentlichkeit stehenden Monumentalarbeiten eine zentrale Rolle. Obwohl heute schwer nachvollziehbar, haben manche Leute „geradezu aufgeregt" gegen Faistauers Kunst „gewettert"[222], erinnert sich Wilhelm Kaufmann, der an den Fresken in Morzg (1922/23) mitgearbeitet hat. Die Morzger Kirche nahm Hans Oellacher als das beste „Zeugnis, daß Faistauer kein moderner Maler im schlechten Sinne ist, der durch Phrase über Mangel an Darstellungskraft und Können hinwegzutäuschen sucht"[223].

Die Vorgeschichte zur Apsisausmalung der Itzlinger Pfarrkirche 1925 ist aufschlussreich. Das Pfarramt beauftragte den jungen, in Salzburg geborenen aber in Deutschland arbeitenden Künstler Alois Wünsche (1903–1975)[224] in Ermangelung „eines ansässigen Malers der älteren Richtung". Das Denkmalamt hatte bei „Freskomalereien … von Malern der modernen Richtung hierzulande … die Erfahrung gemacht, … dass sie vom Großteil der Geistlichkeit und vom Volke nahezu einstimmig abgelehnt werden. Hierbei machen auch die Fresken Faistauers in Morzg keine Ausnahme". Von Wünsche erwartete sich das Denkmalamt „ein Wiedererwachen des Kunstempfindens und betrachtet diese Fresken als eine geeignete Brücke zwischen den alten Gleisen, in denen der hiesige Klerus und die Bevölkerung noch befangen sind, und der modernen kirchlichen Kunst, die sich bis jetzt noch nicht im gewünschten Maße durchsetzen konnte"[225]. Die Landeshauptmannschaft wollte Wünsche bei erfolgreicher Arbeit „für verschiedenste Kirchenausmalungen im Lande" heranziehen. Offensichtlich wurde ein Nachfolger für den 1922 gestorben Josef Gold gesucht. Seit 1870 bis ins hohe Alter blieb der vielbeschäftigte Restaurator und Kirchenmaler dem Nazarenertum treu. Er schuf unzählige Restaurierungen, Kirchenausmalungen und Altarbilder und war auch nach seinem Tod hochgeschätzt[226].

Der Morzger Pfarrer Franz Vatteroth ermöglichte Faistauer die Realisierung der Deckenmalereien 1922/23, da er die Ablehnung der geistlichen Behörde ignorierte[227]. Dieser Widerstand wurde in den Rezensionen bestenfalls angedeutet[228]. 1930 schrieb Franz Donat über die Ausmalung „in moderner Art. [...] Natürlich gab es, oder gibt es vielleicht sogar noch heute, Leute, die nicht damit einverstanden waren, Leute, die jedes Schaffen, das irgendwie neu, originär und daher auch ein wenig revolutionär ist, ob es nun ein Dürer war oder ein Michelangelo oder Rembrandt, glauben, ein wenig bespucken zu dürfen". Die Morzger Bauern indes, „zur Ehre dieser sonderbaren und eigenartigen Mäzene sei's gesagt und verewigt", hätten Faistauer „wacker geholfen"[229]. Gerne wurden die Bauern als Zeugen angerufen[230].

Der Dozent für Christliche Kunst in Wien, Anselm Weissenhofer, der dem Schaffen Faistauers gewogen war, verlangte 1926 anstelle von „rein subjektiv gestalteten, religiösen Empfindeleien" eine „allgemein verständliche Gebärdensprache"[231]. Im Gegensatz zu anderen Künstlern seiner Zeit verließ Faistauer weder beim Morzger Marienleben noch anderen religiösen Arbeiten den überlieferten Kanon, setzte keine individuelle Religiosität in subjektiv geprägte Ikonographien um, sondern bot leichte Verständlichkeit des Dargestellten. Der die Nazarenermalerei gewohnte Klerus war trotzdem von seiner neuen Malweise irritiert.

Beim Festspielhaus 1926 konnte Faistauer mit Landeshauptmann Franz Rehrl und Clemens Holzmeister[232] auf potente Unterstützer zählen. Auch die Zustimmung zu den Festspielhaus-Fresken war anfangs geteilt. Die Arbeiter – so beklagte sich Faistauer – hatten „immer noch mehr Verständnis ... als die Bürger, schon aus Respekt vor dem Handwerklichen, dessen Schwierigkeiten sie ahnten"[233]. Der Kunstkritiker Otto Kunz kündigte im „Salzburger Volksblatt" dem Beschauer an, dass „einiges Einfühlen ... in Tendenzen der zeitge-

Selbstbildnis. Skizze für Deckenfresko Weidlingau bei Wien. Salzburg, Privatbesitz

nössischen Malerei nötig sein" werde, um Faistauers Beschränkung „auf das Notwendigste, Ursprünglichste" zu verstehen[234].

Durch die internationale Anerkennung der Festspielhaus-Fresken 1926 wurde Faistauer berühmt und auch im eigenen Land zum renommierten Künstler. Im Dezember verlieh ihm der Bundespräsident den Titel „Professor". An diesem Wendepunkt kam es zu Angriffen der „Stürmer und Dränger der Generation nach ihm", die ihn – so berichtete Arthur Roessler – einen „professoralen Akademiker", Abtrünnigen, in Konventionen Erstarrten u.v.m. nannten[235].

Das im Österreich der Zwischenkriegszeit insgesamt konservative kulturelle Klima war durch Heimat- und Traditionstreue, Naturalismus und das Anknüpfen an Stile früherer Jahrhunderte, besonders an das viel beschworene barocke Erbe Österreichs, geprägt. Die prestigeträchtigen Salzburger Festspiele und deren bauliche Manifestation waren in der Ersten Republik, einem Rumpfstaat der Habsburger Monarchie, ein wesentlicher Baustein der Identitätsfindung. In Salzburg verdichte sich das nationale Konstrukt einer barocken Alpenrepublik, obwohl der Künstler mit seinem Werk an die europäische Kunsttradition mit universellem Anspruch anschließen wollte.

Besonders im Ständestaat wurde Faistauer als „bodenständiger" Maler vereinnahmt. Landeshauptmann Franz Rehrl erklärte 1937 bei der Enthüllung einer Gedenktafel im Foyer des Festspielhauses über „Leben und Schaffen des toten Meisters": „Manche von den Beurteilern Faistauers sahen Widersprüche in dem Nebeneinander von Bauernsproß und Geistmensch, der mit feingeschliffenen Waffen abzuwehren und anzugreifen verstand, aber just in der Zeit, da Faistauer die Höhe seines Daseins erklommen hatte, wurde das Salzburgische zum unentbehrlichen Element des Europäischen"[236].

Arthur Roessler baute Faistauer als besonders geeigneten „Repräsentant österreichischer Kunst" und „Salzburger Künstler" mit Herkunft vom bodenständigen „Bauernadel" auf. In diesem Sinn mystifizierte er die von den Nationalsozialisten veranlasste Abnahme der Foyer-Fresken 1939 zum Versuch, das verpönte Lebenswerk eines Gebrandmarkten auszutilgen, der ein „echt österreichische[r] Künstler und Bereicherer der Kultur Österreichs, ein salzburgische[r] Älpler" und bedeutender europäischer Geist gewesen sei[237]. Als Zeugnis zitierte Roessler Faistauers Buch von 1923: „Das Heimatliche, die Erde, ist am Wachstum des Künstlers immer beteiligt, ganz stark beteiligt, wie in jedem Menschen"[238]. Von Roessler unerwähnt blieb, dass Faistauer auch von der zentraleuropäischen Lage Österreichs schrieb, „die seine Bewohner den Einflüssen der verschiedensten und extremsten Kulturen aussetzte", und betonte, dass der „österreichische Mensch internationaler als alle anderen" sei[239]. Faistauer wollte kosmopolitisch an diese europäische „Mutterkultur" und ihre alten Meister anschließen, als Katalysator einer universellen, aus vielen Quellen befruchteten europäischen Kunst und als Vollender unerfüllter Hoffnungen wirken[240]. Tatsächlich war das Europäische das unentbehrliche Element in Faistauers Kunst.

Anmerkungen

1 *Gerhard Schmidt: Neue Malerei in Österreich. Wien 1956, S. 22.*

2 *Irene Nierhaus: Kunst-Am-Bau im Wiener kommunalen Wohnbau der fünfziger Jahre, Wien – Köln – Weimar 1993, S. 164.*

3 *Hartwig Fischel: Die neue Wandmalerei in Österreich. In: Österreichs Bau- und Werkkunst, 3. Jg., November 1926, S. 37–42.*

4 *Munchs beklemmendes Gruppenbild „Angst" war bereits in der XII. Ausstellung (1901/1902) gezeigt worden.*

5 *Ferdinand Hodler und seine Monumentalkunst genoss damals in Wien besondere Aufmerksamkeit. Der Schweizer Maler war durch mehrere Besuche und Ausstellungsbeteiligungen in der Wiener Secession mit dem Kreis um Gustav Klimt und Kolo Moser eng verbunden.*

6 *Cuno Amiet: Die Ausstellung der Sezession in Wien Januar – Februar 1904. In: Zürcher Kunstgesellschaft (Hrsg.): Hodler und Wien. Neujahrsblatt. Zürich 1950, S. 25.*

7 *Ausstellungskatalog: Ferdinand Hodler und Wien. Österreichische Galerie Belvedere. Wien 1992.*

8 *Anton Faistauer: Österreichische Malerei. In: Der Merker, Wien 1.4.1920.*

9 *Otto Benesch: Hodler, Klimt und Munch als Monumentalmaler. In: Otto Benesch Collected Writings. Bd. IV. New York 1973, S. 137.*

10 *Arthur Roessler: Der Maler Anton Faistauer. Wien 1947, S. 53.*

11 *Anton Faistauer: Selbstbiografie vom 15.8.1922. SMCA. Faistauer-Archiv. Abbildung in: Franz Fuhrmann: Anton Faistauer. Salzburg 1972, S. 17.*

12 *Auch Arthur Roessler besaß dieses Verständnis. Vgl. Der Hagenbund. In: Arbeiter-Zeitung vom 30.3.1910.*

13 *Hans Ankwicz-Kleehoven betrachtete Faistauers Buch „nicht als eine Sammlung von Malerbiografien, sondern als ein künstlerisches Bekenntnis", und hat ebenso Recht, wenn er meint, dass der Künstler „genügend viel von seinen Anschauungen und seiner innersten Wesensart verraten hat. Hans Ankwicz: Neues vom Kunstbüchermarkt. Nicht bezeichneter Zeitungsausschnitt, SMCA, Faistauer-Archiv.*

14 *Anton Faistauer: Neue Malerei in Österreich. Betrachtungen eines Malers. Zürich – Leipzig – Wien 1923, S. 1.*

15 *A. Faistauer (Anm. 14), S. 54.*

16 *A. Faistauer (Anm. 14), S. 58.*

17 *Ein Bildfragment (Oktober 1917). In: A. Roessler (Anm. 10), S. 43.*

18 *A. Faistauer (Anm. 14), S. 57.*

19 *Die Sonderbund-Ausstellung 1912 in Köln, auf der auch Faistauer teilnahm, stellt eden bemerkenswerten Versuch dar, die moderne Kunst unter historischen Aspekten zu ordnen. Edvard Munch wurde ein Ehrensaal eingeräumt und zum „Klassiker" in den Rang eines van Gogh, Gaugin und Cézanne erhoben. Paul Ferdinand Schmidt: Die Internationale Ausstellung des Sonderbundes in Köln 1912. In: Zeitschrift für bildende Kunst, 1912, S. 234. Faistauer bezeichnete in einem Zug Ingres und Hodler, Gauguin und Leonardo als „große Meister". A. Faistauer (Anm. 8).*

20 *Unterhaltung unterwegs (1915). In: A. Roessler (Anm. 10), S. 36.*

21 *A. Faistauer (Anm. 14), S. 40.*

22 *A. Faistauer (Anm. 14), S. 52–53.*

23 *A. Faistauer (Anm. 14), S. 57.*

24 *Vgl. Irene Reithner: Das Religiöse in der Kärntner Malerei und Grafik der Zwischenkriegszeit. Phil. Diss. Universität Graz 1995, S. 54 ff.*

25 *Richard Milesi: Anton Kolig 1886–1950. Klagenfurt 1954, S. 10.*

26 *Wie Anm. 11. Die „Geburt Christi" war neben einer Jagdszene von 1908 das zweite große Gemälde Faistauers.*

27 *Arthur Roessler: Faistauers Entwürfe für die Salzburger Fresken. Unbezeichneter Zeitungsartikel vom November 1926. SMCA, Faistauer-Archiv. Zudem gezeigt wurde das ebenfalls verschollene Bild „Geburt Christi" und eine „Anbetung", die thronende Muttergottes mit Kind und vier Heiligen.*

28 *A. Roessler (Anm. 10) S. 53.*

29 *Ursprünglich gab es in den ockerfarbenen Fensterlaibungen feine Helligkeitsverläufe mit grünen und roten Begleitstrichen. Freundlicher Hinweis des akademischen Restaurators Alexander Lassnig am 13.6.2004. Zur Ausmalung der Kapelle: Richard Hirschbäck und Anne-Katrin Rossberg: Die Stablbergkapelle mit den Wandmalereien von Anton Faistauer. Maishofen 2004.*

30 *Die Plafondfarbe und Veränderungen im Sockelbereich wurden rekonstruiert, um die ursprüngliche Gesamtwirkung weitgehend wiederherzustellen. Vgl. Alexander Lassnig: Stablbergkapelle bei Maishofen. Konservierung und Restaurierung der Raumschale/Wandmalerei von Prof. Anton Faistauer. Oberalm 2003.*

31 Das heute dominante kräftige Blau war durch ursprünglich stärkere Weißausmischung und Wahl anderer Pigmente (Ultramarine) heller und wärmer. Anton Bachmayr, ein Mitarbeiter Faistauers, führte die Restaurierung 1973, von der keine Dokumentation vorliegt, durch.
32 A. Lassnig (Anm. 30), S. 2.
33 Alexander Lassnig beseitigte Interventionen Bachmayrs und rekonstruierte diverse Bereiche.
34 Albin Rohrmoser: Anton Faistauer (1887–1930). Salzburg 1987, Katalogteil Nr. T 12, 13.
35 Wie Anm. 11.
36 Hans Spatzenegger: Seipel in Salzburg. In: Rupertusblatt Nr. 51/52, 1969, S. 7.
37 A. Faistauer (Anm. 14), S. 34.
38 J.B.K.H.: Koloristen: Faistauer, Schmidt-Rottluff, Ringelnatz. In: Der Tag, Berlin vom 25.11.1928.
39 Brief Anton Faistauer an Otto Stoeßl, 1919, zit in: F. Fuhrmann (Anm. 11), S. 16.
40 Wie Anm. 11.
41 R.L.: Faistauers religiöse Kunst. Zur Ausstellung in der Aula. In: Salzburger Chronik vom 25.8.1925.
42 Beide Altäre waren in der „Kunstschau 1920" im Museum für Kunst und Industrie in Wien, dem heutigen MAK, ausgestellt.
43 Wie Anm. 11.
44 Otto Stoeßl: Anton Faistauer. In: Arbeiterzeitung vom 3.7.1920. Stoeßl spielte wohl auf die im 14. Jahrhundert entstandene Tradition des vielteiligen Altarbilds in Italien an. Die Entsprechung zum Polyptychon nördlich der Alpen war der geschnitzte Flügelaltar, wobei ursprünglich die Bemalungen mit Szenen aus der Kindheit, der Passion Christi und dem Marienleben auf die Türflügel beschränkt war.
45 O. Stoeßl (Anm. 44).
46 A. Roessler (Anm. 10), S. 50.
47 Die große Zäsur (1923–1926). In: A. Roessler (Anm. 10), S. 51.
48 Arpad Weixlgärtner: Entwürfe Anton Faistauers zu Kirchenmalereien. In: Die Graphischen Künste, 56. Jg., Wien 1923, S. 28.
49 Postkarte Karl Ginhart vom 12.6.1922 an Anton Faistauer, zit. in: F. Fuhrmann (Anm. 11), S. 18.
50 Ludwig Praehauser: Anton Faistauers Fresken in der Kirche zu Morzg. In: Alpenjournal August/September 1946, S. 8.
51 Das Comitee verpflichtete sich zu der einjährigen Lieferung von täglich 2 Liter Milch, wöchentlich 1 Kilo Butter, einmalig 6 Kubikmeter Brennholz, 100 kg Mehl, 100 kg Kartoffel und 50 kg Obst. Vertragsvereinbarung, abgeschlossen zwischen Maler Anton Faistauer einerseits und dem Comitee zur Ausmalung der Pfarrkirche zu Morzg (10 Unterschriften) andererseits, 3. Oktober 1922. SMCA, Faistauer-Archiv.
52 Ursprünglich sollte Faistauer „die Plafondfelder sowohl des Presbyteriums wie auch des Kirchenschiffes mit Szenen aus dem Leben Mariens" ausmalen, laut Vertrag bis Sommer 1923 „die 4 Felder am Plafond des Hauptschiffes und die vier Felder am Plafond der Seitenschiffe mit Gemälden in dauerhaften Techniken". Vertragsvereinbarung (Anm. 51). Der Vertrag zur Bemalung von insgesamt zwölf Feldern am Plafond entsprach nicht der baulichen Realität. Jeweils drei Felder am Plafond der Seitenschiffe und – mit dem Chor – fünf Felder am Plafond des Hauptraums ergaben 11 Felder.
53 L. Praehauser (Anm. 50), S. 8.
54 Hans Oellacher: Die Morzger Fresken Faistauers. In: Salzburger Chronik Nr. 187 vom 19.8.1923, S. 3.
55 Vgl. Rupert Feuchtmüller: Zum Leben und Werk des Künstlers Franz Elsner. In: Ausstellungskatalog: Franz Elsner. Österreichische Galerie, Wien 1991, S. 8.
56 Ursprünglich „wuchs" das neogotische Gespränge des spätgotischen Hochaltars deutlich in Faistauers Marienbild hinein. Dieses wurde bei der Renovierung 1962 beseitigt und der ganze Altar tiefer gesetzt. Dadurch ging die optische Verbindung zwischen Altarfront und Deckenmalerei verloren.
57 Max Eisler: In der Sezession. In: Der Morgen vom 17.21.1923.
58 Nikolaus Schaffer: Kurzer Höhenflug und langsames Stranden. In: 150 Jahre Salzburger Kunstverein. Salzburg 1994, S. 136.
59 Kai Mühlmann: Vorwort. In: Sonderbund österreichischer Künstler Salzburg, Kunstschau August 1925 (Katalog), S. 2.
60 Vgl. R.L.: Faistauers religiöse Kunst. In: Salzburger Chronik vom 25.8.1925. Die „Wiener Goblin-Manufaktur", die 1921 gegründet wurde, webte ihn nach einem Pastellkarton des Künstlers. Faistauer fand ihn allerdings hinsichtlich der Farben unbefriedigend. Die „Wiener Goblin-Manufaktur" pries die Tapisserie hingegen 1925 als „Markstein in der modernen Gobelinweberei". Landesarchiv Salzburg, RehrlBr-1927/243.
61 Josef August Lux: Salzburger Festspielhaus im Spiegel der Kritik. In: Reichspost, Wien 6.6.1926.
62 Otto Kunz: Der Neubau des Festspielhauses. In: Salzburger Volksblatt vom 29.5.1926, S. 6.
63 Clemens Holzmeister: „Ich hatte ihm die Ausführung vollständig freigestellt, nicht einmal über das Sujet wollte ich dem Meister einen Wunsch äußern oder gar eine Vorschrift machen". Die letzten künstlerischen Pläne von Egger-Lienz. In: Salzburger Volksblatt vom 6.11.1926, S. 5.
64 Das neue Festspielhaus in Salzburg. In: Der Baumeister, November 1926, S. 242–243.

65 Der Architekt schätzte die Morzger Fresken und das Domfenster-Gemälde in Max Reinhardts Inszenierung von „Das Mirakel" (1925). A. Roessler (Anm. 10), S. 54.

66 Neben Josef Dobrowsky und Ferdinand Kitt (am Beginn) waren Theodor Kern, Egge Sturm-Skrla, Anton Bachmayr und die Keramikerin Adelgunde Krippel beteiligt.

67 Diese alte bewährte Technik verwendete Gustav Klimt beim Beethoven-Fries für die Wiener Secession (1902).

68 Zit. in: A. Roessler (Anm. 10), S. 54.

69 Alberto Susat sprach von über 50%. Alberto Susat: Die Abnahme der Wandmalereien Anton Faistauers im Festspielhaus zu Salzburg. In: Technische Mitteilungen für Malerei, 56 Jg., Heft 1–3, München 1940. – Vgl. Ernst Ziegeleder: Das Schicksal der Faistauer-Fresken. In: Völkischer Beobachter vom 28.3.1939. – Veva Treuberg-Toncic: Leserbrief in: Salzburger Nachrichten vom 27.4.1988, S. 17. – Edda Fuhrich und Gisela Prossnitz: Die Salzburger Festspiele. Bd. 1. Salzburg – Wien 1990, S. 251.

70 Clemens Holzmeister: Schrift zum 70. Geburtstag, mit einem Vorwort von Gottfried Hohenauer. Innsbruck 1956, S. 16 f.

71 Bei der „I. Skizze Theaterwand" berücksichtigte er noch die sechs Meter hohe Durchfahrt zum großen Hof der Hofstallkaserne. Die beiden rundbogigen Öffnungen wurden auf rechteckige Türen vereinheitlicht, jenen der Eingangswand angepasst und der Anteil an zusammenhängender, bemalbarer Wandfläche erhöht.

72 Kai Mühlmann: Das neue Salzburger Festspielhaus. In: Die Bühne Nr. 92 vom 12.8.1926, S. 7.

73 Vgl. Johann Sofer: Die Welttheater Hugo von Hofmannsthals und ihre Voraussetzung bei Heraklit und Calderon. Wien 1934, S. 9 ff.

74 A. Faistauer (Anm. 14), S. 41.

75 Richard Hamann: Die Frührenaissance der Italienischen Malerei. Jena 1909, S. 5.

76 F. Fuhrmann (Anm. 11), S. 21–23.

77 Beispielsweise Hodler bezeichnete Dürer und die „primitiven Italiener" neben Gustav Klimt „von den Modernen" als „Lieblingskünstler". Zit. in: O. Benesch (Anm. 9), S. 144.

78 Rudolf Holzer: Das Salzburger Festspielhaus. Salzburg 1926, S. 4–5.

79 A. Faistauer (Anm. 14), S. 51–52, zeigte sich über Ferdinand Hodlers „kalte Klarheit" und „die Strenge seiner Linie" beeindruckt. Faistauer nutzte Werke Hodlers als „Unterlage" bei der Monumentalmalerei wie der des Festspielhauses 1926/1927 sowohl bei stillen aber auch bei dramatischen Szenen: Bei Faistauers „Philemon und Baucis" wird die juvenile Erotik, die Knabe und kniendes Mädchen in Hodlers „Der Frühling" (1901, zweite Fassung 1907/09) ausstrahlen, subtil zur abgeklärten Ruhe eines alten Ehepaars umgeformt. Bei der Überarbeitung des Leier spielenden Apolls 1927 von introvertierter Körperhaltung zu einem extrovertiert die Hände ausbreitenden Gott stand Hodlers nackte Frauenfigur „Die Wahrheit" (II) von 1903 Pate. Vgl. Harald Jurkovic: Ferdinand Hodler und die österreichische Malerei. Versuch einer Wirkungsgeschichte. In: Ausstellungskatalog: Ferdinand Hodler und Wien (Anm. 7), S. 79.

80 Das Spektrum reicht von Byzanz über die italienische Frührenaissance (Mysterium) bis Hodler (Philemon und Baucis, Apollo). Franz Fuhrmann verwies auf Anklänge an Giotto, das Motiv des Fiedlers im „Fest des Herodes" in der Peruzzi-Kapelle mit dem Geiger an der „Jedermann"-Tafel, Piero della Francescas Engelsgruppe auf dem Geburt-Christi-Bild in London mit der Engelsgruppe an der Cäcilienwand und Jan van Eyck bei der Cäcilie mit dem Motiv des Genter Altars. F. Fuhrmann (Anm. 11), S. 33.

81 A. Faistauer (Anm. 14), S. 57.

82 Wie Anm. 81.

83 A. Faistauer (Anm. 14), S. 78.

84 A. Roessler (Anm. 10), S. 8.

85 A. Faistauer (Anm. 14), S. 75.

86 Uwe M. Schneede: Der Lebensfries. In: Ausstellungskatalog: Munch und Deutschland. Stuttgart 1994, S. 155.

87 Zit. in: Ragna Stang: Edvard Munch, der Mensch und der Künstler. Königstein 1979, S. 108.

88 Anton Faistauer: Komposition und Konstruktion. In: F. Fuhrmann (Anm. 11), S. 43.

89 A. Faistauer (Anm. 14), S. 33.

90 1904 war Edvard Munch in der XIX. Ausstellung der Wiener Secession mit beachtlichen zwanzig Gemälden in einem eigenen Saal vertreten und zeigte in der Sonderbund-Ausstellung 1912 Köln, wo Faistauer selbst ausstellte, drei Hauptwerke des „Lebensfrieses". Ihn und die monumentalen Aulabilder bezeichnete Munch als seine beiden Hauptwerke. Munch an Schreiner, zit. in: R. Stang (Anm. 87), S. 253.

91 Der 92 Zentimeter hohe Fries in einem Festsaal lief ungestört von Türöffnungen unmittelbar unter der Decke über alle vier Hauptwände herum und machte einen geschlosseneren Eindruck als der Lebensfries.

92 Zit. in: U.M. Schneede (Anm. 86), S. 20 f.

93 Otto Kunz: Das Festspielhaus in Salzburg. In: Bergland Nr. 10, 1926, S. 23.

94 Anton Faistauer: Meine Salzburger Fresken. In: Die Bühne Nr. 92 vom 12.8.1926, S. 9, 16.

95 A. Faistauer (Anm. 94), S. 16.

96   A. Faistauer (Anm. 14), S. 43.

97   Anton Faistauer: Malerei, Dichtung, Musik. In: F. Fuhrmann (Anm. 11), S. 38.

98   Im Herbst 1938 beschlossen Adolf Hitler und Josef Goebbels die neuerliche Umgestaltung des von Holzmeister 1937/38 durchgeführten Umbaus des „Kleinen Hauses". Der Berliner Reichsbühnenbildner Benno von Arent plante die barockisierende Verunstaltung und gab dem nun in weiß gehaltenen Foyer einen mächtigen Kristallleuchter. Zuvor nahm der italienische Freskoexperte Alberto Susat in knapp sieben Wochen einen Großteil der Fresken mit der Strappo-Methode ab und kaschierte ihn auf Leinwand. Die Freskierung passte nicht in Arents „Pappendeckel-Architektur". Nach 1945 entstanden wissenschaftlich unhaltbare Mythen wie „Hitler schüttelte den Kopf ... und die Faistauer-Fresken verschwanden" (Viktor Reimann). Faistauer wurde zudem zum Schöpfer „entarteter Kunst" stilisiert. Abnahme und Rettung wurden dem „tatkräftigen Eingreifen kunstverständiger und mutiger Männer" aus Salzburg zugeschrieben. Gemeint waren, wie beispielsweise im Amtsblatt der Stadt 1956 nachzulesen, Regierungspräsident und Gauhauptmann Albert Reitter und Kai Mühlmann. Der Kunsthistoriker war wesentlich am Kunstraub im Dritten Reich beteiligt und in den 1950er Jahren – um seiner Strafe zu entgehen – untergetaucht. Vgl. Ernst Hanisch: Nationalsozialistische Herrschaft in der Provinz Salzburg im Dritten Reich. Salzburg 1983, S. 196. – Gert Kerschbaumer: Faszination Drittes Reich. Salzburg o.J., S. 27. – Gert Kerschbaumer: „Frei und deutsch sei die Stadt Mozarts!". In: Salzburger Festspiele 1937 und 1938. Sonderheft der Salzburger Festspiele 1988, S. 63 f. – Norbert Mayr: Ein Nazi-Obdach für Mozart. Umbau des Festspielhauses und des Theaters in Salzburg 1937–9. In: Jan Tabor (Hrsg.): Kunst und Diktatur. Baden 1994, S. 430–434.

99   Im Frühjahr des Mozartjahres 1956 – 30 Jahre nach der Erstanbringung und 17 Jahre nach der Abnahme – fiel die Entscheidung zur Wiederanbringung noch vor den Festspielen. Susat arbeitete wieder unter hohem Zeitdruck, als die auf Faserplatten aufgezogenen Leinwände vor den originalfreskierten Wänden angebracht wurden. Das städtische Hochbauamt führte den Raum halbherzig auf die architektonische Grundstruktur von 1926 zurück. U.a. wurde eine Lisene mit einer Heizkörperverkleidung als „Basis", ein wichtiges Gliederungselement, nicht mehr wiederhergestellt bzw. Fresken nicht mehr in der ursprünglichen Logik angebracht.

100 F. Fuhrmann (Anm. 11), S. 23.

101 Karl Heinz Ritschel. In: Salzburg für Salzburger: Anton Faistauer zum 100. Geburtstag, ORF-Sendung am 31.1.1987.

102 Eine Beschränkung auf eine Konservierung und Restaurierung der Platten bei gleichzeitiger Akzeptanz der unzulänglichen Anbringung von 1956 bzw. späterer und aktueller Veränderungen wäre zu wenig. Zahlreiche grundsätzliche Unzulänglichkeiten – beispielsweise die Eliminierung der Lisene 1956 – sind noch zu diskutieren und Lösungen müssen gefunden werden, damit die Gesamtwirkung – eine wesentliche Qualität des Raumes – deutlich verbessert wird. Faistauer reduzierte und vereinheitlichte 1926 die Wandöffnungen. Wünschenswert wäre beispielsweise, den ursprünglich großzügigen, heute durch einen Mittelpfeiler geteilten und niedrigeren Durchgang zur Garderobe wiederherzustellen. Bei Redaktionsschluss des vorliegenden Bandes (Dezember 2004) war die Forderung der Architekten nach dem Durchbruch einer zusätzlichen Türöffnung in die sogenannte „Jedermannszenenwand" noch aufrecht, während Bauherrenvertreter wie Bundesdenkmalamt keine Notwendigkeit zu diesem gravierenden Eingriff in die Geschlossenheit des Faistauer-Foyers sahen. Vgl. Norbert Mayr: Monumentalmaler Anton Faistauer. In: Salzburger Nachrichten vom 21.8.2004.

103 Unbek.: Anton Faistauer. In: Die Bau- und Werkkunst, Oktober 1927, S. 5.

104 F. Fuhrmann (Anm. 11), S. 29.

105 A. Roessler (Anm. 10), S. 54–55.

106 Eine ausführliche Darstellung in: Norbert Mayr: Das Kolleg St. Benedikt 1924/26 in Salzburg – Peter Behrens und der genius loci. Phil. Diss. Universität Salzburg. Salzburg 2004, S. 143–157.

107 Anton Faistauer: Zwei Studien aus dem italienischen Reiseskizzenheftchen, Kreuz von Perugia und Madonna mit Kind, Bleistiftskizzen auf Skizzenblockpapier, 16 x 19 cm, unsigniert. Privatbesitz Salzburg.

108 Ganz offensichtlich von Faistauers Konzeption beeinflusst ist das Gnadenstuhlfresko von Arthur Brusenbauch (1932), das er für das vom Wiener Architekten und Behrens-Schüler Hans Zita damals erweiterte St. Pöltner Priesterseminar schuf.

109 Kai Mühlmann: Anton Faistauers neue Fresken in St. Peter. In: Salzburger Chronik vom 8.10.1926, S, 2.

110 Wie Anm. 109.

111 „Behn wollte die Freskenmalerei, überhaupt die schmückende, mit der Architektur fest verbundene Malerei als eine Spezialität Münchens und des deutschen Südens wieder zu Ehre bringen". Münchener Glaspalast 1927. In: Münchener Zeitung vom 11.6.1927.

112 Hans Oellacher sprach von allegorischen Darstellungen von „Familie, Denker, Kämpfer Tod". Hans Oellacher: Anton Faistauers Schaffen seit den Festspielhaus-Fresken. In: Salzburger Chronik Nr. 184 vom 11.8.1928, S. 2.

113 Undatierter Brief Anton Faistauer aus dem München Parkhotel an Lela von Maurig. SMCA, Brief-Exzerpt Fuhrmann. Beteiligt war auch der Münchener Maler und Grafiker Josef Eberz, der sich durch seine ersten großen religiösen Fresken in der St. Rupertuskirche in Freilassing ab 1926 „als [einer] der berufenen Künstlern auf diesem Gebiet auswies". In: Münchener Zeitung vom 11.6.1927.

114 Holzmeister gestaltete den Raum – so Jakob Adlhart, der einige Symbole und Wappen in die Träme schnitzte – „in der Art der Kollegvorhalle von St. Benedikt". Jakob Adlhart: Mein Leben. In: Adolf Hahnl: Der Bildhauer Jakob Adlhart. Salzburg 1980, S. 18.

115 Prof. Faistauer im Münchener Glaspalast. In: Salzburger Chronik Nr. 82 vom 10.8.1927, S. 3.

116 Georg Jakob Wolf in der Münchener Zeitung. Zit. in: Anton Faistauer im Urteil des Auslandes. In: Salzburger Volksblatt Nr. 269 vom 24.11.1927, S. 5.

117 Nicht bezeichneter Zeitungsausschnitt. SMCA, Faistauer-Archiv.
118 Wie Anm. 113.
119 Vgl. Entwürfe. Privatbesitz Salzburg.
120 Abb. von Skizzen in F. Fuhrmann (Anm. 11), S. 162.
121 Vgl. Rudolf Pfister: Der Neubau für die erzbischöflichen Seminarien in Bamberg – Architekt Professor Ludwig Ruff, Nürnberg. In: Baukunst 4/1928, Heft 10/11, S. 265–273. Das Priesterseminar am Heinrichsdamm 32 steht heute unter Denkmalschutz.
122 „Dankt, das Fresko im Hof vorzüglich u. findet ungeteilten Beifall ... wir sind stolz auf Ihr Werk". Brief des Regens des Priesterseminars, Dr. J.B. Dietz, an Anton Faistauer, Bamberg, 13.6.1928. SMCA, Brief-Exzerpt Fuhrmann.
123 H. Oellacher (Anm. 112), S. 2.
124 Später wurde das Fresko unten verbreitert.
125 Brief Anton Faistauer vom 13.3.1929 an seinen Sohn Peter. SMCA, Brief-Exzerpt Fuhrmann.
126 Alexander von Dietrichstein war zwischen dem 25.03.1925 und dem 30.05.1931 Eigentümer des Schlosses, das dann von Szerena Lederer erworben wurde. Der möglicherweise im Fresko dargestellte Auftraggeber ist nicht Alexander Dietrichstein, wie Bildvergleiche eindeutig ergaben. Freundliche Information Uwe Schögl, Nationalbibliothek, Bildarchiv, am 22.11.2004. Faistauer schuf das Fresko bereits für den Großindustriellen August Lederer bzw. dessen Familie. Lederer war die führende Figur in Zentraleuropas Alkoholproduktion und wurde in den 1920er Jahren als „Österreichs reichster Mann nach Rothschild" betitelt. Als Mäzen und Kunstsammler unterstützte er seit der Jahrhundertwende Gustav Klimt und die Wiener Kunstszene. Siehe Sophie Lillie: Was einmal war – Handbuch der enteigneten Kunstsammlungen Wiens. Wien 2003. Karl Holey vermerkte auf den Umbauplänen von 1929 „Ledererschlößl". Freundliche Information Alfred Lechner, TU-Archiv, am 22.11.2004. In Faistauers Testament vom 18.7.1929 sind unter „Außenstände" 10.000 Schilling als höchster Betrag von „Lederer" vermerkt. SMCA, Faistauer-Archiv.
127 Erst wenige Jahre vor dem Abriss 1973 entstanden die wirklich großen Schäden an dem Bau, sodass man sich – wie Dr. Herbert Schmid anmerkte – nicht auf die „Russen" ausreden konnte. Brief Herbert Schmid vom 14.6.1971 an das Bundesdenkmalamt. Das Bundesdenkmalamt gab die Zustimmung zur Zerstörung des im Besitz der Stadt Wien befindliche Palais, wenn das Fresko abgenommen wird. Die sogenannten Denkmaleigenschaften beschränkten sich nämlich auf das Fresko (siehe z.B. Bescheid vom 5.8.1972). 1973 erfolgte der Abriss des Palais. Abb. in: Dieter Klein, Martin Kumpf und Robert Schediwy: Wien – Stadtbildverluste seit 1945 – Eine kritische Dokumentation. Wien 2001, S. 176. Bereits 1958 entstand auf Anregung von Frau Gundl Degenhart die von Landeshauptmann Josef Klaus an Clemens Holzmeister übermittelte Überlegung, das Fresko zur Anbringung im „Großen Festspielhaus" zu erwerben. Holzmeister schlug als Ort im bereits weit gediehenen Bau die schräge Decke im Mittelteil des 48 Meter breiten Eingangsfoyers vor. Die definitive Abnahme des Freskos erfolgte bei klirrendem Frost im Winter 1971/72. Anstelle einer Strappo-Abnahme wurde das Deckenbild inklusive Putz in vier rund acht Meter lange, zwei Meter breite Streifen zersägt. Dadurch blieb der Oberflächencharakter erhalten. Für das Geschenk der Stadt Wien an Salzburg begann die Suche nach einem Anbringungsort für das 8,20 x 5,80 Meter große Fresko. U.a. tauchte die Idee auf, das Fresko auf den Eisernen Vorhang des Großen Festspielhauses aufzuziehen. Mit dem Umbau des Alten Borromäums zur „Hochschule Mozarteum" wurde es schließlich in den ersten Stock in einen der wenigen erhaltenen Räume in Gebäudeachse übertragen. Der Restaurator Josef Fastl empfand die Stuckrahmung jener von 1929 nach. Die Raumhöhe von nur vier Metern, etwa die Hälfte der ursprünglichen Situation, beeinträchtigt die Wirkung.
128 Bauherr des „maison de plaisance" war Daniel Erasmus Freiherr von Huldenburg, der außerordentliche Gesandte des Königs von England und Kurfürst von Braunschweig-Lüneburg (Hannover).
129 Es wies eine Struktur ähnlich Lukas von Hildebrandts Oberem Belvedere auf. Dr. Heinz Adamek verdanke ich mehrere freundliche Hinweise, 27.6.2004.
130 F. Fuhrmann (Anm. 11), S. 27.
131 Die große Zäsur (1923–1926). In: A. Roessler (Anm. 10), S. 52.
132 Brief Anton Faistauer vom 10.10.1926 an Gundl Krippel Salzburg. SMCA, Brief-Exzerpt Fuhrmann.
133 Vgl. N. Mayr (Anm. 106), S. 231.
134 Der Besitzer bevorzugte Max von Poosch-Gablenz (1872–1968), der hier 1928 sein erstes Fresko realisierte.
135 Karl Reisenbichler: Die Wandmalereien am Platzl. In: Salzburger Volksblatt Nr. 98 vom 28.4.1932, S. 8.
136 Zit. in: Adalbert Franz Seligmann: Das Salzburger Stadtbild in Gefahr. In: Die Neue Freie Presse vom 5.10.1928, S. 6.
137 H. Oellacher (Anm. 112), S. 2.
138 I. Nierhaus (Anm. 2), S. 67–68.
139 Damals wie heute wird landläufig nicht zwischen Fresko und Wandmalerei differenziert. Das klassische Fresko, die Technik des Malens auf dem noch feuchten Kalkputz (italienisch „al fresco") wurde in Österreich erst um 1400 durch italienische Wanderkünstler eingeführt.
140 Hans Hildebrandt: Wandmalerei – ihr Wesen und ihre Gesetze. Stuttgart – Berlin 1920, S. 291.
141 Wie Anm. 140.
142 Manfred Koller: Wandmalerei der Neuzeit. In: Albert Knoepfli: Wandmalerei, Mosaik. Reclams Handbuch der künstlerischen Techniken. Bd. 2. Stuttgart 1990, S. 358, 367.

143 *Anton Faistauer: Das Fresko. In: Österreichs Bau- und Werkkunst, 3. Jg., Oktober 1926, S. 15, 16, 18, 20. Der Text wurde mit Entwürfen für die Morzger Kirche illustriert. Faistauer machte in einem gedruckten Exemplar am Text zahlreiche Korrekturen. Diese Version in F. Fuhrmann (Anm. 11), S. 38–39.*

144 *A. Faistauer (Anm. 94), S. 9, 16.*

145 *Ludwig Hevesi. In: Fremden-Blatt der k.k. Haupt- und Residenzstadt Wien vom 23.1.1904. Zit. in: Ausstellungskatalog: Ferdinand Hodler und Wien (Anm. 7), S. 59.*

146 *Ludwig Hevesi. In: Fremden-Blatt der k.k. Haupt- und Residenzstadt Wien vom 16.1.1904. Zit. in: Ausstellungskatalog: Ferdiand Hodler und Wien (Anm. 7), S. 35.*

147 *Hodler bemühte sich – entsprechend der Vorgabe durch die Jury – ernsthaft um die Ausführung „al fresco" mit rund dreißig Tagwerken allein im Mittelbild. Hodler überarbeitete die getrockneten Partien vermutlich in Kalk-Secco-Technik, wenn er die gewünschte Wirkung nicht erzielen konnte. Lichthöhungen gewann Hodler durch Ritzen in noch frischem Putz oder Herauskratzen von Farbschichten. Dem zweilagigen Feinputz mischte Hodler Marmorsand bei. Hodler musste bei seinem ersten Wandbild „al fresco" nach der Fertigstellung Fixierungen durchführen. Christoph Herm und Christian Marty: Zur Maltechnik der Wandgemälde. In: Zeitschrift für Schweizererische Archäologie und Kunstgeschichte, Bd. 57, Heft 3, S. 257–261. Otto Benesch (Anm. 9), S. 141, 157, wies zudem bei Ölgemälden von Ferdinand Hodler wie „Der Tag" von 1899 auf freskenartige Komposition und Malweise hin: Die „starken Konturen könnte man sich in eine Mauerfläche gegraben denken".*

148 *H. Hildebrandt (Anm. 140), S. 291.*

149 *Brief Anton Faistauer vom 24.8.1928 aus Bamberg an Gundl Krippel. SMCA, Brief-Exzerpt Fuhrmann.*

150 *Die Silikat- oder um 1900 auch als Keimmalerei bekannt gewordene Seccotechnik mit mineralisch bedingter Wetterfestigkeit war wesentlich leichter auszuführen als Freskoarbeit, konnte auf Altputzflächen und Betonwänden angebracht werden.*

151 *A. Faistauer (Anm. 143), S. 15.*

152 *Die große Zäsur (1923–1926). In: A. Roessler (Anm. 10), S. 51.*

153 *Teilweise führte ein zu großer Bindemittelanteil zu einer zu starken Oberflächenspannung, sodass die Malschicht aufplatze und sich schüsselförmige Farbschollen lockerten bzw. abfielen. Zu wenig Kasein und damit zu schwache Bindung hatte in anderen Bereichen hingegen ein „Wischen" zur Folge. Daher wurden bei der Restaurierung die jeweiligen Farben getrennt mit weichen Farbpinseln gereinigt. Gut abgebundene Partien konnten indes durch Radieren gereinigt werden. Die Festigung erfolgte durch Cellulose-Äther. Retuschen wurden zurückhaltend vorgenommen, „bis ein beruhigter Gesamteindruck entstand". Unveröffentlichter Restaurierbericht zu den Deckenmalereien von Morzg von Josef Ghezzi, Dezember 1996.*

154 *M. Koller (Anm. 142), S. 358, 361.*

155 *1927 wurde sein Schüler Herbert Dimmel technische Hilfskraft, da es zahlreiche technische Probleme und Fragen praktischer Künstler zu beantworten gab. Walter Wagner: Die Geschichte der Akademie der bildenden Künste in Wien. Wien 1967, S. 316.*

156 *A. Lassnig (Anm. 30), S. 1.*

157 *Maler wie Josef von Führich schufen ab den 1840er Jahren große Fresken „mit pastosem schwerem Farbeinsatz". Künstler wie Moritz von Schwind bewahrten hingegen die ursprünglich freskokonforme aquarellhafte Technik bei. Schwind polemisierte gegen Kollegen, die mit „Brei" (Farbe mit Kalkzusatz) oder mit „stereochromem Dreck" arbeiteten. M. Koller (Anm. 142), S. 359.*

158 *Freundlicher Hinweis von Alexander Lassnig am 18.11.2004.*

159 *Richard Muther: Geschichte der Malerei. Bd. III. Leipzig 1930, S. 566.*

160 *Ernst H. Buschbeck: Kunstausstellungen. In: Neues Wiener Tagblatt vom 21.11.1923.*

161 *Anton Kolig schuf 1926 eine Putzintarsia an der Pfarrkirche Saag, Gemeinde Nötsch im Gailtal. Freundlicher Hinweis von Manfred Koller am 9.9.2004.*

162 *Gabriele Jirout: Zur Problematik der Konservierung-Restaurierung der Wandmalereien von Anton Faistauer im Foyer des kleinen Festspielhauses Salzburg. Dipl.-Arbeit. Akademie der bildenden Künste Wien. Jänner 2003, S. 41.*

163 *Freundlicher Hinweis Josef Ghezzi am 12.12.2003.*

164 *A. Susat (Anm. 69).*

165 *Freundliche Information von Restaurator Josef Fastl am 15.11.2004.*

166 *Josef Fastl: Bericht über die Abnahme der Faistauer-Fresken im Lederer-Schlössl an das Bundesdenkmalamt am 14. August 1972 (Archiv Bundesdenkmalamt Wien): „Bei der Entfernung des Überstriches ist an den pastosen Stellen die Kalksinterhaut geplatzt. Die Farben hätten sich pulverig abgewaschen, wenn ich nicht mit ernster Vorsicht vorgegangen wäre". Fastl hatte bereits 1949 einen Überstrich beseitigt.*

167 *Freundliche Information von Restaurator Josef Fastl am 30.9.2004.*

168 *A. Faistauer (Anm. 143), S. 20.*

169 *Anselm Weissenhofer: Anton Faistauer. In Memoriam. In: Kirchenkunst, 1930, S. 10.*

170 *A. Faistauer (Anm. 143), S. 16.*

171 *So führte 1912 der Umbau des Festsaals der Berliner Kammerspiele zur Abnahme von Edvard Munchs zwischen 1906/07 für diesen Ort geschaffenen „Reinhardt-Fries". 1914 wurden die Leinwandbilder in der Galerie Gurlitt ausgestellt und einzeln ver-*

172 So wollte die Universität von Jena Ferdinand Hodlers 1908/09 geschaffenes monumentales Leinwandbild „Aufbruch der Jenenser Studenten in den Freiheitskrieg 1813" 1914 abmontieren und verkaufen, entschied sich schließlich für eine „Verbretterung". Friedrich-Schiller-Universität: „Fall Hodler". Jena 1970, S. 61. Ein 1926 akutes Beispiel war der „Auferstandene" von Albin Egger-Lienz. Er schuf ihn auf Putzplatte im Atelier und brachte ihn im Sommer 1925 in der Lienzer Kriegergedächtniskapelle von Architekt Clemens Holzmeister an. Der hagere, knochige, nicht verklärt dargestellte Jesus wurde in der Bevölkerung und im Klerus als unzumutbar abgelehnt. Egger-Lienz verweigerte sich im Sommer 1926 der Forderung, die in die Wand eingelassenen Platte zu entfernen.

173 A. Faistauer (Anm. 143), S. 18.

174 Vgl. L. Mora und P. Philliop: Conservation of Wall Paintings. London 1984, S. 245.

175 Charta von Venedig (1964), Kapitel 7 und 8.

176 A. Faistauer (Anm. 94), S. 9.

177 Wilhelm Kaufmann. In: Elisabeth Rath: Damit es nicht verloren geht. Wilhelm Kaufmann ein Lebensbild. Salzburg 1998, S. 13.

178 Auch Kaufmann teilte diese Haltung und tat seine zahlreichen „Kunst am Bau"-Aufträge nach dem Zweiten Weltkrieg nicht als notwendigen Broterwerb: „Es war angewandte Kunst. Und ich habe mich als Künstler gefühlt". E. Rath (Anm. 177), S. 14.

179 Die große Zäsur (1923–1926). In: A. Roessler (Anm. 10), S. 51.

180 Unterhaltung unterwegs (1915). In: A. Roessler (Anm. 10), S. 34.

181 Hermann Bahr: Tagebuch (4.1.1924). In: Neues Wiener Journal vom 2.2.1924. – Die Faistauer-Fresken in Morzg. In: Inge Lindt (Hrsg.): Das Buch vom Salzburger Land. Wien 1969, S. 111.

182 A. Weixlgärtner (Anm. 48), S. 25.

183 Otto Kunz: Der Maler und Zeichner Anton Faistauer. In: Bergland vom 23.9.1935, S. 15.

184 Brief Anton Faistauer vom 12.1.1928 an Gottfried Heinersdorff, zit. in: Wilhelm Mrazek: Ein Glasfenster von Anton Faistauer. In: Alte und moderne Kunst, 1972, Nr. 122, S. 24.

185 F. Fuhrmann (Anm. 11), S. 170.

186 Der Karton sollte 1929/30 auf der Schau „Religiöse Kunst" im Salzburger Künstlerhaus gezeigt werden.

187 Brief Berliner Werkstätten vom 15.9.1928 an Anton Faistauer, zit. in: W. Mrazek (Anm. 184), S. 24. Am Ende dieses Aufsatzes ist der Briefverkehr zwischen Werkstätte und Faistauer wiedergegeben, der sich wie das Glasfenster im Österreichischen Museum für angewandte Kunst (Inv.-Nr. GI 3295) befindet.

188 Brief Anton Faistauer vom 12.1.1928 an Gottfried Heinersdorff, zit. in: W. Mrazek (Anm. 184), S. 24.

189 Der Zentralbau mit ausgeschiedenen Seitenkapellen entstand zwischen 1925 und 1931 unter schwierigen Nachkriegsverhältnissen.

190 Faistauer fertigte u.a. Skizzen für die Marienkrönung, Himmelfahrt, Hochzeit von Maria und Josef im Tempel, Maria begegnet dem gestürzten Jesus auf dem Kreuzweg.

191 Brief Anton Faistauer vom 17.8.1929 an Vikar Johannes Schöch. Privatbesitz. Fotokopie im SMCA, Faistauer-Archiv.

192 Wie Anm. 191.

193 Wie Anm. 191.

194 Vikar Johannes Schöch schlug Faistauer mehrere passende Bibelstellen vor, aus denen Faistauer wählen sollte. Brief Vikar Johannes Schöch vom 9.1.1930 an Anton Faistauer. SMCA, Faistauer-Archiv.

195 Brief Vikar Johannes Schöch vom 14.12.1929 an Anton Faistauer. SMCA, Faistauer-Archiv.

196 Franz Caucig: Anton Faistauers Künstlerpersönlichkeit. In: Die Christliche Kunst, 1932/1933, S. 198. Faistauer „starb 1930, kaum, daß er das erste Fenster mit dem Gekreuzigten, der Schmerzensmutter und den würfelnden Soldaten fertig brachte". Ausstellungskatalog: Clemens Holzmeister. Kirchenbauten in Vorarlberg. Vorarlberger Landesmuseum. Nr. 93, 1981, S. 6.

197 Brief Clemens Holzmeister vom 22.2.1930 an Vikar Johannes Schöch. Pfarrarchiv der Mariahilf-Kirche.

198 Brief Franz Wiegele vom 10.3.1930 an Theodor von Herzmansky, zit. in: Wilhelm Baum (Hrsg.): „Kunstwerke sind Stationen auf dem Passionsweg zu einem verlorenen Paradies". Wien 2004, S. 397. – Vgl. F. Caucig (Anm. 196), S. 198.

199 Vgl. Briefe Holzmeisters an Vikar Johannes Schöch, Bauchronik von Pfarrer Johannes Schöch (Zeitraum 1921 bis 1937), Pfarrarchiv der Mariahilf-Kirche. Ich danke Herrn Wolfgang Pfefferkorn, Bregenz für die zahlreichen weiterführenden Informationen.

200 Wie Anm. 191.

201 Freundlicher Hinweis Franz Smola, Wien, am 20.10.2004.

202 Das fünfte und sechste Fenster wurde erst 1976 von Leopold Fetz mit Themen aus der Offenbarung des Johannes realisiert.

203 Brief Clemens Holzmeister vom 26.11.1931, zit. in: Willibald Feinig: Kath. Stadtpfarrkirche Bregenz Mariahilf. Schnell Kunstführer 1981, S. 6. Der Vorwurf, dass solcherart beim intimen „Geburt Mariä"-Fenster aus einem sich missbilligend abwendenden, unreinen Dämon ein schwer beflügelter, schlafender Engel wurde, ist allerdings nicht gerechtfertigt. Faistauer selbst hatte ihn als kompositorische Verfeinerung im Entwurfsprozess eingebracht, um über den ausgebreiteten Flügeln wie auch bei anderen Skizzen die Figurengruppen zu entwickeln.

204 *Nikolaus Schaffer: Irdische Flamme und göttliches Licht. Faistauers Glasfenster in Bregenz-Vorkloster. Das Kunstwerk des Monats Nr. 96, April 1996, S. 4. Die Fenster von Andersen heben sich aber deutlich von Theodor Kerns Glasmalereien für Seeham 1931 mit ihren hölzern und steif wirkenden Figuren ab.*

205 *Faistauer bot in einem Brief Josef Schulz an, ihn – „wenns dazu kommt" – als Polier zu beschäftigen. Undatierter Brief Anton Faistauer an Josef Schulz (Frühjahr 1929). Salzburg, Privatbesitz. Fotokopie im SMCA, Faistauer-Archiv.*

206 *Der Kirchenmaler Lackner aus Kirchberg in Tirol führte 1928 die Innenfärbelung der Mauern „in einfacher Form fast ohne Dekoration vollkommen stylrein" in „sehr gefälliger Farbe" aus. Auf Anweisung des Bundesdenkmalamtes ersetzte er auch den braun-gelben Anstrich der Holzdecke durch einen dunkelbraunen Anstrich. Vgl. Brief von Landeskonservator Eduard Hütter an das Ordinariat in Salzburg vom 6.5.1929. Erzbischöfliches Konsistorialarchiv Salzburg 9/13.*

207 *Die vergrößerte Fotoreproduktion des Entwurfs sowie die beiden ausgeführten Fenster befinden sich im Kirchenneubau von Architekt Gernot Kulterer (1990–1993).*

208 *Pfarrer Martin Auer: Bericht über die vollendete Kirchenrenovierung vom 24. Juni 1929. Erzbischöfliches Konsistorialarchiv Salzburg 9/13.*

209 *Hans Spatzenegger: Ein Jubiläum in Maishofen. In: Rupertusblatt vom 8.11.1970, S. 6.*

210 *Edvard Munch. Zit. in: Anni Carlsoon: Edvard Munch. Stuttgart – Zürich 1984, S. 71.*

211 *Faistauer im Hagenbund (Mai 1912). In: A. Roessler (Anm. 10), S. 19.*

212 *F. Fuhrmann (Anm. 11), S. 20.*

213 *Die große Zäsur (1923–1926). In: A. Roessler (Anm. 10), S. 51.*

214 *F. Fuhrmann (Anm. 11), S. 24.*

215 *Die große Zäsur (1923–1926). In: A. Roessler (Anm. 10), S. 52.*

216 *Anton Faistauer: Weltbauform – Bildbauform. Zit. in: F. Fuhrmann (Anm. 11), S. 43.*

217 *Anton Faistauer: Ordnung. Zit. in: F. Fuhrmann (Anm. 11), S. 41.*

218 *Vgl. Theodor Kerns Fresken für das Halleiner Rathaus mit Darstellungen aus dem Leben der Salzachschiffer und des Salzhandels, 1930. Abb. in: Karl Heinz Ritschel: Theodor Kern. Salzburg 1990, S. 24, 25.*

219 *Faistauers auf Axialsymmetrie beruhender Platzierungsmodus, der das Wandbild in Beziehung zum architektonischen Gefüge setzte, fand bis in die frühen 1950er Jahre in der „Kunst am Bau" Anwendung. Vgl. I. Nierhaus (Anm. 2), S. 77.*

220 *A. Faistauer (Anm. 14), S. 33, 43.*

221 *Unbek.: Anton Faistauer. In: Die Bau- und Werkkunst, Oktober 1927, S. 5.*

222 *Wilhelm Kaufmann. In: Salzburg für Salzburger: Anton Faistauer zum 100. Geburtstag. ORF-Sendung am 31.1.1987.*

223 *Hans Oellacher: Anton Faistauer als religiöser Maler. In: Reichspost, Wien 1.9.1923. Wenige Wochen nach diesen Worten des Salzburger Schriftstellers folgte in der Reichspost die Einschätzung: „Er ist modern, aber durchaus kein Kubist oder Expressionist im Sinne abgebrauchter Phrasen". Viktor Trauzl: Anton Faistauer. Ein Gespräch über religiöse und profane Kunst. In: Reichspost, Wien 21.11.1923.*

224 *Wünsche konnte mehrere Freskoaufträge realisieren. Nach den religiösen Freskierungen Itzling und Franziskanerbogen erhielt er 1926 den Auftrag, die Pallottinerkirche am Mönchsberg auszumalen. Ebenso durch Abbruch zerstört ist seine Freskierung des Hauses der Baufirma Ceconi an der Schallmooser Hauptstraße (1928). Sie war mit 600 Quadratmetern fast doppelt so groß wie Faistauers Fresken im Festspielhaus-Foyer.*

225 *Gutachten des Bundesdenkmalamts vom 4.4.1926. Paraphiert von Eduard Hütter. Akt Itzling Pfarrkirche, Archiv des Bundesdenkmalamtes Salzburg.*

226 *Zum 100. Geburtstag 1940 gedachte man des Nazareners, der nicht sklavisch kopierte, sondern „allen Arbeiten seinen eigenen Charakter aufzudrücken" verstanden habe: „Als einer der bekanntesten Maler religiöser Richtung ist er in die heimische Kunstgeschichte eingegangen und wird als solcher stets gewürdigt werden". R. Landauer: Der 100. Geburtstag des Malers Josef Gold. In: Salzburger Volksblatt vom 1.2.1940, S. 5.*

227 *Johannes Neuhardt: Pfarrkirche Salzburg/Morzg. Christliche Kunststätten Österreichs Nr. 376. Salzburg 2001, S. 15–16.*

228 *L. Praehauser (Anm. 50), S. 8, erwähnte den „Schreck der geistlichen Behörde vor der ‚modernen Malerei'", der aber „nach Vorlegung von Entwürfen bald überwunden" gewesen wäre.*

229 *Franz Donat: Professor Anton Faistauer †. In: Salzburger Chronik vom 14.2.1930, S. 4 f.*

230 *H. Oellacher (Anm. 223).*

231 *Anselm Weissenhofer: Die Ausstellung für christliche Kunst und Kunsthandwerk in der Wiener Sezession 1925–1926. In: Die christliche Kunst 22. Jg., Nr. 8, Mai 1926, S. 217.*

232 *Nach eigenen Worten verdankte Holzmeister Faistauers hoher „Künstlerseele und seiner Freundschaft ... vieles" in seinem Leben. Clemens Holzmeister: Bauten, Entwürfe und Handzeichnungen. Salzburg – Leipzig 1937, S. 166.*

233 *A. Faistauer (Anm. 94), S. 9.*

234 *Otto Kunz: Das Salzburger Festspielhaus. In: Salzburger Volksblatt vom 7.8.1926, S. 5.*

235 *Arthur Roessler: Faistauers Entwürfe für die Salzburger Fresken. Zeitungsartikel vom November 1926. SMCA, Faistauer-Archiv.*
236 *Enthüllung einer Faistauer-Gedenktafel im Festspielhaus. In: Salzburger Chronik vom 27.8.1937, S. 6.*
237 *A. Roessler (Anm. 10), S. 7.*
238 *A. Faistauer (Anm. 14), S. 5. – Die große Zäsur (1923–1926). In: A. Roessler (Anm. 10), S. 55.*
239 *A. Faistauer (Anm. 14), S. 7.*
240 *Wie Anm. 239.*

Alexander Lassnig

Beobachtungen zur Maltechnik von Anton Faistauer

„Das Selbstpräparieren und Farbenreiben der Alten war keine Zeitvergeudung, es war bereits eine geistige Gabe, ein Besitz, ein Kapital, mit dem die Arbeit schon im Zuge war. Das Handwerk ist mit der Malerei streng verbunden und darf von ihr nicht getrennt werden"[1].

Auch wenn diese Sätze in Zusammenhang mit dem Schaffen eines anderen Malers, nämlich Anton Kolig, geschrieben wurden, spiegelt sich die bekundete hohe Wertschätzung für maltechnische Belange in der sorgfältigen Arbeitsweise Anton Faistauers wieder. Das Ergebnis waren Gemälde von guter Alterungsbeständigkeit, was gerade für jene Epoche des Experimentierens und der oftmals minderen Einschätzung handwerklicher Belange keine Selbstverständlichkeit ist.

Die vorliegende Studie befasst sich mit der Sparte der Staffeleigemälde von Anton Faistauer, die mengenmäßig den Großteil seines Werkes ausmachen. Wie aus einer überblicksmäßigen Auswertung von 343 Bildern hervorgeht[2], ist das „klassische Ölgemälde auf Leinwand" sein bevorzugtes Ausdrucksmittel gewesen. Demnach sind 318 Malereien in Öl ausgeführt und 20 Gemälde in einer Temperatechnik. Starre Bildträger bilden mit 38 Objekten eine deutliche Minderheit, wobei 20 Gemälde auf Holz und 18 Gemälde auf Karton ausgeführt wurden, demgegenüber stehen 302 textile Bildträger.

Ausführliche Untersuchungen wurden an 23 Werken aus dem Bestand des Salzburger Museums Carolino Augusteum und 7 Objekten von privaten Besitzern durchgeführt[3]. Die 30 Gemälde umfassen die Zeitspanne von 1907 bis 1929 und bilden einen Querschnitt durch Faistauers Malerei. Die Gemälde wurden in erster Linie mit optischen Mitteln untersucht, und zwar mit dem bloßen Auge, dem Stereomikroskop bei 10- bis 40-facher Vergrößerung, im Streif- und Reflexlicht und unter UV-Fluoreszenz. Zu Fragen der

Schichtenabfolge und der verwendeten Bindemittel wurden Untersuchungen an Malschichtquerschliffen durchgeführt[4]. Künstlerkollegen oder Schüler Faistauers können leider nicht mehr befragt werden, und in den erhaltenen Schriftstücken gibt es kaum Hinweise zu seiner Arbeitsweise. So bleiben uns als Untersuchungsgegenstand die Resultate seines Schaffens, das materiell Überlieferte, wozu auch eine Anzahl von Malutensilien gehört, die sich jetzt im Besitz des SMCA befinden.

Ziel dieser Untersuchung war es, Informationen zu den wesentlichen Fragen von Anton Faistauers Maltechnik zu gewinnen[5]. Mit welchen Materialien hat Anton Faistauer gearbeitet, wie hat er sie verarbeitet, wie sind seine Bilder aufgebaut. Es stellten sich die Fragen nach der Entwurfstechnik, der Abfolge der Malschichten, der Art des Farbauftrages und viele mehr.

Öl und Tempera

Das heutige Verständnis vom Bindemittel Tempera[6] entwickelte sich im Laufe des 19. Jahrhunderts, und zwar im Rahmen eines historisierenden Rückgriffs auf die antike und mittelalterliche Malerei[7]. In der zweiten Jahrhunderthälfte begann man, neben der reinen Primamalerei der Öl- und Öl-Harztechniken wieder mit Temperamaltechniken zu experimentieren[8]. Inwieweit Anton Faistauer während seiner Ausbildung an der Wiener Akademie oder in der privaten Malschule von Robert Scheffer in Fragen der Maltechnik und Malmaterialkunde unterwiesen wurde, lässt sich nicht feststellen. Lehrmittel wie Vorlesungsskripten oder ähnliches wurden und werden an der Akademie der bildenden Künste nicht archiviert. Am aufschlussreichsten wären ohnehin eigenhändige Mitschriften Faistauers, aber auch solche sind nicht bekannt. 1915 bekundet Faistauer gegenüber Arthur Roessler, dass ihm das unablässige Bemühen um die Aneignung der künstlerischen Ausdrucksmittel in der Praxis weder Zeit noch Lust zu umfangreichen theoretischen Studien ließ[9]. So hat er auch die damals relativ neu eingeführten Fächer „Farbenlehre" und „Farbenchemie" nicht absolviert, wie aus einem Vermerk in seinem Schülerbogen hervorgeht[10].

Eine der raren Notizbucheintragungen zu maltechnischen Belangen, welche sich zeitlich zwar nicht zuordnen lässt, aber wohl kaum aus seiner Studienzeit stammen dürfte, belegt Faistauers erwachtes Interesse für Tempera: „Ich will einige meiner folgenden Bilder nunmehr mit Tempera untermalen, von der ich hoffe, daß sie nur durch ihr wenig konsistentes Material die Gegenstände entrückt ... Ihre umgebende Leichtigkeit aber, die mir die Ölfarbe nicht geben will, möglichst auszunützen. Ich hoffe dadurch der schweren Ölfarbe auf einige Zeit zu entrinnen u. mir im fremden Material eine Leichtigkeit zu erobern, die ich dann auch der Ölfarbe aufzuzwingen imstande sein werde. Die Flucht aus diesem pickigen, zähen, dicken Material, das ich zeitlebens verwendet habe, das mir durch seine Trübe und Schwere zum Ekel geworden ist, kommt mir fast zu spät in den Sinn, denn heute scheint mir der Wechsel des Malmaterials eine der lebendigsten, erfrischendsten u. zur Erneuerung wichtigsten Methoden zu sein"[11].

Gerade für Untermalungen bieten Temperafarben[12] wesentliche Vorzüge. Einer davon ist die rasche Trocknung, im Gegensatz zu den lästigen Zwischentrocknungszeiten rein ölgebundener Untermalungen. Werden diese nicht eingehalten, kann es zu Folgeschäden, wie der Entstehung von Frühschwundrissen kommen. Frühschwundrisse sind an Faistauers Gemälden selten festzustellen, eine Ausnahme ist ein Stilleben von 1914 (13), bei dem die Risse besonders störend in Erscheinung treten (Abb. 1). Dieses Phänomen ist auch Faistauer selbst sicher nicht entgangen, da er im Zuge einer Marouflage auf Karton größere Flächen dieses Gemäldes, in denen sich bereits Frühschwundrisse gebildet hatten, braun übermalte. Vielleicht ist auch das mit ein Grund gewesen, sich mit neuen maltechnischen Möglichkeiten zu beschäftigen.

Temperasysteme sind aber nicht nur für Untermalungen gut geeignet, sie können selbstverständlich auch in den Hauptmalschichten, und hier zum Beispiel mit Tubenölfarben vermengt, angewendet werden. Sehr einfach kann man sich durch bloßes Zumischen von Ei oder Kasein oder entsprechender (Tuben-) Temperafarbe mit der Spachtel zur Tubenölfarbe eine brauchbare, noch relativ magere Wasser-in-Öl-Emulsion herstellen, die schon vielen Malern gute Dienste leistete[13].

Farbaufträge mit derart „abgemagerter" Ölfarbe erhärten schneller und gleichmäßiger als reine Ölfarben und bilden im allgemeinen eine solide Basis für das Weitermalen in Öl, nach der alten Handwerksregel „fett auf mager"[14]. Wohl hat sich auch Anton Faistauer dieser Möglichkeiten bedient, wie aus den verbliebenen Farbresten an seinen Paletten geschlossen werden kann. An beiden Paletten befinden sich neben Tubenölfarbe auch nicht ölgebundene Malfarben.

Durch Bindemittelanalysen an zwei Gemälden (18, 23) konnte die Verwendung von Temperauntermalungen sowie das Vorliegen überwiegend ölhaltiger Emulsionen, sogenannter Öltempera, in den Hauptmalschichten nachgewiesen werden[15]. Möglicherweise wurden bei diesen Gemälden für die Untermalungen Tubenkaseintempera und in den Hauptmalschichten „abgemagerte" Ölfarbe, wie oben beschrieben, verwendet.

Abb. 1 Detail von Gemälde 13, Größe des Ausschnittes 14,5 x 9,5 cm. Frühschwundrisse in der oberen Malschichte

Die Serie der Temperabilder mit den Entwürfen und Repliken zu den Wandmalereien in der Morzger Kirche stellt eine Sonderform von Faistauers Staffeleigemälden dar. Aufgrund der optischen Beurteilung kann mit einer gewissen Wahrscheinlichkeit angenommen werden, dass hier eine Art von Kaseintempera verwendet wurde, welche in ihrer matten Farbwirkung Wandmalereien nicht unähnlich ist. Auch die lokalen Aufträge mit weißer und farbiger Pastellkreide auf die bereits getrocknete Oberfläche bei der Darstellung der Hl. Maria unter dem Kreuz ähnelt den Pastellstiftretuschen historischer Wandmalerei[16].

Farben, Pinsel und Palette

In den zwei Malkästen aus Faistauers Nachlass befinden sich insgesamt 85 Farbtuben von verschiedenen Herstellern. Beinahe die Hälfte davon sind Harzölfarben der Marke Mussini von der Firma Schmincke, Düsseldorf. Im Laufe der ersten Hälfte des 19. Jahrhunderts vollzog sich, von England ausgehend, der Übergang zur fast ausschließlich industriellen Farbenherstellung, viele der noch heute dominierenden Künstlerfarbenfabriken gehen auf diese Zeit zurück[17]. Die Marke Mussini ist seit 1882 auf dem Markt erhältlich und basiert im wesentlichen immer noch auf der historischen Rezeptur[18]. Bei den anderen Tuben handelt es sich um reine Ölfarben, interessanterweise ist auch eine Tube Kaseintempera dabei[19].

Kleine Pinsel finden sich bei Anton Faistauer nicht. Im Nachlass befinden sich überwiegend langstielige Rund- und Flachpinsel mittlerer Breite. Haarpinsel (26 Stück) überwiegen gegenüber den Borstenpinseln (10 Stück). Für feine Farbaufträge benutzte Anton Faistauer rund abgebundene, ebenfalls langstielige Haarpinsel mit Haarlängen bis zu 35 Millimetern und Durchmessern von nur 3 bis 5 Millimetern. Auch wenn wir nicht wissen, ob das Pinselsortiment aus Faistauers Nachlass repräsentativ ist, so ist doch die Verwendung der überkommenen Pinsel in seiner Malerei gut nachvollziehbar.

Im „Selbstbildnis mit Palette" von 1924 (Abb. 2) hat sich Faistauer mit einer Palette dargestellt, die möglicherweise mit der größeren Palette aus seinem Nachlass ident ist (Abb. 3). In beiden Fällen handelt es sich um rechtwinkelige Klapppaletten, die glücklicherweise nicht von den Farb- und Malmittelresten befreit wurden und daher interessantes materialtechnologisches Forschungsmaterial darstellen. Auf einer späten Fotografie ist Faistauer mit einer großen ovalen Armpalette abgebildet. (Abb. 4)

Die Auswahl der Farben und deren Anordnung auf den Paletten erscheint unsystematisch und ist wohl nur in Zusammenhang mit

Abb. 2 Selbstbildnis mit Palette, 1924. Kat.-Nr. 81

den Gemälden, an denen Faistauer gerade gearbeitet hat, verständlich. Die erhaltenen Farbtuben repräsentieren mit 43 verschieden Farbtönen eine außergewöhnlich große Farbskala. An Weiß verwendete er das deckende Bleiweiß und das halbdeckende Zinkweiß. Bei acht verschiedenen Gelbtönen dominiert Neapelgelb hell mit fünf Farbtuben. Auffallend groß ist die Anzahl von 17 verschiedenen Rottönen in Abstufungen von Cadmiumorange bis Krapplack dunkel. An gebrannten und ungebrannten Erden finden sich dagegen nur Umbra Natur und Siena gebrannt, sechs Tuben grüne (Veroneser und böhmische) Erde und fünf Tuben Chromoxydgrün feurig überwiegen bei neun verschiedenen Grüntönen. Blau kommt in sieben verschiedenen Pigmentarten vor, wobei Preußischblau und Coelinblau gegenüber Ultramarintönen vorherrschen. Eine Tube Elfenbeinschwarz bildet den Abschluss der Palette

Vom Werden eines Gemäldes

Im folgenden Abschnitt sollen die einzelnen Arbeitsschritte bei der „Entstehung" eines Staffeleigemäldes, basierend auf den Ergebnissen der dreißig untersuchten Gemälde von Anton Faistauer, erläutert werden. Der Verweis zu den einzelnen Bildern erfolgt durch Nennung des Titels, beziehungsweise durch Angabe der Gemäldenummer in Klammer. Die Auflistung dieser Gemälde befindet sich im Anhang.

Textile Bildträger

Wie bereits erwähnt, war Leinwand[20] der bevorzugte Bildträger von Anton Faistauer, wobei er vornehmlich kommerziell vorgrundierte Gewebe von relativ feiner Struktur verwendete[21]. Die Bindungsart ist überwiegend Leinenbindung, bei drei Bildträgern liegt Panamabindung vor (11, 26, 27) und bei drei weiteren Geweben Fadenkornbindung (10, 22, 23), beides sind Unterarten der Leinenbindung. Als Stützsystem dienen Keil- oder Spannrahmen.

Starre Bildträger

Faistauer bemalte manche seiner Leinwände auf provisorischen Bildträgern, wahrscheinlich Holzplatten, und übertrug die Gemälde später auf Keilrahmen (7, 12) oder auf Karton (3, 13, 16, 17). So wurde zum Beispiel ein Stillleben von 1914 (13) auf Karton maroufliert, wobei durch seitlich angestückte Leinwandstreifen auch das

Abb. 3 Malutensilien aus Faistauers Nachlass (Auswahl); die größere der beiden Paletten (42 x 36 cm), einige der langstieligen Haar- und Borstenpinsel, Farbtuben, eine Malspachtel, ein Palettenstecker und ein kleines Metallgefäß zur Aufbewahrung von Malmittel. SMCA, Faistauer-Archiv

Abb. 4 Anton Faistauer mit großer Armpalette, um 1918

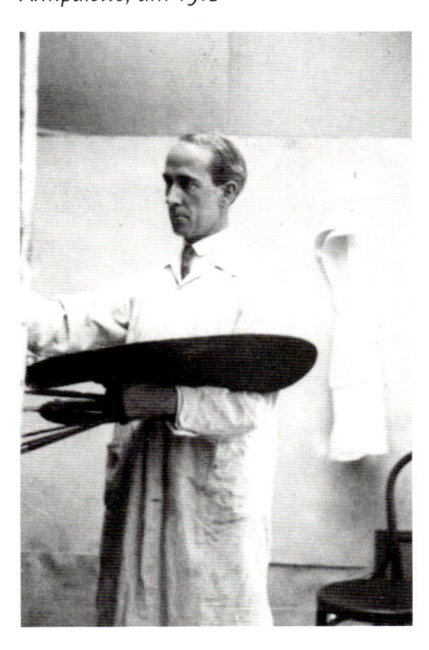

Format etwas vergrößert wurde, wohl um das Gemälde an einen bestehenden Zierrahmen anzupassen. Original auf Karton wurden hingegen die Gemälde Nr. 14 und Nr. 15 ausgeführt, das einzige Holztafelgemälde der untersuchten Objekte ist der „kleine weibliche Akt" von 1929 (30). Die „Barken am Lago Maggiore" (2) wurden zuerst auf Papier ausgeführt, welches nachträglich auf einen dünnen Karton aufgeklebt wurde.

Grundierung

Anton Faistauer arbeitete großteils auf kommerziell vorgrundierten Malleinen, die seit dem Ende des 19. Jahrhunderts zumeist in (gebrochenen) Weißtönen produziert wurden[22]. Die häufigste Farbe der Grundierung bei Faistauer ist daher weiß. Die Helligkeit der Grundierung wurde bei vielen seiner Gemälde in die Komposition mit einbezogen, zum Beispiel für Konturen oder helle Bildstellen. Ähnlich der Aquarelltechnik beließ er die Grundierung hier lokal unbemalt (vgl. Abb. 5). Diese Eigenart ist bei Gemälden aller Schaffensperioden anzutreffen. An vier Gemälden liegt eine helle, ocker-

Abb. 5 Detail von Gemälde 8. Im Bereich der Straße, des Talgrundes und des Himmels wurde das Weiß der Grundierung als bildnerisches Mittel verwendet, indem es stellenweise unbemalt belassen wurde

färbige Grundierung vor, welche händisch auf die bereits aufgespannten Leinwände aufgebracht wurde (9, 20, 22, 23). Buntfarbige Grundierungen stellen bei Faistauer eine Seltenheit dar, so wurde eine rötlich-braune Grundierung nur bei einem Objekt festgestellt, einem Stillleben um 1910 (4). Vereinzelt malte er auch auf ungrundierte Bildträger aus Papier (2), Pappe (15) oder Leinwand (27).

Zur Bestimmung der Bindemittel wurde ein Gemälde mit kommerziell vorgrundiertem Malleinen (18) und eines der händisch grundierten Bilder (22) untersucht, wobei in beiden Fällen Öle und Proteine nachgewiesen wurden[23]. Diese sogenannten Halbölgrundierungen kommen seit dem 19. Jahrhundert in verschiedensten Rezepturen bei Malleinenherstellern zur Anwendung[24]. Kaseingrundierungen dürften hingegen bei der Replikenserie zu den Morzger Fresken vorliegen (26). Wie mit einer gewissen Wahrscheinlichkeit aus einer Notizbucheintragung Faistauers geschlossen werden kann, hat er die Leinwände mit einer selbst hergestellten weißen Kaseingrundierung versehen[25].

Abb. 6 Detail von Gemälde 1. Im Bereich der linken Begrenzung des Hutes sind Kohleunterzeichnungen gut zu erkennen

Unterzeichnung

Kohle- oder Bleistiftunterzeichnungen (Abb. 6) sind bei einigen der früheren Arbeiten (1, 2, 7, 8) zu beobachten sowie bei den Morzger Repliken (26). Kennzeichnend für die Unterzeichnungspraxis Faistauers sind aber Pinselunterzeichnungen, die zum Teil relativ locker und schmissig ausgeführt wurden und, vom linearen ins flächige gehend, oftmals bereits Untermalungscharakter haben. Pinselunterzeichnungen in schwarz, dunklen Grau- und Brauntönen finden sich an Malereien ab 1911 (12, 15, 16, 21, 24, 29, 30). Wegen deckender Farbaufträge sind bei vielen Gemälden eventuell vorhandene Unterzeichnungen mit bloßem Auge nicht mehr sichtbar.

Malaufbau, Abfolge der Malschichten

Systematische Schichtenmalerei, die für den größeren Teil von Anton Faistauers Gemälden kennzeichnend ist, lässt sich in den frühen Arbeiten noch nicht feststellen. Hier wurde zumeist über lokalen aquarellartigen Aufträgen mit verdünnter Malfarbe, sogenannten Untertuschungen, die Malerei gleich ins Nasse weitermalend „alla prima" fertiggestellt. Ab dem Bildnis der Frau im Lehnstuhl von 1912/13 (9) liegt bei allen untersuchten Gemälden ein mehrschichtiger, zumeist zwei- bis dreischichtiger Malaufbau mit farbigen Untermalungen vor. Wenn eingangs von systematischer Schich-

Abb. 7 Detail von Gemälde 24, Größe des Ausschnittes 15 x 21 cm.
Im Hintergrundbereich erfolgte auf blauer Untermalung der Auftrag von halbopaker grünlicher Malfarbe mit schraffierenden und stupfenden Pinselbewegungen

Abb. 8 Detail von Gemälde 29, Größe des Ausschnittes 15 x 21 cm.
Durch das Übereinanderlegen von komplementären Farben lassen sich subtile Wirkungen erzeugen; die Untermalung ist im Hintergrundbereich ebenfalls blau, in der zweiten Schichte wurde allerdings rötlich-bräunliche Malfarbe aufgetragen

tenmalerei gesprochen wurde, so war das nicht etwa im Sinne von penibel ausgeführten Untermalungen mit feinsten Datails und darüber gelegten Farblasuren gemeint, sondern als sogenannte abgekürzte Primamalerei laut der Definition von Max Doerner[26]. Eine richtig ausgeführte Untermalung soll demnach lediglich dazu dienen, die Übermalung, die möglichst eine Primamalerei sein soll, zu vereinfachen und durch die Vorarbeit zu entlasten. Die Komposition in ihren Grundzügen wird dabei festgelegt und das Weiß der Grundierung „gebrochen". Die Untermalungen Faistauers sind entweder in einem zur Hauptmalschichte verwandten Farbton angelegt (Abb.

Abb. 9 Malschichtquerschliff von Gemälde „Ruhendes Mädchen in blauem Kleid (18), ca. 500-fache mikroskopische Vergrößerung; die Probe wurde im Bereich des roten Sofas entnommen und zeigt schichtenweisen Malaufbau mit „verwandten Farbtönen". Beschreibung der Schichtenabfolge von unten nach oben: Weiße Grundierung; erste Untermalung mit roter unvermischter Farbe; zweite Untermalung in Violett, rote, weiße und blaue Pigmentkörner sind hier gut zu erkennen; die Hauptmalschichte setzt sich aus sehr hellem Violett, Orangerot und Ocker zusammen, es liegen keine klaren Schichtengrenzen vor, der Farbauftrag erfolgte nass-in-nass

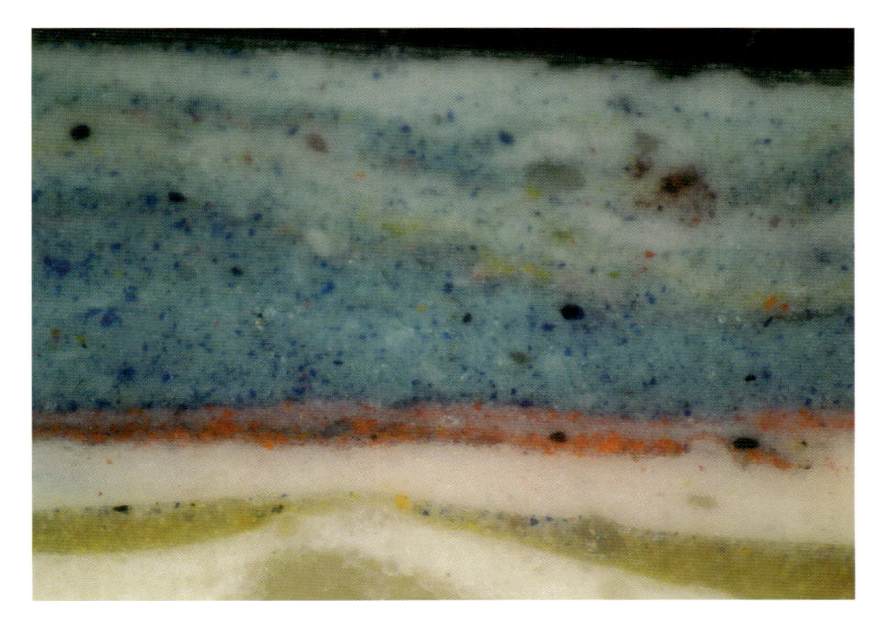

Abb. 10 Malschichtquerschliff von Gemälde 18, ca. 500-fache mikroskopische Vergrößerung; die Probe wurde aus dem Bereich des blauen Kleides entnommen und zeigt schichtenweisen Malaufbau mit „farbigem Kontrast". Beschreibung der Schichtenabfolge von unten nach oben: Helle Grundierung; gelbgrüne, weiße und zinnoberrote Untermalungsschichten; in der blauen Hauptmalschichte kann schlierenartiges Ineinanderfließen dunklerer und hellerer Blauausmischungen beobachtet werden, der Farbauftrag erfolgte nass-in-nass

7) oder in farbigem Kontrast dazu (Abb. 8), manchmal können beide dieser Varianten an ein- und demselben Gemälde beobachtet werden (Abb. 9, 10). Zwischenfirnisse sind bei drei Gemälden (22, 23, 28), die keinen abschließenden dicken Firnisauftrag erhalten haben, gut zu erkennen. Höchstwahrscheinlich kommen sie aber häufiger vor. Die Fertigstellung der Malerei erfolgte überwiegend in Primamalweise. Bei zwei Bildern wurden über den bereits erhärteten Pastositäten lokale Farbaufträge vorgenommen, was eine längere Zwischentrocknungszeit voraussetzt (2, 21). Diese Beobachtung deckt sich mit Berichten, wonach Faistauer an seinen Bildern, solange sie bei

Abb. 11 Detail von Gemälde 2, Größe des Ausschnittes 8,5 x 5,5 cm.
Typische Borstenpinselstrukturen bei pastoser Verwendung unverdünnter Ölfarbe

Abb. 12 Detail von Gemälde 11, Größe des Ausschnittes 19,5 x 12,5 cm.
Mit dem Haarpinsel aufgetragene, durch Malmittelzugabe leicht verflüssigte Farbe

Abb. 13 Detail von Gemälde 18, Größe des Ausschnittes 7 x 4,5 cm.
Emailleartig ineinander fließende Farben und Strukturen

Abb. 14 Pinsel Anton Faistauers. SMCA, Faistauer-Archiv

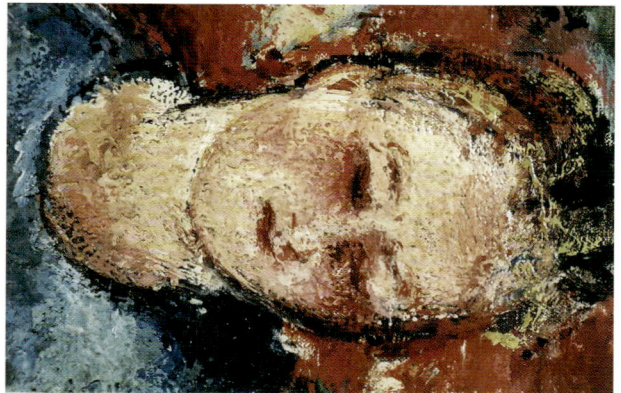

Abb. 15, 16 Details von Gemälde 18, linke Aufnahme im Streiflicht, rechte Aufnahme im Auflicht, Größe des Ausschnittes 16 x 24 cm. Stupfender Auftrag von zähflüssiger Malfarbe mit weichem Haarpinsel

Abb. 17 Detail von Gemälde 18. Der Kasten bezeichnet den Ausschnitt von Abb. 13

Abb. 18, 19 Detail von Gemälde 29, Aufnahme im Auflicht (links), im Streiflicht von links oben (rechts). Deckende Farbaufträge in den hellen Gesichtspartien wurden stellenweise mit der Malspachtel nachträglich verschlichtet; im Bereich des Scheitels ist die weiße Grundierung mit der rotbraunen und schwarzen Pinselvorzeichnung sichtbar

Abb. 20 Detail von Gemälde 9, Größe des Ausschnittes 23 x 15 cm. Auf der Palette vorgemischte Farben wurden mit der Malspachtel auf die Gemäldeoberfläche „aufgesetzt"

Abb. 21 Detail von Gemälde 21, Größe des Ausschnittes 5,5 x 3,5 cm. Die mit dem Pinsel aufgetragene Malfarbe wurde nachträglich mit der Malspachtel im linken Bereich glatt gestrichen

ihm im Atelier standen, herumfeilte und auch Jahre später noch Veränderungen vornahm[27].

Malweise, Art des Farbauftrages

An den frühen Gemälden erfolgte der Farbauftrag vorzugsweise mit flach gebundenen Borstenpinseln und pastiger Malfarbe (Abb. 11). Vermehrte Malmittelzugabe und folglich weichere, fließendere Strukturen mit gestrichenen und gestupften Farbaufträgen sind ab cirka 1913 festzustellen (Abb. 12). Diese Tendenz zur Verflüssigung der Malfarbe ist verstärkt an den Vorstudien zum Salzburger Votivaltar zu beobachten (16, 17), wo durch entsprechende Malmittelzusätze stellenweise Oberflächen von beinahe lackähnlicher Glätte erzeugt wurden. Die zwischen 1919 und 1921 gemalten Bilder (18, 19, 20, 21, 22, 23) zeigen außergewöhnlich dicke Farbaufträge (bis zu mehreren Millimetern) in zähflüssiger Konsistenz, was an die Verwendung von strukturbildenden Zusätzen, sogenannter „Malbutter" denken läßt[28] (Abb. 17). Eine derartige Malweise ist an den späteren Gemälden Faistauers nicht mehr festzustellen. Pastositäten kommen zwar weiterhin häufig vor, werden aber nicht mehr

Abb. 22 Detail von Gemälde 14, Größe des Ausschnittes 7,5 x 10,5 cm. Pinselstielbearbeitung; zur Akzentuierung des Horizontes wurde mit dem Pinselstiel in die noch nasse Malfarbe geritzt; die weiße Grundierung kommt hier wieder zum Vorschein

Abb. 23 Detail von Gemälde 14. Kurz abgesetzte, mit dem flachen Borstenpinsel ausgeführte Pinselzüge in Parallelmanier

so flüssig aufgetragen und bilden daher ein markantes Relief (Abb. 18, 19). Gespachtelte Farbaufträge liegen nur beim Bildnis der Frau in Lehnstuhl vor (9) (Abb. 20). Nachträgliche Bearbeitungen mit der Malspachtel finden sich hingegen an fast allen Gemälden nach 1912, wobei mit dem Pinsel aufgetragene Malfarbe mit der Spachtel lokal verschlichtet wurde (Abb. 21). An drei Gemälden (13, 14, 20) konnten Pinselstielbearbeitungen beobachtet werden (Abb. 22, 23), in einem Fall wurde auch die Signatur mit dem „falschen Ende des Pinsels" in die nasse Farbe geritzt (13) (Abb. 24).

Abb. 24 Detail von Gemälde 13, Größe des Ausschnittes 10 x 13,5 cm. Die Signatur wurde mit dem Pinselstiel in die noch nasse Malfarbe geritzt, wodurch hier die hellgrüne Untermalung wieder zum Vorschein gekommen ist

Eigenübermalungen und Pentimente

Im Streif- und Reflexlicht sind an zwei Gemälden Pentimente zu erkennen. Beim Akt auf rotem Diwan (11) sind die Konturen eines Kopfes im Hintergrundbereich über dem Kopfende des Sofas wahrzunehmen, möglicherweise wurde die jetzt liegende Figur ursprünglich in einer eher aufrechten, sitzenden Haltung dargestellt. Das Bildchen, das Georg Wrede (28) in seinen Händen hält, war vorher in flacherer Position gemalt, wie sich anhand von Strukturen unterer Malschichten erkennen lässt (Abb. 25, 26).

Oberfläche und Firnis

An 25 der untersuchten Gemälde befinden sich abschließende Firnisaufträge. Unter den fünf ungefirnisten Objekten sind die auf Wandmalereiähnlichkeit angelegten Temperabilder (26, 27) mit durchgehender Mattwirkung sowie die Gemälde der Serie „Rhythmische Komposition" (22, 23) und das Bildnis des Georg Wrede (28). Die Oberfläche der letzteren Malereien weist ein interessantes „Spiel" unterschiedlicher Glanzgrade auf, welches durch partiell aufgetragene Zwischenfirnisse in Kombination mit zum Teil relativ matten Farboberflächen hervorgerufen wird[29]. Die Vermutung liegt nahe, dass ein alles überziehender, glänzender und die Farbschichten sättigender Firnisauftrag am Ende des Malvorganges kein primäres Anliegen von Anton Faistauer war[30].

Abb. 25 Detail von Gemälde 28, Aufnahme im Auflicht

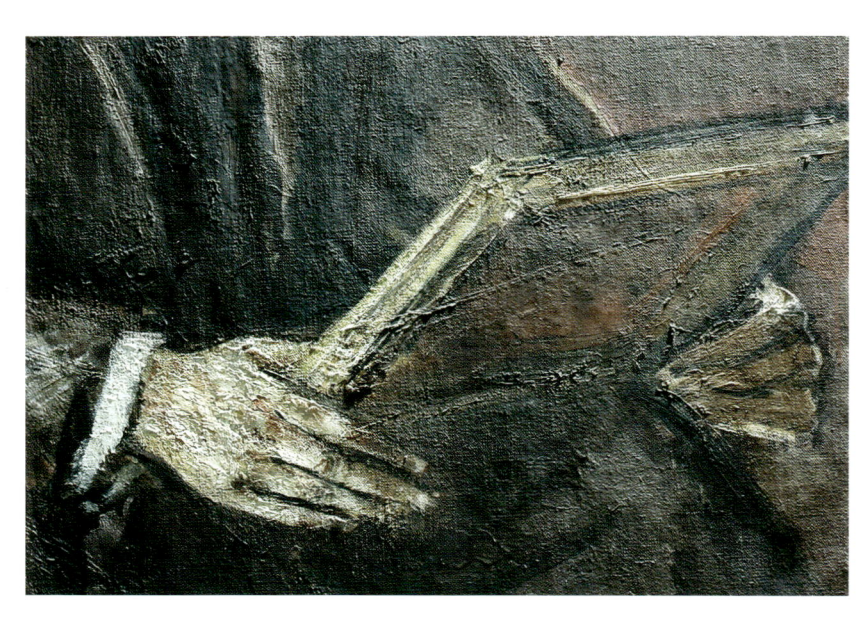

Abb. 26 Detail von Gemälde 28, Aufnahme im Streiflicht von oben; pastose Strukturen treten deutlich hervor

Schlussbetrachtung

Die Entwicklung von Anton Faistauers Maltechnik ist durch Kontinuität gekennzeichnet, durch vorsichtiges Erproben neuer Möglichkeiten und deren konsequente Weiterverwendung in seiner Malerei. Die Anzahl der untersuchten Gemälde ist zwar zu gering, um bestimmte Entwicklungsphasen zeitlich festlegen zu können, dennoch sind folgende Tendenzen bemerkbar: Die frühen Arbeiten sind durch einschichtigen Malaufbau (Primamalerei) bei Verwendung von zumeist unverdünnter Tubenölfarbe gekennzeichnet. Circa ab 1912/13 beginnt eine Phase der Erweiterung des maltechnischen Repertoires. Ab dieser Zeit kommen farbige Untermalungen vor, Faistauer beginnt seine Malfarben durch Malmittelzugabe zu modifizieren und bezieht Temperatechniken in seine Malerei mit ein. Gemälde mit besonders dicken, zumeist gestupften Farbaufträgen von ineinander fließendem, eimailleartigem Charakter kommen in den Jahren zwischen 1919 und 1921 vor. Diese eigenartige Malweise ist in den späteren Gemälden nicht mehr zu finden. In der Zeit nach der Ausführung der Morzger Wandmalereien sind keine wesentlichen Veränderungen in Faistauers Maltechnik festzustellen. Die späten Werke sind durch den gezielten Einsatz von maltechnisch bereits Erprobtem gekennzeichnet. Einige dieser Techniken sind zum Beispiel beim Bildnis des Malers Franz Zülow (29) zu beobachten, etwa die raffinierte Abfolge von Lasuren in den Hintergründen (Abb. 8), pastos strukturierte Farbaufträge im Inkarnat und das stellenweise Sichtbarlassen von Grundierung und Pinselvorzeichnung am Kopf des Dargestellten (Abb. 18, 19).

Diese Arbeit sollte als Anregung dazu dienen, sich in weiteren Studien mit der Maltechnik Anton Faistauers zu beschäftigen. Sicher würden bei der Untersuchung von zusätzlichen Gemälden neue interessante Details zutage kommen, wobei die hier gemachten Beobachtungen auf eine breitere Basis gestellt werden könnten.

Der Dank des Verfassers richtet sich an das Anton Faistauer Forum Maishofen, Frau Stefanie Flinsch und Herrn Dr. Nikolaus Schaffer vom Salzburger Museum Carolino Augusteum und an Frau Univ. Ass. MMag. Monika Roth vom Institut für Wissenschaften und Technologie in der Kunst an der Akademie der bildenden Künste in Wien.

Anmerkungen

1 Anton Faistauer: Neue Malerei in Österreich. Betrachtungen eines Malers. Zürich – Leipzig – Wien 1923, S. 66, 67,

2 Grundlage der Auswertung ist das Werkverzeichnis von Franz Fuhrmann: Anton Faistauer. Salzburg 1972, erschienen im Residenzverlag. Fuhrmann erstellte sein Verzeichnis auch anhand von Fotografien und mit Informationen aus dritter Hand, wodurch sich gerade hinsichtlich der Beurteilung der Bildträger und der Bindemittel in den verwendeten Malfarben Ungenauigkeiten ergeben können; wahrscheinlich würde sich bei der Untersuchung der Originalgemälde der Anteil an Leinwandgemälden noch etwas erhöhen.

3 Die Einzelergebnisse der Untersuchungen sind beim Verfasser und bei folgenden Institutionen archiviert: Salzburger Museum Carolino Augusteum, Anton Faistauer Forum Maishofen, Institut für Wissenschaften und Technologie in der Kunst an der Akademie der bildenden Künste in Wien.

4 Die Untersuchung an den Malschichtquerschliffen wurde am Institut für Wissenschaften und Technologie in der Kunst an der Akademie der bildenden Künste in Wien durch Frau Univ. Ass. MMag. Monika Roth ausgeführt. Die stoffgruppenmäßige Klassifizierung der Bindemittel erfolgte durch Anfärben mit Fluorochromen.

5 Bislang liegen über der Faistauers Maltechnik der Staffeleimalerei noch keine Forschungsergebnisse vor.

6 Tempera ist ein sehr vielschichtiger Begriff; in der deutschen Fachliteratur zur Maltechnik wird Tempera als eine Emulsion definiert, diese ist aus „wässrigen" und „öligen" Anteilen zusammengesetzt und stellt die Bindemittelkomponente einer Malfarbe dar. Man unterscheidet zwischen natürlichen Emulsionen, Eidotter ist zum Beispiel eine natürliche Öl-in-Wasser-Emulsion, und künstlich erzeugten Emulsionen, welche wiederum aus einer Vielzahl von natürlichen und synthetischen Materialien hergestellt werden können; selbst bei gleich bleibenden Ausgangsprodukten lassen sich durch Variieren der Mengenverhältnisse sehr unterschiedliche Ergebnisse erzielen.

7 Eva Reinkowsky-Häfner: Tempera. Zur Geschichte eines maltechnischen Begriffs. In: Zeitschrift für Kunsttechnologie und Konservierung 1994/2, S. 301.

8 Manfred Koller: Das Staffeleibild der Neuzeit. In: Reclams Handbuch der künstlerischen Techniken. Bd. 1. Stuttgart 1984, S. 405.

9 Arthur Roessler: Der Maler Anton Faistauer. Wien 1947, S. 34.

10 Freundliche Mitteilung von Herrn Ferdinand Gutschi, Akademiearchiv der Akademie der bildenden Künste in Wien.

11 Undatiertes Manuskript in einem Notizheft. SMCA, Faistauer-Archiv.

12 Wir verwenden den Begriff Tempera weiterhin als ganz allgemeine Definition, mit der großen Bandbreite an Variationen, die in Emulsionen vorkommen können.

13 Max Doerner: Malmaterial und seine Verwendung im Bilde. 1. Aufl. 1921. Stuttgart 1992, S. 178.

14 M. Doerner (Anm. 13), S. 126, 197.

15 Untersuchungen an Malschichtquerschliffen erfordern die Entnahme von Probenmaterial am Originalgemälde und sollten daher sehr zurückhaltend vorgenommen werden; daher wurden auf diese Weise nur zwei Gemälde untersucht.

16 Manfred Koller: Wandmalerei der Neuzeit. In: Reclams Handbuch der künstlerischen Techniken. Bd. 1. Stuttgart 1990, S. 331.

17 M. Koller (Anm. 8), S. 396.

18 Freundliche Mitteilung von Herrn Dr. Wolfgang Müller vom chemischen Labor der Fa. Schmincke.

19 Kaseintempera „Grüne Erde", der Fa. Ludwig Arnold in Bad Aibling, Oberbayern.

20 Faseruntersuchungen wurden im Rahmen der vorliegenden Studie nicht durchgeführt, es können im Einzelfall auch Misch- oder Baumwollgewebe vorliegen.

21 Fadenzahlen von mindestens 10 Fäden/cm je Webrichtung ansteigend bis zu 24 Fäden/cm je Webrichtung.

22 Beatrix Haaf: Industriell vorgrundierte Malleinen. In: Zeitschrift für Kunsttechnologie und Konservierung 1987/2, S. 52 f.

23 Die stoffgruppenmäßige Klassifizierung der Bindemittel erfolgte durch Anfärben mit Fluorochromen.

24 B. Haaf (Anm. 22), S. 52, 53.

25 In seinem Notizbuch ist ein Rezept für die Zubereitung einer Ammoniumkaseingrundierung mit Zinkweiß als Farb- und Füllstoff notiert; auch Anwendungshinweise sind vermerkt, zum Beispiel dass die Grundiermasse in drei Schichten aufzutragen sei; aufgrund rein optischer Phänomene, etwa der stark ausgeprägten Sprünge in der Grundierungsschicht, liegt die Vermutung nahe, dass am gegenständlichen Gemälde der Morzger Replikenserie eine derartige Kaseingrundierung zur Anwendung gekommen ist.

26 M. Doerner (Anm. 13), S. 161 ff.

27 F. Fuhrmann (Anm. 2), S. 27.

28 Malbutter, Medium, Meguilp und dergl. sind salbenartige Mischungen von trocknenden Ölen, Wachs, Bleizucker, usw.; die Zusammensetzungen einzelner Produkte können stark variieren.

29 Duftig matte Wirkungen ergeben sich zum Beispiel durch Zuemulgieren von Kasein zu Ölfarbe. M. Doerner (Anm. 13), S. 126.

30 Nachträgliche Firnisaufträge von fremder Hand bei ursprünglich ungefirnisten Gemälden stellen leider keine Seltenheit dar.

Liste der untersuchten Gemälde

1   Bildnis Karl Linke, um 1909, Kat.-Nr. 8
2   Barken am Lago Maggiore, 1910, Kat.-Nr. 14
3   Mann auf Balkon liegend (Maler Gustav Schütt), um 1910, Kat.-Nr. 15
4   Schale mit Birnen, um 1910, Kat.-Nr. 11
5   Liegender weiblicher Akt („Nacktes Mädchen"), um 1910, Kat.-Nr. 12
6   Giebelhaus gegen das Steinerne Meer, um 1912, Kat.-Nr. 22
7   Hockende Ziege, 1912, Kat.-Nr. 17
8   Das Haus des Advokaten („Das rote Haus", mit Ansicht von Ascona), 1912, Kat.-Nr. 20
9   Frau im Lehnstuhl mit Hut in der Hand (Ida), um 1912/13 (unvollendet), Kat.-Nr. 24
10 Stillleben mit Äpfeln, Weinglas, Flasche und Krug, um 1911, Kat.-Nr. 18
11 Liegender weiblicher Akt auf rotem Diwan, um 1912, Kat.-Nr. 23
12 Wachauer Landschaft mit Turm (Burgruine Hinterhaus bei Spitz an der Donau), 1913, Kat.-Nr. 30
13 Stillleben mit Krug, Teller und eiergefüllter Schale, 1914, Kat.-Nr. 31
14 Landschaft mit Markt Feldbach, um 1915, Steiermark, Privatbesitz
15 Stillleben mit Fisch, Weinflasche und Zitrone, um 1915, Privatbesitz
16 Pietà (Studie für Mittelbild des Salzburger Votivaltares), 1918, Kat.-Nr. 62
17 Hl. Sebastian und die Frauen (Studie für rechten Innenflügel des Salzburger Votivaltares), 1918, Kat.-Nr. 63
18 Ruhendes Mädchen in blauem Kleid, 1919, Kat.-Nr. 56
19 Sommerschnee, 1920, Kat.-Nr. 67
20 Liegender weiblicher Akt, um 1920, Kat.-Nr. 69
21 Stillleben mit Frau am Geschirrschrank, 1921, Kat.-Nr. 71
22 Rhythmische Komposition mit vier weiblichen Akten, 1921, Kat.-Nr. 70 (Inv.-Nr. 33/51)
23 Rhythmische Komposition mit vier weiblichen Akten, 1921, Kat.-Nr. 70 (Inv.-Nr. 34/51)
24 Obststillleben, 1922, Kat.-Nr. 73
25 Kopf des Heiligen Josef, 1923, Kat.-Nr. 80
26 Heilige Barbara (Replik nach Fresko in der Pfarrkirche von der Morzg), 1923, Kat.-Nr. 79
27 Maria unter dem Kreuz (unausgeführter Entwurf für die Deckenmalerei in der Pfarrkirche von Morzg, 1923, Kat.-Nr. 78
28 Bildnis des Fabrikanten Georg Wrede, 1926, Kat.-Nr. 88
29 Bildnis des Malers Franz von Zülow, 1927, Kat.-Nr. 94
30 Weiblicher Akt mit erhobenem Arm, um 1929, Kat.-Nr. 99

Anton Faistauer, um 1929.
Foto: Trude Geiringer/Dora Horovitz, Wien

Anton Faistauer
Brief an einen Neugeborenen*

16.2.1929

Sehr lieber Herr Christoph Zimmer,

ich beglückwünsche dich zu deiner guten Ankunft auf der Welt. Aber freue dich nicht allzu sehr, denn trotz allem Guten, das dir jetzt passiert, ist die Erde ein Jammertal. Du magst noch froh sein, dass du gute Eltern hast; allem Anschein nach wird deine Mutter gut zu dir sein, ganz bestimmt deine Großmutter. Dein Vater ist ein braver Mann, er hat ein festes Gemüt und einen feinen Beruf. Du wirst nicht darunter leiden. Deine Großeltern sind sehr berühmt und das wird dir nützen und dich aneifern auch berühmt zu werden oder die Sorgen der Berühmtheit nicht auf dich zu nehmen. Deine Onkels sind nicht in allem nachahmenswert, gehe lieber nicht nach Amerika, denn zu viel von der Welt haben ist bestimmt nicht gut. Du kannst die Welt in Heidelberg besser besitzen, als wenn du ihr nachläufst. Wenn du deinem Namen gerecht wirst, wirst du das auch nicht tun; du müsstest ein Philosoph sein und wirst es heutzutage schwer haben deinen Namen zu erfüllen. Man hat aber seinen Namen, besonders den Deinen als ein Amt. Wenn du einmal groß bist, so hoffe ich schon so klar zu sein, dir deinen Namen ernsthaft zu deuten. Wenn du groß bist, nehme ich an, wird eine bessere Zeit sein, denn jetzt ist die Zeit schlecht und gottlos und sie ändert sich jetzt bald bestimmt zum Guten. Alle die jetzt geboren worden sind, werden es leichter und heller haben, weil wir es schwer und dunkel gehabt haben, trotz dem Licht der Wissenschaft. Die Wissenschaft hat uns größenwahnsinnig gemacht und dumm. Wenn du also dort an deinem Fluss deinen lieben Gott herumträgst, so achte mehr auf die Natur als auf den Inhalt der Bibliotheken, denn mehr als das beredteste Buch kann dir der stumme Fisch erzählen, von der allmächtigen Güte des Ewigen – – – – (es läutet).

Geh nicht allemal zum Telephon, wenn's läutet, denn es gibt nichts Neues, es ärgert dich nur irgendein schlechtes Geschäft aus deinen besten Gedanken, die wir deshalb immer seltener haben. Lass dir um Gottes willen Zeit. Das größte Unglück deiner Geburtsstunde ist die Hast, die Unrast, die Eile, das blöde Laufen von einem Ende zum andern. Geniesse jetzt die Stunden. Da du deine Füsse noch nicht gebrauchen kannst, schliesse die Augen, wenn sie dir zu viel Bilderbücher zeigen wollen und schrei aus vollem Halse, wenn sie dir mit soviel Musik kommen und wenn du größer bist, besuche mich. Das wird dir nicht schaden und mich freuen Deinen Maler

Anton Faistauer.

* Sohn von Christiane von Hofmannsthal, der Tochter des Dichters Hugo von Hofmannsthal. SMCA, Faistauer-Archiv.

Kat.-Nr. 9 Anbetung der Muttergottes, um 1909

Kat.-Nr. 3 Bauernhaus bei Maishofen (Stablberg?), 1907

Kat.-Nr. 4 Jagdhütte bei Maishofen, 1907

Kat.-Nr. 16 Zimmer in Schloss Kammer bei Maishofen, um 1910

Kat.-Nr. 6 Landstraße bei Maishofen gegen das Steinerne Meer (Kammererweg vor Schloss Kammer) 1908

Kat.-Nr. 5 *Stillleben mit Fischen, Zwiebeln und Glas*, um 1907

Kat.-Nr. 11 *Schale mit Birnen*, um 1910
Kat.-Nr. 10 *Stillleben mit Äpfeln und Schnapsflasche*, um 1910

Kat.-Nr. 17 Hockende Ziege, um 1910

Kat.-Nr. 2 Mädchenbildnis, um 1906

Kat.-Nr. 7 Bildnis Andreas Thom, um 1909

Kat.-Nr. 1 *Selbstbildnis, um 1906*

Kat.-Nr. 8 Bildnis Karl Linke, um 1909

Kat.-Nr. 18 Stillleben mit Äpfeln, Weinglas, Flasche und Krug, um 1911

Kat.-Nr. 12 Liegender weiblicher Akt („Nacktes Mädchen"), um 1910

Kat.-Nr. 13 *Stillleben mit Geige und Buch, um 1910*

Kat.-Nr. 14 Barken am Lago Maggiore, 1910

Kat.-Nr. 15 Mann auf Balkon liegend (Maler Gustav Schütt), um 1910

Kat.-Nr. 19 Uferfelsen (Lago Maggiore), 1912

Kat.-Nr. 20 Das Haus des Advokaten („Das rote Haus", mit Ansicht von Ascona), 1912

Kat.-Nr. 30 Wachauer Landschaft mit Turm (Burgruine Hinterhaus bei Spitz an der Donau), 1913

Kat.-Nr. 26 Landschaft bei Maishofen, 1913

Kat.-Nr. 42 Maishofen mit Schloss Saalhof, 1916

Kat.-Nr. 22 Giebelhaus gegen das Steinerne Meer, um 1912

Kat.-Nr. 39 Bauernhof in Maishofen (Stoffergut), um 1916

Kat.-Nr. 38 Landschaft mit Steinernem Meer, um 1916

Kat.-Nr. 21 *Blumen in Vase*, 1912

Kat.-Nr. 24 Frau im Lehnstuhl mit Hut in der Hand (Ida), um 1912/13 (unvollendet)

Kat.-Nr. 23 *Liegender weiblicher Akt auf rotem Diwan*, um 1912

Kat.-Nr. 25 Malven in Vase, 1913

Kat.-Nr. 36 Junge Frau in rotem Kleid auf rotem Sofa, 1915

Kat.-Nr. 28 Doppelakt, 1913

Kat.-Nr. 33 Junge Frau mit Obstschale (Ida), 1914

Kat.-Nr. 27 Dame in weißer Bluse (Ida), 1913

Kat.-Nr. 34 Junge Frau in Sommerkleid mit einander berührenden Händen (Ida), um 1914

Kat.-Nr. 32 Sitzende Frau mit Küchenstillleben (Ida), 1914

Kat.-Nr. 29 Stillleben mit Porzellanschüssel und Äpfeln vor einer Bilderwand, um 1913

Kat.-Nr. 31 Stillleben mit Krug, Teller und eiergefüllter Schale, 1914

Kat.-Nr. 66 Blumenstrauß in heller Vase, um 1919/20

Kat.-Nr. 52 *Dame im Fuchspelz (Ida)*, 1918

Kat.-Nr. 60 Sitzender Akt mit weißem Tuch (Studie), 1919

Kat.-Nr. 49 Dame vor dem Spiegel (Studie), 1918

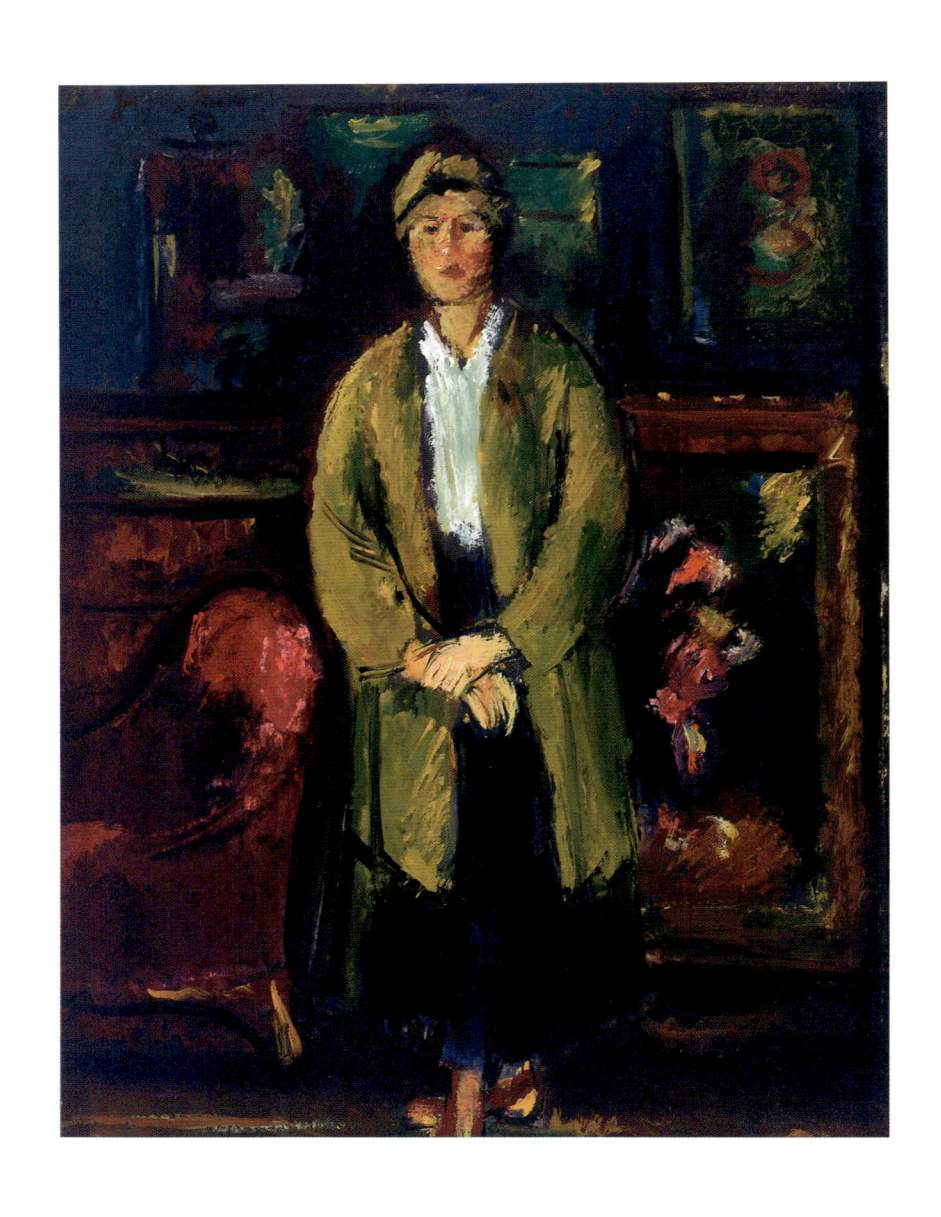

Kat.-Nr. 41 Stehende Frau in gelb-braunem Mantel (Studie), um 1916

Kat.-Nr. 47 Mutter und Kind (Studie), um 1918

Kat.-Nr. 37 Dame mit aufgeschlagenem Buch (Ida), 1916

Kat.-Nr. 44 Bildnis des Wiener Kunsthändlers Gustav Nebehay, um 1917

Kat.-Nr. 43 „Auf Urlaub im Krieg" (Invalider Soldat), 1917

Kat.-Nr. 46 Mädchen in rosafarbenem Kleid mit schwarzer Masche, 1918

Kat.-Nr. 69 *Liegender weiblicher Akt, um 1920*

Kat.-Nr. 35 Obststillleben mit Weinflasche vor Spiegel, um 1914

Kat.-Nr. 50 Stillleben mit weißem Tuch, Äpfeln und Holzschatulle, 1918

Kat.-Nr. 40 Bauernmädchen (Kathi Eder, verh. Faistauer), um 1916

Kat.-Nr. 45 Dame im Fauteuil mit Sommerhut (vermutlich die Malerin Broncia Koller), 1917

Kat.-Nr. 77 Rosen in Glasvase, um 1922

Kat.-Nr. 54 Mutter und Kind (Ida und Peter Paul), 1919

Kat.-Nr. 48 *Familie Faistauer, 1918*

Kat.-Nr. 85 Peter in Grün, 1924

Kat.-Nr. 55 *Frau mir drei Kindern auf Sofa, um 1919*

Kat.-Nr. 67 *Sommerschnee*, 1920

Kat.-Nr. 56 *Ruhendes Mädchen in blauem Kleid*, 1919

Kat.-Nr. 58 *Stillleben mit Äpfeln, Putto und Pferdchen,* 1919

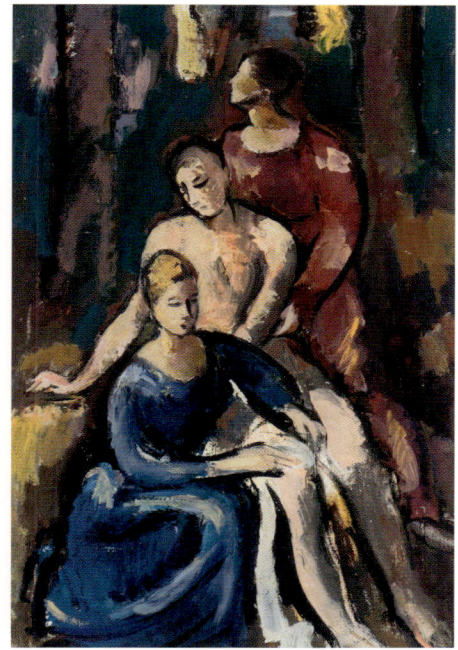

Kat.-Nrn. 62, 63 Pietà, Hl. Sebastian und die Frauen (Studien für Salzburger Votivaltar), 1918

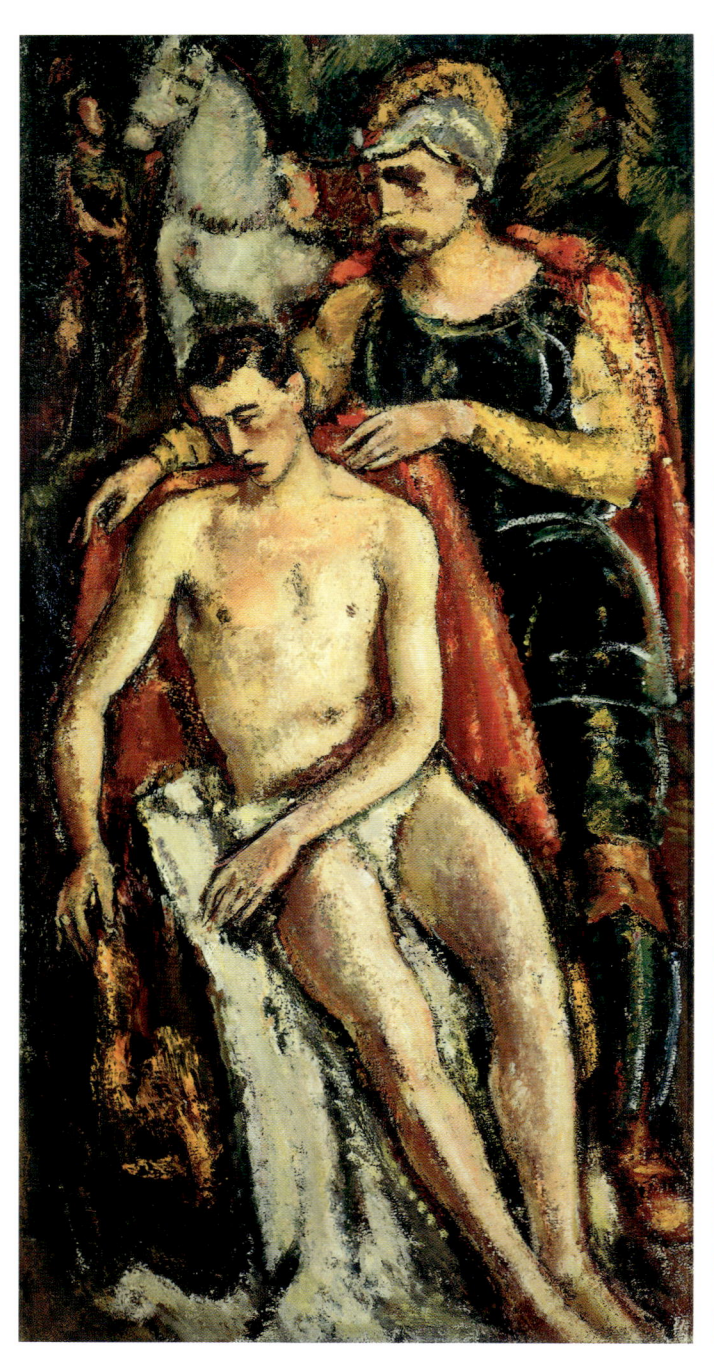

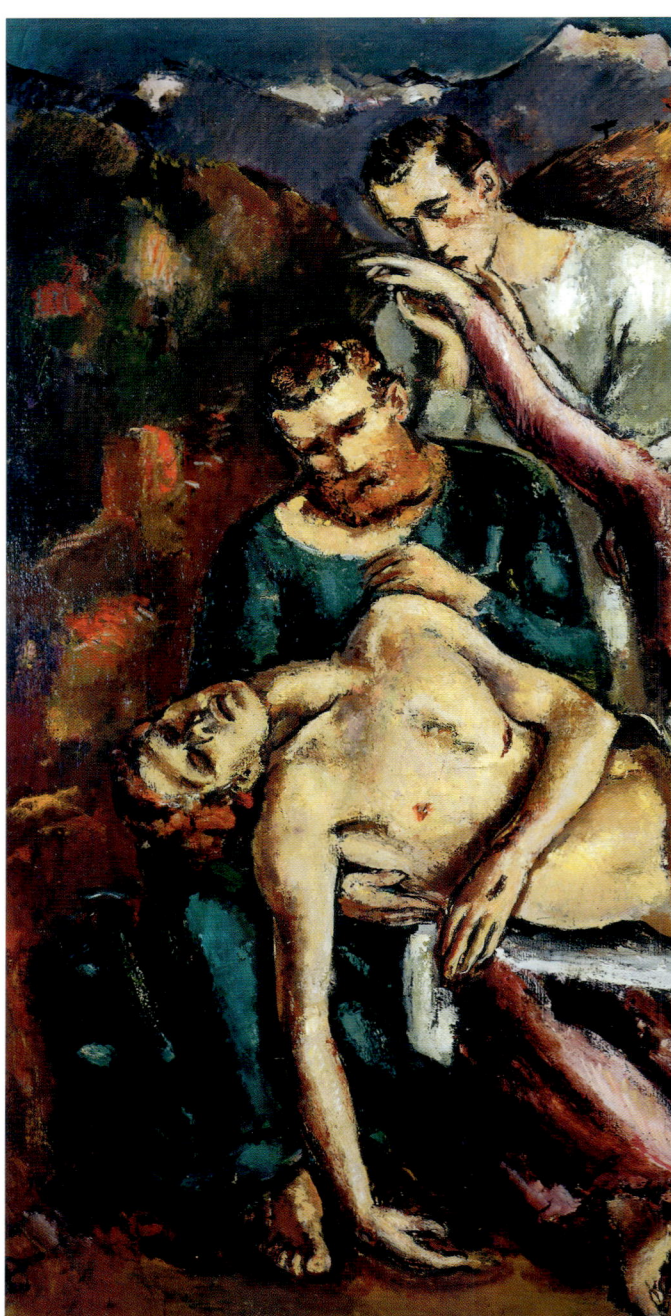

Kat.-Nr. 64 Salzburger Votivaltar: Mittelbild, linker und rechter Innenflügel, 1918

305

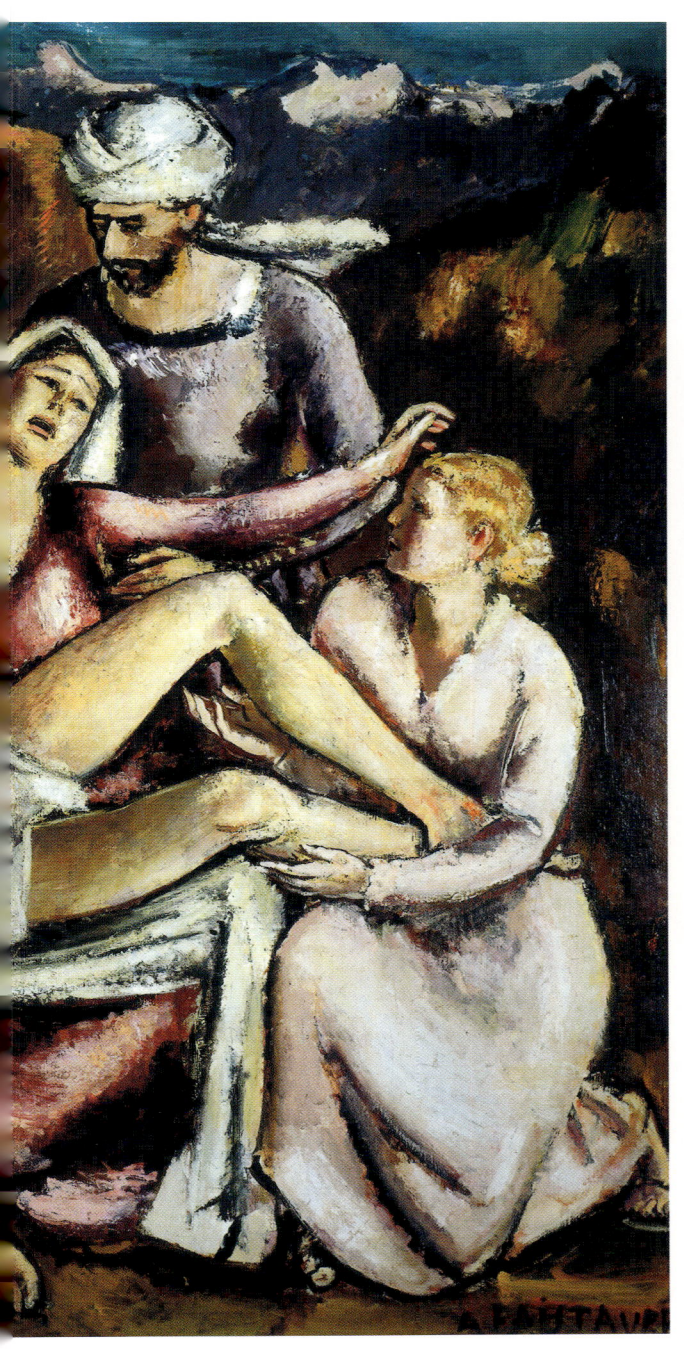

Kat.-Nr. 64 Salzburger Votivaltar: Außenflügel, 1919

Kat.-Nr. 71 Stillleben mit Frau am Geschirrschrank, 1921

Kat.-Nr. 61 Blumenstrauß in gebauchtem Krug, 1919

Kat.-Nr. 76 *Blumenstrauß in Vase*, 1922

Kat.-Nr. 57 Sinnende junge Frau im Lehnstuhl, 1919

Kat.-Nr. 53 Liegender Frauenakt, 1919

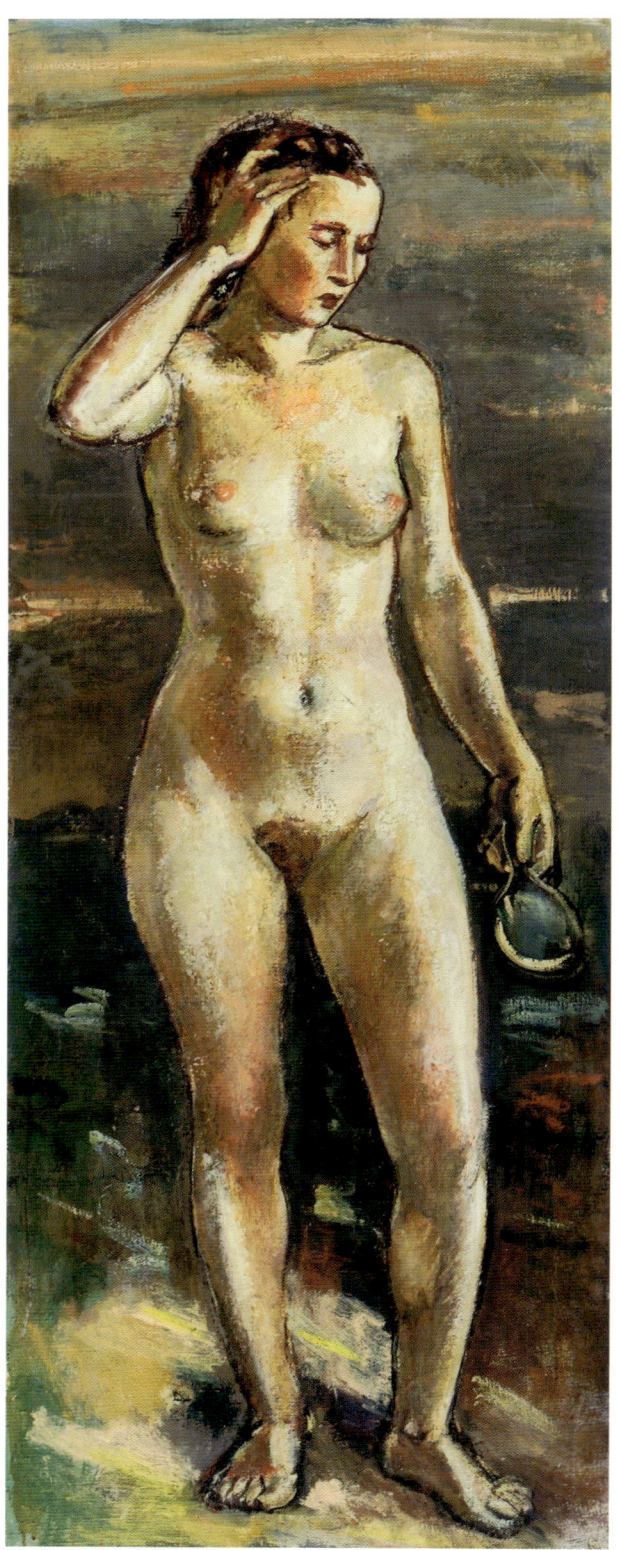

Kat.-Nr. 70 *Rhythmische Komposition mit vier weiblichen Akten, um 1921*

313

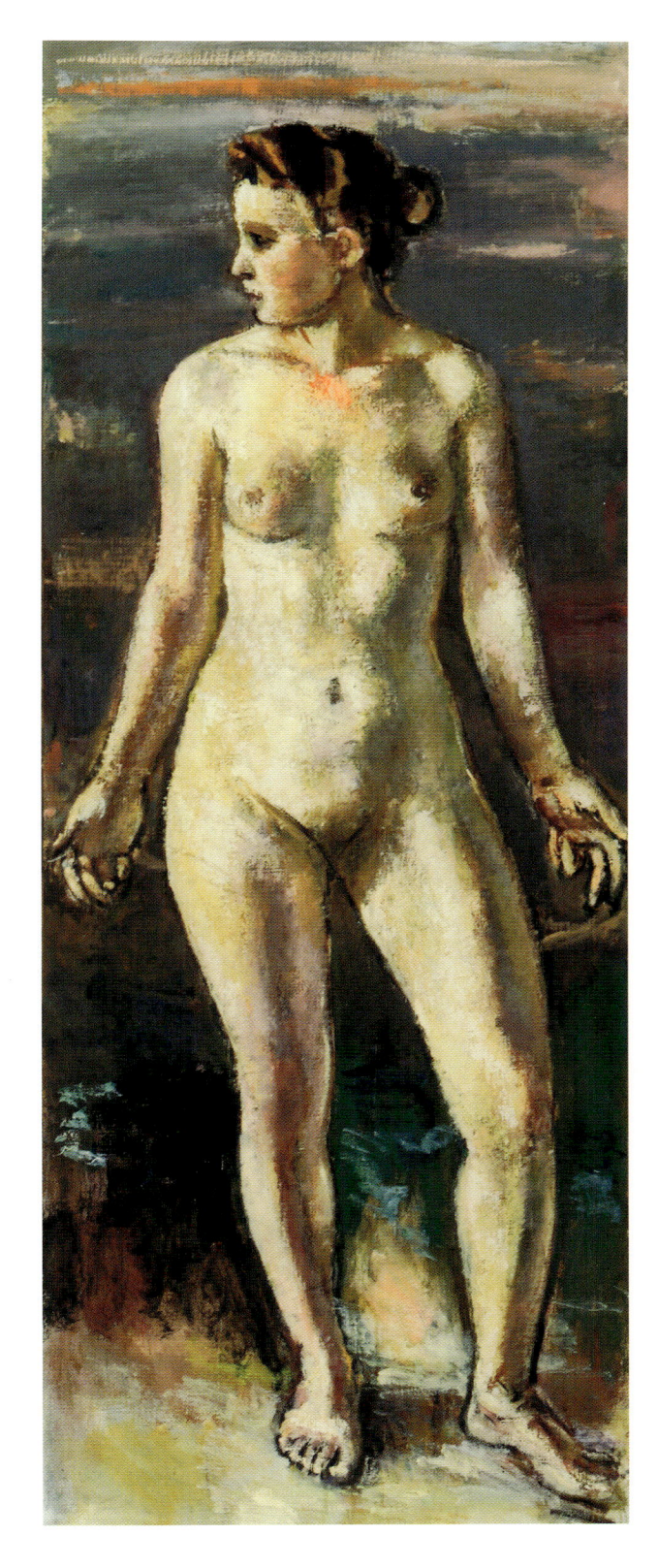

Kat.-Nr. 51 *Dame mit orangefarbenem Federhut (Ida)*, 1918

Kat.-Nr. 72 Stillleben mit grüner Blumenkiste, Äpfeln und Konfektglas, 1921

Kat.-Nr. 87 Gardone, 1925
Kat.-Nr. 86 Südtiroler Landschaft, 1925

Kat.-Nr. 83 Salzburg vom Mönchsberg im Winter, 1924

Kat.-Nr. 81 *Selbstbildnis mit Palette, 1924*

Kat.-Nr. 73 *Obststillleben*, 1922

Kat.-Nr. 74 Obststillleben mit Weinglas, 1922

Kat.-Nr. 75 Stillleben mit Aloe auf viereckigem Tisch, 1922

Kat.-Nr. 84 *Herr mit Papagei (des Künstlers Bruder Johannes)*, 1924

Kat.-Nr. 90 Blumen in Schale, 1926

Kat.-Nr. 65 Hoher Göll, um 1919/20

Kat.-Nr. 68 *Salzburg vom Mönchsberg, 1920*

Kat.-Nr. 100 *Junger Mann mit Strohhut (Maler Heinrich de Arnoldi)*, 1929

Kat.-Nr. 89 Alter Hafen von Marseille, 1926

Kat.-Nr. 88 Bildnis des Fabrikanten Georg Wrede, 1926

Kat.-Nr. 82 Bildnis Frau Gartenberg mit Tochter, 1924

Kat.-Nr. 94 Bildnis des Malers Franz von Zülow, 1927

Kat.-Nr. 98 Dame in blauem Kleid auf buntem Stuhl (Elisabeth Wrede), 1928

Kat.-Nr. 59 *Fischstillleben mit Orangen*, 1919

Kat.-Nr. 105 Fischstillleben mit Steinguttopf und Eiern, 1929

Kat.-Nr. 91 Dame in Abendkleid (Gundl Krippel), 1927

Kat.-Nr. 96 Susanna im Bade, 1928

Kat.-Nr. 92 Damenbildnis (Gundl Krippel in gestreiftem Kleid mit Perlenkette), 1927

Kat.-Nr. 93 Bildnis einer blonden Frau (Opernsängerin Lilly Schöne), 1927

Kat.-Nr. 97 Bildnis Hugo von Hofmannsthal, 1928/29

Kat.-Nr. 95 Kammersänger Richard Mayr als Ochs von Lerchenau, 1927

Kat.-Nr. 102 Venedig, Santa Maria della Salute, 1929

Kat.-Nr. 101 Blumen vor Grün, 1929

Kat.-Nr. 106 *Weibliches Bildnis mit verschränkten Armen (Gundl Krippel)*, 1929

Kat.-Nr. 107 Selbstbildnis („Der Maler"), 1929 (unvollendet)

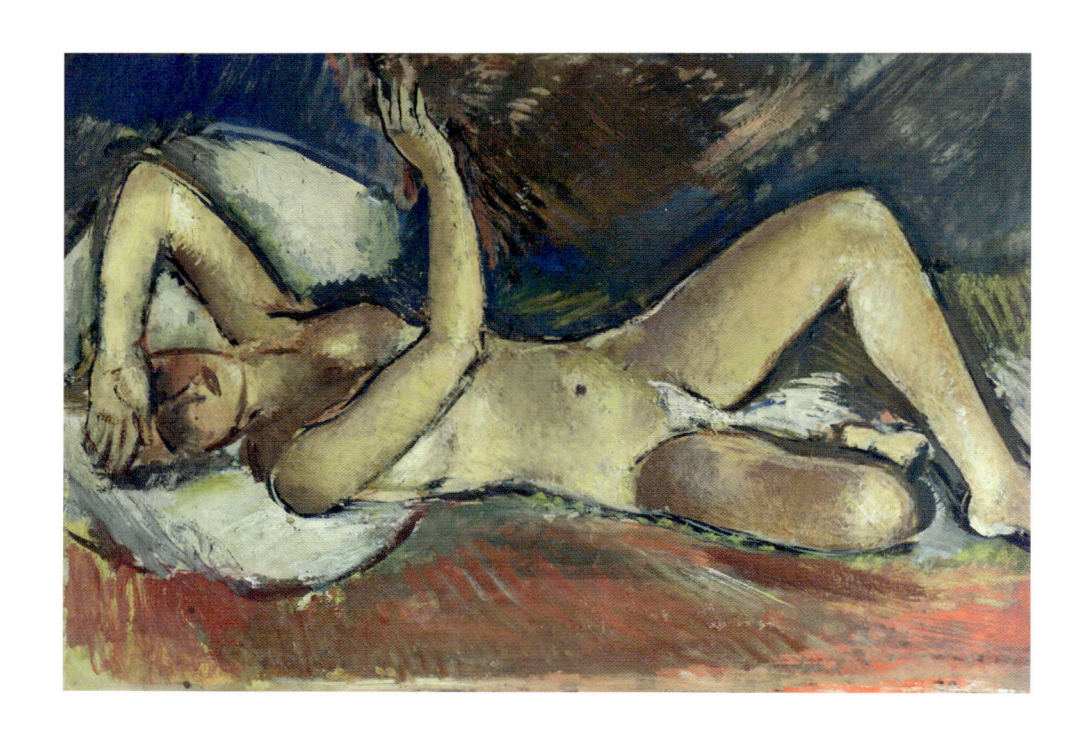

Kat.-Nr. 99 Weiblicher Akt mit erhobenem Arm, um 1929

Kat.-Nr. 108 Blaue Madonna (Rast auf der Flucht nach Ägypten), 1929/30 (unvollendet)

Kat.-Nr. 114 Bauernhaus in Maishofen, um 1909

Kat.-Nr. 109 Motiv aus Maishofen, 1906

Kat.-Nr. 111 Interieur mit Karl Linke (am Klavier) und Paris Gütersloh, um 1907

Kat.-Nr. 110 Andreas Thom in Faistauers Atelier, um 1907

Kat.-Nr. 113 Selbstbildnis, um 1909

Kat.-Nr. 116 Stillleben mit Äpfeln, Zuckerdose und Flasche, 1911

Kat.-Nr. 112 Drei Freunde im Atelier, um 1907

Kat.-Nr. 115 „Neukunstgruppe Wien Salon Pisko" (Ausstellungsplakat 1909)

Kat.-Nr. 118 Sitzender weiblicher Akt, 1912

Kat.-Nr. 119 *Liegender männlicher Akt*, 1912

Kat.-Nr. 122 Frau auf Sofa sitzend, 1916

Kat.-Nr. 124 Frau im Lehnstuhl, 1916

Kat.-Nr. 123 Nähende Frau, 1916

Kat.-Nr. 120 Mann am Schreibtisch, um 1916

Kat.-Nr. 126 *Selbstbildnis*, 1918

Kat.-Nr. 121 *Maler an der Staffelei, um 1916*

Kat.-Nr. 128 Bildnis Ida Faistauer, 1919

Kat.-Nr. 127 Bildnis Peter Faistauer, 1918

Kat.-Nr. 161 Bildnis Richard Mayr, 1926

Kat.-Nr. 136 Bildnis Josef Mühlmann, um 1920

Kat.-Nr. 80 Kopf des Heiligen Josef, 1923

Kat.-Nr. 144 Josef zur Rast (Studie für die Deckenmalerei in der Pfarrkirche von Morzg), 1923

Kat.-Nr. 182 Opfergang Mariens (Mariä Taubenopfer). Gobelin nach Entwurf von Faistauer, 1925

Kat.-Nr. 145 *Zwei weibliche Heilige (Entwurf für die Deckenmalerei in der Pfarrkirche von Morzg), 1923*
Kat.-Nr. 143 *Musizierende Engel (Entwurf für die Deckenmalerei in der Pfarrkirche von Morzg), 1923*

Kat.-Nr. 79 Heilige Barbara (Replik nach Fresko in der Pfarrkirche von Morzg), 1923

Kat.-Nr. 137 Salzburger Landschaft, um 1921

Kat.-Nr. 147 Bildnis Aglaja (Rückseite), 1924

Kat.-Nr. 139 Bildnis des Arztes Dr. Franz Schuchter, 1922

Kat.-Nr. 138 Bildnis Irmgard Anselmi, 1921

Kat.-Nr. 141 Bildnis des Dichters Franz Karl Ginzkey, 1922

Kat.-Nr. 134 *Kinderbildnis*, 1920

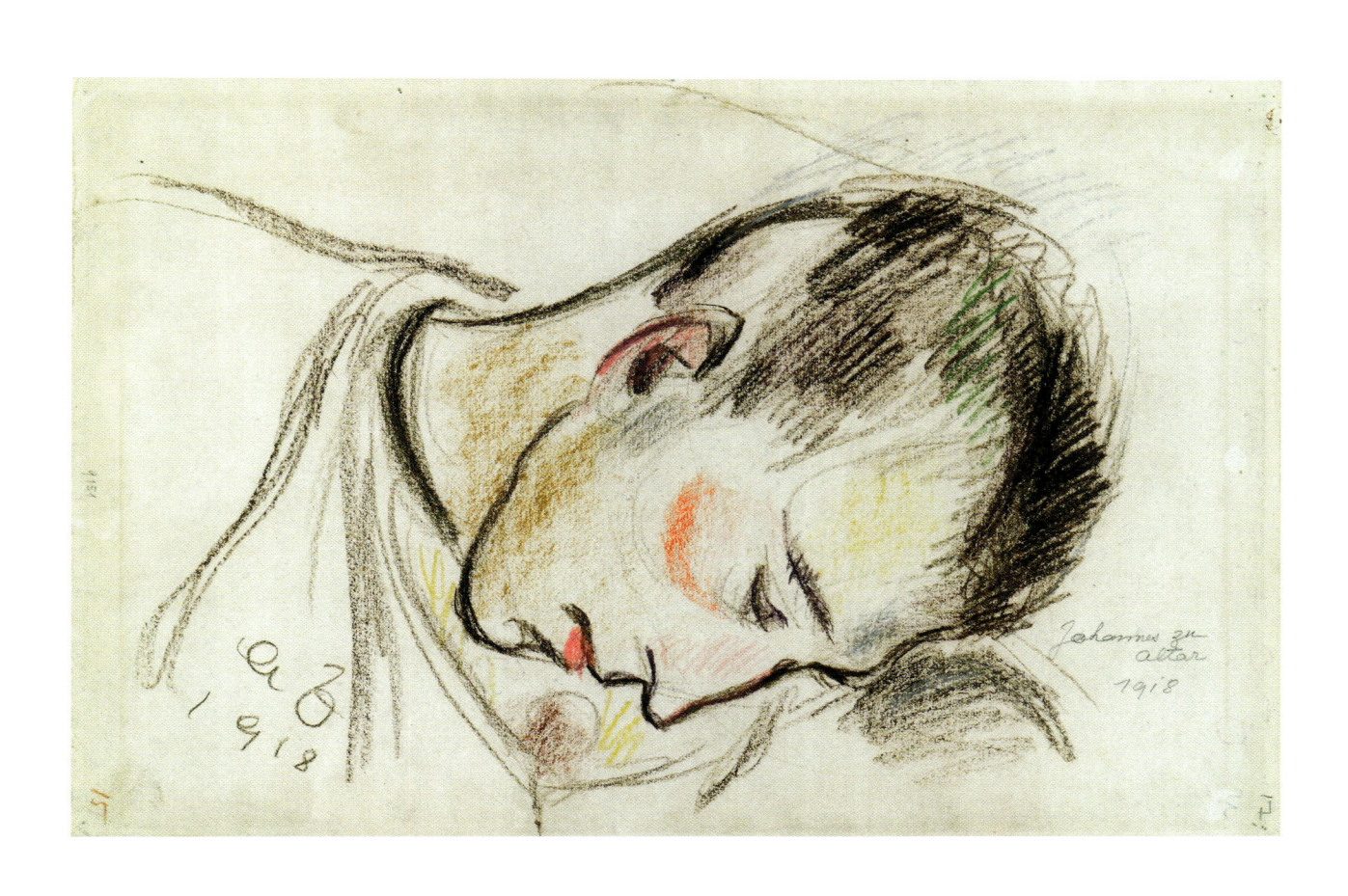

Kat.-Nr. 125 Geneigter männlicher Kopf (Studie für Salzburger Votivaltar), 1918

Kat.-Nr. 148 Kopf eines bärtigen Mannes, 1924

Kat.-Nr. 149 Salzburg, Blick vom Mönchsberg auf die Altstadt, um 1925

Kat.-Nr. 151 Selbstbildnis im Dreiviertelprofil nach rechts, 1925

Kat.-Nr. 129 Weibliche Kopfstudie, 1919

Kat.-Nr. 166 Orpheus besänftigt die Löwen, 1927

Kat.-Nr. 158 Orpheus-Szene mit wilden Tieren (Entwurf für Fresko im Festpielhaus-Foyer, Salzburg), 1926

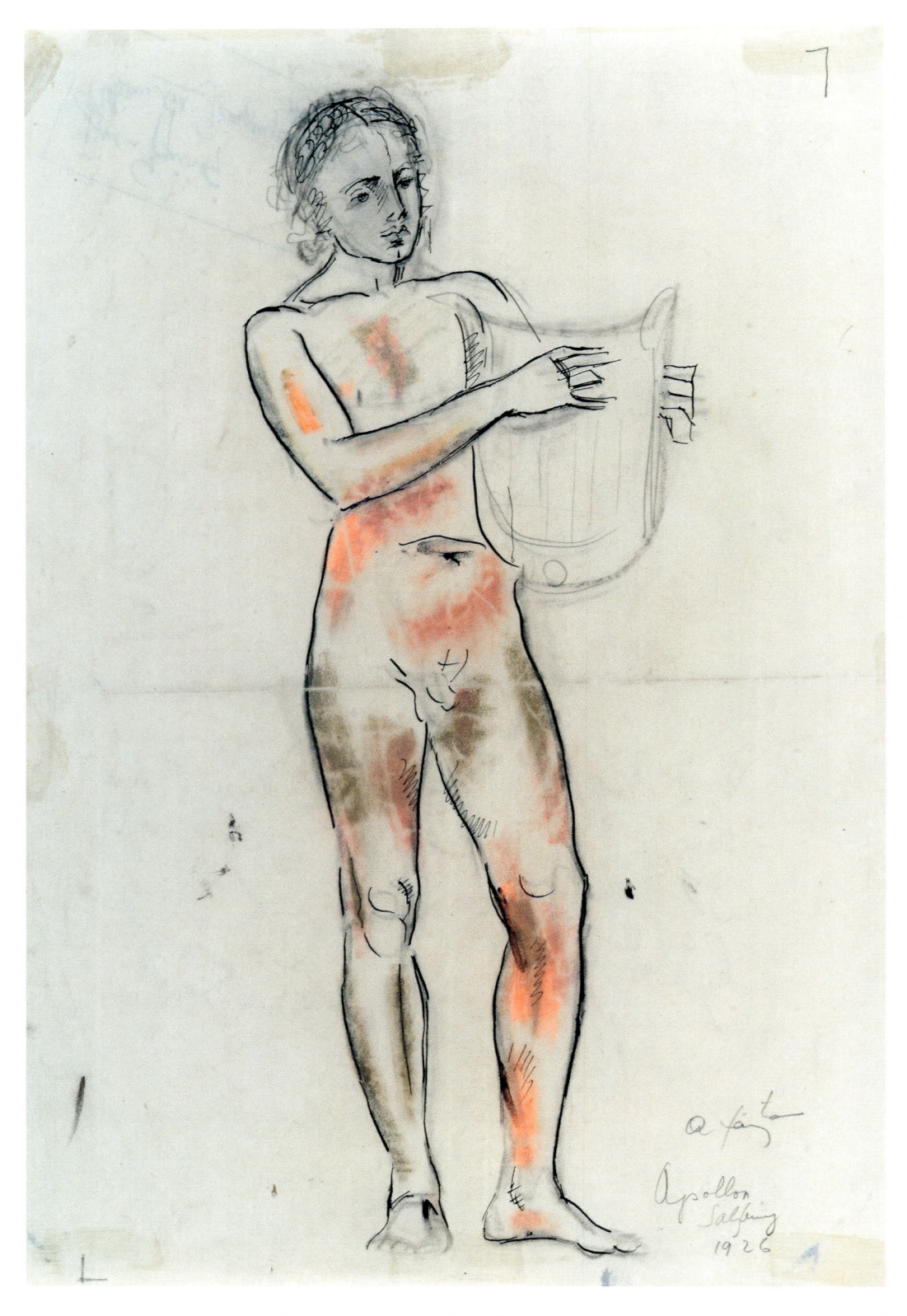

Kat.-Nr. 154 *Apollo (Entwurf für Fresko im Festpielhaus-Foyer, Salzburg)*, 1926

Kat.-Nr. 167 Sterbender Mönch (Szenenentwurf für Hofmannsthals Schauspiel „Der Turm"), 1928

Kat.-Nr. 169 Bildnis Gundl Krippel, 1929

Kat.-Nr. 172 Musikantengruppe (Entwurf für Fresko im Schloss Weidlingau bei Wien), 1929

Kat.-Nr. 103 Diana von der Jagd heimkehrend (Gesamtstudie für Fresko im Schloss Weidlingau bei Wien), 1929

Kat.-Nr. 104 *Diana mit drei Frauen (Studie für Fresko im Schloss Weidlingau bei Wien)*, 1929

Kat.-Nr. 164 Sonnenuhr (Entwurf für Fresko im Hof des Kollegs St. Benedikt, St. Peter, Salzburg), 1926

*Kat.-Nr. 178 Die Mutter der Schmerzen unter dem Kreuz
(Entwurf für Glasfenster in Vorkloster bei Bregenz), 1929*

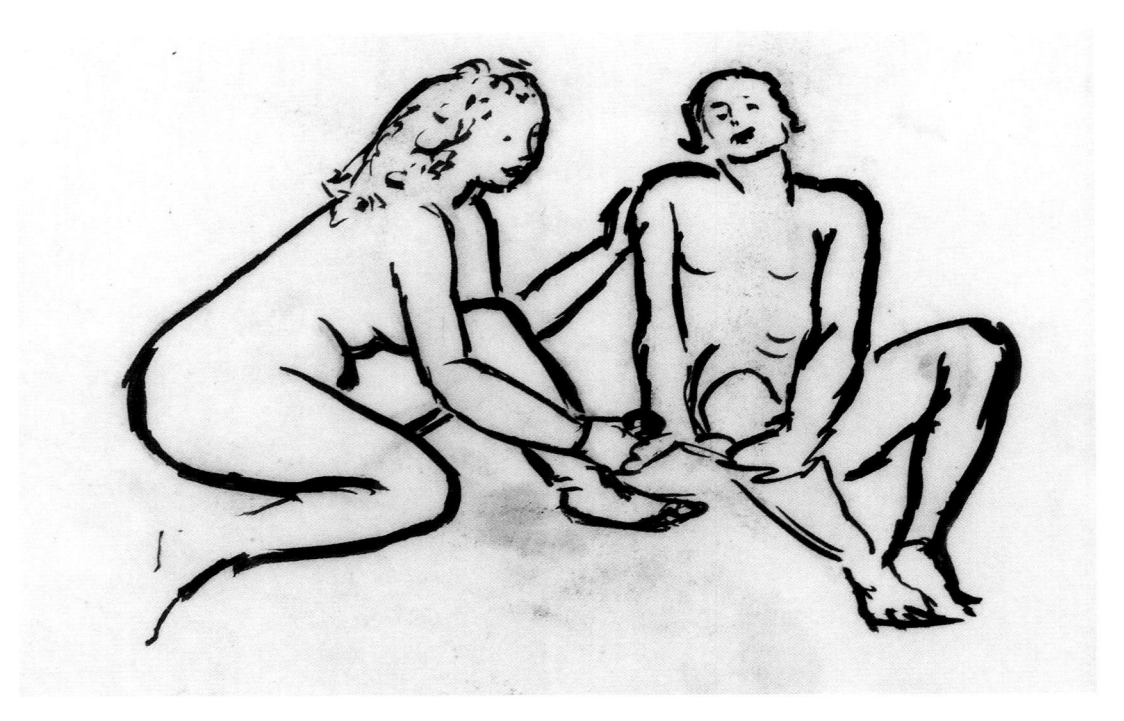

Kat.-Nr. 179 Adam und Eva (1), 1929
Kat.-Nr. 180 Adam und Eva (2), 1929

Katalog

Die Kursivziffern in Klammern neben den Bildtiteln beziehen sich auf die Abbildungsseiten in diesem Band.

ÖLBILDER

„WV" bezieht sich auf das Werkverzeichnis von Franz Fuhrmann, 1972

1 Selbstbildnis *(253)*
Öl auf Leinwand, um 1906
42 x 30 cm, WV 3
Maishofen, Privatbesitz

2 Mädchenbildnis *(251)*
Öl auf Leinwand, um 1906
43 x 29,5 cm, nicht im WV
SMCA, Inv.-Nr. 1001/2005

3 Bauernhaus bei Maishofen (Stablberg?) *(244)*
Öl auf Leinenkarton, 1907
rechts unten bezeichnet: Tony/Faistauer/1907
39,4 x 49 cm, nicht im WV
Maishofen, Privatbesitz

4 Jagdhütte bei Maishofen *(245)*
Öl auf Leinwand, 1907
rechts oben bezeichnet: Tony Faistauer/07
24 x 29 cm, nicht im WV
Maishofen, Privatbesitz

5 Stillleben mit Fischen, Zwiebeln und Glas *(248)*
Öl auf Leinwand, um 1907
links unten Expertise von Dr. Peter Faistauer
23,5 x 36 cm, nicht im WV
Maishofen, Privatbesitz

6 Landstraße bei Maishofen gegen das Steinerne Meer (Kammererweg vor Schloss Kammer) *(247)*
Öl auf Leinenkarton, 1908
rechts unten bezeichnet: Tony/Faistauer/08
26,5 x 48,5 cm, nicht im WV
Maishofen, Privatbesitz

7 Bildnis Andreas Thom *(252)*
Öl auf Leinwand, um 1909
rechts unten bezeichnet: TF (ligiert)
35 x 27 cm, WV 18
Salzburg, Privatbesitz

8 Bildnis Karl Linke *(254)*
Öl auf Leinwand, um 1909
77 x 49,5 cm, nicht im WV
SMCA, Inv.-Nr. 1158/87

9 Anbetung der Muttergottes *(243)*
Öl, Gold- und Silberfarben, auf Leinwand, um 1909
116 x 183 cm, WV 19
Privatbesitz Steiermark

10 Stillleben mit Äpfeln und Schnapsflasche *(249 unten)*
Öl auf Leinwand, um 1910
links seitlich bezeichnet: AF
28 x 44 cm, nicht im WV
Maishofen, Privatbesitz

11 Schale mit Birnen *(249 oben)*
Öl auf Leinwand, um 1910
27,5 x 53 cm, nicht im WV
Maishofen, Privatbesitz

12 Liegender weiblicher Akt („Nacktes Mädchen") *(256)*
Öl auf Leinwand, um 1910
links oben bezeichnet: AF. 11 (?)
88 x 128 cm, WV 23
SMCA, Inv.-Nr. 1003/85

13 Stillleben mit Geige und Buch *(257)*
Öl auf Leinwand, um 1910
rechts unten bezeichnet: AF
101 x 101 cm, nicht im WV
Salzburg, Privatbesitz

14 Barken am Lago Maggiore *(258)*
Öl und Bleistift auf Papier auf Karton, 1910
links unten bezeichnet: AF.(ligiert) 10
29 x 40,5 cm, WV 21
SMCA, Inv.-Nr. 178/56

15 Mann auf Balkon liegend (Maler Gustav Schütt) *(259)*
Öl auf Karton, um 1910
Autorschaft rückseitig von Prof. Robin C. Andersen bestätigt
48 x 34,5 cm, WV 24
SMCA, Inv.-Nr. 245/61

16 Zimmer in Schloss Kammer bei Maishofen *(246)*
Öl auf Leinwand, um 1910
links unten bezeichnet: A. Faistauer
46,2 x 44,4 cm, nicht im WV
Salzburg, Museum der Moderne Rupertinum

17 Hockende Ziege *(250)*
Öl auf Leinwand, um 1910

32 x 43,2 cm, WV 43
SMCA, Inv.-Nr. 213/54

18 **Stillleben mit Äpfeln, Weinglas, Flasche und Krug** *(255)*
Öl auf Leinwand, um 1911
rechts unten unleserlich bezeichnet (von fremder Hand)
44 x 57,5 cm, WV 42
SMCA, Inv.-Nr. 177/56

19 **Uferfelsen (Lago Maggiore)** *(260)*
Öl auf Leinwand, 1912
rechts unten bezeichnet: TF
68 x 52 cm, nicht im WV
Maishofen, Privatbesitz

20 **Das Haus des Advokaten („Das rote Haus", mit Ansicht von Ascona)** *(261)*
Öl auf Leinwand, 1912
rechts unten bezeichnet: TF
58 x 70 cm, WV 44
SMCA, Inv.-Nr. 167/70

21 **Blumen in Vase** *(268)*
Öl auf Holz, 1912
rechts unten bezeichnet: T.F/12
42 x 32 cm, WV 38
Wien, Galerie Michael Kovacek

22 **Giebelhaus gegen das Steinerne Meer** *(265)*
Öl auf Leinwand, um 1912
46 x 66,5 cm, WV 40
Wien, Privatbesitz

23 **Liegender weiblicher Akt auf rotem Diwan** *(270)*
Öl auf Leinwand, um 1912
rechts unten bezeichnet: AFAISTAUER
150 x 150 cm, WV 48
SMCA, Inv.-Nr. 110/73

24 **Frau im Lehnstuhl mit Hut in der Hand (Ida)** *(269)*
Öl auf Leinwand, um 1912/13 (unvollendet)
86,5 x 58,5 cm, WV 46
Voitsberg, Privatbesitz

25 **Malven in Vase** *(271)*
Öl auf Leinwand, 1913
rechts oben bezeichnet: AF./13
85 x 53 cm, WV 62
Salzburg AG

26 **Landschaft bei Maishofen** *(263)*
Öl auf Leinwand, 1913
rechts unten bezeichnet: T. F. 13
63 x 79 cm, WV 63
Salzburg, Museum der Moderne Rupertinum

27 **Dame in weißer Bluse (Ida)** *(275)*
Öl auf Leinwand, 1913
rechts oben bezeichnet: T. F./13
108 x 66 cm, WV 49
Wien, Österreichische Galerie Belvedere

28 **Doppelakt** *(273)*
Öl auf Leinwand, 1913
rechts unten bezeichnet: A. Faistauer/13
203 x 168 cm, nicht im WV
Wien, Prof. Dr. Rudolf Leopold

29 **Stillleben mit Porzellanschüssel und Äpfeln vor einer Bilderwand** *(278)*
Öl auf Leinwand, um 1913
55 x 68 cm, WV 74
Wien, Privatbesitz

30 **Wachauer Landschaft mit Turm (Burgruine Hinterhaus bei Spitz an der Donau)** *(262)*
Öl auf Leinwand, 1913
rechts oben bezeichnet: A F 13
70,5 x 57,5 cm, WV 61
SMCA, Inv.-Nr. 311/50

31 **Stillleben mit Krug, Teller und eiergefüllter Schale** *(279)*
Öl auf Leinen auf Karton, 1914
rechts oben bezeichnet: A. Faistauer 14
55 x 69 cm, WV 88
SMCA, Inv.-Nr. 37/51

32 **Sitzende Frau mit Küchenstillleben (Ida)** *(277)*
Öl auf Leinwand, 1914
rechts unten bezeichnet: A. Faistauer/1914
121,5 x 71,5 cm, nicht im WV
Wien, Privatbesitz

33 **Jung Frau mit Obstschale (Ida)** *(274)*
Öl auf Leinwand, 1914
rechts oben bezeichnet: A. Faistauer/1914
145 x 70 cm, WV 118
Salzburg, Privatbesitz

34 **Junge Frau in Sommerkleid mit einander berührenden Händen (Ida)** *(276)*
Öl auf Leinwand, um 1914
74 x 60 cm, WV 77
Graz, Privatbesitz

35 **Obststillleben mit Weinflasche vor Spiegel** *(291)*
Öl auf Leinwand, um 1914
47 x 60,5 cm, WV 95
Innsbruck, Galerie Maier

36 **Junge Frau in rotem Kleid auf rotem Sofa** *(272)*
Öl auf Leinwand, 1915
rechts oben bezeichnet: A. Faistauer/1915
100 x 80 cm, nicht im WV
Wien, Privatbesitz

37 **Dame mit aufgeschlagenem Buch (Ida)** *(286)*
Öl auf Leinwand, 1916
rechts oben bezeichnet: A. Faistauer/1916
59,5 x 48,5 cm, WV 125
Salzburg, Privatbesitz

38 **Landschaft mit Steinernem Meer** *(267)*
Öl auf Leinwand auf Karton, um 1916
rechts oben bezeichnet: A. F. 1916 (?)
40,5 x 60 cm, WV 22
Salzburg, Privatbesitz

39 **Bauernhof in Maishofen (Stoffergut)** *(266)*
Öl auf Malpappe, um 1916
rechts unten bezeichnet: A. Faistauer
26 x 39 cm, nicht im WV
Maishofen, Privatbesitz

40 **Bauernmädchen (Kathi Eder, verh. Faistauer)** *(293)*
Öl auf Leinwand, um 1916
links oben bezeichnet: A. Faistauer
84 x 70 cm, WV 139
Maishofen, Privatbesitz

41 **Stehende Frau in gelb-braunem Mantel (Studie)** *(284)*
Öl auf Platte, um 1916
links oben bezeichnet: A. Faistauer
45 x 35 cm, nicht im WV
Lofer, Privatbesitz

42 Maishofen mit Schloss Saalhof *(264)*
Öl auf Leinwand, 1916
rechts unten bezeichnet: A. Faistauer/1916
43 x 64 cm, WV 126
Wien, Prof. Dr. Rudolf Leopold (ehem. Besitz Hermann Broch)

43 „Auf Urlaub im Krieg" (Invalider Soldat) *(288)*
Öl auf Karton, 1917
rechts oben bezeichnet: A. Faistauer/1917
84 x 70 cm, WV 140
Wien, Prof. Dr. Rudolf Leopold

44 Bildnis des Wiener Kunsthändlers Gustav Nebehay *(287)*
Öl auf Leinwand, um 1917
75,5 x 56,5 cm, nicht im WV
Wien, Privatbesitz

45 Dame im Fauteuil mit Sommerhut (vermutlich die Malerin Broncia Koller) *(294)*
Öl auf Leinwand, 1917
links unten bezeichnet: A. Faistauer/1917
84,5 x 65 cm, WV 251
Salzburg, Universität Mozarteum

46 Mädchen in rosafarbenem Kleid mit schwarzer Maske *(289)*
Öl auf Leinwand, 1918
rechts oben bezeichnet: A. Faistauer/1918
70 x 55 cm, nicht im WV
Salzburg, Privatbesitz

47 Mutter und Kind (Studie) *(285)*
Öl auf Leinwand, um 1918
links oben bezeichnet: A. Faistauer
52,5 x 41,5 cm, nicht im WV
Salzburg, Privatbesitz

48 Familie Faistauer (Selbstbildnis in Uniform, Sohn Peter Paul, Schwiegervater Robin Christian Andersen, Ida Faistauer, Schwägerin Josefine Andersen) *(297)*
Öl auf Leinwand, 1918
links oben bezeichnet: Wien A. Faistauer 1918
57 x 72 cm, WV 155
Salzburg, Museum der Moderne Rupertinum

49 Dame vor dem Spiegel (Studie) *(283)*
Öl auf Leinwand auf Karton, 1918
rechts oben bezeichnet: Mama 1918 Petsi; rechts unten bezeichnet: A. Faistauer
48 x 36 cm, nicht im WV
Zell am See, Privatbesitz

50 Stillleben mit weißem Tuch, Äpfeln und Holzschatulle *(292)*
Öl auf Leinwand auf Karton, 1918
rechts oben bezeichnet: A. Faistauer/XII 1918
55,5 x 70,5 cm, WV 166
Salzburg, Privatbesitz

51 Dame mit orangefarbenem Federhut (Ida) *(314)*
Öl auf Leinwand, 1918
rechts oben bezeichnet: A. Faistauer/1918
122 x 71 cm, WV 157
Saalfelden, Privatbesitz

52 Dame im Fuchspelz (Ida) *(281)*
Öl auf Leinwand, 1918
rechts oben bezeichnet: A. Faistauer/1918
87 x 69 cm, WV 158
Kaprun, Privatbesitz

53 Liegender Frauenakt *(311)*
Öl auf Leinwand, 1919
rechts oben bezeichnet: A. Faistauer/1919
74 x 108 cm, WV 396
Wien, Galerie Michael Kovacek

54 Mutter und Kind (Ida und Peter Paul) *(296)*
Öl auf Leinwand, 1919
rechts oben bezeichnet: A. Faistauer/1919
118 x 75,5 cm, WV 184
Salzburg, Museum der Moderne Rupertinum

55 Frau mir drei Kindern auf Sofa *(299)*
Öl auf Leinwand, um 1919
rechts oben bezeichnet: A. Faistauer
40 x 49,5 cm, WV 167
Linz, Oberösterreichische Landesmuseen

56 Ruhendes Mädchen in blauem Kleid *(301)*
Öl auf Leinwand, 1919
oben Mitte bezeichnet: A. Faistauer/1919
54,8 x 94,5 cm, WV 18
SMCA, Inv.-Nr. 3/52

57 Sinnende junge Frau im Lehnstuhl *(310)*
Öl auf Leinwand, 1919
links oben bezeichnet: A. Faistauer/1919
70 x 56 cm, WV 186
Wien, Prof. Dr. Rudolf Leopold

58 Stillleben mit Äpfeln, Putto und Pferdchen *(302)*
Öl auf Leinwand, 1919
links oben bezeichnet: A. Faistauer; rechts oben datiert: 1919
34,5 x 53,5 cm, WV 177
Wien, Privatbesitz

59 Fischstillleben mit Orangen *(332)*
Öl auf Leinwand, 1919
rechts oben bezeichnet: A. Faistauer/1919
70 x 89 cm, WV 181
Maishofen, Privatbesitz

60 Sitzender Akt mit weißem Tuch (Studie) *(282)*
Öl auf Pappe, 1919
rechts oben bezeichnet: A. Faistauer/1919
34,5 x 25,5 cm, WV 180
Salzburg, Privatbesitz

61 Blumenstrauß in gebauchtem Krug *(308)*
Öl auf Leinwand auf Karton, 1919
rechts oben bezeichnet: A. Faistauer/1919
63 x 43 cm, WV 179
Wien, Österreichische Nationalbank (ehem. Besitz Stefan Zweig)

62 Pietà (Studie für Mittelbild des Salzburger Votivaltars) *(303 links)*
Öl auf Karton, 1918
58,5 x 70 cm, WV 171
SMCA, Inv.-Nr. 98/55

63 Hl. Sebastian und die Frauen (Studie für rechten Innenflügel des Salzburger Votivaltars) *(303 rechts)*
Öl auf Karton, 1918

62,5 × 41,5 cm, WV 172
SMCA, Inv.-Nr. 99/55

64 Salzburger Votivaltar *(304–306)*
Mittelbild: Pietà
rechts unten bezeichnet: A. FAISTAUER
Linker Innenflügel: Hl. Martin und der Bettler
Rechter Innenflügel: Hl. Sebastian und die Frauen
Linker Außenflügel: Allegorie der Verzweiflung
Rechter Außenflügel: Allegorie der Hoffnung
Öl auf Leinwand, 1918/19 (Mittelbild und Innenflügel) bzw. 1919 (Außenflügel)
185 × 200 cm; 118 × 94,5 cm; 118 × 93 cm, WV 173
Salzburg, Museum der Moderne Rupertinum

65 Hoher Göll *(324)*
Öl auf Leinwand, um 1919/20
40 × 48,5 cm, nicht im WV
Oberösterreichische Landesmuseen, Kubin-Haus Zwickledt

66 Blumenstrauß in heller Vase *(280)*
Öl auf Leinwand, um 1919/20
rechts oben bezeichnet: A. Faistauer
59 × 41 cm, nicht im WV
Oberösterreichische Landesmuseen, Kubin-Haus Zwickledt

67 Sommerschnee *(300)*
Öl auf Leinwand, 1920
rechts oben bezeichnet: A. Faistauer/ 1920
56,5 × 69,5 cm, WV 200
SMCA, Inv.-Nr. 315/50

68 Salzburg vom Mönchsberg *(325)*
Öl auf Leinwand, 1920
rechts oben bezeichnet: A. Faistauer/ 1920
67 × 84 cm, WV 203
Köln, Museum Ludwig

69 Liegender weiblicher Akt *(290)*
Öl auf Leinwand, um 1920
49,5 × 69,5 cm, WV 215
SMCA, Inv. Nr. 207/50

70 Rhythmische Komposition mit vier weiblichen Akten *(312–313)*
Öl auf Leinwand, um 1921
je 186 × 63 cm, WV 234
SMCA, Inv.-Nrn. 33/51, 34/51, 35/51, 2116/54

71 Stillleben mit Frau am Geschirrschrank *(307)*
Öl auf Leinwand, 1921
rechts oben bezeichnet: 1921 A. Faistauer
96 × 143 cm, WV 233
SMCA, Inv.-Nr. 39/50

72 Stillleben mit grüner Blumenkiste, Äpfeln und Konfektglas *(315)*
Öl auf Leinwand, 1921
rechts oben bezeichnet: A. Faistauer/ 1921
56 × 79,5 cm, WV 230
Salzburg, Privatbesitz

73 Obststillleben *(319)*
Öl auf Leinwand, 1922
rechts oben bezeichnet: A. Faistauer/ 1922
52,5 × 69,5 cm, WV 242
Privatbesitz (als Dauerleihgabe im SMCA)

74 Obststillleben mit Weinglas *(320)*
Öl auf Leinwand, 1922
36 × 49,5 cm, WV 246
Wien, Privatbesitz

75 Stillleben mit Aloe auf viereckigem Tisch *(321)*
Öl auf Leinwand auf Karton, 1922
rechts oben bezeichnet: A. Faistauer/ 1922
38,5 × 55,5 cm, WV 240
Salzburg, Privatbesitz

76 Blumenstrauß in Vase *(309)*
Öl auf Leinwand, 1922
rechts oben bezeichnet: A. Faistauer/ 1922
57 × 45,5 cm, WV 241
Salzburg, Privatbesitz

77 Rosen in Glasvase *(295)*
Öl auf Leinwand auf Karton, um 1922
links oben bezeichnet: A. Faistauer
42 × 29 cm, WV 253
Salzburg, Privatbesitz

78 Maria unter dem Kreuz (unausgeführter Entwurf für die Deckenmalerei in der Pfarrkirche von Morzg) *(371)*
Tempera, Öl und Pastellkreiden auf Leinwand, 1923
(gemalt auf die Rückseite einer Allegorie des Kriegs von Faistauers Salzburger Ateliernachbarn F.A. Harta)
146 × 200 cm, WV 274
SMCA, Inv.-Nr. 4/72

79 Heilige Barbara (Replik nach Fresko in der Pfarrkirche von Morzg) *(370)*
Tempera und Pastellkreiden auf Leinwand, 1923
138,5 × 93,5 cm, WV 264
SMCA, Inv.-Nr. 208/76

80 Kopf des Heiligen Josef *(366)*
Leimfarbe und Pastellkreiden auf Leinwand auf Holz, 1923
53 × 42 cm, nicht im WV
SMCA, Inv.-Nr. 1089/83 (Dauerleihgabe der Salzburger Landesregierung)

81 Selbstbildnis mit Palette *(318)*
Öl auf Leinwand, 1924
Mitte rechts bezeichnet: A. Faistauer/ 1924
72 × 57 cm, WV 285
Salzburg, Privatbesitz

82 Bildnis Frau Gartenberg mit Tochter *(135, 329)*
Öl auf Leinwand, 1924
rechts oben bezeichnet: A. Faistauer 1924
130 × 92 cm, nicht im WV
Salzburg, Privatbesitz

83 Salzburg vom Mönchsberg im Winter *(317)*
Öl auf Leinwand, 1924
links unten bezeichnet: A. Faistauer/ 1924
73 × 139,5 cm, WV 280
Salzburg AG

84 Herr mit Papagei (des Künstlers Bruder Johannes) *(322)*
Öl auf Holz, 1924
rechts oben bezeichnet: A. Faistauer/ 1924
80,5 × 55,5 cm, WV 286
Maishofen, Privatbesitz

85 Peter in Grün *(298)*
Öl auf Leinwand auf Holz, 1924
rechts oben bezeichnet: Gardone/Peter/
1924/A. Faistauer
48,5 x 35,5 cm, WV 289
Saalfelden, Privatbesitz

86 Südtiroler Landschaft *(316 unten)*
Öl auf Leinwand, 1925
rechts unten bezeichnet: A. Faistauer/
1925
60 x 86 cm, WV 298
Wien, Österreichische Nationalbank

87 Gardone *(316 oben)*
Öl auf Leinwand, 1925
65 x 129 cm, WV 304
Oberösterreich, Privatbesitz (dankenswerterweise vermittelt von Galerie Martin Suppan, Wien)

88 Bildnis des Fabrikanten Georg Wrede *(328)*
Öl auf Leinwand, 1926
rechts oben bezeichnet: A. Faistauer/
1926/G. Wrede
120 x 100 cm, nicht im WV
SMCA, Inv.-Nr. 1017/94 (Legat Freifrau Fleißner von Wostrowitz, Triftern)

89 Alter Hafen von Marseille *(327)*
Öl auf Leinwand, 1926
rechts unten bezeichnet: A. Faistauer
72,5 x 99,7 cm, WV 317
Wien, Österreichische Nationalbank

90 Blumen in Schale *(323)*
Öl auf Leinwand, 1926
rechts oben bezeichnet: A. Faistauer/
1926
rechts unten bezeichnet: A. Faistauer
rückseitig Klebezettel vom Carnegie-Institute Pittsburg USA
50 x 63 cm, nicht im WV
Salzburg, Privatbesitz (ehem. Besitz Max Reinhardt)

91 Dame in Abendkleid, ganzfigurig vor Balkongitter (Gundl Krippel) *(334)*
Öl auf Leinwand, 1927
rechts oben bezeichnet: A. Faistauer/
1927
207 x 89 cm, WV 324
Linz, Oberösterreichische Landesmuseen

92 Damenbildnis (Gundl Krippel in gestreiftem Kleid mit Perlenkette) *(336)*
Öl auf Leinwand, 1927
rechts oben bezeichnet: A. Faistauer/
1927
71 x 60 cm, WV 323
Salzburg, Privatbesitz

93 Bildnis einer blonden Frau (Opernsängerin Lilly Schöne) *(337)*
Öl auf Leinwand, 1927
rechts oben bezeichnet: A. Faistauer/
1927
63,5 x 51 cm, WV 333
Wien, Privatbesitz

94 Bildnis des Malers Franz von Zülow *(330)*
Öl auf Leinwand, 1927
rechts oben bezeichnet: A. Faistauer/
1927
73 x 59 cm, WV 325
SMCA, Inv.-Nr. 36/51

95 Kammersänger Richard Mayr als Ochs von Lerchenau *(339)*
Öl auf Leinwand, 1927
rechts oben bezeichnet: A. Faistauer/
1927/Richard Mayr/als Ochs von Lerchenau
209 x 130,5 cm, WV 332
Salzburg, Museum der Moderne Rupertinum

96 Susanna im Bade *(335)*
Öl auf Holz, 1928
rechts unten bezeichnet: 1928/A. Faistauer
37,5 x 29 cm, WV 346
Salzburg, Privatbesitz

97 Bildnis Hugo von Hofmannsthal *(338)*
Öl auf Leinwand, 1928/29
96,5 x 72 cm, WV 355
Wien, Österreichische Galerie Belvedere

98 Dame in blauem Kleid auf buntem Stuhl (Elisabeth Wrede) *(331)*
Öl auf Leinwand, 1928
links oben bezeichnet: A. Faistauer/
1928
98 x 144,5 cm, WV 348
Salzburg AG

99 Weiblicher Akt mit erhobenem Arm *(344)*
Öl auf Holz, um 1929
39 x 55 cm, WV 375
Graz, Privatbesitz

100 Junger Mann mit Strohhut (Maler Heinrich de Arnoldi) *(326)*
Öl auf Leinwand, 1929
rechts oben bezeichnet: A. Faistauer/
1929
70 x 58,5 cm, WV 364
Salzburg, Privatbesitz

101 Blumen vor Grün *(341)*
Öl auf Leinwand, 1929
links oben und rechts unten bezeichnet: A. Faistauer/1929
67 x 84 cm, WV 362
Salzburg, Museum der Moderne Rupertinum

102 Venedig, Santa Maria della Salute *(340)*
Öl auf Leinwand, 1929
rechts oben bezeichnet: A. Faistauer
61 x 77 cm, WV 376
Salzburg, Museum der Moderne Rupertinum

103 Diana von der Jagd heimkehrend (Gesamtstudie für Fresko im Schloss Weidlingau bei Wien) *(396)*
Öl auf Leinwand, 1929
96,5 x 106,5 cm, WV 371
Salzburg, Privatbesitz

104 Diana mit drei Frauen (Studie für Fresko im Schloss Weidlingau bei Wien) *(397)*
Öl auf Holz, 1929
links oben bezeichnet: A. Faistauer
1929
48 x 39,5 cm, WV 370
Innsbruck, Privatbesitz

105 Fischstillleben mit Steinguttopf und Eiern *(333)*
Öl auf Leinwand, 1929
rechts oben bezeichnet: A. Faistauer/
1929
61 x 75 cm, WV 363
Salzburg, Privatbesitz

106 Weibliches Bildnis mit verschränkten Armen (Gundl Krippel, „letztes Bildnis") *(342)*

Öl auf Leinwand, 1929
rechts oben bezeichnet: A. Faistauer/
1929
85 x 69 cm, WV 367
Salzburg, Privatbesitz

107 Selbstbildnis („Der Maler") *(343)*
Öl auf Leinwand, 1929 (unvollendet)
129,5 x 111 cm, WV 383
Salzburg, Privatbesitz

108 Blaue Madonna (Rast auf der Flucht nach Ägypten) *(345)*
Öl auf Leinwand, 1929/30 (unvollendet)
129 x 169,5 cm, WV 386
Salzburg, Museum der Moderne Rupertinum

ARBEITEN AUF PAPIER

109 Motiv aus Maishofen *(347)*
Aquarell auf Papier auf Karton, 1906
rechts unten bezeichnet: Maishofen 06/
Tony Faistauer
24,2 x 28,9 cm
SMCA, Inv.-Nr. 1016/86

110 Andreas Thom in Faistauers Atelier *(349)*
Tuschfeder, Aquarell und Deckweiß auf braunem Malkarton, um 1907
rechts unten bezeichnet: TF (spiegelverkehrt). Rückseite mit später hinzugefügter Beschriftung: In Maishofen.
A. Thom in Faistauers Atelier (ungefähr 1906)
18,5 x 27,5 cm
SMCA, Inv.-Nr. 9/77

111 Interieur mit Karl Linke (am Klavier) und Paris Gütersloh (im Theaterkostüm) *(348)*
Bleistift, Aquarell, Deckweiß und Goldbronze auf braunem Malkarton, um 1907
links unten bezeichnet: TF (spiegelverkehrt)
18,1 x 13,5 cm
SMCA, Inv.-Nr. 10/77

112 Drei Freunde im Atelier *(352)*
Kohle, aquarelliert, auf Papier, um 1907
links unten bezeichnet: TF (ligiert)
22 x 35 cm
Maishofen, Privatbesitz

113 Selbstbildnis *(350)*
Bleistift, blau und rosa laviert, auf Papier, um 1909
rechts unten bezeichnet: AF (ligiert)
31,5 x 22,5 cm
Wien, Kupferstichkabinett der Akademie der bildenden Künste

114 Bauernhaus in Maishofen *(346)*
Bleistift und Aquarell auf Karton, um 1909
43,7 x 30,5 cm
SMCA, Inv.-Nr. 1064/89

115 „Neukunstgruppe Wien Salon Pisko" (Ausstellungsplakat 1909) *(353)*
Lithografie, violett koloriert (Druck: E. Rzabek Wien VIII)
unten Mitte bezeichnet: TF
47,5 x 28 cm
Salzburg, Antiquariat Weinek

116 Stillleben mit Äpfeln, Zuckerdose und Flasche *(351)*
(Kopie nach einem Stillleben von Paul Cézanne in der Österreichischen Galerie Belvedere Wien)
Aquarell, weiß gehöht, auf Papier, 1911
rechts oben bezeichnet: A. Faistauer/
Salzburg/1911
38,5 x 47 cm
SMCA, Inv.-Nr. 1/62

117 Sitzender weiblicher Akt *(132)*
Kohle, laviert, 1912
rechts Mitte bezeichnet: 1.9./T.F./12
48,5 x 35 cm
Salzburg, Privatbesitz

118 Sitzender weiblicher Akt *(354)*
Aquarell über Kohle auf Papier, 1912
unten Mitte bezeichnet: 19/TF/12
49 x 35 cm
SMCA, Inv.-Nr. 1079/88

119 Liegender männlicher Akt *(355)*
Bleistift, farbig laviert, auf Papier, 1912
unten Mitte bezeichnet: T.F/12
32 x 44,5 cm
Wien, Privatbesitz

120 Mann am Schreibtisch *(359)*
Tuschpinsel auf Papier, um 1916
unten Mitte bezeichnet: AF
48,5 x 31 cm
Maishofen, Privatbesitz

121 Maler an der Staffelei *(361)*
Tuschpinsel auf Papier, um 1916
43,5 x 31 cm
Salzburg, Privatbesitz

122 Frau auf Sofa sitzend *(356)*
Farbkreiden auf Papier, 1916
rechts unten bezeichnet: Salzburg 31.X.
1916/Ant. Faistauer
45,8 x 30,8 cm
SMCA, Inv.-Nr. 184/50

123 Nähende Frau *(358)*
Farbkreiden auf Papier, 1916
rechts unten bezeichnet: Ant. Faistauer/
Salzburg 12. XII. 16
34 x 26,5 cm (Ausschnitt)
Privatbesitz

124 Frau im Lehnstuhl *(357)*
Ölkreiden auf Papier, 1916
rechts unten bezeichnet: A. Faistauer/
Salzburg 9. 10./16
44,5 x 30 cm (Ausschnitt)
Zell am See, Privatbesitz

125 Geneigter männlicher Kopf (Studie für Salzburger Votivaltar) *(381)*
Farbkreiden auf Papier, 1918
links unten bezeichnet: AF/1918; rechts unten: Johannes zu/Altar/1918
48 x 31,5 cm
Innsbruck, Privatbesitz

126 Selbstbildnis *(360)*
Ölkreiden auf Papier auf Karton, 1918
unten Mitte bezeichnet: A.F. 1918
47,6 x 32,3 cm
SMCA, Inv.-Nr. 6/62

127 Bildnis Peter Faistauer *(363)*
Farbkreiden auf Papier auf Karton, 1918
links unten bezeichnet: P. P 1918;
rechts unten bezeichnet: A. Faistauer
49 x 32,5 cm
SMCA, Inv.-Nr. 5/62

128 Bildnis Ida Faistauer *(362)*
Ölkreiden auf Papier, 1919
unten Mitte bezeichnet: A F/1919
47,6 x 32,2 cm
SMCA, Inv.-Nr. 7/62

129 Weibliche Kopfstudie *(385)*
Ölkreiden auf Papier, 1919
rechts unten bezeichnet: AF/1919
44 × 33,5 cm
SMCA, Inv.-Nr. 19/66

130 Weiblicher Rückenakt *(372)*
Farbkreiden auf Papier, 1920
rechts Mitte bezeichnet: AF/1920
48,5 × 31,5 cm
SMCA, Inv.-Nr. 48/53

131 Zwei Reklameentwürfe für „Neue Galerie Salzburg" *(63)*
Tuschfeder in Violett auf Papier, um 1920
11,2 × 19 cm, 13 × 19 cm
Salzburg, Privatbesitz

132 Stehender weiblicher Akt (Torso) *(379)*
Farbkreiden auf Papier, um 1920
rechts unten bezeichnet: A. Faistauer
44,5 × 31,5 cm (Ausschnitt)
Salzburg, Privatbesitz

133 Mädchenbildnis *(380)*
Farbkreiden auf Papier, 1920
rechts Mitte bezeichnet: A.F./1920;
rechts unten Widmung: Zu Weihnacht/ Frau Dr. Anselmi
42 × 31 cm
Privatbesitz (als Dauerleihgabe im SMCA)

134 Kinderbildnis *(378)*
Farbkreiden auf Papier, 1920
rechts unten bezeichnet: A.F./1920
42,5 × 28,5 cm (Ausschnitt)
Salzburg, Privatbesitz

135 Entwurf einer Glückwunschadresse für Josef Hoffmann (Kunstschau 1920) *(86)*
Tuschfeder über Bleistift auf Papier, 1920
21 × 30 cm
Salzburg, Privatbesitz

136 Bildnis Josef Mühlmann *(365)*
Ölkreiden auf gedrahtetem Papier, um 1920
43,5 × 32,8 cm
SMCA, Inv.-Nr. 1182/96

137 Salzburger Landschaft *(373)*
Ölkreiden auf Papier, um 1921
Rückseite: **Frauenkopf**
Ölkreiden
links unten bezeichnet: A.F. 1921
43,7 × 32,9 cm
SMCA, Inv.-Nr. 15/63

138 Bildnis Irmgard Anselmi *(376)*
Farbkreiden auf Papier, 1921
links unten bezeichnet: f. fr. Dr. A./AF/ 1921
43,5 × 32 cm
Privatbesitz (als Dauerleihgabe im SMCA)

139 Bildnis des Arztes Dr. Franz Schuchter *(375)*
Farbkreiden auf Papier, 1922
rechts oben bezeichnet: Anton Faistauer/Weihnacht/1922 (mit Widmung)
41,5 × 32 cm (Ausschnitt)
Salzburg, Privatbesitz

140 Herrenporträt im Profil (Conte Valmarana, Vicenza)
Farbkreiden auf Büttenpapier, 1922
rechts unten bezeichnet: A. Faistauer/ 1922/Montreux.
44 × 33 cm
SMCA, Inv.-Nr. 1130/2004

141 Bildnis des Dichters Franz Karl Ginzkey *(377)*
Farbkreiden auf Papier, 1922
rechts unten Widmung: „Wohl gemessen u. erwogen. Zur Fläche gezwungen, offen noch der Phantasie, eine Seite der Kugelrundheit einer Welt, ein Tag nur einer Ewigkeit; von dieser aber ein guter; dem Erinnern gewidmet Im Frühjahr des Jahres 1922 von Ihrem Ergebenen/Anton Faistauer"
44 × 29,5 cm (Ausschnitt)
Leogang, Privatbesitz

142 Madonna mit Kind *(168)*
Bleistift auf Papier, 1923
rechts unten Widmung: Für Hertha/zu Erinnern an das Morzger Marienleben von Maler A. F.
31,5 × 46,5 cm (Ausschnitt)
Salzburg, Privatbesitz

143 Musizierende Engel (Entwurf für die Deckenmalerei in der Pfarrkirche von Morzg) *(369 unten)*
Öl auf Papier (aus mehreren Teilen zusammengesetzt), auf Leinwand aufgezogen, 1923
94,5 × 177 cm
Salzburg, Privatbesitz

144 Josef zur Rast (Entwurf für die Deckenmalerei in der Pfarrkirche von Morzg) *(367)*
Bleistift, ganz leicht farblich gehöht, auf Papier, 1923
unten Mitte bezeichnet: A. Faistauer, rechts unten: Josef zur/Rast/Morzg 1923
35,9 × 41,3 cm
SMCA, Inv.-Nr. 10/62

145 Zwei weibliche Heilige (Entwurf für die Deckenmalerei in der Pfarrkirche von Morzg) *(369 oben)*
Farbkreide und Rötel auf Papier, 1923
unten Mitte bezeichnet: Herrn Architekt v. Flesch herzlichst/am 17.7. Ant. Faistauer
41 × 57,5 cm (Ausschnitt)
Salzburg, Privatbesitz

146 Selbstbildnis *(106)*
Kohle und Farbkreiden, teilw. laviert, auf Papier, 1924
rechts unten bezeichnet: August/1924/ A. Faistauer
44 × 30 cm (Ausschnitt)
Rückseite: Kleinkind (Studien)
Maishofen, Privatbesitz

147 Bildnis Aglaja (zwei Versionen) *(374)*
Pastellkreiden und Aquarell auf Papier, 1924
rechts oben bezeichnet: A. Faistauer/ 1924/Aglaja
Rückseite: Pastellkreiden, Tusche, Aquarell
links Mitte bezeichnet: 1924/A. Faistauer/Aglaja
56,4 × 45,3 cm
SMCA, Inv.-Nr. 1043/80 a, b

148 Kopf eines bärtigen Mannes *(382)*
Farbkreiden und Aquarell auf starkem Papier, 1924
rechts unten bezeichnet: Salzburg/ A. Faistauer/1924
53 × 39,3 cm
SMCA, Inv.-Nr. 16/54

149 Salzburg, Blick vom Mönchsberg auf die Altstadt *(383)*

Aquarell über Kohle auf Papier, um 1925
rechts unten bezeichnet: Maria Himmelfahrt
22 x 30 cm
Salzburg, Privatbesitz

150 Blick auf Zell am See
Aquarell, Pastellkreide und Tinte auf Papier, um 1925
rechts oben bezeichnet: A. Faistauer
14 x 21 cm (Ausschnitt)
Salzburg, Privatbesitz

151 Selbstbildnis im Dreiviertelprofil nach rechts *(384)*
Pastellkreiden und Kohle auf Maschinenbütten, 1925
rechts unten bezeichnet: 1925/A. Faistauer
43,8 x 36 cm
SMCA, Inv.-Nr. 109/27

152 Thronende Maria vor Salzburger Kulisse (Titelblattentwurf für Programmheft der Salzburger Festspiele)
Tusche und Aquarell auf Papier, 1925
umlaufende Titelschrift: SALZBURGER FESTSPIELE/AUGUST 1925/WELTTHEATER/MIRAKEL
rechts unten bezeichnet: AF (ligiert)
37,4 x 21,6 cm
SMCA, Inv.-Nr. 11/75

153 Weiblicher Kopf mit Schleier (Plakatentwurf für die Sonderbund-Ausstellung, Salzburg 1925) *(107)*
Farbkreiden und Kohle auf Pappe, 1925
59,5 x 43 cm (beschnitten)
SMCA, Inv.-Nr. 1009/2005

154 Apollo (Entwurf für Fresko im Festspielhaus-Foyer Salzburg) *(388)*
Farbkreide auf Papier, 1926
rechts unten bezeichnet: A. Faistauer/Apollon/Salzburg/1926
59,5 x 41,4 cm
Salzburg, Privatbesitz

155 Apollo (Entwurf für Fresko im Festspielhaus-Foyer Salzburg) *(389)*
Farbkreide auf Papier, 1927
rechts unten bezeichnet: Apollo/f./Salzburg/A. Faistauer
62 x 47,5 cm
Salzburg, Privatbesitz

156 Gastmahl (Entwurf für Fresko im Festspielhaus-Foyer Salzburg)
Tusche über Bleistift, 1926
rechts unten bezeichnet: Gastmahl/Festspielhaus Salzburg/Maßstab 1:20/A. Faistauer
38 x 44 cm (unregelmäßig)
Salzburg, Archiv der Salzburger Festspiele

157 Figurenfries (Entwurf für Fresko im Festspielhaus-Foyer Salzburg)
Tusche in schwarz und braun, teilweise laviert, Kreide, Bleistift, 1926
18 x 47 cm
Salzburg, Archiv der Salzburger Festspiele

158 Orpheus-Szene mit wilden Tieren (Entwurf für Fresko im Festspielhaus-Foyer Salzburg) *(387)*
Tusche und Pastellkreiden über Bleistift, 1926
15 x 15 cm (unregelmäßig)
Salzburg, Archiv der Salzburger Festspiele

159 Festspielhauskünstler und Werkleute mit Bauherren (Entwurf für Fresko im Festspielhaus-Foyer Salzburg) *(390)*
Tusche und Farbkreiden über Bleistift, 1926
unten beschriftet: „Dieses Haus verdankt seinen Bestand der Tatkraft/des Landes Hauptmanns Dr. Franz Rehrl/Es wurde von Ed. Hütter im Jahre 1926 [sic!] erbaut und von/Prof. Cl. Holzmeister 1926 zur künstlerischen Vollendung gebracht"
27,5 x 37,5 cm
Salzburg, Archiv der Salzburger Festspiele

160 Musikmythos – Gruppen von sitzenden Figuren und Tieren (Entwurf für Fresko im Festspielhaus-Foyer Salzburg)
Tusche und Farbkreiden über Bleistift, 1926
Bildmitte bezeichnet: A. Faistauer Musikmythos Festspielhaus Salzburg
36 x 60 cm (unregelmäßig)
Salzburg, Archiv der Salzburger Festspiele

161 Bildnis Richard Mayr *(364)*
Farbkreiden und Kohle auf Papier, 1926
rechts unten bezeichnet: der Opernsänger Richard Mayr/von der Wiener Oper/1926/A. Faistauer
60,2 x 44,2 cm
SMCA, Inv.-Nr. 4/53

162 Mann mit Schirmmütze I (Skizzenblatt aus Frankreich)
Bleistift auf Papier, 1926
unten Mitte bezeichnet: A 1926 F/Cafe Dome
15 x 12 cm (Ausschnitt)
Salzburg, Privatbesitz

163 Mann mit Schirmmütze II (Skizzenblatt aus Frankreich)
Bleistift auf Papier, 1926
rechts Mitte bezeichnet: A.F./1926
18,5 x 12,5 cm (Ausschnitt)
Salzburg, Privatbesitz

164 Sonnenuhr (Entwurf für Fresko im Hof des Kollegs St. Benedikt, St. Peter, Salzburg) *(398)*
Tusche und Farbkreiden auf weißem Maschinenbütten, 1926
37,9 x 56,4 cm
SMCA, Inv.-Nr. 38/67 (Geschenk Gundl Degenhart-Krippel, München)

165 Kruzifixus
Kohle, braune Tinte auf Papier, um 1926
24,8 x 20 cm (Ausschnitt)
Salzburg, Privatbesitz

166 Orpheus besänftigt die Löwen (Entwurf für Programmheft der Salzburger Festspiele) *(386)*
Aquarell und Tuschpinsel über Kohle auf Papier, 1927
Titelbeschriftung: SALZBURGER/FESTSPIELE/AUG. 1927/MUSIK
37 x 23 cm (Ausschnitt)
Salzburg, Privatbesitz

167 Sterbender Mönch (Szenenentwurf für Hofmannsthals Schauspiel „Der Turm") *(391)*
Tuschfeder und Aquarell über Bleistift auf Papier, 1928
rechts unten bezeichnet: zu Hofmannsthals „Turm"/A. Faistauer
42,5 x 33,7 cm
SMCA, Inv.-Nr. 22/67

168 Reitergruppe (Szenenentwurf für Hofmannsthals Schauspiel „Der Turm")
Tuschfeder über Bleistift auf Papier, 1928
rechts unten bezeichnet: zu Hofmannsthals „Turm" 1928/A. Faistauer
44,8 x 36 cm
SMCA, Inv.-Nr. 23/67

169 Bildnis Gundl Krippel *(392)*
Kohle, Bleistift, Farbkreiden auf Papier, 1929
unten Mitte bezeichnet: Anton Faistauer/15.2.1929
41,5 x 54,5 cm
Maishofen, Privatbesitz

170 Sitzender Jüngling (Entwurf für Fresko in Schloss Weidlingau bei Wien) *(196 unten)*
Tuschfeder und Kohle auf handgeschöpftem Papier, 1929
38,7 x 26 cm
Salzburg, Privatbesitz

171 Mägde bereiten den Tisch (Entwurf für Fresko im Schloss Weidlingau bei Wien) *(394)*
Tuschfeder und Farbkreiden auf handgeschöpftem Papier, 1929
rückseitig rechts unten Nachlassstempel
39 x 26,4 cm
SMCA, Inv.-Nr. 547/75

172 Musikantengruppe (Entwurf für Fresko im Schloss Weidlingau bei Wien) *(395)*
Tusche und Farbkreiden auf Papier, 1929
rückseitig Nachlassstempel
35 x 50 cm
Salzburg, Privatbesitz

173 Lautenspieler (Entwurf für Fresko in Schloss Weidlingau bei Wien)
Tuschfeder über Kohle auf handgeschöpftem Papier, 1929
25,8 x 39 cm
SMCA, Inv.-Nr. 66/77

174 Drei weibliche Akte (Entwurf für Fresko in Schloss Weidlingau bei Wien) *(197 oben)*
Tuschfeder über Bleistift, 1929
21 x 20,5 cm
Salzburg, Privatbesitz

175 Jagdhunde (Entwurf für Fresko in Schloss Weidlingau bei Wien)
Tuschfeder und Bleistift auf handgeschöpftem Papier, 1929
29 x 43,5 cm (Ausschnitt)
Salzburg, Privatbesitz

176 Kreuzigung (Entwurf für Glasfenster in Vorkloster bei Bregenz)
Tuschpinsel auf Papier, 1929
rechts unten bezeichnet: Anton Faistauer/Weihnacht 1929
43 x 25,5 cm
SMCA, Inv.-Nr. 28/677

177 Kreuzigung (Entwurf für Glasfenster in Vorkloster bei Bregenz)
Tuschfeder und Kohle auf handgeschöpftem Papier, 1929
25,7 x 38,7 cm
Salzburg, Privatbesitz

178 Die Mutter der Schmerzen unter dem Kreuz (Entwurf für Glasfenster in Vorkloster bei Bregenz) *(399)*
Tusche, Kohle, Aquarell, Farbkreiden auf Packpapier, 1929
rückseitig Nachlassstempel
88 x 60 cm
SMCA, Inv.-Nr. 49/67 (Geschenk Gundl Degenhart-Krippel, München)

179 Adam und Eva (1) *(400 oben)*
Tuschfeder über Kohle auf gelblichem Papier, 1929
21 x 21 cm (Ausschnitt)
Salzburg, Privatbesitz

180 Adam und Eva (2) *(400 unten)*
Tuschfeder auf gelblichem Papier, 1929
21 x 21 cm (Ausschnitt)
Salzburg, Privatbesitz

181 Kniender weiblicher Akt *(393)*
Farbkreiden und Tusche auf handgeschöpftem Papier, 1930
rechts unten bezeichnet: A. Faistauer/1930
39 x 26,4 cm
SMCA, Inv.-Nr. 29/67

ANDERE TECHNIKEN

182 Opfergang Mariens (Mariä Taubenopfer) *(368)*
Bordüre mit Engelsköpfen, Blumen- und Fruchtfestons und lateinischen Schriftbändern
Gobelin nach Entwurf von Faistauer, ausgeführt von der Wiener Gobelinmanufaktur Hofburg, 1925
rechts unten bezeichnet: ROUBON (ausführender Künstler), darunter Signet WM
links unten (am Saum des Kleides) bezeichnet: Anton Faistauer
218 x 187 cm
Maishofen, Privatbesitz

183 Heiliger Paulus
(abgenommenes Teilstück vom Fresko im Festspielhaus-Foyer Salzburg)
Fresko auf Leinwand übertragen, 1926
64 x 63 cm
Salzburg, Privatbesitz

184 Junger Benediktinermönch
(abgenommenes Teilstück vom Fresko im Festspielhaus-Foyer Salzburg)
Fresko auf Leinwand übertragen, 1926
85 x 74 cm
Salzburg, Archiv der Salzburger Festspiele

Literatur

Eigene Schriften von Anton Faistauer

„An das Staatsamt für Inneres!" In : „Der neue Tag", Wien 16.4.1919, S. 9.

Schul- und Erziehungsfragen. In: Salzburger Chronik vom 9.11.1919; wiederabgedruckt in: Franz Fuhrmann: Anton Faistauer: Briefe an Felix Albrecht Harta. In: Salzburger Museum Carolino Augusteum. Jahresschrift 1961, Salzburg 1962, S. 108 ff.

Eine moderne Malerakademie in Salzburg. In: Salzburger Volksblatt vom 4.11.1920; wiederabgedruckt in: Franz Fuhrmann: Anton Faistauer: Briefe an Felix Albrecht Harta.. In: Salzburger Museum Carolino Augusteum. Jahresschrift 1961, Salzburg 1962, S. 111 f.

Österreichische Malerei. In: Der Merker, Jg. 11, 1920, Heft 10/11, Wien, Juni 1920, S. 283–289.

Katalog-Vorwort zur Internationalen Schwarz-Weiß-Ausstellung im Künstlerhaus in Salzburg 1921; wiederabgedruckt in: Franz Fuhrmann: Anton Faistauer: Briefe an Felix Albrecht Harta.. In: Salzburger Museum Carolino Augusteum. Jahresschrift 1961, Salzburg 1962, S. 113 f.

Neue Malerei in Österreich. Betrachtungen eines Malers. Zürich – Leipzig – Wien 1923.

Aus dem Tagebuch eines Malers (Gardone; Spaziergang; Landstraße, ein Nachtbild; Originalität; Theaterrevolution; Nur Blumen; Verlassenheit; Profit vom Kranksein). In: Neues Wiener Tagblatt vom 14.2.1925.

Meine Salzburger Fresken. In: Die Bühne Nr. 92, Wien, August 1926, S. 9 ff.

Das Fresko. In: Österreichs Bau- und Werkkunst, 3. Jg., Wien 1926/27, Heft 1, S. 15 ff.

Aus einem Tagebuch: Van Gogh und Gauguin; Links und rechts im Bilde. In: Amicis. Jahrbuch der Österreichischen Galerie 1926. Wien 1927, S. 75 ff.

Die Erfindung. Ein Bruchstück aus dem Tagebuche. In: Österreichs Bau- und Werkkunst, 4. Jg., Wien Oktober 1927, S. 3–4.

Ein Brief an Kubin. In: Für Alfred Kubin. Eine Widmung österreichischer Dichter und Künstler zu seinem 50. Geburtstag. Wien 1927, S. 29 f.

Drei Werke. In: Salzburger Festspielprogramm 1927, S. 9; wiederabgedruckt in: Salzburger Festspielprogramm 1930.

Aus einem Tagebuch (Naturalismus; Der österreichische Künstler; Entwicklung; Das Neue; Der Puls; Es ist schwer). In: Österreichische Kunst, Jg. 1, Heft 10/11, Wien 1928, S. 255–272.

Kinderkunst. In: Europäische Revue, 3. Jg., Heft 12, Leipzig – Berlin – Stuttgart, März 1928.

Bekenntnis. In: Österreichische Kunst, 1. Jg., Heft 4, Wien 1930, S. 5–10.

Kunst und Technik. Betrachtungen eines Malers. In: Ostrauer Morgenzeitung vom 14.2.1930; wiederabgedruckt in: Salzburger Nachrichten vom 14.2.1987, S. 5.

Malerei, Dichtung, Musik. In: Der Kunstwart, 43. Jg., Heft 8, Mai 1930, S. 78 f.

Aus dem Tagebuch von Anton Faistauer. In: Profil, 3. Jg., Heft 7, Wien 1935, S. 336.

Marseille. In: Neues Wiener Tagblatt vom 13.2.1937.

Das Ethos des Künstlers; Der Künstler findet die Natur. Aus dem Nachlass abgedruckt unter dem Titel „Anton Faistauer – Dokumente künstlerischen Geistes" in: Salzburger Nachrichten vom 15.5.1954, S. 12.

Briefe an F.A. Harta. In: Franz Fuhrmann: Anton Faistauer: Briefe an Felix Albrecht Harta. Salzburger Museum Carolino Augusteum. Jahresschrift 1961. Salzburg 1962.

Ist Salzburg eine Kunststadt? Abgedruckt in: Franz Fuhrmann: Anton Faistauer: Briefe an Felix Albrecht Harta.. In: Salzburger Museum Carolino Augusteum. Jahresschrift 1961. Salzburg 1962, S. 80 ff.

Das Bild; Winter in Gardone (1925); Himmel und Erde (Sizilien 1929); Malerei, Dichtung, Musik; Das Fresko (1926); Von guten und schlechten Bildern (1927); Vergleich; Ordnung; Gemessenheit; Weltbauform – Bildbauform; Komposition und Konstruktion. In: Franz Fuhrmann: Anton Faistauer. Salzburg 1972.

Lexika

Hans Vollmer (Hrsg.): Allgemeines Lexikon der bildenden Künstler des XX. Jahrhunderts. Bd. 2. Leipzig 1955 (mit weiteren Literaturangaben).
Österreichisches Biographisches Lexikon 1815–1950. Bd. 1. Graz – Köln 1957 (mit weiteren Literaturangaben).
Neue deutsche Biographie. Bd. 4. Berlin 1959.
Kindlers Malereilexikon. 2. Bd. Berlin 1965 (C.O. Ennen) – Taschenbuchausgabe. Bd. 4. München 1982.
Hermann Bauer (Hrsg.): Die große Enzyklopädie der Malerei. 3. Bd. Freiburg i.B. – Basel – Wien 1976.
H. Osborne (Hrsg.): The Oxford Companion to Twentieth-Century Art. New York 1981.
J. Turner (Hrsg.): The Dictionary of Art. Bd. 10. London 1996, S. 756 (Edwin Lachnit).
Adolf Haslinger und Peter Mittermayr (Hrsg.): Salzburger Kulturlexikon. 2. Aufl. Salzburg 2001 (Nikolaus Schaffer).
Saur Allgemeines Künstlerlexikon. Bd. 36. München – Leipzig 2003, S. 283 ff. (Nikolaus Schaffer).

Einzelpublikationen

Johanna Müller: Anton Faistauer, ein österreichischer Maler. Maturaarbeit am Bundesgymnasium Wien III, Kundmanngasse 22 (1934). Durchschlag im SMCA, Faistauer-Archiv.
Arthur Roessler: Der Maler Anton Faistauer. Beiträge zur Lebens- und Schaffensgeschichte eines österreichischen Künstlers. Wien 1947.
Franz Fuhrmann: Anton Faistauer (mit einem Werkverzeichnis der Gemälde). Salzburg 1972.
Albin Rohrmoser: Anton Faistauer. Abkehr von der Moderne. Untersuchung zur Stilentwicklung. Salzburg 1987 (anlässlich der Ausstellung im Salzburger Museum Carolino Augusteum).
Richard Hirschbäck und Anne-Katrin Rossberg: Die Stablbergkapelle mit den Wandmalereien von Anton Faistauer. Schriftenreihe zu Anton Faistauer und seiner Zeit. Hrsg. vom Anton Faistauer Forum, Bd. I. Maishofen 2004.

Aufsätze

A.S. Levetus. In: Die bildenden Künste. 1. Jg., Heft 7, Wien 1917, S. 57–64.
Arthur Roessler: Kritische Fragmente. Aufsätze über österr. Neukünstler. Wien 1918.
Waldemar George. In: L'Amour de l'Art, 4. Jg., Nr. 8, Paris, August 1923, S. 657 f.
Paul Königer. In: Österreichs Illustrierte Zeitung, 37. Jg., Heft 18, Wien, Mai 1927, S. 4 f.
Kai Mühlmann. In: Die Kunst, 29. Jg., Nr. 9, München, Juni 1928, S. 280–288.
Karl Otten. In: Der Kunstwanderer, 10. Jg., Nr. 1/2, Berlin, Dezember 1928, S. 158–160, 164, 184.
La Renaissance, 12. Jg., Nr. 10, Paris, Oktober 1929, S. 496.
Bruno Grimschitz. In: Österreichische Kunst, 1. Jg., Heft 4, Wien, Februar 1930, S. 9–14.
Otto Kunz. In: Salzburger Volksblatt vom 14.2.1930.
Wolfgang Born. In: Die Bühne Nr. 275, Wien 1.3.1930, S. 11–12.
Hans Tietze. In: Velhagen-Klasings Monatshefte, Jg. 44, H. 7, Berlin – Bielefeld – Leipzig – Wien 1930.
Otto Stoeßl. In: Der Kunstwart, 43. Jg., Heft 8, München, Mai 1930, S. 73–78.
Wilhelm Wolf. In: Volkswohl, Jg. 21, Nr. 44, Wien 1930.
Der Kunstwart, 44. Jg., Heft 4, München, Januar 1931, S. 260.
Arthur Roessler. In: The Bristol Mail Nr. 7, Wien 1930, S. 47–54.
Else Hofmann: Unveröffentlichte Bilder von Anton Faistauer (aus der Sammlung Walter Schwarz, Salzburg). In: Österreichische Kunst, 3. Jg., Heft 10, Wien, Oktober 1932, S. 11 ff.
Arthur Roessler. In: Österreichische Kunst, 8. Jg., Heft 2, Wien, Februar 1937, S. 3 f.

Kai Mühlmann. In: Die Kunst, 37. Jg., Nr. 1, München, Oktober 1935, S. 21–25.
Otto Kunz. In: Bergland, 27. Jg., Nr. 8, Wien – Innsbruck 1935, S. 13–19.
Felix Albrecht Harta. In: Sonntagsbeilage der Wiener Zeitung vom 14.2.1937.
Stephan Poglayen-Neuwall. In: Internationale Kunstrevue, Heft 9, Prag September 1937, S. 183–185.
Bruno Grimschitz. In: Der Getreue Eckart, 15. Jg., Wien Oktober 1937 – März 1938.
Arthur Roessler. In: Die Bastei, 1. Jg., Heft 5, Wien 1946, S. 4–8.
Ludwig Praehauser. In: Alpenjournal, Salzburg August/September 1946, S. 8.
Josef Mühlmann. In: Salzburger Volksblatt vom 12.12.1953, S. 8.
Felix Albrecht Harta. In: Salzburger Volksblatt vom 20.5.1954.
Franz Fuhrmann: Anton Faistauer: Briefe an Felix Albrecht Harta. In: Salzburger Museum Carolino Augusteum. Jahresschrift 1961. Salzburg 1962.
Salzburger Volkszeitung vom 14.2.1967, S. 8.
Franz Fuhrmann. In: Alte und moderne Kunst, 17. Jg., Heft 172, Salzburg 1972, S. 18–22.
Franz Wagner. In: Salzburger Nachrichten vom 27.5.1972, S. 5.
Heinrich Fuchs. In: Weltkunst, 42. Jg., Heft 22, München 1972, S. 1742.
Albin Rohrmoser. In: August Stockklausner (Hrsg.): In Salzburg geboren. Salzburg 1972, S. 242–246.
Nikolaus Schaffer. In: Parnass, 5. Jg., Heft 2, Wien 1985, S. 42.
Franz Fuhrmann. In: Salzburger Nachrichten vom 14.2.1987, S. 23.
Albin Rohrmoser. In: Weltkunst, 57. Jg., Heft 14, München 1987, S. 1939.
Herbert Giese. In: Parnass, 14. Jg., Heft 2, Wien 1994, S. 40 ff.
Gunther Martin: Prominent in Salzburg. Wien 1998 (Taschenbuchausgabe München 2000).
Nikolaus Schaffer. In: Salzburger Museumsblätter Nr. 1/2, 66. Jg., Jänner 2005.

Ausstellungskataloge Anton Faistauer

Salzburg 1930 (Ludwig Praehauser).
Wien 1930 (Bruno Grimschitz).
Salzburg 1947 (Josef Mühlmann).
Wien – Linz – Innsbruck – Salzburg 1953/54 (Franz Fuhrmann).
Salzburg 1962 (Franz Fuhrmann).
Maishofen 1970 (Edmund Blechinger, Franz Fuhrmann).
Salzburg – Wien 1972 (Edmund Blechinger, Franz Fuhrmann, Robert Waissenberger).
Galerie Salis Salzburg 1985 (Nikolaus Schaffer).
Salzburg 2005 (Nikolaus Schaffer).

Allgemeine Ausstellungskataloge

Zehn Jahre Neue Galerie. Wien 1934.
Deutsche Malerei in Österreich von Waldmüller bis Faistauer. Galerie Welz. Salzburg 1938.
Expressionismus. Malerei in Österreich, Deutschland, Schweiz. Salzburg 1957 (Edmund Blechinger, Ernst Köller).
Meisterwerke österreichischer Malerei 1800–1930. Kunsthalle Düsseldorf 1959.
Österreichische Malerei 1908–1938. Graz 1966 (Ernst Köller).
Deutsche und französische Aquarelle und Zeichnungen von 1870 bis 1930. Staatliche Graphische Sammlung München 1968.
125 Jahre Salzburger Kunstverein, „Der Wassermann", Gedächtnisschau zur 50-Jahr-Feier der Gründung. Salzburg 1969.

Österreichische Landschaftsmalerei des 19. und 20. Jahrhunderts. Ausstellung des Kulturamtes der Stadt Wien in der Hermesvilla. Wien 1973.

Österreichische Zeichnungen und Aquarelle des frühen XX. Jahrhunderts aus dem Besitz der Albertina Wien. Galerie im Taxispalais Innsbruck o.J. (um 1980).

Abbild und Emotion. Österreichischer Realismus 1914–1944. Museum für angewandte Kunst Wien 1984.

Österreichische Kunst 1900–1975. Ausstellung derÖsterreichischen Galerie Belvedere, Wien in Schloss Halbturn. Wien 1985.

Wien um 1900. Kunst und Kultur. Wien – München 1985.

Bahnbrecher der Moderne in Österreich. 12 Künstler der Zeit zwischen 1898 und 1938. Zeichnungen und Aquarelle aus der Graphischen Sammlung Albertina in Wien. Hrsg. von Erwin Mitsch. Ausstellung der Nationalgalerie der Staatlichen Museen zu Berlin. Berlin 1986.

Egon Schiele und seine Zeit. Österr. Malerei und Zeichnung von 1900–1930 aus der Sammlung Leopold. Hrsg. v. Klaus Albrecht Schröder und Harald Szeeman. Kunsthaus Zürich, Kunstforum Länderbank Wien, Hypo-Kulturstiftung München, Von der Heydt-Museum Wuppertal. München 1988.

Meisterzeichnungen der klassischen Moderne. Kataloge der Graphischen Sammlung des Stadtmuseums Linz-Nordico Nr. IV. Linz 1989.

Land in Sicht. Österreichische Kunst im 20. Jahrhundert. Budapest. Wien 1989.

Viena 1900. Hrsg. von Franz Smola. Ausstellungskatalog der Österreichischen Galerie Belvedere für das Museo Nacional Centro de Arte Reina Sofia. Madrid 1993.

Von Schiele bis Wotruba. Arbeiten auf Papier 1908–1938. Hrsg. von Antonia Hoerschelmann und Peter Weiermair. Kunstforum Bank Austria Wien und Frankfurter Kunstverein. Kilchberg – Zürich 1995.

Porträt der Familie Hauer – Künstler (Sammler) Mäzene. Kunsthalle Krems 1996. Kataloge des NÖ Landesmuseums, NF 404.

Kunst aus Österreich 1896–1996. Hrsg. von der Kunst- und Ausstellungshalle der Bundesrepublik Deutschland anlässlich der Ausstellung in Bonn. München – New York 1996.

Wien 1900 – Der Blick nach innen. Hrsg. von E. Becker. Katalog der Österreichischen Galerie im Belvedere für das Van Gogh Museum Amsterdam und das Von der Heydt-Museum Wuppertal. Amsterdam 1997.

Die Sammlung Eisenberger. Hrsg. von Tobias G. Natter. Wien 1998.

Österreichischer Expressionismus. Malerei und Graphik 1905–1925. Ausstellung der Österreichischen Galerie Belverdere, Wien, in Brüssel und Klagenfurt. Wien 1998.

Begegnungen in Wien. Museum der Stadt Lienz. Innsbruck 2002.

Paradies Wachau. Gemaltes Weltkulturerbe. Hrsg. von Martin Suppan. Weissenkirchen/NÖ. Wien 2004.

Schiele & Roessler. Der Künstler und sein Förderer. Hrsg. von Tobias G. Natter und Ursula Storch. Ostfildern-Ruit 2004 (anlässlich der Ausstellung im Wien Museum).

Vision einer Sammlung. Das Museum der Moderne stellt sich vor. Salzburg. München – Berlin – London – New York 2004.

Allgemeine Literatur

Fritz Karpfen: Österreichische Kunst. Bd. 3. Wien 1923.

Bruno Kroll: Deutsche Maler der Gegenwart. Berlin 1937, S. 181 ff.

Gerhard Schmidt: Neue Malerei in Österreich. Wien 1956.

Bruno Grimschitz: Österreichische Maler vom Biedermeier zur Moderne. Wien 1963.

Kristian Sotriffer: Malerei und Plastik in Österreich. Von Makart bis Wotruba. Wien 1963.

Günther Feuerstein, Heribert Hutter, Ernst Köller, Wilhelm Mrazek: Moderne Kunst in Österreich. Wien 1965.

Paul Becker: Das Bild Salzburgs in der Kunst. Salzburg 1970.

Robert Waissenberger: Die Wiener Secession. Wien – München 1971.

Stilbrüche und Grenzsituationen. 99 Handzeichnungen und Aquarelle der realistischen Kunst des 20. Jahrhunderts. Breitenbrunn 1974.

Albin Rohrmoser (Hrsg.): Meisterwerke aus dem Salzburger Museum Carolino Augusteum. Salzburg 1984, Tafel 65.

Kristian Sotriffer (Hrsg.): Der Kunst ihre Freiheit. Wege der österreichischen Moderne von 1880 bis zur Gegenwart. Wien 1984.

Antonia Hoerschelmann: Tendenzen der österreichischen Malerei zwischen 1918 – 1938 und ihre Relationen zur europäischen Kunst des 20. Jahrhunderts. Verband der wissenschaftlichen Gesellschaften Wien. Dissertation der Universität Wien 195. Wien 1989.

Christian M. Nebehay: Egon Schiele. Von der Skizze zum Bild. Veröffentlichung der Albertina Nr. 25. Wien – München 1989.

Gertraud Pott: Verkannte Größe. Eine Kulturgeschichte der Ersten Republik 1918–1938. Wien 1990.

Rainer Fuchs: Apologie und Diffamierung des „österreichischen Expressionismus". Wien – Köln 1991.

150 Jahre Salzburger Kunstverein – Kunst und Öffentlichkeit 1844–1994. Salzburg 1994.

Peter Husty: Salzburger Kulturschätze. Dokumentation zum zwanzigjährigen Bestand des „Komitees für Salzburger Kulturschätze". Salzburg 1998 (17. Ergänzungsband der Mitteilungen des Gesellschaft für Salzburger Landeskunde), S. 38 f., 42, 44, 86 f., 107, 145.

Waldmüller – Schiele – Rainer: Meisterwerke des Niederösterreichischen Landesmuseums vom Biedermeier bis zur Gegenwart. Wien 2000.

Rudolf Leopold und Romana Schuler (Hrsg.): Meisterwerke aus dem Leopold Museum Wien. Köln 2001.

Wieland Schmied (Hrsg.): Geschichte der bildenden Kunst in Österreich. Bd. 6 (20. Jahrhundert). München – London – New York 2002.

Sophie Lillie: Was einmal war. Handbuch der enteigneten Kunstsammlungen Wiens. Wien 2003.

Quellen

Den Grundstock des „Faistauer-Archivs" am Salzburger Museum Carolino Augusteum bildet jener Teil des schriftlichen Nachlasses, der in den 70er Jahren aus dem Besitz von Gundl Degenhart-Krippel, München, übernommen wurde. Dabei handelt es sich um persönliche Dokumente, mehrere Notiz- und Skizzenbücher sowie Typoskripte, eine Sammlung von Zeitungsausschnitten und Kunstzeitschriften sowie umfangreiche Briefkonvolute, aber auch zwei Originalpaletten inklusive Arbeitsmaterialien (eine Staffelei Faistauers befindet sich in Salzburger Privatbesitz). Dieser Bestand konnte 2003 käuflich um weitere Teile der Korrespondenz sowie Fotografien aus dem Nachlass von Gundl Degenhart-Krippel ergänzt werden. Im Original sind u.a. Faistauers Briefe an Johannes Fischer sowie an Faistauer gerichtete Briefe von Anton Kolig, Franz Wiegele, Paul Königer, Otto Stoeßl, Robin C. Andersen, Georg Ulrich, um nur seine wichtigsten Briefpartner zu nennen, vorhanden, die für die vorliegende Arbeit ausgewertet wurden. Zahlreiche Antwortschreiben Faistauers liegen in Form von Durchschlägen (Blaupausen) vor. Etliche Briefe Faistauers sowie sein Testament hat das SMCA 2004 aus dem Nachlass von Heinrich de Arnoldi erworben. Fünf Briefe an Dr. Minnich hat Mag. Thomas Salis, Salzburg, kürzlich dem Museum geschenkt.

Franz Fuhrmann konnte bei der Abfassung seiner Faistauer-Monografie von 1972, die auch alle ihm greifbaren brieflichen Quellen berücksichtigte, noch zahlreiche Briefe einsehen, deren Verbleib nicht mehr feststellbar ist. Als Ersatz für diese musste jetzt auf eine von Fuhrmann angelegte Kartei mit Brief-Exzerpten zurückgegriffen werden, die der verdienstvolle Faistauer-Biograf nebst anderen Arbeitsunterlagen dankenswerterweise dem SMCA überlassen hat. Die im SMCA befindlichen Briefe Faistauers an F.A. Harta hat Fuhrmann bereits zu einem früheren Zeitpunkt publiziert.

Bei zwei privaten Sammlern hat sich die besonders wertvolle, bis 1908 zurückreichende Korrespondenz Faistauers mit seiner Frau Ida erhalten, die über hundert Briefe umfasst. Sie konnte auszugsweise in den vorliegenden Band eingearbeitet werden, würde aber eine ausführlichere Beschäftigung lohnen. Auch in öffentlichem Archivbesitz warten noch zahlreiche Briefe Faistauers (etwa an Arthur Roessler und Alfred Kubin) darauf, von der Forschung registriert zu werden.

Bildnachweis

Oskar Anrather, Salzburg: S. 178 (6).
Peter Hausberger, Salzburg: S. 167, 170–171, 174, 175 oben.
Mag. Alexander Lassnig, Oberalm: S. 162, 163, 225, 227 oben, 228, 229, 230 (2), 232 (4), 233 (3), 234 (4), 235 (2), 236 (3).
Univ. Ass. MMag. Monika Roth, Institut für Wissenschaften und Technologie in der Kunst, Akademie der bildenden Künste
　　Wien: S. 331 (2).

Bamberg, Diözesanbibliothek des Erzbistums Bamberg: S. 191
Dachau, Foto-Sessner: S. 104 unten.
Hamburg, Museum für Hamburgische Geschichte: S. 183 rechts oben.
Köln, Rheinisches Bildarchiv: S. 325.
Lentos Kunstmuseum Linz: S. 103.
Linz, Oberösterreichische Landesmuseen: S. 65, 67 unten, 280, 299, 324, 334.
München, Bayerische Staatsgemäldesammlungen: S. 129.
Wien, Atelier Neumann: S. 76, 99, 102, 165 oben, 268, 272, 277, 278, 287, 308, 311, 316 unten, 327.
Wien, Atelier Otto: S. 264, 273, 310, 320, 337.
Wien, Color Fotolabor Dr. Parisini (über Galerie Martin Suppan, Wien): S. 80, 316 oben.
Wien, Galerie Martin Suppan: S. 288.
Wien, Kunsthandel Giese & Schweiger: S. 355.
Wien, Kupferstichkabinett der Akademie der bildenden Künste: S. 69, 350.
Wien Museum: S. 26 oben, 52 unten, 81.
Wien, Museum für angewandte Kunst: S. 63 oben.
Wien, Österreichische Galerie Belvedere: S. 49, 110, 175, 338.

Arthur Roessler: Kritische Fragmente. Aufsätze über österr. Neukünstler. Wien 1918, S. 19: S. 67 oben.
Ausstellungskatalog: Die Überwindung der Utilität. Dagobert Peche und die Wiener Werkstätte. Österr. Museum für
　　angewandte Kunst. Wien 1998, S. 86: S. 135 oben.
Christian M. Nebehay: Die goldenen Sessel meines Vaters. Wien 1983, S. 155: S. 74.
Die Kunst. Monatshefte für freie und angewandte Kunst. 55. Bd. München 1927, S. 365: S. 193.

Alle Schwarzweißfotos stammen, soweit nicht anders angegeben, aus dem Faistauer-Archiv des SMCA.

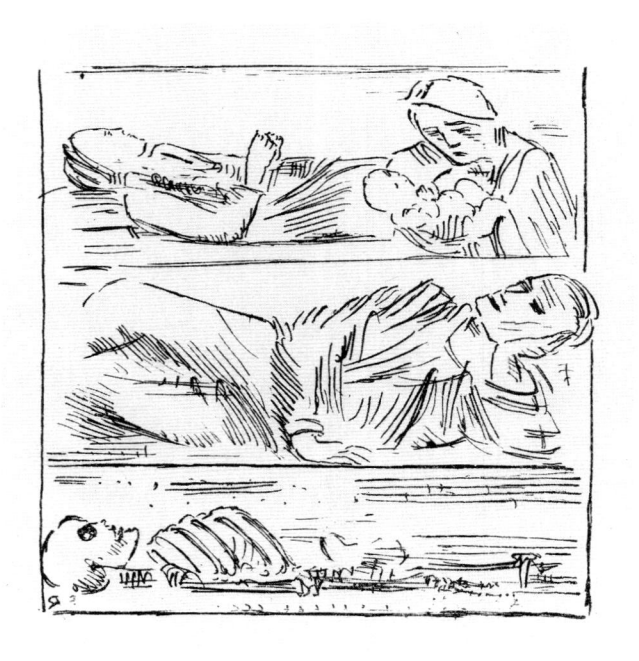

...gebraucht nicht allein ihrer Flüssigkeit wegen grüne u. dergl. Töne (bei [...] bei Van Gogh) hat [...] wird [...] nicht [...] [...] Festigkeit der Richtung. Masaccio hat zum Beispiel einen [...], auf dem seine Figuren [...] Statik [...] gestaltet als [...] Malerweg [...] der Wirklichkeit [...] Figuren [...] kann [...] gemischter [...]malerei, [...] der Illusionist [...] [...] in realistischer [...] [...] alten u. neuen [...] [...] Composition, zur [...]